Research Studies on Learning & Teaching of Mathematics

: Dedicated to Edward A. Silver

수학 학습과 교수에 관한 연구

: 에드워드 실버 헌정

Jinfa Cai · Gabriel J. Stylianides · Patricia Ann Kenney 엮음

김희정 · 김한길 · 정하연 옮김

KM 경문사

편집자 서문

이 책이 한국어로 번역되어 한국 독자들에게 소개된다는 소식을 듣게 되어 진심으로 기쁘고 감사한 마음이 듭니다. 모국어로 된 책을 통해 더 많은 한국 독자들이 이 내용을 접할 수 있게 된다는 사실이 매우 기쁘며, 한 권의 책을 다른 언어로 번역하는 일이 얼마나 많은 노고와 정성을 필요로 하는지 잘 알기에 더욱 감사한 마음입니다. 이러한 어려운 작업을 맡아 훌륭히 완수해 주신 김희정 교수님과 연구팀에게 깊이 감사드립니다. 이 자리를 빌려 그 노고와 성취에 진심으로 축하의 말씀을 전하고 싶습니다.

특히 이 책이 저의 멘토이신 Edward Silver 교수님의 탁월한 학문적 업적을 기리기 위해 출간된 책이기에, 한국어판의 출간은 그 뜻 깊은 축하를 이어가는 또 하나의 의미 있는 발걸음이라 생각합니다.

이 책이 한국의 수학교육 연구자와 현장 교사들에게 학생들의 수학 학습을 심화·확장하는 데 유익한 자료가 되기를 진심으로 바랍니다. 본서는 문제제기, 수업 과제 설계, 교사 전문성 개발 등 수학교육의 여러 핵심 영역을 다루고 있으며, 각 장은 해당 주제에 대해 깊이 있는 탐구를 제공합니다. 이 책에 담긴 아이디어들이 학생들의 수학 학습 향상뿐 아니라 한국 수학교육의 연구와 실천을 발전시키는 데에도 도움이 되기를 희망합니다.

머지않은 미래에 이 책의 독자들과 번역자분들을 직접 만나 뵐 수 있기를 기대합니다. 책을 즐겁게 읽으시고, 여러분 모두에게 행운이 함께하길 바랍니다.

2025년 10월
Jinfa Cai

역자 서문

이 책의 한국어판 출간을 축하하며 따뜻한 축하와 격려의 말씀을 보내주신 Jinfa Cai 교수님께 진심으로 감사드립니다. 이 책이 지닌 학문적 가치와 그 안에 담긴 연구자의 진심, 그리고 협력의 정신을 우리 역자들이 어떻게 모국어로 담아낼 수 있을지 고민하던 중, 저의 또 다른 학문적 멘토가 되어 주신 Jinfa 교수님이라는 거인의 어깨 위에서 바라보는 시선으로 그 의미를 담아낼 수 있었습니다. 그 말씀처럼 이 책을 통해 한국의 수학교육 연구자들과 교사들이 Edward Silver 교수님의 학문적 여정과 그로부터 비롯된 지적 전통을 우리의 언어로 자유롭게 느끼고 사유할 수 있는 계기가 되기를 바랍니다.

이 책은 단순히 한 학자의 업적을 기념하는 데 그치지 않고, 수학교육연구의 흐름 속에서 Edward Silver 교수님이 제시한 궤적이 어떻게 세대와 문화, 이론과 실천을 잇는 지적 전통으로 확장되었는가를 보여주는 기록입니다. 특히 제 스승님이신 Alan Schoenfeld 교수님은 Educational Studies in Mathematics 2024년 서평에서 이 책을 "학생들에게 의미 있는 수학적 사고의 기회를 제공하기 위해 수학교육이 이룬 진전을 보여주는, 적절하고도 정보가 풍부한 헌정서"라고 평하고 있습니다. 그분의 말씀처럼, 본서는 Silver 교수님이 평생에 걸쳐 탐구해 온 문제해결 및 문제제기를 수학적 의미 구성mathematical sense-making을 중심으로 한 제자들의 통합적 사유를 토대로 합니다.

Silver 교수님의 연구는 1980년대 이후 '학생이 수학적으로 사고한다는 것은 무엇인가'라는 근본적 질문을 중심에 두고, 문제해결 중심 교육을 문제제기와 탐구로 확장하면서, 수학 학습을 단순한 문제해결 기술 습득이 아닌 학생들의 온전한 이해와 의미 구성의 과정으로 전환하는데 기여하였습니다. 특히 제1장에서 언급된 1994년 논문 《수학 문제제기에 관하여On Mathematical Problem Posing》는 이후 30여 년간의 문제제기 연구의 방향을 제시한 지적 나침반이 되었습니다.

또한 QUASAR 프로젝트를 비롯한 현장 기반 연구가 오늘날 교실 수업과 교사 학습의 모델로 어떻게 계승되고 있는지를 보여주고 있습니다. 특히 Margaret Smith와 Mary Kay Stein의 장(제12장)에서 정리하듯, Silver 교수님의 연구는 수학 과제의 본질을 재구성하며 도전적이면서도 포용적인 수학 학습 환경을 실현하기 위한 근거를 제공하였고, 그 결과 'Mathematical Tasks Framework'와 'Five Practices for Orchestrating Productive Mathematics Instruction' 등으로 이어져 여전히 전 세계 수학교육자들의 실천을 이끌고 있습니다. 이러한 장기적이고 대규모의 연구를 지속할 수 있는 미국의 연구 환경은, 한국의 연구 생태계에 몸담은 학자로서 언제나 부러움의 시선을 거둘 수가 없습니다. 이러한 장기·대규모 연구가 한국의 수학교육 연구 환경에서도 안정적이고 지속 가능한 기반 위에 정착되기를 바라는 마음도 담아 봅니다.

이 책의 한국어판은 이러한 지적 전통의 계보를 한국 수학교육의 학문적 맥락과 담론 속에서 재구성하고 성찰하려는 시도의 일환입니다. 특히, 인공지능의 빠른 발전과 교육 현장에의 도입이라는 변화 속에서, 수학교육의 본질인 학생의 수학적 사고와 학습을 중심에 두고 학자와 연구자뿐만 아니라 교사와 교사 연구자도 함께 탐구하며, 의미 있는 수학 학습의 기회를 설계하려는 노력은 지금 한국의 수학교육이 맞이한 변곡점과도 맞닿아 있습니다. 따라서 본서를 통해 한국의 수학교육 연구가 세계적 학문 전통과 대화하며, 그 지적 유산을 새로운 맥락 속에서 재해석하고 계승할 부분을 찾아 나가는 대화의 장이 되는 출발점이 되기를 바랍니다.

2025년 가을

고려대학교 수학교육과 교수 김희정

서문

에드워드 실버Edward A. Silver: 그의 전문적 여정을 기념하며

중국에는 "饮水思源(음수사원)"이라는 말이 있다. 번역하면, "물을 마실 때, 그 근원을 잊지 말라"라는 뜻으로, 이는 우리가 받은 은혜나 성공의 원천, 즉 우리에게 영향을 준 사람을 잊지 말라는 의미를 담고 있다.

이 책의 목적은 이러한 중국의 격언을 구현하기 위해, 수학교육자이자 연구자인 에드워드 실버Edward Silver의 성공적인 전문 경력을 기리는 것이다. 이 책의 모든 장은 최소 한 명 이상 저자가 그의 대학원생으로 혹은 박사후연구원으로 함께 연구하는 소중한 기회를 가졌던 이들이 작성하였다. 이를 통해 실버가 각 장의 저자들에게, 그리고 그의 지도를 받은 많은 이들에게 얼마나 큰 영향을 미쳤는지를 보여주고자 하였다. 이 책을 발간함으로써, 우리는 자랑스럽게 자신을 "실버 학파"라고 부르는 사람들 간의 지속적인 유대감을 촉진하고 실버의 길고 성공적인 전문 경력을 기념하고자 한다.

독자들은 이 책의 각 장이 수학교육연구 분야에 매우 통찰력 있고 훌륭하게 작성되었음을 알 수 있을 것이다. 그러나 이 책은 실버가 수학교육에 미친 영향의 일부에 불과하다. 각 장에서는 실버가 다른 많은 연구자들의 경력과 연구 프로그램에 어떻게 영향을 미쳤는지 자세한 내용을 확인할 수 있다. 또한, 일부 장은 실버와 직접적으로 일하지는 않았지만, 실버파의 제자나 동료였던 여러 저자들이 함께 공동으로 작성한 것을 볼 수 있다. 이러한 연구의 계보는 실버를 기점으로 그의 영향력이 얼마나 넓게 퍼져 나갔는지를 보여주는 일종의 족보라고 할 수 있다.

또한, 우리는 12개의 장으로 구성된 이 한 권의 책만으로는 실버의 길고 성공적인 경력을 충분히 조망할 수 없다는 점도 잘 알고 있다. 실버의 경력에서 중요한 이정표에 대한 요약은 책 말미에 수록된 '약력Biological Sketch'을 참조하기 바란다. 서문에서는 실버의 경력 중 다음의 세 가지 주요 특징을 선별적으로 강조하고자 한다. 첫째, 수학을 최우선으로 둔 점, 둘째, 학생들의 수학적 사고에 집중한 점, 그리고 셋째, 수학 교사를 위한 전문성 개발을 지원한 점이다.

수학을 최우선으로 두기

여기서 우리가 강조하고자 하는 에드워드 실버의 경력의 첫 번째 특징은 바로 수학에 중점을 둔 것이다. 그는 수학 교사로서 경력을 시작했으며, 특히 모든 학생이 수학적 이해를 증진할 수 있도록 지원하는 데 관심을 가졌다. 실버는 뉴욕의 아이오나 칼리지Iona College에서 수학 학사Bachelor of Arts 학위를 취득한 후, 수학교육자로서의 여정을 시작했다. 그는 중학교 1학년 수학 교사로서 학생들의 다양한 학습 능력에 매료되었고, 학습에 흥미를 불러일으키는 데 항상 관심을 가졌다. 이러한 경험은 문제해결과 탐구에 대한 그의 관심으로 이어졌는데, 이 주제들이 학생들의 상상력을 자극하고 수학적 사고를 발전시키는 데 도움이 된다는 것을 알게 되었기 때문이다. 실버는 또한 수학 개념을 과학과 같은 다른 과목과 연결지어 수학 개념을 맥락화하는 것이 학생들의 이해를 증진시킬 수 있음을 발견했다. 교실에서의 이러한 경험은 그가 컬럼비아 대학교 티처스 칼리지Teachers College, Columbia University에서 수학교육 박사학위과정을 시작하게 된 계기가 되었다. 그는 수학 및 수학교육 석사학위와 수학교육 박사EdD학위를 취득한 후, 노던 일리노이 대학교Northern Illinois University의 수학과에서 예비 수학 교사들을 가르치기 시작했다. 그곳에서 동료들은 그가 연구에 매진하고 이 분야에 기여할 것을 권유했다. 이러한 격려는 그가 캘리포니아의 샌디에이고 주립 대학교San Diego State University(역시, 수학과), 펜실베이니아의 피츠버그 대학교University of Pittsburgh 그리고 최종적으로 미시간 대학교University of Michigan로 경력을 확장하는 동안에도 지속되었다.

이후 실버는 유리수, 나머지가 있는 나눗셈, 국가 교육성취도평가National Assessment of Educational Progress; NAEP의 결과 분석 보고서 QUASAR(양적 이해: 학생 성취도와 추론 증폭하기Quantitative Understanding: Amplifying Student Achievement and Reasoning)와 같은 연구 프로젝트에 참여했고, 연구 결과의 실무자 접근성 증대에 기여했다. 그의 경력 전반에 걸친 수학적 사고에 대한 관심과 교사들과 협력하여 수학 교수·학습의 질을 개선하고자 하는 노력은 변함없이 이루어져 왔다. 학생들의 수학적 사고와 심도 있는 사고의 상호작용은 그의 연구의 핵심 주제였다.

실버는 수학 중심의 프로젝트뿐만 아니라, 다른 연구 분야에서도 수학을 최우선으로 두고자 했다. 특히 이 책의 후반부에 수록된 그의 약력에서도 알 수 있듯이, 거의 모든 연구 관심 분야에서 수학을 언급하고 있다. 수학적 사고 연구, 지적 참여와 형평성을 갖춘 수학 수업, 수학 성취도의 평가 및 보고에 대한 혁신적 방법이 그 예이다.

학생 수학적 사고에 중점을 두기

에드워드 실버Edward A. Silver의 연구 경력에서 두드러진 두 번째 주요 초점은 문제해결과 문제제기 영역을 중심으로 한 학생들의 수학적 사고에 대한 탐구였다. 그는 교직 초기와 박사학위과정 시절부터 문제해결에 관심을 갖게 되었으며, 컬럼비아 대학교 티처스 칼리지에서 박사학위과정 중 Jeremy Kilpatrick과 Bruce Vogeli의 영향을 깊이 받았다. 특히 Vogeli의 국제적인 시각은 실버가 수학교육에 대한 세계적 관점을 갖게 하는 데 기여하였으며, Kilpatrick의 문제해결 및 탐구 중심 교육에 대한 관심은 실버에게 지속적인 인상을 남겼다. 실버는 Kilpatrick과 그의 제자들과 함께 문제해결 관련 모임에 참여하면서 이 관심을 더욱 발전시켜 나갔다. 실버는 또한 George Polya의 수학적 문제해결 및 사고에 관한 사상에 영향을 받았으며, 특히 Polya의 저서 Mathematical Discovery(1962)를 통해 문제해결 과정에 대한 깊은 통찰을 얻게 되었다. 대학원 시절 Piaget에 대한 세미나 수강은 그에게 인지심리학과 수학교육 간의 연결 가능성에 대한 관심을 불러일으켰다.

이러한 실버의 인지심리학과 수학교육 간의 연결 가능성에 대한 관심은 이후 미국 국립과학재단National Science Foundation의 지원을 받은 연구 프로젝트로 이어졌다. 실버는 해당 프로젝트를 통해 학술대회를 조직하였으며, 그 결과물로 편저서 Teaching and Learning Mathematical Problem Solving: Multiple Research Perspectives(1985)를 출간하였다. 이 책은 수학적 문제해결에 관한 연구들을 종합적으로 조명한 저술로, 심리학과 수학교육을 연결하는 가교 역할을 하며 학계에 지대한 영향을 끼쳤다. 노란색 표지로 인해 '노란 책yellow book'으로도 널리 알려져 있다.

실버는 1994년 발표한 고전적 논문 《수학 문제제기에 관하여On Mathematical Problem Posing》에서 문제제기를 수학교육의 핵심적 교육 도구로 제안하며, 문제제기 연구 분야의 발전을 촉진했다. 그는 해당 논문에서 수학에서의 문제제기의 중요성을 강조하고, 이를 수학적 사고의 본질적인 요소로 보았다. 나아가 문제제기는 학생들의 수학 이해를 심화시키는 데 기여한다고 주장하였다. 실버는 이 논문에서 문제제기를 위한 이론적 틀을 제시하고, 교실 수업에서 이를 어떻게 적용할 수 있을지를 구체적인 예시와 함께 설명하였다. 또한 교사는 학생들이 자유롭게 탐구하고 다양한 해결 방법을 시도할 수 있도록 장려하는 학습 환경을 조성해야 한다고 강조하였다. 실버의 이러한 연구는 이후의 다양한 문제제기 기반 수업 및 연구에 이론적 토대를 제공하였다.

수학 교사의 전문성 개발 지원

에드워드 실버의 연구 경력에서 세 번째 핵심 초점은 수학 교사를 위한 전문성 개발을 지원하고, 수학교육 분야의 박사학위과정 학생 및 박사후연구원들을 멘토링하는 데 있었다. 특히 교사를 위한 지원 사례 중 가장 대표적인 업적은 피츠버그 대학교 산하 학습연구개발센터Learning Research and Development Center에서 진행된 QUASAR 프로젝트를 총괄한 것이다.

이 QUASAR 프로젝트는 교육 개혁을 위한 프로그램으로, 경제적 취약 계층의 중학생들을 위한 수학교육 개선을 목표로 하였다(Silver & Stein, 1996). 당시 전통적인 수학교육 방식은 도심 지역 학교에서 많은 학생들에게 의미 있는 수학 역량을 길러주는 데 실패하고 있었으며, 이에 따라 QUASAR는 중등 수학교육의 내용과 형태를 질적으로 향상시켜 학생들에게 질 높은 수학 학습 기회를 제공하고자 했다. QUASAR는 미국 내 여섯 개 도시 학교에서 독립적으로 운영되었으며, 이들 학교는 문화적·언어적으로 다양한 학생들로 구성되었는데, 다수의 학생들이 집에서는 영어 이외의 언어를 사용하며, 빈곤 가정의 아동들이 주를 이루는 교육 환경이었다. 이 프로젝트는 기초 수준과 고차원 수학 목표를 통합하는 수업 비전을 추구하며, 추론, 문제해결, 의사소통, 개념적 이해를 강조하였다. QUASAR 수업에서는 학생들이 다양한 표현과 해결 전략을 동원해야 하는 도전적인 과제에 지속적으로 참여하며, 협력 학습을 통해 수학적 사고를 심화시키는 기회를 가졌다.

QUASAR 프로젝트는 다양한 연구 성과를 남겼으며, 그 중 하나는 Mathematical Instructional Practice: A Casebook(Stein et al., 2000)이다. 이 책은 교사와 교육자가 수업에서의 의사결정, 수업 자료, 그리고 학습 결과를 수학교육과정 기준에 근거하여 평가할 수 있도록 돕는 분석틀을 제공하였다. 이 책은 약 500개의 실제 수업 사례를 통해 독자들에게 인지적으로 풍부하고 도전적인 교실 환경을 어떻게 조성할 것인지에 대한 구체적인 통찰을 제공하며, 학생의 수학적 이해를 촉진하는 수업 설계를 보여준다. 이 책은 수학교육 전문가들로부터 높은 평가를 받았으며, 실버가 교사 전문성 개발 영역에 남긴 지속적인 영향력을 잘 보여주는 사례 중 하나로 평가된다.

QUASAR 프로젝트가 종료된 지 25년 이상 지났지만, 그 학문적 유산은 여전히 현재진행형이다. 예를 들어, 학생들이 참여하는 수학 과제의 성격과 그로부터 배우는 수학 개념 간의 관계에 대해 훨씬 많은 연구 결과가 축적되어 있다. 특히 고차원 과제는 암기나 절차적 알고리즘을 반복 적용하는 저차원 과제에 비해 학생들의 수학 학습에 더 긍정적인 영향을 미친다는 사실이 입증되었다. 이후의 다양한 연구들은 이 결과를 확장하면서 고차원 과제의 실제 수업 내 실행을 방해하거나 촉진하는 요인, 그리고 교사가 과제의 인지적 요구 수준을 유지하면서도 학생들의 몰입을 어떻게 지원할 수 있는지에 대한 통찰을 제공해왔다. 이러한 수학 과제에 대한 연구는 교사교육자 및 전문성 개발자들의 수업 설계와 실천에도 영향을 미쳤다. 특히, 이들은 수학 과제가 요구하는 인지적 요구 수준levels of cognitive demand에 주목하는 교사 연수에서의 학습 기회를 설계함으로써 교수·학습의 질을 향상시키는 데 기여하고 있다.

마지막으로 실버의 전문성 개발에 대한 기여는 그가 박사학위과정 학생과 박사후연구원들을 멘토링해온 오랜 경력을 통해서도 잘 드러난다. 이 책의 편집자 세 명 모두(두 명은 실버의 박사학위과정 제자이며, 한 명은 그의 박사후연구원 출신) 그리고 각 장의 공저자 다수는 그의 현명한 지도를 받은 연구자들이다. 편집자와의 인터뷰에서 실버는 대학원생과의 협업에 대한 자신의 비전을 회고하였다. 특히 박사학위과정에 있는 학생들에게 시간을 현명하게 사용할 것을 조언했다. 즉 자신의 필요와 적성에 부합하는 프로그램을 선택하고, 자신이 어떤 유형의 수학교육자가 되고 싶은지(예: 교사교육자, 연구자 등) 진지하게 고민할 시간을 가질 것을 권장하였다. 그는 또한 수학교육 박사학위과정에 진학하게 된 본래의 열정과 동기를 잊지 말고, 학위과정 중에도, 또 이후에도 그 열정을 계속 간직해 나갈 것을 당부하였다.

지속적 영향

이 책 전반에 걸쳐 우리가 보여주고자 했듯이, 한 사람이 많은 이들에게 지대한 영향을 미칠 수 있다. 비록 이 책에 담긴 12개의 장이 그 모든 영향을 온전히 담아내지는 못하더라도, 한 사람이 미칠 수 있는 깊고 넓은 영향력을 조명할 수는 있을 것이다. 에드워드 실버의 전문가로서의 삶을 기념하며, 우리는 또한 그와 함께 일하며 영향을 받은 이들이 그 정신을 다음 세대에 계승해 나가는 과정을 보여주고자 했다. 이 책은 수학교육자이자 연구자로서의 실버의 경력에 경의를 표하며, 문제해결, 문제제기, 탐구를 통해 학생들에게 수학 학습의 즐거움을 불어넣고자 한 그의 노력, 그리고 교사와 교육 전문가들의 전문성 개발을 지속적으로 지원한 그의 공헌을 담아내고자 하였다.

뉴어크(델라웨어, 미국)	진파 카이(Jinfa Cai)
옥스퍼드(영국)	가브리엘 J. 스타일리아니디스(Gabriel J. Stylianides)
앤아버(미시간, 미국)	패트리샤 앤 케니(Patricia Ann Kenney)

▮ 참고문헌

Polya, G. (1962). *Mathematical discovery: On understanding, learning, and teaching problem solving*. Wiley.

Silver, E. A. (Ed.) (1985). *Teaching and learning mathematical problem solving: Multiple perspectives*. Lawrence Erlbaum Associates.

Silver, E. A. (1994). On mathematical problem posing. *For the Learning of Mathematics, 14*(1), 19–28. http://www.jstor.org/stable/40248099

Silver, E. A., & Stein, M. K. (1996). The Quasar project: The "revolution of the possible" in mathematics instructional reform in urban middle schools. *Urban Education*, 30(4), 476–521. https://doi.org/10.1177/0042085996030004006

Stein, M., Smith, M., Henningsen, M., & Silver, E. (2000). *Implementing standards-based mathematics instruction: A casebook for professional development*. Teacher College.

약력

Edward A. Silver

에드워드 실버는 2000년 미시간 대학교[University of Michigan] 교수로 임용되었으며, 현재는 마살 패밀리 교육대학[Marsal Family School of Education]에서 윌리엄 A. 브라우넬 석좌교수[William A. Brownell Collegiate Professorship]를 맡고 있다. 2008년에는 미시간 주립 대학교[Michigan State University]에서 래판-필립스-피츠제럴드 방문교수[Lappan-Phillips-Fitzgerald Visiting Professor]로, 2015년에는 캐나다 풀브라이트 프로그램 초청으로 앨버타 대학교 교육대학[University of Alberta Faculty of Education]에서 방문연구장[Visiting Research Chair]을 역임하였다. 미시간 대학교에 부임하기 전까지(1987–2000), 실버는 피츠버그 대학교[University of Pittsburgh] 교육대학 교수 및 학습연구개발센터[Learning Research & Development Center]의 선임연구원[Senior Scientist]으로 활동하였다. 그 이전에는 노던 일리노이 대학교[Northern Illinois University] 수학과(1977–1979), 샌디에이고 주립 대학교[San Diego State University] 수학과(1979–1987)에서 교수직을 역임하였다. 그는 뉴욕주 중·고등학교 수학 교사로 경력을 시작하였으며, 이후 아이오나 대학교[Iona College]에서 학사학위를, 컬럼비아 대학교 티처스 칼리지[Teachers College, Columbia University]에서 석사[MA, MS] 및 박사[EdD] 학위를 취득하였다.

실버의 학문적 관심사는 다음과 같다: 수학적 사고, 특히 문제해결과 문제제기에 대한 탐구, 인지적으로 도전적이면서도 공평한 수학 수업 설계와 분석, 수학 성취에 대한 혁신적 평가 및 보고 방식 개발, 실천-기반 교사 전문성 개발 접근, 수학교육연구와 현장 실천 간의 연결고리 강화. 그는 위 주제들과 관련하여 수많은 연구 프로젝트를 주도했으며, 150편 이상의 논문, 책, 학술 챕터를 발표하였다.

실버는 학문적 연구 활동 외에도 여러 학술 및 교육기관에서 주요 리더십 역할을 수행해왔다. 그는 Journal for Research in Mathematics Education(JRME)의 편집장을 2000년부터 2004년까지 역임하였으며, The Elementary School Journal의 공동 편집인으로도 2008년부터 2010년까지 활동하였다. 또한 샌디에이고 주립 대학교[San Diego State University]에서는 수학교육 및 과학교육연구센터[Center for Research in Mathematics and Science Education]의 초대 소장을(1985–1987), 피츠버그 대학교[University of Pittsburgh]에서는 QUASAR 프로젝트의 책임자(1989–1995)를 맡아 도시 중학교 수학교육 개혁을 이끌었다. 미시간 대학교에 재직하면서 그는 앤아버 캠퍼스 교육대학에서 교육학 프로그램 주임[Chair of the Educational Studies Program](2003

-2005), 학사운영 부학장Associate Dean for Academic Affairs(2005-2008), 연구 및 대학원 부학장Senior Associate Dean for Research and Graduate Studies(2016-2021)을 역임하였다. 또한 미시간 대학교 디어번 캠퍼스University of Michigan-Dearborn에서는 교육대학 학장(2010-2013)으로 재직하며 행정 리더십을 발휘하였다.

실버는 수많은 업적을 통해 국내외 주요 기관으로부터 다양한 상과 명예를 수여받았다. 주요 수상 경력은 다음과 같다:

- **2004년**: 미국교육학회(AERA)로부터 교육연구의 실천 기여상(Award for Outstanding Contributions of Educational Research to Practice) 수상
- **2007년**: TODOS로부터 아이리스 칼 기념 리더십 및 형평성상(Iris Carl Memorial Leadership and Equity Award) 수상
- **2008년**: 수학교사교육자협회(AMTE)로부터 주디스 제이콥스 기조강연상(Judith Jacobs Lectureship) 수상
- **2009년**: 컬럼비아 대학교 티처스 칼리지 수학·과학·기술학과로부터 우수 동문상(Distinguished Alumnus Award) 수상
- **2009년**: 전미수학교사협의회(NCTM)로부터 평생공로상(Lifetime Achievement Award) 수상
- **2011년**: 미국교육학회(AERA) 수학교육연구 특별 분과로부터 시니어 학자상(Senior Scholar Award) 수상
- **2016년**: 미국교육학회(AERA) 펠로우(Fellow) 선정
- **2017년**: 미국국립교육아카데미(National Academy of Education) 회원으로 선출

차례

About the Contributors

이 책에 기여한 분들

Sofia Agathangelou는 키프로스 교육연수원(Cyprus Pedagogical Institute, CPI)의 교원연수부Department of In-service Teacher Training에 재직 중이다. 그녀는 교육과정 개발과 지도 방법 석·박사학위, 교육과학Educational Sciences 학사학위를 취득하였다. 교원연수부에서 현직 교사를 대상으로 수학 교사 지식, (차별화된differentiated 지도 방법을 포함하는) 교육 방법론, 질 높은 지도 방법quality instruction에 관한 주제로 강의하고 있다. 그녀는 또한 유럽과 국가적인 관련 연구 프로젝트에 참여하고 있다.

Cengiz Alacaci는 미국 피츠버그 대학교에서 수학교육학 박사학위를 취득하였다. 그는 1995년에서 1999년에 피츠버그 대학에서 에드워드 실버 박사의 대학원 연구조교로서 그리고 박사후연구원으로서 학습연구개발센터에서 재직하였다. 그 후 미국의 플로리다 국제대학교Florida International University와 터키의 빌켄트 대학Bilkent University에서 가르쳤다. 그는 현재 노르웨이의 애그더 대학교University of Agder 수리과학부에서 수학교육학 교수로 재직 중이다. 그는 수학 문제해결, 수학교육과정과 수학 교사교육에 관한 연구를 수행하고 그 연구 성과를 출간하고 있다.

Jinfa Cai는 델라웨어 대학교University of Delaware에서 케이틀린과 데이비드 할러웰 수학교육 교수Kathleen and David Hollowell Professor of Mathematics Education이고 미국교육학회 펠로우Fellow of American Educational Research Association이다. 그는 Journal of Research in Mathematics Education에서 최고 편집자로서 활동했다. 또한 그는 미국 국립과학재단의 프로그램 디렉터로서 활동했다. 그는 2017년 수학교육을 위한 핵심서Compendium for Research in Mathematics Education의 저자였다. 그는 델라웨어 대학의 예술 및 과학 대학의 학술 최우수상Outstanding Scholarship Award을 포함한 중요한 상을 수차례 수상했다. 그는 또한 델라웨어 주의 중요한 수학교육 업적을 기리는 웨버상Webber Award의 수상자였다. 최근에 그는 수학적 문제제기에 관한 연구를 주로 수행하고 있다.

Bulent Centikaya는 터키의 중동 기술대학Middle East Technical University의 중등 과학 및 수학교육과의 부교수로 재직 중이다. 그는 미국의 시라큐스 대학교Syracuse University에서 수학교육학 박사학위를 취득했다. 그의 연구 관심사는 수학 교사교육, 수학적 모델링과 문제제기, 학습과 지도에서부터 교사 신념과 개인차에 관한 주제까지를 아우른다. 그는 주 책임자이자 연구자로서 미국 국립과학재단National Science Foundation, 제너럴 일렉트릭General Electric, 세계 은행World Bank, 터키의 과학 기술 연구 위원회Scientifc and Technical Research Council of Turkey의 지원으로 몇몇 연구와 전문성 신장 프로젝트에 참여했다.

Charalambos Y. Charalambous는 키프로스 대학University of Cyprus의 교육학과에서 교육연구와 평가를 주로 연구하며 부교수로 재직 중이다. 그의 연구 관심사는 교수 효과성으로 특히 교수 활동의 본질을 이해하고, 교수의 질에 기여하는 요인들이 무엇인지, 교수 활동이 학생 학습에 미치는 영향을 포함하여, 교수의 질을 측정하는데 초점을 두고 있다. 또한 수업 실행에 관해 안내된 성찰을 통해 교사의 초기 교육과 전문성 신장에 관심 갖고 있다.

Sean Delaney는 트리니티 칼리지 더블린Trinity College Dublin과 연계된 매리노 대학Marino Institute of Education에서 등록처장 및 (학술)부총장Registrar and Vice-President(Academic Affairs)이다. 그의 연구 관심사는 교사의 수업 실행과 교사교육, 수학 지도를 위한 수학 지식, 교육목적과 교육을 포함한다. Routledge 출판사를 통해 《모두가 원하는 초등 교사 되기Become the Primary Teacher Everyone Wants to Have》라는 책이 발간되었고 교육에 관한 팟캐스트인 Inside Education은 15만 회 이상의 다운로드 횟수를 기록했다.

Meixia Ding은 미국의 템플 대학교Temple University 수학교육학 부교수이다. 그녀의 연구는 교수 환경(예: 교사 지식, 교육과정)을 어떻게 구조화하면 학생들이 기본적인 수학적 개념(예: 기본 성질, 관계, 구조)에 대한 정교한 이해를 발전시킬 수 있는지를 탐구한다. 이러한 이해는 학생들이 대수와 같은 더 고급 주제를 학습하는 데 기초를 마련해 줄 수 있다. 미국 국립과학재단National Science Foundation의 CAREER award로 그녀는 문화 간 관점에서 초등학교에서의 초기 대수 지도에 필요한 지식을 탐구했다.

Ayhan Kursat Erbas는 미국의 조지아 대학교University of Georgia에서 수학교육학 박사학위를 취득했다. 그는 현재 터키의 중동 기술대학교Middle East Technical University에서 수학 및 과학교육과에서 수학교육 교수로 재직 중이다. 그는 수학적 모델링, 문제해결, 수학교육과정과 교과서, 국제 비교 연구, 대수 지도 및 학습, 수학교육에서 공학적 도구 활용, 수학 교사교육에 관한 연구를 수행하고 그 결과를 보고해 오고 있다.

Hala Ghousseini 박사는 위스콘신 대학교University of Wisconsin에서 존 하비 수학교육학 교수John G. Harvey Professor of Mathematics Education 이다. 그녀의 연구는 교사 학습, 교실 담론classroom discourse, 야심찬 실천ambitious practice의 학습을 도울 수 있는 전문적 교육의 설계에 관심을 갖고 있다.

Hiu-Yu Hsu는 국립 칭화 대학교National Tsing Hua University의 수학 및 과학교육의 대학원에서 부교수로 재직 중이다. 그녀는 미시간 대학교University of Michigan에서 2004년에서 2010년까지 에드워드 실버의 지도하에 박사학위를 취득하였다. 그녀는 박사학위논문에서 수학 과제 분석틀Mathematical Tasks Framework과 인지적 요구cognitive demand라는 구인을 활용해서 대만에서 교육과정 및 지도 자료, 교실 수업, 학생의 기하 학습을 분석하였다. 그녀의 연구 관심사는 기하 내용 요소의 지도와 학습, 교과서 분석, 그리고 학생의 수학 반응mathematics reactions에 관한 이벤트 관련 잠재력Event-Related Potential(ERP)가 있다.

Rongjin Huang은 미국의 미들 테너시 대학교Middle Tennessee State University 교수이다. 그의 연구 관심사는 수학 교실 지도 방법, 수학 교사교육, 수업연구lesson study이다. 그는 《수학 수업연구의 이론과 실천Theory and Practice of Lesson Study in Mathematics(Springer, 2019)》와 《가상/혼합 환경에서의 수업연구를 통한 교사의 전문적 학습Teacher Professional Learning Through Lesson Study in Virtual/Hybrid Environments(Routledge, 2023)》, ZDM Mathematics Education과 International Journal for Lesson and Learning Studies를 포함하는 9권의 책을 공동 집필하는 것을 포함하여 폭넓게 학술적인 성과를 발표해 오고 있다. 황 박사는 ICMI STUDY 25의 국제 프로그램 위원회 회원이었고 현재는 수업연구의 국제 연합World Association of Lesson Study의 위원회 위원이다.

Stephen Hwang은 델라웨어 대학교University of Delaware의 수리과학과의 선임연구위원Senior Research Associate이다. 그의 연구 관심사는 수학적 문제제기, 수학적 정당화와 증명의 지도와 학습, 수학 분야에서 실행의 특성, 교사교육을 포함한다. 그는 현재 미국 국립과학재단National Science Foundation의 지원을 받아 중등 수학 교사가 문제제기를 수업에 통합시키도록 돕는 프로젝트인 문제제기를 통한 수학 지도를 위한 교사 지원하기의 프로젝트 관리자Project Coordinator이다.

Elham Kazemi 박사는 워싱턴 대학교University of Washington의 수학교육 교수이다. 그녀는 아동의 수학적인 사고와 경험, 교실 담화, 교사들의 협동적인 학습을 연구하고 있다.

Patricia Ann Kenney는 수학교육 분야로 전형적이지 않은atypical 경험을 갖고 있다. 영문학 학사와 문헌정보학 석사학위를 취득하여 대학교 사서로서 1974년에 직장 생활을 시작하였다. 그녀는 고등 교육기관으로 돌아가 1981년에 수학 학사와 1988년 수학교육 박사학위를 취득하였다. 그녀는 미국 펜실베니아에 소재한 피츠버그 대학University of Pittsburgh에서 에드워드 실버 박사의 사사하에 학습연구개발센터Learning Research and Development Center에서 1990-1992년 동안 박사후과정을 보냈고 그와 함께 약 20년간 논문과 책 장을 편집자로서 작성하거나 수학교육연구 저널Journal for Research in Mathematics Education이나 전미수학교사협의회National Council of Teachers of Mathematics의 국가 교육향상평가 National Assessment of Educational Progress 해석 보고서, 《More Lessons Learned from Research》 등을 발간하였다. 이러한 경험들은 그녀의 영문학, 연구, 수학에 대한 배경을 활용하여 그녀와 협업한 이들에게 도움이 되었다.

Sigal Klein은 하이파 대학University of Haifa의 수학교육과에서 Roza Leikin 박사의 지도하에 있는 박사학위 후보생PhD candidate이다. 1991년에 그녀는 이스라엘 공학대학 테크니언Israeli Institute of Technology의 산업경영학과를 졸업했다. 2019년에 그녀는 하이파 대학에서 수학교육 석사학위를 취득하였다. 수학교육연구를 하기 전에는 산업과 첨단 기술 분야에서 종사하였다. 그녀는 수학 분야가 학생들이 이해할 수 있도록 하기 위해서 교육에서 수학적 지식과 기술을 산업과 첨단 기술 분야에서 필요한 지식과 연결하고 있다. 그녀의 박사학위논문 연구는 다양한 해결 방법을 갖고 다양한 해결 전략을 갖는 개방형 문제를 해결할 때 학생과 교사들에게 필요한 창의성에 초점을 두고있다. 그녀는 레인지RANGE 센터의 R&D 수학교육 프로그램의 디지털화를 이끌고 있다. 시걸은 또한 초등학교에서 고등학교까지 이르는 여러 단계의 수학을 다양한 능력을 가진 학생들에게 가르치고 있다.

Roza Leikin은 하이파 대학University of Haifa의 교육대학에서 수학교육과 영재교육 분야 정교수이며 2020년 10월부터 교수 학장을 지내고 있다. Leikin 박사는 영재성과 수월성의 연구와 향상을 위한 간학문적 센터인 레인지 센터RANGE Center를 설립한 센터장Establishing Director이다. 라이킨 교수의 연구는 수학적 창의성과 능력, 과제 설계, 교사의 전문적 가능성, 뇌인지 연구를 수학교육에의 통합에 초점을 두고 있다. 2012년부터 2017년까지 그녀는 수학적 창의성과 영재성의 국제 그룹의 회장직을 수행하고 있고 이스라엘 교육부의 수학교육 국가 위원회[National Advisory Board in Mathematics Education of the Israeli Ministry of Education]의 자문 위원장을 맡고 있다. 2013년부터 그녀는 International Journal of Science and Mathematics Education 저널의 수학교육 선임편집자로 활동하고 있다. 그녀는 수학과 영재교육연구에 관련된 13권의 책을 집필하고 180편 이상의 논문과 챕터를 동료 심사 연구 저널, 책, 학회 발표물로 출간한 바 있다.

Shuk-kwan S. Leung은 대만의 국립 선 얏센 대학[National Sun Yat-sen University]의 교사교육 센터이자 사범대학의 학장이다. 그녀는 홍콩에서 교사이자 교수였다. 그녀의 연구 관심사는 문제해결/제기, 교사교육, 부모의 참여 등이 있다. 그녀는 Mathematical Thinking and Learning과 International Journal on Science and Mathematics Education의 편집 위원회를 맡고 있고 PME와 ICME에서 활동하며 학술 저널이나 책으로 출판해오고 있다. 그녀는 대학과 국가 수준(국가 과학 위원회, 교육부)에서 수차례 수상하였고 국가 과학 협의회[National Science Council]와 교육부[Ministry of Education]의 검토위원[review panel member]이었다.

Xiabao Li는 와이드너 대학교[Widener University] 수학교육 부교수이다. 그의 연구는 학생들의 수학 학습에서의 어려움과 어떻게 학습 환경이 모든 아동들이 수학을 이해할 수 있고 접근할 수 있도록 설계될 수 있는지에 초점을 두고 있다. 이러한 연구에서 얻은 결과들은 Cognition and Instruction, School Science and Mathematics 저널에 게재된 바 있다.

Yeping Li는 미국 텍사스 농업 및 기계공학대학교[Texas A & M University]의 교수, 학습, 문화 학과의 전 학과장이자 교수이다. 그의 연구 관심사는 수학교육, 융합교육(STEM), 국제 연구와 교사교육을 아우른다. 그는 Springer 출판사의 International Journal of STEM Education과 Journal for STEM Education Research의 초대 편집 위원장이다. 15권 이상의 책과 저널의 특별호에 더불어 그는 주제 영역의 수많은 논문을 게재했다. 그는 미국 피츠버그 대학교[University of Pittsburgh]의 교육에서 인지 연구[Cognitive Studies in Education] 분야로 박사학위를 취득하였다.

Matthew Melville은 퍼듀 대학교 포트웨인[Purdue University Fort Wayne]의 조교수이다. 그의 연구 관심사는 예비 및 현직 교사의 전문성 학습과 국제 비교 연구가 있다. 현재 그는 전문성 학습 프로그램을 개관하는 프로젝트와 일본의 교수 사이클에 관한 연구를 다양한 중학교 및 고등학교 교사 그룹을 대상으로 수행 중이다.

Nicos Papadouris는 키프로스 교육연수원Cyprus Pedagogical Institute의 교육연구 및 평가 센터Center for Educational Research and Evaluation에서 재직 중이다. 그는 과학교육학 석·박사학위와 교육학 및 물리학 학사를 취득하였다. 그의 연구 관심사는 과학(물리학 중심)의 지도와 학습, 과학 교육과정 설계 및 개발, 과학 학습의 평가를 중심으로 하고 있다.

Cathy G. Schlomer는 미국 펜실베니아주 인디애나 지역 고등학교Indiana Area Senior High School에서 1977년부터 2013년까지 수학을 가르쳤다. Cathy의 교실에서의 열정은 탁월한 절차적인 역량과 더불어 학생들의 강력한 인지적인 이해를 쌓기 위한 것이었다. 또한 수십 명의 교육 실습생들을 지도하였고 전문 학술 저널에 교수 실천에 관한 논문들을 제출하였다. 그는 Edward A. Silver 박사의 지도하에 피츠버그 대학University of Pittsburgh에서 박사학위를 1994년에 취득하였다. 그녀는 수학교육에서 연구와 실천 사이의 상호작용에 매료되어 그 상호작용의 간극을 줄이는 방법들에 깊은 관심을 갖고 있다.

Leah N. Shilling-Stouffer는 미국 롱우드 대학교Longwood University의 수학교육과의 부교수로서 예비 초·중등 교사들을 가르치는 것을 비롯하여 다양한 수학 과정을 지도하고 있다. 또한 학생들이 더 자신감을 갖고 수치 정보와 방법들을 비판적으로 사용할 수 있도록 학문적 지원과 서비스를 제공하는 양적 추론 센터Quantitative Reasoning(QR) Center의 센터장을 역임하고 있다. 그녀의 주된 연구 관심사는 수학 학습 지도에 관한 중요성, 영향력, 수학적 믿음에 대한 효과에 초점을 두고 있다. 양적 추론 센터장으로서 활동의 토대가 되는 또 다른 연구 관심사로는 통계학 개론 수업을 듣는 학생들의 성공에 걸림돌이 되는 것과 지원에 관한 모색을 아우른다.

Margaret Smith는 미국 피츠버그 대학교University of Pittsburgh 명예교수이다. 그녀의 연구는 수학 교사의 전문성 신장에서 사용할 연구 기반 자료를 개발하는 것에 초점을 두고 있다. 그녀는 (Mary Kay Stein과 공동 집필한) 《생산적인 논의를 이끄는 다섯 가지 수업 실천Five Practices for Orchestrating Productive Discussions》을 비롯한 90권 이상의 책과 편집한 책, 모노그래프, 책의 챕터, 동료 심사된 논문들을 저술하였다. 그녀는 2009년에 전미수학교사협의회National Council of Teachers of Mathematics로부터 수학 교사교육 분야 교육우수상과 2019년에 전미수학교사협의회에서 평생공로상의 수상자이다.

Mary Kay Stein은 미국 피츠버그 대학교University of Pittsburgh에서 교육과학과 정책의 교수, 학습연구개발센터Learning Research and Development Center의 선임연구자Senior Scientist로서 겸임하고 있다. 그녀의 연구는 교실 중심 수학 지도와 정책과 조직적인 조건들이 교사의 실행을 변화시키는 방식에 관한 것에 초점을 두고 있다. Stein 박사는 2014년에 미국교육학회 펠로우Fellow of American Educational Research Association로 지명되었다. 그녀는 수학교육과 학교 개혁에 관한 9권의 책과 교육 저널에 50편 이상의 논문을 공동 저작 또는 공동 편집하였다. 그녀는 국제 수학교육 회의(2012년 대한민국 서울, 2016년 독일 함부르크)에서의 2건을 포함하여 국내 및 국제의 청중을 대상으로 발표한 바 있다.

Gabriel J. Stylianides는 옥스포드 대학교University of Oxford의 수학교육 교수이고 영국 옥스포드의 워세스터 대학의 펠로우Fellow of Oxford's Worcester College이다. 그의 연구는 학생들이 기본적인 수학적인 실천에 유의미하게 참여할 수 있게 하는 것과 관련된 이슈들에 초점을 두고 있다. 그는 4권의 책과 90편 이상의 논문들을 심사받는 저널, 학회 발표지나 편집된 책의 형태로 출간하였다. 그의 연구는 미국 국립과학재단US National Science Foundation, 교육부US Department of Education, 교육기부재단Education Endowment Foundation, 스펜서 재단Spencer Foundation, 존 펠 기금John Fell Fund의 지원을 받았다. 그는 현재 Elementary School Journal, the Journal of Mathematical Behavior, the International Journal of Educational Research, Asian Journal for Mathematics Education의 편집 위원회 위원이다.

Alison Castro Superfine은 수학교육과 학습 과학의 교수이자 미국 일리노이 대학교 시카고University of Illinois at Chicago의 학습 과학 연구소장Director of the Learning Sciences Research Institute이다. Castro Superfine은 미시간 대학교University of Michigan에서 수학교육학 박사학위를 취득하였다. 그녀의 연구는 예비 및 현직 교사들의 학습과 협동적인 수학 지도 향상을 위한 도구로서의 연구-실행 파트너십에 초점을 두고 있다.

Benjamin M. Superfine은 미국 일리노이 대학교 시카고University of Illinois at Chicago에서 교육정책 연구교수이자 교수 관계의 부처장이다. 그는 존 마셜 법학대학원UIC John Marshall Law School과 학습 과학 연구소Learning Sciences Research Institute, 도시 교육정책 센터Center for Urban Educational Leadership의 겸임교수직을 수행하고 있다. 슈퍼핀은 법학 박사와 교육기초와 정책에 관한 박사학위를 미시간 대학교University of Michigan에서 취득하였다. 시카고 대학교 일리노이에 부임하기 전 Superfne은 Washington, D.C.의 한 법률사무소에서 법조인으로 지냈다. 그는 교육법과 정책education law and policy의 역사, 학교 재정 개혁school fnance reform, 규준 중심 개혁과 책임standards-based reform and accountability, 교사 노동조합teacher unions을 중심으로 연구하고 있다.

Ilana Waisman은 하이파 대학교University of Haifa 레인지 센터RANGE center의 창의성, 능력, 영재성에 관한 뇌인지 실험실Neurocognitive Laboratory for the investigation of creativity, ability and giftedness의 연구위원이다. 그녀는 샤넌 사범대학Shaanan Academic Teachers' College의 선임강의교수이다. 그녀는 이스라엘 공학대학 테크니언Technion - Israel Institute of Technology에서 응용수학 석사를 취득하였다. 그녀는 Roza Leikin 교수와 Mark Leikin 교수의 지도하에 하이파 대학교 수학교육과에서 박사학위를 취득하였다. 그녀는 학부와 석사학위과정에서 수학과 수학교육과정을 가르친다. 그녀는 또한 뇌인지 관점에서 수학교육을 바라보기Looking at mathematics education through a neurocognitive lens라는 대학원 과정을 하이파 대학교에서 강의하고 있다. 그녀는 주로 다양한 능력 수준을 가진 개인의 뇌인지적 특성에 초점을 둔 수학적인 성취와 연계된 뇌인지 활동의 관계를 중심으로 연구하고 있다.

Chen-Yu Yao는 대만의 국립 칭화 대학교National Tsing Hua University의 교육심리 및 상담 학과의 박사학위과정생이다. 그는 동 대학에서 2018-2020에 수학과 과학교육과에서 석사학위를 취득하였다. 그의 연구는 이벤트 관련 잠재력 방법론을 활용한 수학에서의 학생들의 인지적인 행동과 발달을 이해하는 것에 초점을 두고 있다.

제1장 수학 문제제기 연구: 《수학 문제제기에 관하여》 논문 출간 이후 30년간의 발전

Jinfa Cai, Stephen Hwang and Matthew Melville

Ed Silver는 1994년에 《수학 문제제기에 관하여On Mathematical Problem Posing》라는 제목의 기념비적인 논문을 출간하였다. 이 논문은 수학 문제제기 연구 분야에 대한 토대를 마련했기 때문에, 이 분야의 "필독서"로 여겨져 왔다. 실제로 구글 학술Google Scholar 검색에 따르면, 이 논문은 출간된 이래 1400건 이상 인용[1]되었으며, 그 중 인용 수 상위 10편의 논문만 합산해도 다른 연구에서 총 7000회 이상 인용되었다. 더 나아가 수학교육 분야 최상위 10개 학술지(Williams & Leatham, 2017)에 게재된 78편의 논문에서도 이 논문을 인용한 바 있다. 수학교육에서 비교적 신생 분야(문제제기에 대한 실증 연구는 불과 지난 20~30년 동안에 이루어짐)임을 감안하면, 단일 논문으로는 상당히 광범위한 영향을 끼친 것이다. 이러한 높은 인용 수는 이 논문이 문제제기 연구의 기념비적 업적임을 감안하였을 때 그리 놀라운 일이 아니다. 실제로 이 논문은 문제제기 및 문제제기 연구에 대한 다양한 관점을 제공한 최초의 논문이었다.

Silver(1994)는 논문 《수학 문제제기에 관하여》에서 6가지 주제를 제시하였다. 우리는 이 장에서 이 6가지 주제를 설명한 다음, '문제제기를 인지적 활동으로 보는 관점', '문제제기를 가르쳐야 할 것으로 보는 관점', 그리고 '문제제기를 통해 가르치는 것으로 보는 관점'(Stanic & Kilpatrick, 1988)으로 문제제기 연구를 조사할 것이다. 이 세 관점을 사용하여 수학교육연구에서 이루어진 문제제기 연구의 발전을 구분한 이유는 적어도 다음의 두 가지 이유에서이다. 첫째, 이 세 관점은 문제해결과 문제해결 연구를 논의하고, 동시에 문제제기와 문제제기 연구를 개념화하는데 용이하기 때문이다(예: Cai & Leikin, 2020). 둘째, Silver가 제안한 6가지 주제는 이 세 관점으로 통합될 수 있기 때문이다. 이 장에서 우리는 Silver의 논문에서 제시된 주제들이 최신 연구에서 어떻게 진행되어 왔는지, 그리고 결국 그 논문이 문헌에 미친 영향을 추적하여 논의하고자 한다.

1) 2023년 3월 17일에 구글 학술 검색에서 검색된 정보.

문제제기의 개념화

Silver의 6가지 주제를 설명하기 전에, 먼저 Stanic과 Kilpatrick(1988)의 문제해결의 개념화와 병렬적인 문제제기의 개념화에 대해 설명하고자 한다. Stanic과 Kilpatrick은 세 가지 범주—인지적 활동으로서 문제해결, 가르쳐야 할 것으로의 문제해결, 문제해결을 통한 가르침—를 제안하였다. 이 범주들은 과거와 현재의 문제해결 연구를 분류할 수 있다. Schroeder와 Lester(1989)도 비슷하게 문제해결 교육에 대한 세 가지 접근방식으로 **문제해결과 관련한**[about], **문제해결을 위한**[for], **문제해결을 통해**[via] **가르치기**를 제안했다. 이러한 문제해결에 대한 접근방식은 문제제기 연구를 위한 병렬적 관점인 **인지적 활동으로서의 문제제기, 학습의 목표로서의 문제제기, 교수학적 접근으로서의 문제제기**를 제안하고 있다(Cai & Leikin, 2020).

인지적 활동으로서의 문제제기는 수학 문제를 제기하는 과정, 즉 "수학적 경험을 바탕으로 학생들이 구체적인 상황에 대한 개인적인 해석을 구성하고, 의미 있는 수학 문제로 만드는 과정"(Stoyanova & Ellerton, 1996, p. 518)을 의미한다. 인지적 활동으로의 문제제기 관점에서 연구자는 학생들이 특정 상황에 대한 개인적 해석을 어떻게 구성하고, 그러한 상황을 바탕으로 문제를 어떻게 제기하는지 이해하고자 한다. 이 과정을 면밀히 살피면서 학생들의 사고—특히 문제제기와 관련한 수학적 인지—가 드러나게 된다. 따라서 이 관점에서 연구자는 문제제기와 관련한 학생들의 구체적인 인지 과정을 조사할 수 있을 뿐만 아니라, 특정한 수학 상황에서 문제를 제기할 때 드러나는 넓은 범위의 수학적 사고와 이해를 탐색할 수 있다(Silver & Cai, 1996).

학습 목표[learning goals]**로서의 문제제기**는 문제제기 기술[skill]의 발달을 의미한다. 이 관점에서의 목표란 학생과 교사를 포함한 개인의 질 높은 수학 문제제기 능력을 함양하는 것이다. 수학 수업에서 학습자는 문제제기 과제에 참여함으로써 문제제기 기술을 개발할 수 있으며, 문제제기 기술의 발달은 수학 수업의 학습 목표 중 하나로 여겨진다. 실제로 문제제기는 학생들의 학습 결과를 측정하는 것으로 사용될 수 있다(Cai et al., 2013).

교수학적 접근으로서의 문제제기는 문제제기를 통해 수학을 가르친다는 것을 의미한다. 문제제기 기술을 개발하는 것이 이러한 수업의 목표가 될 수도 있지만, 이 관점은 학생들을 문제제기 과제와 활동에 참여시켜 문제제기 기술을 개발하는 것을 넘어서, 인지적 및 비인지적 학습 목표를 모두 달성하도록 돕는 것을 강조한다. 예를 들어, 수학 주제가 그 주제의 핵심 측면을 담고 있는 문제 상황으로 소개될 수도 있고, 학생들이 그 문제 상황에 기반을 두어 수학 문제를 제기함으로써 수학적 주제를 탐구하고 이해를 발전하기 시작할 수도 있다(Chen & Cai, 2020). 또는 문제제기는 학생들이 수학의 탐구자로서 정체성을 개발하고 수학에 대한 긍정적인 태도를 촉진하는데 도움을 주는 방법으로 교수[instruction]에 통합될 수 있다(Silver, 1994, 1997).

이 세 가지 관점에 대해 설명함에 있어, 우리는 이를 Silver의 논문이 수학교육의 여러 측면에 미친 영향을 분석하는 데 도움을 주기 위해 사용하고자 한다. 구체적으로 논문《수학 문제제기에 관하여》의 주제를 기반으로 한 가장 많이 인용된 논문 20편을 검토하여 각 논문이 세 관점과 관련하여 어디에 위치하는지 주목하였다. 우리의 분석에 따르면, 14편의 논문은 문제제기를 인지적 활동으로서 다루고 있고, 10편은 학습 목표로서의 문제제기, 4편의 논문은 교수학적 접근으로서의 문제제기를 다루고 있었다. 세 관점이 완전히 분리되어 있지 않고, 때론 문제제기가 연구와 실제에서 두 가지 이상의 관점을 아우르기도 한다는 점에 주목하는 것이 중요하다. 예를 들어, 교사가 한 특정 수학적 주제를 가르치는데 문제제기를 이용하였다면, 문제제기가 교수학적 접근으로 개념화되었음은 분명하다. 그러나 동시에 교사가 이런 방식으로 문제제기를 활용하면서, 문제제기 과제에 참여한 학생들의 수학적 사고를 이해하고자 할 수도 있다. 이런 의미에서, 교사는 인지적 활동—학생들의 수학적 사고를 살펴보는 창을 제공한 활동—으로서 문제제기를 다룬 것이기도 하다. 게다가 학생들이 몇 가지 문제를 제기한 후, 교사는 제기된 문제에 대한 논의를 이끌 수도 있다. 이 논의의 일부로서, 제기된 문제를 비교하고 그 안에 내재된 수학을 조사하여 문제의 정교함과 복잡성의 수준에 대해 논의할 수 있다. 이렇게 함으로써 교사는 학생의 문제제기 기술을 강조하게 되고, 전체 학급을 대상으로 이러한 문제제기 기술을 함양할 수 있도록 할 것이다. 이때, 문제제기는 그 자체로 학습 목표가 된다. 따라서 문제제기에 대한 연구와 실제는 주된 초점이 이 세 가지 관점 중 하나와 명확하게 연결되어 있더라도, 실제로는 여러 관점을 포함할 수 있다.

Silver의《수학 문제제기에 관하여》논문에 나타난 6가지 주제

Silver는《수학 문제제기에 관하여》를 집필하면서 문제제기라는 구성 개념과 그것이 수학적 사고 및 학습의 다양한 측면과 맺는 수많은 연결을 본격적으로 심도 있게 고려하기 시작한 연구공동체를 주된 독자로 삼았다. 따라서 문제제기를 "새로운 문제의 생성과 주어진 문제의 재구성"(p. 19)으로 정의한 것과 더불어 문제제기와 이 분야에서 중요한 다른 구성 개념들 간의 다양한 연결을 논의했다. 이를 통해 Silver는 문제제기와 관련한 질문을 연구하는 것의 잠재적인 중요성을 인식하고 이를 구축할 수 있는 6가지 주제를 제시했다. 이 6가지 주제는 다음과 같다. (1) 창의성 또는 탁월한 수학적 능력으로서의 문제제기, (2) 탐구 지향 교수의 한 유형으로서의 문제제기, (3) 수학적 활동의 주요한 특징으로서의 문제제기, (4) 학생의 문제해결력을 향상시키기 위한 수단으로서의 문제제기, (5) 학생의 수학에 대한 이해를 들여다보는 창으로서의 문제제기, (6) 학생의 수학에 대한 태도를 향상시키기 위한 수단으로서의 문제제기이다. 이 주제들은 당시 문제제기와 관련한 최신 연구에 기초하여 Silver가 정리한 것으로, 문제제기와 수학교육의 매우 광범위하고도 중요한 영역 간의 연결을 나타낸다. 그러나 우리는 이러한 주제들을 위에서 언급한 문제제기의 개념화 내에서 조직해야 할 것이다. 주제 1은 주로 학습 목표로서의 문제제기와 연관이 있으며, 주제 3과 5는 주로 인지 활동으로서의 문제제기와 연관이 있다. 그리고 주제 2, 4, 6은 교수학적 접근으로서의 문제제기와 관련이 있다. 이 장에서 우리는 Silver가 제시한 범주에 따라 이 연결들을 간단히 요약하고자 한다.

창의성 또는 탁월한 수학적 능력의 특성으로서의 문제제기

Silver는 문제제기와 수학적 능력 및 창의성 사이의 연결에 대해 논의했다. 그는 높은 수준의 수학적 능력을 가진 학생들이 낮은 수준의 능력을 지닌 학생들보다 더 복잡한 문제들을 제기할 수 있을 것이라고 설명하였다. 문제제기에서 학생들의 창의성은 새로운 문제들을 제기하는 능력과 관련이 있다. 수학적 능력이 높은 학생들이 더 복잡한 문제를 제기하는 경향이 있지만, 이는 문제제기 기반 교수가 "영재" 학생들만 가르치는데 국한된다는 것을 의미하는 것은 아니다. 오히려 문제제기는 모든 학생에게 수학을 더 쉽게 접근할 수 있도록 만들어 줄 수 있다. 예를 들어, 학생들은 문제를 자신의 경험에 더 가깝게 재구성할 수 있는 출발점으로 활용하여 수학에 더 쉽게 접근할 수 있다. 또한 문제제기가 창의성 및 수학적 능력과 연결되어 있기 때문에 학생들의 이러한 능력을 더 개발하고 측정하기 위해 문제제기를 활용하는 것은 가치가 있다. Silver는 이러한 연결성을 또 다른 널리 인용된 논문(Silver, 1997)에서 자세히 다루고 있다.

실제로 Silver(1997)는 문제제기를 활용하여 창의성을 측정한 역사적 서술을 제시했을 뿐만 아니라, 학생들을 문제제기에 참여시키는 것과 창의적 유창성[fluency], 융통성[flexibility], 그리고 독창성[novelty] 발달 사이의 관계를 제안하였다. 그는 수학적 창의성이 "(수학에서) 깊고 유연한 지식과 밀접하게 관련되며, 종종 빠르고 특별한 통찰보다는 오랜 기간의 작업 및 성찰과 연관되고, 교수 및 경험적 영향에 민감하다"(Silver, 1997, p. 75)고 언급하였다. 창의적 유창성이란 주어진 제시문prompt에 반응하여 많은 아이디어를 산출하는 능력(즉, 하나의 문제제기 과제에서 여러 문제를 만들어낼 수 있는 능력)을 의미한다. 문제제기에서의 융통성은 제기된 문제 유형의 다양성을 의미한다. 그리고 창의적 독창성은 아이디어가 얼마나 흔치 않은가(즉, 특정 문제가 제기될 가능성이 얼마나 낮은가)를 의미한다. Silver(1997)는 문제제기가 이 세 가지 창의적 특성을 모두 발달시킬 기회를 제공한다고 주장하였다.

탐구 지향 교수inquiry-oriented instruction의 한 유형으로의 문제제기

Silver(1994)는 문제제기가 탐구 지향 교수와 관련하여 다음의 세 가지 다른 특징을 어떻게 충족시키는지 보여주었다.

(1) 학생들이 이미 알고 있는 일반적인 규칙, 이론이나 원리를 구성하는데 도움이 된다.
(2) 학생들이 진정으로 새로운 이론이나 원리를 구성하는데 도움이 된다.
(3) 학생들이 자기 질문self-questioning과 자기 조절 기술self-regulatory techniques 및 메타인지를 이용하여 문제를 어떻게 해결할 수 있을지 가르칠 수 있다(p. 21).

Silver는 탐구 지향 교수를 위한 많은 다양한 프로그램이 있지만, 종종 경제적 상위 집단에서 진행된다는 점을 지적하며, 문제제기는 값비싼 교육 자료나 교재 없이도 모든 학생들에게 질 높은 탐구 지향 교수를 제공하는 수단이 된다고 주장한다. 특히 이는 문제제기가 탐구 지향 수업 프로그램에 접근할 기회가 없었던, 역사적으로 소외되어 왔던 집단에게 도움이 될 수 있다는 것을 의미한다. Silver는 모든 학생들이 문제제기를 통해 탐구 지향 수업에 접근할 수 있기를 바라였지만, 탐구 지향 교수의 효과에 대한 더 많은 연구가 필요함 역시 역설하였다. 또한 문제제기와 학생들의 문제해결 능력과의 연결에 대해 더 많은 연구도 필요하다고 지적했다.

수학적 활동의 중요한 특징으로서의 문제제기

여기서 Silver는 문제제기가 수학자들 사이에서 일반적인 활동이라는 Polya의 아이디어를 확장하였다. 수천 년 동안 수학자들은 자신과 다른 이들을 위해 문제를 제기하고, 또 해결해왔다. 따라서 학습자를 문제제기 활동에 참여시키는 것은 학문으로서의 수학과의 강력한 연계 가능성을 반영한다. Silver는 이러한 문제제기의 측면이 전미수학교사협의회

(NCTM, 1989)의 '학교 수학을 위한 교육과정과 평가 기준'에서 9~12학년 학생들이 스스로 문제를 형성할 수 있어야 한다고 권고한 점과 일맥상통한다고 언급하였다. 더욱이 Silver는 문제제기에서 수학 수업의 목표가 학생들이 실제 세계에서 마주칠 수 있는 비구조화된 수학 문제에 대비하는 것과 관련이 있다고 주장하였다. 이는 학생을 "자신에게 중요하거나 관심 있는 문제를 풀기 위해 수학을 지적으로 활용하는 사람"(p. 23)으로 준비시키는 것이다. 학문으로서의 수학에서 문제제기의 역할에 중점을 두는 것과는 대조적으로 이 주장은 자연스러운 맥락(응용수학과 같은)에 내재된 비구조화된 문제를 해결하는 학생이 일반적으로 잘 구조화된 학교 수학 문제를 해결할 때 사용하지 않는 구성[formulation] 및 재구성[reformulation] 같은 문제제기 행동을 한다는 연구에 근거한다(Lesh, 1981; Lesh et al., 1983). 따라서 문제제기는 학문으로서의 수학에서 발생하는 수학적 활동의 특성일 뿐만 아니라 문제해결자가 실제 세계의 문제를 다루는 방식에서 나타나는 수학적 활동의 특성이기도 한다.

학생의 문제해결력을 향상시키는 수단으로서의 문제제기

Silver는 문제제기가 교육과정과 교수의 구성요소로서 관심을 끄는 주요한 이유 중 하나로, 학생이 더 나은 문제해결자가 되도록 돕는 잠재력을 가졌기 때문임을 지적했다. Kilpatrick(1987)이 주장한 바와 같이, 문제제기는 학생들이 문제를 얼마나 잘 해결할 수 있는지를 나타내는 좋은 지표가 될 수 있다. 예를 들면, 문제제기를 통해 문제를 더 완전하게 분석할 수 있게 되거나, 문제를 해결하기 위한 지식과 기능을 적용하는 능력을 향상시키거나, 강력한 문제해결 스키마를 개발할 수 있다. 그러나 Silver가 논문을 집필할 당시, 문제해결과 문제제기의 연결성에 대한 연구 근거는 여전히 상대적으로 부족했다. 문제해결 능력과 제기된 문제의 질 사이에 연관성을 보여주는 연구도 있었지만, 그러한 연관성을 발견하지 못한 경우도 있었다. 이러한 혼재된 결과를 보고한 몇몇 연구를 설명하며 둘 사이의 연계의 본질을 명확히 하기 위한 추가 연구가 필요함을 촉구하였다.

학생의 수학에 대한 이해를 들여다보는 창으로서의 문제제기

Silver가 설명한 문제제기의 또 다른 특징은 문제제기를 통해 학생의 수학적 사고가 드러날 수 있다는 잠재력이 있다는 점이며, 그 예로 학생에게 문제 상황을 명확하게 수학화하도록 장려하는 것을 들 수 있다. Silver는 연구자들이 이러한 방식으로 문제제기를 활용하여 학생들의 수학 개념 이해를 더 잘 파악할 수 있고(예: Hart, 1981), 학생의 수학 지식(예: Ellerton, 1986)에 대해 추론을 할 수 있다는 사실에 주목하였다. 그는 이 분야의 연구 결과를 설명하면서 문제제기가 학생들의 수학적 이해를 들여다 볼 수 있는 창을 제공할 뿐만 아니라, 학생들이 경험한 학교 수학의 특성도 반영함을 언급하였다. 특히 문제제기 기반 연구에서 학생들이 문제에 포함된 수학과 실제 세계와의 연결(예: 인원수를 나타내는 데 분수를 사용함)에 거의 관심이 없다는 사실을 다소 안타깝게 지적하였다. 이와 같은 방식으로 문제제기는 학생의 문제해결 능력뿐만 아니라 수학에 대한 태도와 성향에 대한 설명도 가능할 수 있다.

학생의 수학에 대한 태도를 향상시키는 수단으로서의 문제제기

Silver는 문제제기와 학생들의 수학에 대한 태도 사이의 연결을 확장하였다. 그는 문제제기가 학생들에게 자신의 관심사에서 시작한 문제를 생성하는 기회를 제공하기도 하고, 친구의 관심사에 참여하는 기회를 제공하기도 함을 발견하였다. 더욱이 문제제기 과정 자체는 학생들의 흥미와 관심을 자극할 수 있다. 수학 불안이 수학교육에서 중요한 문제임을 고려할 때, Silver는 문제제기가 수학을 덜 위협적으로 만들 수 있는 잠재력이 있고(예: Moses et al., 1990), 학생이 수학에 대한 긍정적인 정서를 개발하는데 도움이 될 수 있다(예: Healy, 1993)고 지적하였다. 비록 학생들이 문제제기를 싫어하고 그것 때문에 수학에 대한 더 부정적인 태도를 형성한다는 근거는 거의 없지만, Silver는 '보통의 방식으로' 가르쳐왔던 수학에서 이미 성공적인 학생의 경우, 기대 효과가 명확하지 않은 새로운 형태의 교수법을 거부할 수도 있음을 주의해야한다고 지적하였다.

문제제기 연구의 발전

Silver가 논문 《수학 문제제기에 관하여》에서 제기한 6가지 주제 모두 지난 30여 년 동안 연구자들에 의해 채택되어 탐구되어 왔다. 여기에서 우리는 문제제기의 세 가지 관점인 '인지적 활동'으로서, '학습 목표'로서, '교수학적 접근으로서의 문제제기'에 대해 살펴볼 것이다. 본 조사는 필연적으로 다소 간략할 수밖에 없지만, 1994년 이후에 수행된 여러 분야별 선행연구 검토로 독자들을 안내하고자 한다. Cai와 동료들(Cai et al., 2015)이 수학 문제제기와 관련한 10개의 연구 영역에 대한 종합적인 검토[review]를 수행한 것이 그 예이다. 다른 연구자들 역시 문제제기 연구(예: Singer et al., 2013)에 대한 새로운 질문과 방향을 제시하였다.

최근 몇 년 동안 Cai와 Leikin(2020)은 수학 문제제기에서 특히 정의적 영역^affect^에 초점을 맞춘 연구를 검토하였고, Cai와 Hwang(2020)은 문제제기를 통한 교사의 수학 교수에 대한 학습 연구를 검토하였다. 또한 Baumanns와 Rott(2021)와 문제제기 상황에 특별히 초점을 맞춘 241편의 문제제기 관련 논문에 대한 체계적 문헌고찰을 수행하였다. 전반적으로 우리는 이러한 선행연구 검토를 기반으로 하고 있지만, 본 논의에서는 문제제기 연구의 진전을 문제제기에 대한 세 가지 관점과 관련한 발전에 초점을 맞추어 서술하고자 한다.

인지적 활동으로서의 문제제기에 대한 연구의 발전

1) 수학적 이해와 문제제기 능력

인지적 활동으로서의 문제제기라는 관점에 뿌리를 둔 초기 연구의 초점은 학생과 교사가 제기할 수 있는 문제의 종류를 조사하는 것이었다(이에 대한 고찰은 Cai et al., 2015 참조). 이 연구 분야의 주요 발견은 교사(현직 및 예비 교사 모두)와 다양한 학년의 학생들이 주어진 문제 상황에 기반을 둔 타당한 수학 문제를 제기할 수 있다는 점이다. 이러한 연구에서 제기된 문제 중 수학적으로 타당하지 않은 문제는 상대적으로 적은 편이다. 심지어 전통적으로 수학 학습에 어려움을 겪어 온 학생들, 예를 들어 대학에서 기초 수학이나 보충 수학 과목에 등록된 학생들조차도 중요하고 복잡한 수학 문제를 제기하는 데 상당히 능숙하였다(Silber & Cai, 2021). 실제로 Silber와 Cai는 D나 F 학점을 받은 학생들도 A 학점을 받은 학생들이 제기한 것과 유사한 복잡성을 가진 수학 문제를 제기했음을 발견했다.

Silver(1994)가 관찰한 바와 같이, 연구자들은 참여자의 수학적 이해에 대한 통찰을 얻기 위해, 인지에 초점을 둔 연구에서 문제제기를 활용하였다. 예를 들면, Kotsopoulos와 Cordy(2009)는 실험에서 7학년 학생을 대상으로 문제제기를 형성평가로 활용하고, 학생들이 학습 목표에 얼마나 도달하고 있는지를 모니터링하였다. 연구자들은 또한 문제제기를 예비 교사(Tichá & Hošpesová, 2013; Yao et al., 2021)와 현직 교사(Ma, 1999)의 분수에 대한 개념적 이해를 측정하는데 이용하였다. 연구 참여자들이 제기한 문제를 분석함으로써, 연구자들은 분수 나눗셈의 의미에 대한 개념적 결함^conceptual flaws^이나 혼란을 식별할 수 있었다. 더욱이 제기된 문제를 조사하는 것은 다른 측정 방법으로는 드러나지 않을 수 있는 문제제기자의 수학적 이해에 대한 통찰을 제공할 수 있다. 예를 들면, Yao와 동료들(2021)은 345명의 예비 수학 교사의 분수 나눗셈에 대한 이해를 측정하기 위해 계산 과제, 그림 문제해결 과제, 그리고 문제제기 과제를 활용하였다. 문제제기 과제에 참여하는 것은 예비 교사들이 분수 나눗셈 상황을 더 개념적으로 탐색할 수 있도록 장려하는 것이자, 그들의 개념적 이해를 드러내는 기회였다. 이 연구 결과는 문제제기 활동이 예비 교사의 개념적 이해를 발달시키고, 문제제기 활동이 아니고서는 관찰될 수 없는 방식의 이해를 활용하는 것을 촉진하는 경향이 있음을 말하고 있다. 요약하면 문제제기는 학생과 교사의 수학적 이해를 들여다보는 창으로써 효과적으로 활용되어 왔다.

2) 문제제기와 문제해결 사이의 관계

인지 활동으로서의 문제제기라는 관점의 다른 연구들은 Silver가 제안한대로, 문제제기와 문제해결 사이의 관계를 조사하였다. 실제로 Silver(1997)는 문제제기와 문제해결 사이의 상호작용 내에서 창의성과 문제제기 사이의 연결을 발견하였다. 예를 들어, Silver와 Cai(1996)는 (개방형 문제해결 과제에서) 문제해결에 능숙한 중학생이 그렇지 않은 문제해결자보다 더 많고 복잡한 수학 문제를 제기하는 경향이 있음을 발견했다. Cai(1998)는 후에 미국과 중국 학생들의 국제 비교 연구에서 문제제기와 문제해결 과제로 이 연결에 대한 증거를 강화하였다.

이후 Cai와 Hwang(2002)은 미국과 중국의 6학년 학생들을 대상으로 문제제기 및 문제해결 수행을 비교하면서, 학생들의 문제해결과 관련한 세부 전략과 제기된 문제의 구체적인 특성에 중점을 두고 분석하였다. 비록 미국 학생들에게서는 비슷한 연결을 발견하지는 못하였지만, 중국 학생들의 문제해결과 문제제기 사이의 관계는 추상적 패턴 형성 전략abstract pattern-formation strategy에 기반을 두고 있음을 발견하였다. 후속 연구에서 미국의 6학년 학생들보다는 추상적인 문제해결 전략을 사용할 가능성이 더 높은 7학년 학생들을 대상으로 한 연구에서는 미국 학생들에게서도 유사한 연결성을 발견하였다(Hwang & Cai, 2003). 보다 추상적 문제해결 전략을 사용했던 학생들은 문제 상황에서 주어진 정보를 넘어서는 확장된 문제를 제기할 가능성이 더 높았다. 이러한 연관성은 Kar와 동료들(2010)에 의해 추가적으로 탐구되었으며, 그들은 예비 초등 교사의 문제해결과 문제제기 사이에 중요한 상관관계를 확인하였다.

최근에 Xia와 Masingila는 문제해결, 문제제기 그리고 시각화visualization 사이의 상호작용을 탐색하였다. 그들은 주어진 상황에 대한 문제를 제기한 다음, 그 상황을 포함한 문제를 해결하고, 마지막으로 같은 상황에 대해 더 많은 문제를 제기하는 일련의 과제를 적용하였다. 예비 교사인 참여자들은 그들이 제기한 문제와 주어진 문제에 대한 해결에 포함된 개념들 사이의 연관성을 형성하였다. 더욱이 이렇게 번갈아 진행된 활동은 참여자의 시각화 능력을 향상시켰고, 문제해결 과정은 더 높은 수준의 문제제기를 촉진하였다. 요약하면 연구자들은 문제제기와 문제해결 사이의 관계를 탐색하기 위해 다양한 방법을 사용해왔고, 문제제기와 문제해결 사이에 강력한 관계가 있음이 증명되었다.

3) 문제제기 과제의 특징: 문제 상황과 프롬프트

이 범주에 속하는 문제제기 연구의 또 다른 영역은, 비록 Silver(1994)의 논문에서 논의된 것은 아니지만, 문제제기 과제의 특성이 문제제기 인지에 미치는 영향을 탐구하는 연구이다. 이러한 과제의 특성에는 문제 상황의 본질과 문제제기 프롬프트를 포함한다(Cai, 2022; Cai et al., 2022). 과제 특성이 미치는 효과에 대한 연구는 교수적 활용을 위한 효과적인 문제제기 과제 설계를 안내하는데 특히 중요하다. 교수학적 과제 설계 수준에서 효과적인 문제제기 과제—즉, 학생들을 참여시키고 유용한 문제제기를 촉진하는 과제—의 특성을 식별하는 것은 필수적이다. 그러나 학생들의 문제제기 발달은 학년 수준에 따라 차이를 보인다는 연구 결과(Cai, 2003; Guo et al., 2021)를 감안할 때, 중요한 과제 특성은 대상 학생 집단에 따라 달라질 것이다. 더욱이 과제 특성에서의 작은 변화는 문제제기 인지에서 큰 차이를 만들 수 있다. 예를 들어, Yao와 동료들의 연구(2021)에 따르면, 분수 나눗셈을 주제로 한 문제제기 상황에서 개념적인 단서[conceptual cue]를 포함하는 것이 예비 교사의 응답에서 개념적 이해를 드러내는 데 매우 큰 영향을 미쳤음을 발견하였다.

문제제기 상황과 관련하여 연구자들은 실제 세계 맥락과 순수 수학적 맥락의 사용, 사용된 표상의 종류, 상황의 개방성과 같은 특정한 관심 특징들을 구분하였다. 문제제기 과제에서 문제 상황은 학생들이 자신만의 문제를 구성하는 데 사용할 수 있는 맥락과 자료를 제공한다. 문제 상황은 실제 세계나 순수 수학적 맥락을 포함할 수 있다. 어느 경우든 학생들은 문제를 제기하는 과정에서 자신의 경험과 문제 상황 사이를 연결할 수 있다. 순수 수학적 맥락은 학생들에게 수학의 추상적 특징을 탐구하고 이를 기존 지식과 관련시킬 기회를 제공할 수 있다. 반면 실제 생활과 관련한 맥락은 학생들이 맥락에서 수학적 특징을 추상화하는 기회를 제공한다. 문제 상황은 주어진 정보를 단어, 숫자, 표, 그림 등 다양한 방법으로 표현될 수 있으며, 학생들은 이러한 표상을 해석하고 사용하는 능력을 활용할 수 있다. English(1998)는 문제 상황이 보다 자유롭게 탐구할 수 있는 비형식적 맥락[informal context](예: 그림)일 때 형식적 기호가 사용된 맥락에서 보다 오히려 학생들의 문제제기 능력이 향상되었다는 것을 발견했다. 궁극적으로 문제 상황의 선택은 학생들이 제기한 문제를 수학 학습 목표(예: 특정 개념)와 연결할 수 있는 가능성을 제공하며, 학생들이 제기할 만한 문제의 종류를 형성하게 한다. 실제로 문제제기 과정은 문제제기자가 문제 상황을 깊이 탐구하도록 장려하기 때문에, 문제 상황의 선택은 학생들이 문제를 제기하면서 탐구할 영역을 정의하게 된다.

문제제기 과제의 개방성은 학생들의 학습 목표 도달에 영향을 미칠 수 있다. Stoyanova와 Ellerton(1996)은 개방성 수준을 자유로운^free, 준구조화된^semistructured, 구조화된^structured 수준 세 가지로 구분했다. 이러한 수준은 가치 기반 계층 구조를 의미하는 것은 아니지만, 다양한 개방성 수준은 문제제기 과제에 대한 접근 수준을 다양하게 제시할 수 있다. '자유로운' 문제제기 상황은 문제 구조나 해결 구조에 대한 제한을 두지 않고 설계된 것이다. 자유로운 문제제기 상황은 학생들에게 낮은 진입점을 제공하면서도 그들이 제기한 문제의 복잡성과 정교함은 높은 수준을 유지할 수 있다. '준구조화된' 문제제기 상황은 문제 구조나 해결 구조를 통해 학생들의 기존 지식을 활용하도록 설계된 것이다. '구조화된' 문제제기 상황은 특정 문제 구조와 특정 해결 구조를 모두 제공함으로써 학생들의 기존 지식을 활용하도록 설계된 것이다. 구조화된 상황은 학생들이 특정 해결 구조에 접근할 수 있는지 여부에 따라 일상적인^routine 문제와 비일상적인^nonroutine 문제로 더 세분화될 수 있다. 일상적인 문제와 비일상적인 문제 상황은 학생들에게 다른 경험을 제공한다(Baumanns & Rott, 2021).

Leung과 Silver(1997)는 상황 특성이 예비 교사의 문제제기에 미치는 영향을 구체적으로 조사했다. 특히 그들은 문제 상황에 특정 수치 정보가 존재할 때 제기된 문제의 특성에 어떠한 영향을 미치는지 조사했다. Leung과 Silver는 문제 상황에 특정 숫자 정보가 포함된 경우가 그렇지 않은 경우보다 문제제기 수행이 더 좋았다는 점을 발견했다. Zhang과 동료들(2022)은 초등학생의 문제제기에 초점을 맞추어 Leung과 Silver의 연구를 재현하고 확장하였다. Zhang과 동료들(2022)은 문제제기의 세 단계를 **과제 이해, 문제 구성, 문제 표현**으로 개념화했다. 연구 결과, 문제제기 상황에서 특정 수치 정보의 제공이 문제제기 수행이 더 우수하게 나타났음을 재확인했지만, 이는 과제 이해와 문제 구성 단계에서만 유의하였다. 학생들의 문제 표현 단계에서는 특정 수치 정보의 제공 여부와 관련하여 유의한 차이를 보이지 않았다.

다른 연구들은 문제제기 프롬프트—어떻게 문제를 제기하도록 요구되는가—에 주목하며, 특히 예시로 제기된 문제가 문제제기 인지에 어떠한 영향을 미치는지를 조사했다(Cai et al., 2022). 문제제기 과제에서의 프롬프트는 학생들에게 그들이 무엇을 해야 하는지 알려준다. 문제 상황과 마찬가지로 프롬프트는 학생들이 제기하는 문제의 종류와 연결할 수 있는 수학 아이디어의 종류 모두에 영향을 미친다(Cai et al., 2022). 프롬프트는 문제제기 과제를 매우 개방적으로 남겨두거나, 문제제기자가 할 수 있는 것을 제한하기도 한다. 중국과 미국 교과서에서 문제제기 과제를 분석한 결과, Jiang과 Cai(2014)는 학생에게 각각 다른 프롬프트를 주는 것을 포함하여 문제제기 과제를 다음의 다섯 가지로 분류했다. 주어진 문제를 유사한 문제로 재구성하여 제기하기, 주어진 문제에 이어 추가 문제제기하기, 주어진 연산으로 해결할 수 있는 문제제기하기, 주어진 정보를 보완하는 문제제기하기, 주어진 수학적 표현에 맞는 상황 설명하기가 그것이다. 프롬프트의 특징 중 일부는 문제제기 인지에 매우 직접적인 영향을 미칠 수 있다는 것이다. 예를 들어, 제기된 문제 예시를 프롬프트에 포함하면 학생은 예시 문제와 유사한 문제를 제기할 가능성이 현저히 높다(Jiang & Cai, 2015). Jiang과 Cai(2015)는 예시 문제가 유사한 문제를 제기하도록 촉진할 뿐만 아니라, 복잡한 문제제기하기를 시작하는 데에도 도움이 된다는 것을 관찰했다. 더욱이 Silver와 Cai(2017)는 예비 교사들은 문제제기 과제에서 제기된 문제에 대한 답을 포함하여 제시하면, 수학 개념에 보다 더 세심한 주의를 기울일 수 있음을 확인했다.

학습 목표로서의 문제제기에 대한 연구의 발전

지난 30년간 학습 목표로서의 문제제기를 다루는 연구는 적어도 다음의 세 영역에서 발전되어 왔다. (1) 학습 성과의 측정으로서의 문제제기 연구, (2) 더 좋은 문제를 제기하도록 교사를 연수하는 것을 포함하는 연구, (3) 더 좋은 문제를 제기하도록 학생을 훈련시키는 것을 포함하는 연구이다.

1) 학습 성과의 측정으로서의 문제제기 연구

문제해결에서의 성공이 문제제기 능력과 연관이 있다는 것이 연구로 입증되어왔기에 문제제기는 이 특정한 학습의 성과를 측정하는 수단으로 사용되었다(Cai & Hwang, 2002; Cai et al., 2013; Silver & Cai, 1996). 예를 들면, Cai와 동료들(2013)은 문제제기 과제를 전통적인 교육과정과 비교하여 규준[Standards] 기반 중학교 교육과정에서 대수 학습의 효과를 측정하기 위해 활용하였다. 그들은 두 교육과정 모두에서 학생들의 문제해결 및 문제제기 능력 간의 연관성을 확인했다. 더욱이 학생 반응의 다양한 특성을 평가하였는데, 문제제기에서 긍정적인 특성(예: 제기된 문제에 제시된 그래프의 선형성을 반영하거나 제기된 문제를 실생활 맥락에 내포시키는 등)을 보여주었던 학생들이 문제해결에서도 강함을 밝혔다.

문제제기는 생성적[generative] 특성 때문에 오랫동안 학생들의 창의성을 측정하는 타당한 도구로 사용되어 왔다. 여러 연구자들이 문제제기를 사용하여 창의성을 측정하는 실증 자료를 제공하였다(예: Leikin, 2009; Leikin & Sriraman, 2017; Leung & Silver, 1997;

Lubinski & Benbow, 2006; Singer et al., 2017; Van Harpen & Sriraman, 2013; Voica & Singer, 2012). ZDM의 특별호의 서문에서 Singer와 동료들(2017)은 창의성과 영재성에 대한 연구와 실제research and practice의 발전에 대한 역사적 개관을 제공하면서 수학적 창의성과 영재성에 특히 주목했다. 일반 창의성을 측정하기 위해 문제제기를 사용해 온 역사를 감안할 때, 수학적 문제제기를 사용하여 수학에서의 창의성을 구체적으로 측정하는 것은 자연스러운 것으로 보인다(예: Lewis & Colonnese, 2021).

2) 연수하는 것을 포함하는 연구

Silver의 문제제기 연구는 처음에 교사를 대상으로 시작되었다(Silver, 1994; Silver et al., 1996). 이 연구는 주어진 문제 상황을 기반으로 교사 스스로 수학적 문제를 제기하는 것에 초점을 두었다. 이후 교사와 관련된 문제제기 연구는 교사들이 더 나은 문제를 제기할 수 있도록 훈련시키는 방향으로 확장되었다.

학생들이 참여하는 수학 과제가 수업에서의 학습 기회를 형성하기 때문에, 이러한 과제의 선택은 교사의 업무로서 중요한 측면이다. 즉, 교사들은 가치 있는 수학 과제(평범하게 보일 수 있는 일상적인 수학 활동에 기반을 둔 과제이더라도)를 선택함으로써, 학생들의 학습 기회의 질을 높일 수 있다(Butts, 1980; Crespo, 2003). 실제로 Crespo(2003)는 예비 교사들이 자신의 학생들을 위해 더 좋은 문제를 제기하는 것을 어떻게 학습하는지 연구했으며, 그들의 문제제기 실천posing practice이 단일 단계의 계산 문제의 형태에서 더 풍부하고 개방형의 문제, 즉 학생들의 인지적 요구 수준이 높은 문제로 발전할 수 있다는 것을 발견했다. 또한 Crespo와 Sinclair(2008)는 예비 초등 교사들이 문제를 제기하기 전 문제 상황을 탐구함으로써 그리고 제기된 문제의 질에 대한 평가 기준을 개발함으로써, 문제제기 능력이 향상되었다는 것을 밝혔다. 이어서 Crespo와 Harper(2020)는 예비 중등 교사들이 협력과 형평성에 관한 틀framework을 사용하여 자신들이 제기한 과제의 "집단 가치groupworthiness"를 향상시킬 수 있다는 것을 밝혔다. 또 다른 연구에서, Koichu와 Kontorovich(2013)는 성공적인 예비 교사들이 탐구와 문제해결을 문제제기와 결합할 때 가장 흥미로운 문제를 제기했다는 것을 발견했다.

Cai와 동료연구자들은(Cai et al., 2020; Li et al., 2020) 초등 수학 교사들이 참여한 문제제기 프로젝트에서 교사가 더 나은 문제제기자가 되는 것을 학습할 뿐만 아니라 문제제기를 활용하여 수학 수업을 할 수 있다는 능력에 대한 자신감을 개발할 수 있다는 것을 발견했다. 실제로 일련의 문제제기 워크숍에 참석한 후, 현직 초등 수학 교사들의 문제제기 수행과 문제제기를 통한 수학 교수에 대한 인식은 긍정적인 변화를 보였다. 참여한 교사들은 다양한 문제제기 과제에도 성공적으로 참여할 수 있었다.

3) 학생 훈련하기

교사가 더 좋은 문제를 제기할 수 있도록 교육하는 것과 비슷하게, 문제제기 연구의 또 다른 역할은 학생들의 문제제기 능력을 직접적으로 향상시키는데 초점을 두고 있다. English(1998)는 학생들이 문제를 해결하는 경험이 있을 때뿐만 아니라, 그림과 같은 비형식적 맥락의 프롬프트를 받을 때에도 그들이 제기하는 문제의 범위breadth와 도전 수준을 향상시킬 수 있다는 것을 발견했다. 중국 초등학생을 대상으로 한 탐색적 연구(Cai & Hwang, 2021) 역시 학생들이 더 나은 문제제기자가 되도록 돕는 데 중점을 두었으며, 동시에 교사들은 문제제기를 통한 교수에 대해 배우고 있었다. 초기 자료에 따르면, 1년 후에 문제제기 집단에 속한 학생들이 문제제기 과제에서 유의미하게 더 나은 성과를 보였음을 보여주었다(Cai & Hwang, 2021). 한편 Lewis와 Colonnese(2021)는 생성적 질문generative questioning과 교구로 탐구하기를 결합한 "세 단계 과제Three-Act Task" 구조를 사용하여 학생들이 문제를 제기하는 능력을 개발하는 데 도움을 주었다.

교수학적 접근으로서의 문제제기 연구의 발전

문제 생성generation의 중심이 전적으로 교사 중심에서 학생을 포함하도록 전환하는 것은 많은 교사의 교수학적 접근에서 중요한 변화를 나타낸다(Silver, 1994). 교수학적 접근으로서의 문제제기 또는 문제제기 기반 학습(Problem-Posing-Based Learning, P-PBL)에 대한 연구의 발전은 다음의 두 가지 중요한 쟁점을 포함한다. (1) 교수 실천practice에서 문제제기를 통한 수학 수업이 실제로 어떤 모습인지를 묘사하고 분석하는 것과 (2) 교사가 문제제기를 통해 수학을 가르치는 방법을 어떻게 배울 수 있는지를 이해하는 것이다.

1) 문제제기를 통해 수학을 가르치는 것은 어떤 모습인가

문제제기를 통해 수학을 가르치는 것은 현재 일반적인 관행이 아니기 때문에, 연구 관점(주요한 특성과 특징을 더 잘 이해하기 위해)에서와 실제 관점(교사들이 이 방법에 대한 지식을 얻을 수 있는 모델을 제공하기 위해) 모두에서 이런 종류의 교수법에 대한 예시가 필요하다. 창의성을 촉진하기 위해 교실에서 문제제기를 어떻게 사용할 수 있는지에 대한 설명을 시도한 연구가 있다(예: Silver, 1997). 또한 예비 교사들의 수학에 대한 지식과 신념을 문제제기를 통해 개선하려는 시도도 있었다(Toluk-Uçar, 2009). 이 분야의 최근 연구는 문제제기에 초점을 맞춘 수업 사례를 문서화하기 위해 교사들과 협력하는 데 중점을 두었다(예: Cai, 2022; Chen & Cai, 2020; Xu & Cai, 2020; Zhang & Cai, 2021). 이러한 사례들은 문제제기 교수의 여러 특징에 대해 다음과 같은 통찰을 제공한다. (1) 문제제기를 포함하는 교수학적 과제와 활동을 어떻게 설계하는지, (2) 문제제기 활동에 기반을 둔 수업을 어떻게 설계하며, 이 수업이 제공하는 학습 기회는 무엇인지, (3) 기존 수업에 문제제기를 어떻게 통합하여 학습 기회의 질을 향상시키기거나 새로운 학습 기회를 창출하는지, (4) 교사가 학생들의 수학적 사고와 이해를 이해하는 데 도움이 되기 위해 문제제기를 어떻게 활용할지, (5) 학생들이 제기한 문제를 교사가 어떻게 활용하여 수업에서 학습 목표를 달성할지이다. 각각의 특징이 중요한 교수학적 사건을 나타내지만, 이들은 상호 배타적이지 않고 서로 관련되어 있다는 점에 유의해야 한다.

문제제기를 통한 수학 수업이 어떤 모습인지 엿보기 위해, 우리는 문제제기를 통해 수학을 가르치는 방법을 배우고 있는 젊은 초등학교 수학 교사인 수[Xu] 교사의 사례(Xu & Cai, 2020)를 간략히 다루고자 한다. 이 사례 연구에서 수 교사는 5학년 교과서의 '간단한 방정식 풀기' 단원에서 "더 복잡한 양적 관계를 나타내기 위해 문자 사용하기"라는 한 차시 수업을 수정[adaptation]하여 적용하였다. 수 교사는 이전에 이 수업을 했었지만, 너무 절차적인 부분에 초점을 맞추고 있다고 느꼈다. 더욱이 학생들은 복잡한 양적 관계를 포함한 문제를 풀기 어려워했다. 문제제기 기반 수업에서 도입 활동으로 수 교사는 학생들이 5×8과 $120 - 30$의 식으로 표현되거나 해결될 수 있는 상황을 설명하거나 문제를 제기하도록 안내했다. 그런 다음 학생들에게 $1200 - 3x = ?$라는 방정식을 보여주고 이와 관련된 수학 문제를 제기하도록 했다. 즉, 수 교사는 학생들이 주어진 방정식으로 나타내고 이를 이용하여 풀 수 있는 문제를 제기하기를 원했다. 학생들은 다양한 문제를 제기하려고 시도했고, 수 교사는 학생들이 제기한 문제 중 하나를 선택하여 다음과 같이 전체 학급 논의를 진행했다. **'큰 병에 음료수가 1200g이 있고, 이를 3개의 작은 컵에 따랐다. 각 작은 컵에는 xg이 채워진다. 이때 큰 병에 남은 음료수는 몇 g인가?'** 수 교사의 다음 문제제기 과제는 [그림 1]과 관련이 있다. 수 교사는 다음 그림을 제시하고 학생들에게 이 그림을 바탕으로 수학 문제를 제기하도록 요청했다. 학생들이 문제를 공유하고 토론한 후, 수 교사는 학생들이 계속 생각할 수 있도록 약간 더 복잡한 패턴에 기반한 확장 문제를 제시했다. 이후 수업의 핵심 내용을 요약 및 강조하며 수업을 마무리했다. 전반적으로 이 사례 연구에서 수 교사는 학생들에게 방정식의 상징적 표상과 학생들이 기존에 갖고 있던 이해를 연결할 수 있는 문제를 제기할 기회를 여러 차례 제공했다. 이 수업에 대한 더 자세한 논의는 Cai와 Hwang(2022)을 참조할 수 있다.

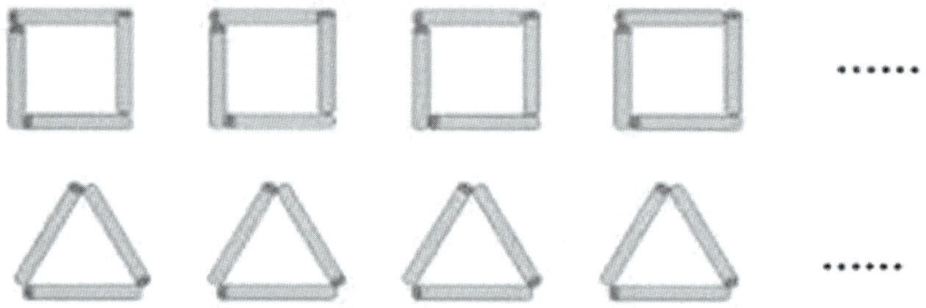

[그림 1] 수 교사의 수업에서 활용된 문제제기 과제

2) 문제제기를 통한 수학 수업에 대한 교사의 학습

교사가 어떻게 문제제기를 통해 수학을 가르치는 방법을 배우는지에 관한 연구가 빠르게 증가하고 있다. 교사의 전문적 학습을 위한 일반적인 자원 중의 하나는 교과서와 교사용 지도서와 같은 교육과정 자료 그 자체이다. 예를 들어, 일본의 수업연구[Lesson Study]에 참여하는 교사들은 교재 연구라고 불리는 예비 연구 과정에 참여하게 되는데, 이 과정에서 교과서나 다른 교육과정 자료를 포함한 다양한 교수 자료를 조사한다(Doig & Groves, 2011; Melville & Corey, 2021). 비슷하게, 중국의 교사들도 전문적 학습의 일환으로 교과서를 공부한다(Fan et al., 2004).

그러나 현재 다수의 교과서에서 문제제기 활동의 포함 정도는 미미하게 나타난다. 예를 들면, Cai와 Jiang(2017)은 문제제기 과제가 중국과 미국에서 많이 쓰이는 초등 수학 교과서에 어떤 방식으로 포함되었는지를 비교하였는데, 실제 문제제기를 본질적인 방법으로 통합한 교과서는 없었으며, 아주 적은 비율(4% 미만)의 교수학적 과제만이 문제제기를 포함하고 있음을 보고하였다. 또한 문제제기 과제의 분포 역시 학년 수준과 수학 내용 영역을 아울러 일관성이 없었다. 궁극적으로 이러한 상황은 현재로서는 교육과정 자료가 문제제기에 관한 교사 학습을 강력하게 지원하지는 못한다는 것을 의미한다. 따라서 교사가 문제제기를 통해 가르치는 것을 어떻게 학습할 수 있는지에 대한 연구는 기존의 교육과정 자료를 넘어선 것을 잘 살펴보아야 함을 나타낸다.

일부 연구자들은 지속적인 교사 연수 경험이 문제제기를 통한 수학 교수 역량을 개발하는 데 어떻게 도움을 주는지 탐구해 왔다. 예를 들면, Cai와 동료들(Cai et al., 2020; Cai & Hwang, 2020, 2021; Li et al., 2020; Zhang & Cai, 2021)은 중국 여러 지역의 학군에서 문제제기 중심의 교사 전문성 개발에 대한 장기 추적 연구에 대해 보고하였다. 이 연수 프로그램은 수년간에 걸쳐 진행되었던 여름 워크숍을 포함하였다. 이 워크숍에서 교사들은 문제제기에 대해 배우고, 함께 문제제기에 참여하여 학생이 제기할 법한 문제의 종류에 대해 고민하고, 문제제기 과제를 통합한 수업을 설계하고 수정하였으며, 다른 교사에 의해 설계된 문제제기 수업을 분석했다(Cai & Hwang, 2021). 이 연구의 초기 결과는 '문제제기를 통한 교수'에 중점을 둔 연수는 교사가 자신의 교실에서 문제제기를 사용하는 데 더 자신감을 갖게 하고, 학생들이 문제제기 과제에 어떻게 반응할지 예측하는 능력을 향상시키며, 문제제기를 통한 수업의 장점과 어려운 점에 대한 보다 정교한 이해를 구축하는 데 도움을 준다는 일반적인 관찰을 지지하였다(Cai et al., 2020; Cai & Hwang, 2020). 실제로 Li와 동료들(2020)의 연구는 학교 수학에서 문제제기 교수를 통합하려는 노력에서 교사들이 인식하는 문제제기를 통한 수업의 장점, 그리고 특히 이러한 방식으로 가르칠 때의 도전(어려움)에 대한 견해에 반드시 주목해야 한다고 제안한다. 실제로 연구자와 교사 전문성 개발 설계자에게는 교사가 문제제기를 통한 교수를 실행할 때 마주하는 도전을 극복할 수 있는 방법을 찾는 것이 중요할 것이다. 나아가 교사 전문성 개발 워크숍에 참여한 많은 교사들은 연구자와 협력하여 문제제기 교육 사례—위에서 설명한 수 교사의 사례와 같은 특정 수업에서 문제제기를 구현하는 사례 연구(Xu & Cai, 2020)—를 저술하여 다른 교사들과 문제제기를 통한 수학 수업에 대해 배운 내용을 공유하였다.

Cai와 Hwang(2021)은 문제제기가 실제 학교 수학교육과정에 진정으로 통합되기 위해서는, 교사가 문제제기 교수 자료를 수정하고 채택하는 교육과정의 재설계자로서 역할을 할 필요가 있다고 주장하였다. 실제로 기존의 일반적인 관행에 더불어 문제제기 실천을 구축하는 것이 합리적일 것이다. 이는 교사가 문제에서 몇몇 정보를 간단히 제거하거나 문제 진술(예: 문장제 문제)에서 질문을 제거하는 방식으로, 문제해결 과제를 문제제기로 쉽게 변형할 수 있다. 일부 교육과정 자료에는 이미 이러한 접근을 반영한 교수학적 루틴을 포함하고 있다. 예를 들어, Illustrative Mathematics 교과서는 "같이 만드는 질문Co-craft questions"이라고 불리는 교수학적 루틴이 있는데, 이는 교사가 학생들에게 문제 상황을 제시하고, 그 상황에 기반하여 문제를 제기하도록 한다(Illustrative Mathematics, n.d.).

결론, 그리고 문제제기 연구의 미래 전망

《수학 문제제기에 관하여》는 문제제기 연구를 촉진했다고 할 수 있다. Silver는 문제제기 연구의 기반을 다지는데 도움을 주었으며, 문제제기 연구를 통해 탐구할 수 있는 핵심 방향을 제시하였다. 본 장에서 간략히 문헌을 검토한 결과 Silver(1994)의 논문 이후 문제제기 연구는 뚜렷한 발전을 보여 왔으며, 이는 고무적이었고 앞으로도 계속 진전이 있을 것으로 예상한다. 이와 같은 기대는 국제적으로 국가 교육과정이나 규준Standards이 오래전부터 학생들에게 수학 문제를 제기할 기회를 제공할 것을 요구했지만, 실제 수학 교과서에는 문제제기 활동이 여전히 적다는 관찰에 근거한다(Cai & Jiang, 2017). 즉, 학생들의 수학적 경험에 문제제기를 통합하기 위한 지속적인 발전 여지는 매우 크다.

지난 몇 년 동안 많은 연구자들이 문제제기에 대한 연구를 통합하고 향후 연구 방향을 제안해 왔다(예: Cai et al., 2015; Cai & Hwang, 2020; Cai & Leikin, 2020; Silver, 2013; Singer et al., 2013). 앞서 제시한 통합적인 논의를 여기에서 다시 반복할 의도는 없다. 대신 우리는 문제제기와 관련된 많은 연구 분야 중 이전의 저술에 기반을 둔 수학적 문제제기 연구의 세 가지 특정 연구 분야에 초점을 맞추고자 한다. 왜냐하면 우리는 다른 문제제기와 관련한 많은 분야 중, 이 세부 분야들이 전체 분야를 크게 발전시킬 수 있는 잠재력을 가진 중요한 발전 단계에 있다고 믿기 때문이다.

문제제기의 정의적·인지적 과정

우리가 다시 강조하고 싶은 첫 번째 구체적인 연구 영역은 문제제기의 과정processes of problem posing이다. 그러나 우리는 인지적 과정을 넘어 문제제기의 인지적 및 정의적 과정 모두에 주목하는 것이 중요하다고 본다(Cai & Leikin, 2020). 문제제기 과정에는 주목해야 하는 중요한 정의적 측면이 분명 존재한다. 예를 들어, Akay와 Boz(2010)는 문제제기가 수학적 이해에 대한 자기효능감에 긍정적인 영향을 미칠 수 있다고 밝혔다. 수학교육에서 문제"해결" 분야는 인지 및 정의적 과정에 대해 연구된 결과로 탄탄한 지식 기반이 잘 정립되어 있다(예: McLeod & Adams, 1989; Schoenfeld, 1985; Silver, 1985). 그러나 문제 "제기" 연구에서는 비록 연구자들이 일반적인 전략이나 발견술을 식별(예: Brown & Walter, 1983; Cai & Cifarelli, 2005; Christou et al., 2005; Cifarelli & Cai, 2005; English, 1998; Koichu, 2020; Leung & Silver, 1997; Rott et al., 2021; Silver & Cai, 1996)하고 수학 문제제기의 다양한 정의적 과정(총체적으로 Schindler & Bakker,

2020을 "정의적 장(場)affective field"이라 기술한)을 문서화하기 시작했지만, 문제해결 연구에서 잘 정립된 이론적 틀에 상응하는 일반화된 문제제기의 틀이나 구조는 아직 존재하지 않는다(Garofalo & Lester, 1985; Polya, 1957; Schoenfeld, 1985).

일부 연구자들(Cai et al., 2022)은 문제제기의 정의적 및 인지적 과정에 대한 연구를 촉구하면서, 과제 변인task variables, 과정processes, 그리고 산출물products에 특히 중점을 둘 것을 제안하였다. 이들은 특히 다음과 같은 질문에 대한 연구의 필요성을 강조하고 있다. 문제 상황과 프롬프트의 다양한 특성이 참여자의 문제제기에 어떠한 영향을 미치는가? 다른 특성을 지닌 문제 상황과 프롬프트를 기반으로 문제를 제기할 때, 참여자의 정의적이고 인지적인 과정은 무엇인가? 나아가 이러한 연구 질문들은 개인 수준, 소집단 수준, 전체 학급 수준과 같은 다양한 수준에서 탐구되어야 함을 권장하고 있다.

문제제기를 통해 수학 가르치기

교육연구의 주요 목표 중 하나는 학생의 학습 향상이다. 수업 개선은 국가, 주, 학군 또는 학교 수준 등 다양한 차원에서 이루어질 수 있다. 그러나 가장 효과적인 교수 개선의 장(場)은 개별 수업lesson 수준일 가능성이 높다. 바로 이 수준에서 문제제기가 수업에 통합되어 학생들에게 보다 질 높은 학습 기회를 제공할 잠재력이 크다.

교사가 수학 수업에 가치 있는 문제제기 과제를 통합할 경우, 최소한 다음의 두 가지 질문이 발생한다. (1) 문제제기 과제에 대한 학생의 반응은 어떻게 교사에게 학생 수학적 사고에 대한 유용한 통찰을 제공할 수 있는가? (2) 교사는 그러한 통찰과 학생들이 제기한 문제를 수업 속에서 어떻게 효과적으로 활용할 수 있는가? 교사가 학생들이 어떻게 사고하고 무엇을 알고 있는지에 대해 더 많이 파악할수록, 그 정보를 토대로 모든 학생에게 보다 효과적인 학습 기회를 제공할 가능성이 커진다. 앞서 언급했듯, 문제제기 연구자들은 문제제기 과제를 학생들의 사고를 이해하고 평가하기 위해 활용해 왔다(예: Cai & Hwang, 2002; English, 1998; Silver & Cai, 1996). 예를 들어, Kotsopoulos와 Cordy(2009)는 7학년 학생들을 대상으로 한 연구에서 학생들의 문제제기 저널problem-posing journal을 통해 학습 목표에 대한 학생들의 이해 수준을 파악할 수 있는 창을 확보하였다.

그리고 교사가 문제제기를 통해 학생들의 수학적 이해에 관한 정보를 얻었다면, 학생들이 제기한 문제를 어떻게 효과적으로 활용하여 교실 담론을 형성하고 학습을 촉진할 것인가? 학생들은 다양한 종류의 문제를 제기할 수 있는데, 수업의 수학적 목표와 무관한 문제나 수업 목표와 관련은 있지만 풀기 너무 어려워 수업의 흐름을 방해할 수 있는 문제 등도 포함될 수 있다. 따라서 교사는 어떤 문제를 즉시 다룰 것인지, 어떻게 논의할지, 어떤 문제를 나중으로 미룰지와 같은 중요한 교수학적 결정을 내려야 한다. 여기서 핵심은 학생이 제기한 문제가 수업의 구체적 학습 목표 달성에 기여할 잠재력이 있는지를 판단하는 것이다. Zhang과 Cai(2021)는 22개의 문제제기 수업 사례를 분석하여, 교사들이 학생이 제기한 문제를 수업에서 어떻게 활용하는지를 살펴보았다. 그 결과 교사들은 그들의 교수학적 목표와 관련성에 근거하여 어떤 문제를 사용할지에 대해 의도적인 결정을 내리는 일관된 패턴을 보였다. 그러나 이는 교사에게 상당한 전문성—현재 다루고 있는 핵심 수학 개념을 부각시킬 수 있는 문제가 무엇인지를 아는 것—을 요구한다. 즉, 제기된 문제 속에서 그 안에 담긴 잠재적 수학적 의미를 볼 수 있어야 한다. 비록 이러한 판단의 일부는 수업을 계획하면서 학생들이 어떤 문제를 제기할지를 미리 예측함으로써 사전에 수행할 수 있지만, 교사가 학생이 제기한 문제를 실제 수업에서 어떻게 다룰 수 있는지에 대한 연구 분야의 공통된 이해는 아직 확립되지 않았다. 따라서 실제 문세제기 수업 사례를 심층 분석하는 연구, 예를 들어 교수 사례 기록이나 수업 영상을 통한 분석은 이 영역을 탐색하는 하나의 유망한 경로가 될 수 있다(Cai, 2022).

문제제기를 통한 수학 수업에 대한 교사의 전문적 학습

문제제기를 통해 가르치는 것은 중요한 교수학적 의사결정을 요구하기 때문에, 문제제기 수업의 계획과 수행의 모든 단계에서 교사는 적절한 준비를 해야 한다. 현재 교사가 스스로 문제를 제기하는데 충분히 능숙하더라도, 학습 목표를 달성하기 위한 생산적인 문제제기에 학생을 참여시키는 방법을 배우기 위해서는 상당한 교사의 전문적 학습을 요한다. 교사의 학습은 다음을 모두 포함한다. 문제제기 자체에 대한 교사 지식을 개발하는 것과 이를 수학 수업에서 활용하는 방법, 그리고 문제제기에 대한 생산적 신념[productive beliefs]을 개발하는 것이 그것이다. 교사 학습의 궁극적인 목적은 문제제기를 포함하여 교실 수업을 본질적으로 변화시켜 학생들의 학습을 향상시키는 것이다. 연구는 교사의 신념이 교사의 전문성 개발과 교실 수업에 미치는 중요성을 지속적으로 보여주고 있으며(Philipp, 2007; Richardson, 1996; Thompson, 1992), 이는 문제제기를 통해 수학을 가르치는 것을 학습할 때에도 마찬가지이다. 특히 교수학적 도구로서 문제제기의 장점과 도전(어려움)에 대한 교사의 신념은 실제 수업에서 문제제기의 채택과 구현 방식에 영향을 준다(Cai et al., 2020). 효과적으로 문제제기를 활용하여 수학을 가르치기 위해 교사들이 개발해야 할 지식과 신념이 구체적으로 무엇인지를 설명하기 위해, 그리고 전문성 개발을 가장 잘 지원하는 전문적 학습 경험이 무엇인지에 대한 추가적인 연구가 필요하다.

이러한 전문 지식을 개발하고 공유하기 위한 하나의 유망한 방법은 이미 앞에서 언급한 바 있다. 문제제기 수업 사례(문제제기를 통한 수학 수업의 사례들을 조심스럽게 문서화한 것)는 교사의 전문적 학습을 지원하고, 그 과정에서 배운 내용을 전파하는데 효과적인 구체적 산출물이 될 수 있다(Cai et al., 2023). 특히 교사들이 이러한 사례 개발과 기록에 핵심적인 역할을 수행할 때, 전문성 개발이 더욱 의미 있게 가능해진다. 사례 기반 학습[Case-based learning]은 교사 전문성 신장을 위한 강력한 도구로 사용되어 왔다(예: Smith & Friel, 2015; Stein et al., 2000). 예를 들어, 중국에서 Cai와 그의 동료들(Cai et al., 2021; Zhang & Cai, 2021)은 초등 수학 교사들이 문제제기를 통해 수학을 가르치는 방법을 배우는 교사 연수 워크숍에 참여하고 학교 내의 교사 연구자 및 팀과 협력하여 문제제기 교수 사례를 개발하는 문제제기 연구에 참여해 왔다.

이 교사들이 개발하고 있는 사례들은 단순한 수업 계획이나 수업 구현에 대한 보고서 이상의 것이다(Zhang & Cai, 2021). 이 사례들은 실제 수업의 단면뿐만 아니라 그 안에 담긴 이론과 경험에 근거한 교수학적 의사결정을 포착하는 다양한 구성요소를 포함한다. 첫 번째 구성요소는 수업에서 수학 학습 목표를 설명하며, 내용 주제를 이해한다는 것이 무엇을 의미하는지, 그리고 교육과정의 수학적 틀[mathematical framework] 내에서 해당 수학 내용이 어디에 위치하는 지의 분석을 포함하는 것이다. 두 번째 구성요소는 학습 목표와 학습 내용에 대한 인지적인 분석으로, 학생들의 잠재적인 어려움이 무엇이고, 수업에서 성공하기 위해 필요한 학생들의 사전 이해와 지식이 무엇인지에 초점을 맞추는 것이다. 세 번째 구성요소는 수업의 주요 구성요소에 대한 설명으로, 각 교수학적 과제에 초점을 맞춘다. 각 문제제기 과제의 목적과 학생들이 문제제기 과제에서 배워야 할 것이 무엇인지 교육적 의도와 설계 근거가 같이 제시되어야 한다. 여기에는 구현에 대한 세부 사항(예: 제기된 문제), 학생들의 반응에 대한 교사의 대처 방법 및 수업의 실행 경험에 대한 구체적인 성찰이 포함된다. 마지막으로 수업 사례는 학생들의 수학적 이해가 어떻게 촉진되었는지 요약하고 이러한 유형의 수업을 할 때 다른 교사들이 주의해야 할 사항에 대한 일부 지침을 제공하면서 마무리된다. 수업 사례(그리고 위의 모든 네 가지 구성요소)는 수업이 반복적으로 실행됨에 따라 순환적·지속적으로 개선이 가능하며, 이를 통해 교사와 연구자가 수업과 단원을 정교화해 나가는 과정에서 얻은 최선을 교사 학습에서 구현할 수 있다.

비록 수업 사례와 같은 자원이 문제제기를 통한 수업에 대한 교사의 학습을 중요하게 지원할지라도, 교사 전문적 학습에 대한 연구는 교사의 학습이 일반적으로 학생의 학습에 기대한 효과를 가져온다는 강력한 증거를 아직 제시하지 못했다. 실제로 연구자들은 교사 전문성 개발이 학생 학습 결과에 미치는 영향을 다룬 1300개 이상의 연구를 검토했지만, 전문적 학습이 학생 성취도 향상으로 전환되는지를 밝히는 데 어려움을 겪었다(Guskey & Yoon, 2009; Yoon et al., 2007). 일부 연구자들은 교사 전문성 개발과 학생의 학업성취도 향상 간의 관계를 조사하는 연구 설계의 엄밀성에 대해 비판했다. 예를 들어, Yoon과 동료들(2007)은 그들이 검토한 1300개 이상의 연구 중에서 연구 설계의 엄격함에 대한 WWC[What Works Clearinghouse] 기준을 충족하는 조사는 단 9건에 불과했다고 밝혔다.

실제로 교사 전문성 개발과 학생 학습 향상 사이의 복잡한 관계를 연구하기 어려운 한 가지 이유는 이 관계가 자체적으로 역동적이고 복잡한 현상인 교실 수업에 내재되어 있기 때문이다. 문제제기를 통한 수업의 경우, 교사의 전문적 학습과 학생들의 성취도 향상 간의 관계를 매개할 수 있는 교실 수업의 의도적인 변화에 주의를 기울이는 것이 중요하다. 특히 수업 사례의 개발과 정교화 과정이 교사 학습의 메커니즘으로 작용할 뿐만 아니라, 수업 사례 자체가 질 높은 수업(및 지속적인 개선)에 대한 정보를 저장하고 공동체 안팎에서 공유할 수 있는 구체적이고 역동적인 객체로 작용할 수 있다고 제안한다. 이런 의미에서 교사들은 수업 사례를 작성하고 수정함으로써 전문적 학습에 참여하는 것이며, 수업 사례는 개선된 수업을 실행하고 추가 개선을 이루는 데 필요한 세부 정보를 충분히 담아 다른 교사들이 접근 가능하게 하여 수업의 실행과 추가적인 개선을 지원한다. 이러한 세부 정보에는 문제제기를 수업에서 효과적으로 만드는 변화와 개선의 근거가 포함되어야 한다. 현재 우리는 중학교 수학 교사들과 함께 문제제기 수업 사례의 개발 및 개선을 포함하는 전문학습 시스템을 구축하는 프로젝트에 참여하고 있다(Cai et al., 2021). 우리의 목표는 장기적으로 교사들이 문제제기를 통한 수업 실행이 교수 실천을 풍부하게 하고 학생들의 학습을 향상시킬 수 있는 가능성을 탐색하는 것이다. 우리는 더 많은 연구자들이 이러한 실천적인 작업에 참여하여 수업을 개선하고 학생들의 깊이 있는 수학 학습을 촉진하기를 기대한다.

▌참고문헌

Akay, H., & Boz, N. (2010). The effect of problem posing oriented analyses-II course on the attitudes toward mathematics and mathematics self-efficacy of elementary prospective mathematics teachers. *Australian Journal of Teacher Education, 35*(1), 6.

Baumanns, L., & Rott, B. (2021). Rethinking problem-posing situations: A review. *Investigations in Mathematics Learning, 13*(2), 59–76.

Brown, S. I., & Walter, M. I. (1983). *The art of problem posing.* The Franklin Institute Press.

Butts, T. (1980). Posing problems properly. In S. Krulik & R. Reys (Eds.), *Problem solving in school mathematics* (pp. 23–33). National Council of Teachers of Mathematics.

Cai, J. (1998). An investigation of U.S. and Chinese students' mathematical problem posing and problem solving. *Mathematics Education Research Journal, 10,* 37–50.

Cai, J. (2003). Singaporean students' mathematical thinking in problem solving and problem posing: An exploratory study. *International Journal of Mathematical Education in Science and Technology, 34*(5), 719–737.

Cai, J. (2022). What research says about teaching mathematics through problem posing. *Education & Didactique, 16,* 31–50.

Cai, J., & Cifarelli, V. V. (2005). Exploring mathematical exploration: How two college students formulated and solved their own mathematical problems. *Focus on Learning Problems in Mathematics, 27*(3), 43–72.

Cai, J., & Hwang, S. (2002). Generalized and generative thinking in U.S. and Chinese students' mathematical problem solving and problem posing. *Journal of Mathematical Behavior, 21,* 401–421.

Cai, J., & Hwang, S. (2020). Learning to teach through mathematical problem posing: Theoretical considerations, methodology, and directions for future research. *International Journal of Educational Research, 102,* 101391.

Cai, J., & Hwang, S. (2021). Teachers as redesigners of curriculum to teach mathematics through problem posing: Conceptualization and initial findings of a problem-posing project. *ZDM–Mathematics Education, 53,* 1–14.

Cai, J., & Hwang, S. (2022). Making mathematics challenging through problem posing in the classroom. In R. Leikin, C. Christou, A. Karp, D. Pitta-Pantazi, & R. Zazkis (Eds.), *Mathematical challenges for all.* Springer.

Cai, J., & Jiang, C. (2017). An analysis of problem-posing tasks in Chinese and US elementary mathematics textbooks. *International Journal of Science and Mathematics Education, 15*(8), 1521–1540.

Cai, J., & Leikin, R. (2020). Affect in mathematical problem posing: Conceptualization, advances, and future directions for research. *Educational Studies in Mathematics, 105*(3), 287–301.

Cai, J., Moyer, J. C., Wang, N., Hwang, S., Nie, B., & Garber, T. (2013). Mathematical problem posing as a measure of curricular effect on students' learning. *Educational Studies in Mathematics, 83,* 57–69.

Cai, J., Hwang, S., Jiang, C., & Silber, S. (2015). Problem posing research in mathematics: Some answered and unanswered questions. In F. M. Singer, N. Ellerton, & J. Cai (Eds.), *Mathematical problem posing: From research to effective practice* (pp. 3–34). Springer.

Cai, J., Chen, T., Li, X., Xu, R., Zhang, S., Hu, Y., Zhang, L., & Song, N. (2020). Exploring the impact of a problem-posing workshop on elementary school mathematics teachers' conceptions on problem posing and lesson design. *International Journal of Educational Research, 102,* 101404.

Cai, J., Muirhead, F., Cirillo, M., & Hwang, S. (2021). *Supporting teachers to teach mathematics through problem posing: An early-stage longitudinal study* [NSF Grant Proposal]. University of Delaware.

Cai, J., Koichu, B., Rott, B., Zazkis, R., & Jiang, C. (2022). Mathematical problem posing: Task variables, processes and products. In C. Fernández, S. Llinares, A. Gutiérrez, & N. Planas(Eds.), *Proceedings of the 45th conference of the International Group for the Psychology of Mathematics Education* (Vol. 1, pp. 119–145). PME.

Cai, J., Hwang, S., Melville, M., & Robison, V. (2023). Theories for teaching and teaching for theories: Artifacts as tangible entities for storing and improving professional knowledge for teaching. In A. Praetorius & C. Y. Charalambous (Eds.), *Theorizing teaching.* Springer.

Chen, T., & Cai, J. (2020). An elementary mathematics teacher learning to teach using problem posing: A case of the distributive property of multiplication over addition. *International Journal of Educational Research, 102,* 101420.

Christou, C., Mousoulides, N., Pittalis, M., Pitta-Pantazi, D., & Sriraman, B. (2005). An empirical taxonomy of problem posing processes. *ZDM, 37*(3), 149–158.

Cifarelli, V. V., & Cai, J. (2005). The evolution of mathematical explorations in open-ended problem-solving situations. *The Journal of Mathematical Behavior, 24*(3–4), 302–324.

Crespo, S. (2003). Learning to pose mathematical problems: Exploring changes in preservice teachers' practices. *Educational Studies in Mathematics, 52*(3), 243–270.

Crespo, S., & Harper, F. (2020). Learning to pose collaborative mathematics problems with secondary prospective teachers. *International Journal of Educational Research, 102,* 101430.

Crespo, S., & Sinclair, N. (2008). What makes a problem mathematically interesting? Inviting prospective teachers to pose better problems. *Journal of Mathematics Teacher Education, 11*(5), 395–415.

Doig, B., & Groves, S. (2011). Japanese lesson study: Teacher professional development through communities of inquiry. *Mathematics Teacher Education and Development,*

13(1), 77-93.

Ellerton, N. F. (1986). Children's made-up mathematics problems-A new perspective on talented mathematicians. *Educational Studies in Mathematics, 17*, 261-271.

English, L. D. (1998). Children's problem posing within formal and informal contexts. *Journal for Research in Mathematics Education, 29*(1), 83-106.

Fan, L., Chen, J., Zhu, Y., Qiu, X., & Hu, Q. (2004). Textbook use within and beyond Chinese mathematics classrooms: A study of 12 secondary schools in Kunming and Fuzhou of China. In L. Fan, N. Y. Wong, J. Cai, & S. Li (Eds.), *How Chinese learn mathematics: Perspectives from insiders* (pp. 228-261). World Scientific.

Garofalo, J., & Lester, F. K. (1985). Metacognition, cognitive monitoring, and mathematical performance. *Journal for Research in Mathematics Education, 16*(3), 163-176.

제2장 직무에 내재된 교사 전문성 신장을 통한 전문학습 과제

Hala Ghousseini and Elham Kazemi

사회적으로 지성적으로 야심찬[ambitious] 수학 지도는 교사가 학생을 인지적으로 도전적[challenging]이면서 학생 자신의 실제 경험에 가까운(Silver, 1985; Stein et al., 2009) 과제에 참여하는 것을 요구한다. Edward Silver의 연구는 복잡한 과제를 해결하는 학생의 특성과 영향에 관한 우리의 이해를 높이는 데 기여하였다. 그는 인지적으로 도전적인 문제해결 및 문제제기 과제와 활동을 규칙적으로 사용하는 탐구 지향 수학 수업이 학생의 수학에 대한 창의적인 접근을 향상시킬 수 있으며 학생의 이해, 문제해결, 추론의 발달로 이어질 수 있다고 주장했다(Silver, 1997; Silver et al., 2009). 또한, Silver가 탐구 지향 수학 수업에 대해 기여한 바의 중심이 되는 것은 교사에게 인지적이고 교수학적 요구에 대한 그의 설명이다. 예컨대 그의 교사 전문성 신장에 관한 연구는 교사가 어떻게 **수학 내에서 그리고 수학과 교수학적 문제, 학생 사고 간의**(Silver et al., 2007, p. 275) 연결을 형성하는 기회를 통해 수학에 관한 이해를 깊게 할 수 있는지를 강조한다. 또한 수업 시간의 제한과 다양한 해결 방법 중 선택하는 부담과 같이 교사가 인식하는 교실 내에서의 다양한 해결 방법을 사용하는 것에 대한 방해 요인을 드러낸다. 학습에 대한 장애 요인과 별개로, Silver의 연구는 인지적이고 교수학적인[pedagogical] **요구**[demand]의 아이디어를 학습의 기회로 설명한다. 인지적으로 높은 요구 수준의 과제가 학생의 의미형성[sense-making]과 실행, 그리고 의미형성을 돕는 학습 활동의 성질을 들여다 볼 수 있는 창[window]을 제공한다고 설명한다. 유사하게, Silver는 교사가 학생을 인지적으로 도전적인 과제에 참여하도록 촉진하는 것과 관련 있는 교수학적 요구를(어려움과 기회) 고려해보는 기회로부터 도움을 받을 수 있다고 주장했다(Silver et al., 2007).

Ed Silver는 교사 학습, 특히 교사 전문성 신장 연수에서 전문학습 과제[Professional Learning Tasks]의 역할에 대해 교사 학습의 인지적이고 교수학적 요구의 특성을 설명했다. 그는 전문학습 과제가 교사를 교수·학습 상황에서 도전적인 측면을 고려하는 것을 촉진할 수 있도록 설계될 수 있고, 결과적으로 교사의 지식을 학생 학습을 돕는 인지적이고 교수학적인 요구에 사용할 수 있다는 점을 가정하였다. 그는 전문학습 과제가 어떤 교수·학습 맥락에서의 특정한 조건 내에서 지도의 복잡성을 모방하기 때문에 실제 수업에 가깝게 설정될 수 있다고 주장하였다(Silver, 2009). 이번 장에서 우리는 수업을 함께 실행[joint enactment]하는 활동

내에서 맥락화하는 전문성 신장 연수의 한 모델을 중심으로 어떻게 전문학습 과제가 교사를 인지적이고 교수학적인 요구에 집중시키는지에 관한 Silver의 아이디어를 활용한다. 수업을 함께 실행하는 것은 교사를 수업 실행 이전 또는 이후에만 함께 활동하는 것과 대조적으로 학생과 함께 있는 동안 수업을 공동체로서 함께 알고 활동하도록 참여시키는 것이다. 함께 수업 실행하기는 참여자가 수업을 실행하면서 나타나는 문제에 대한 교수학적 추론을 하도록 요청받음으로써 사고하고 있는 것이나 고려하는 것에 대해 말할 때에 나타나는 일시 중지[pause]가 큰 특징이다. 본 연구의 사례로부터 우리는 반응적인[responsive] 수학 수업에 관한 교사의 협력적인[collaborative] 행동유도성[affordances]을 위한 수업을 함께 실행하는 내에서 전문학습 과제를 맥락화하는 것의 행동유도성을 정교화한다.

복잡한 실행을 사회적 실천으로서 학습하기

탐구 지향 수업에 관한 연구는 교사가 실세계 상황의 맥락에서 학문적인 아이디어에 학생이 참여하는 것을 지지할 뿐만 아니라(Barron & Darling-Hammond, 2008; Lampert, 1990) 학생의 협력적인 상호작용과 권위, 자아, 교실에서의 포지셔닝을 조정하는 방식(Hand, 2012; Langer-Osuna et al., 2020)을 관리하는 상황의 복잡성을 드러낸다. 야심찬 지도의 형태는 이 활동의 복잡성을 반영한다는 것을 가르치기 위해 학습에 대한 접근방식과 헌신에 기초한다. 이는 단순히 순간적으로 고안되는 수행이 아니라, 사회적 실천[social practice]으로 학습되는 수행의 한 유형으로, Silver와 동료들(Stein et al., 1999)은 이 사회적 실천을 단순한 학습 기술[learning techniques]에서 벗어나 교사들이 함께 "신념, 지식, 실천의 습관을 개발하기 위해 요구되는 재조사[reexamination], 지속적인 실험, 그리고 비판적인 숙고"(p. 239)를 하게 하는 학습 기회로의 전환이라고 설명했다. 다수의 선행연구는 새로운 지식과 교수학적 실행의 의미를 형성할 공동의 기회를 갖는 맥락과 지속적이고 연결된 경험을 통해서 수학에서 변혁적인 교사 학습이 어떻게 지지될 수 있는지를 시사한다(예: Ball & Cohen, 1999; Lefstein et al., 2020; Silver et al., 2009). 변혁적인 교사 학습은 개별적이고 고립된 과정이 아니라 서로 목적성 있는 활동을 통해 "상호적이고 공동체적이며 서로 알고 있는"(Yanow, 2001, p. 59) 것을 만들어가는 공유된 자원[shared repertoire]을 활용하여 현직 교사에 의해 추진되는 것이다. 사회적 실천의 관점에서 바라보면, 복잡한 행동[performance]을 학습하는 것은 참여자들이 실제 실천 속에서 새로운 행동의 가능성과 참여 방식의 구성을 실험하는 상호 활동에 참여할 때 가장 잘 발전할 수 있다(Dreier, 2008). 변화와 학습은 참여자가 공유된 활동에 기여하기 위해 조정adjustments하는 것을 통해 일어난다.

교사 학습에 대한 실천-기반 접근방식은 지난 이십 년간 사회적 실천으로서의 전문적 학습의 비전을 바탕으로 번성해 오고 있다. 교사 전문성 신장의 실천-기반 모델은 특별한 사회적이고 조직적인 맥락을 통해서 교사를 활동 주체이자 활동적이고 협력적으로 그의 학습에 기여자로서 위치하게 하는 것을 목표로 한다(Lampert et al., 2015). Ed Silver의 교사 학습에 관한 연구는 실천-기반 모델이 "교사 지식의 다른 측면을 분류하고 서로 그리고 그 지식이 쓰이는 설정과 연결"(Silver et al., 2007, p. 261)할 수 있다고 주장하던 접근방식의 의미를 명료화 할 수 있도록 돕는다. 그는 또한 전문적인 학습 과제가 교사의 선행지식과 경험을 더 발전시키고 연결하는 방식으로 교사 학습에 대한 특정한 목표에 맞게 설계될 수 있는 방식을 분명히 하였다. Silver는 전문학습 과제가 교사에게 "특정한 상황을 문제가 있다고 여기고 지도의 복잡성을 고민하는 한 맥락을 제공할 수 있음을 주장하였다. 교사가 그 과제의 문제가 있는 요소를 구별하고 결과적으로 그것을 소유하며 이를 유의미한 것으로 구별하도록 돕는 것은 이 전문학습 과제의 설계와 촉진에 포함되는 활동의 결정적인 측면이다"(Silver, 2009, p. 245). 전문학습 과제의 문제가 있는 구성요소에 관한 질문을 통해서 교사는 지도의 상황에서 문제가 교수학적 요구에 대해 고민하고 집단 지성을 극대화할 수 있다.

최근 역사는 전문학습 과제를 중심으로 하는 실천-기반 전문성 신장 모델의 다양하고 풍부한 혁신을 목도하고 있다. 이러한 모델은 학생 활동의 사용, 교실 영상, 그리고 이야기 사례narrative cases를 포함한다. 학생 활동의 예시는 학생 사고(Kazemi & Franke, 2004)와 수학(Suzuka et al., 2009)에 대한 교사의 더 깊은 이해를 발전시키는 것을 목적으로 하는 전문학습 과제에 사용되고 있다. 교실 수업의 비디오 영상은 목적을 갖고 선택하며 교사의 분석적 사고를 불러일으키는(Borko et al., 2011) 전문학습 과제를 설계하는데 사용되어 오고 있다. Ed Silver의 연구에서 그는 전문학습 과제를 위한 중심으로서 어떻게 지도의 이야기 사례가 지도 실행에 관한 한 가지 이상의 측면을 목표로 하는 교사의 성찰과 분석을 자극할 수 있도록 사용될 수 있는지를 설명했다(Silver et al., 2007, 2009). 그가 주장하기를, 이야기 사례는 교사가 특정한 수학 교실에서 인지적으로 도전적인 과제의 사용에 내재된 핵심적인 문제와 지속적인 어려움을 설명하는 동시에 수학, 교수법, 학생 학습 간의 관계를 경험할 수 있는 전문학습 과제를 위한 풍부한 맥락을 제공한다. 사례 분석과 토론을 통해서 교사는 하나의 수업을 분석 단위로서 다루고 의견보다는 증거를 바탕으로 지도의 우연적인 측면에 관한 주장을 하면서 학습에 대한 공동의 능숙함을 기를 수 있을 것이다

(Silver et al., 2006).

교사의 의미형성에 대한 지렛대로서의 전문학습 과제의 역할

Silver(2009)는 전문학습 과제의 높은 맥락적인 특성은 교사가 수학적 딜레마에 대한 해결책을 제안하고, 토의하며, 숙고할 수 있고, 과거와 현재 지도 경험과 전문성 신장 경험의 활동 공간 사이에서 오가면서 교수학적 가능성을 탐험할 수 있도록 의도된다고 주장했다(p. 245).

교실에서 교사가 살아온 경험[lived experiences]과 전문성 신장 연수 경험을 연결하는데 있어서 전문학습 과제의 역할을 나타내는 표상([그림 1])으로서 Silver가 사용한 것은 지도에 관한 학습과 실천을 교사가 연결할 수 있는 공간을 조성하는 데 있어 실천-기반[practice-based] 접근 방법의 전망과 강점을 강조한다.

사실 Silver 외(2005)는 비디오와 이야기 사례 같은 전문학습 과제의 분석과 토의로부터 교사가 조금씩 누적한 통찰력에 의해 영향을 받은 실천에서 유의미한 변화의 증거를 제시하였다. 이와 같이 Kazemi와 Franke(2004)는 학생의 수학적 사고에 관한 이해를 더 깊게 하는 전문학습 과제에 참여했던 교사가 학생 아이디어의 세부적인 내용을 평가하고 학생을 지지할 수 있는 교수학적 경로를 상상할 수 있었음을 발견했다.

그러나 Silver의 표상은 보통의 실천-기반 접근방식에서의 긴장을 가리킨다. 교사 실행과 실천-기반 전문성 신장 연수의 영역을 연결함에도 불구하고 전문학습 과제는 교사가 학생에 대해 순간마다의 의사결정(예: 순간적으로 학생에게 응답하기보다는 학생 활동 중에서 표본을 선택하기)을 하는 교사의 실행을 실제 실천하는 맥락 **밖에서** 실행된다. Ball과 Cohen(1999)의 주장에서 실천-기반 학습은 "충분히 근접하여 설득력이 있고 명백하여야만" 하면서도 동시에 "면밀한 검토나 해체, 재구성과 같은 것이 가능할 정도로 충분히 거리감이 있는"(p. 12) 과제를 다루는 경험이 필요하다는 긴장을 암시하였다. Ball과 Cohen은 교사의 결정에 가깝게 전문학습 과제를 실행에 위치시키는 것은 학습할 기회를 방해할 수 있고 실행 중인 지도로부터 주의를 분산시킬 수도 있을지 모른다는 것을 설명했다. 그러나 교사의 전문적 학습 경험을 지도의 실제 실행으로부터 거리감 있게 하는 것은 또한 교사를 학습과 지도를 연결할 수 있는 과제와 함께 남겨두고, 발생할 수 있을 복잡성을 독립적으로 고민하게 둔다. 우리의 관점에서 이는 공통의 목표와 공동의 책임의 관념(James et al., 2007; Lee & Louis, 2019)을 바탕으로 하는 사회적 실행으로서의 전문적 학습의 기본적인 개념과 상충된다. 복잡한 실행을 학습하는 것은 실행의 결과물을 놓고 협동하는 것(실행 전에 수업을 계획하고 교실 영상을 분석하는 것)을 통해서 뿐만 아니라 교사가 상황에 대한 서로의 해석, 학생의 의미형성과 참여에 대한 해석을 발전시키는 Yanow(2001)가 지칭했듯 "상호적, 협력동적, 서로 아는"것을 통해서도 이루어질 수 있다.

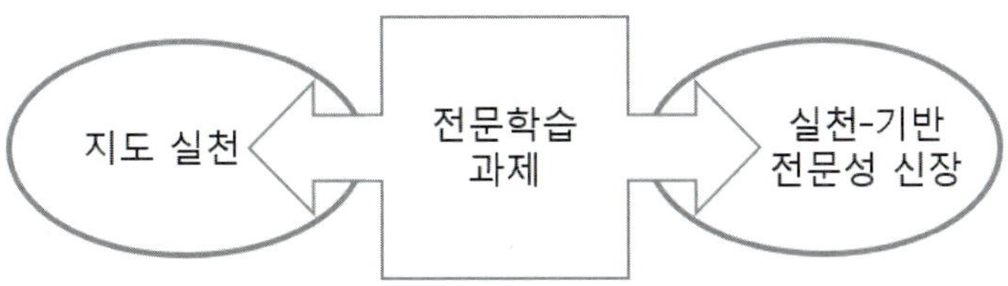

[그림 1] 전문학습 과제의 역할(Silver, 2009)

이러한 측면에서 우리는 실천-기반 교사교육에서 전문학습 과제가 교사의 실천을 실제 지도하지 않고 참여하는 전문성 신장 연수 경험을 연결하는 가교 이상의 것으로 개념화될 수 있다고 주장한다. 우리는 전문학습 과제 또한 전문성 신장 연수의 한 부분으로서 **실천**의 맥락 속에서—즉, 전문적 성장의 일부로서 공유된 수업 실행shared enactments안에서—교사의 협력적인 의미형성의 맥락으로서 기능할 수 있다는 점을 상정한다. 이 제안은 어떻게 전문학습 과제가 교사 자신의 교실에 자리매김한 실행을 기반으로 한 전문성 신장 연수의 중심에 위치할 수 있을지를 보여주는 Silver(2009)의 표상을 전환시킬 수도 있다([그림 2]). 이 그림에서 전문학습 과제는 실천과 협력적 전문성 신장 사이의 가교라기보다는 오히려 두 영역 내에 중첩되어 자리 잡을 수 있게 한다.

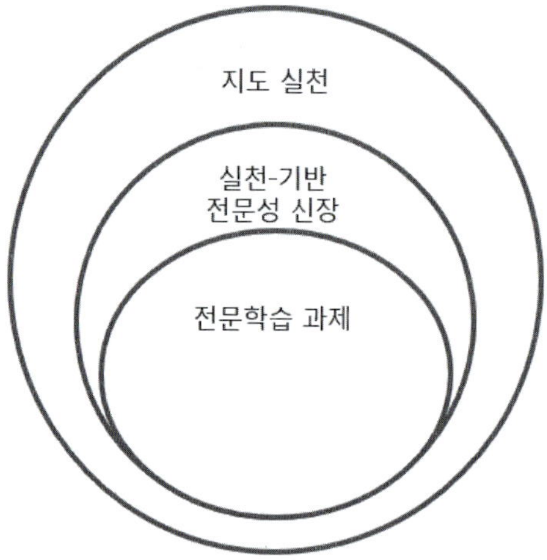

[그림 2] **교사 실행과 전문성 신장에 관련한 전문학습 과제의 역할 재개념화**

이 모델에서 전문학습 과제는 **가르치는 동안에** 특정한 교실의 학생, 학생의 현재 이해, 현재 교실 집단의 학습자로서 어떤 사람인지에 맞추어져 교사의 탐구에 대한 공간일 수 있다. 우리는 다음 절에서 이것이 어떻게 기능할 수 있는지를 상술하고자 한다.

전문학습 과제는 어떻게 가르치는 동안 탐구의 공간으로 기능할 수 있는가?

우리의 연구는 예비 교사를 대상으로 한 초기 연구에서부터 현직 교사를 대상으로 한 후속 연구에 이르기까지, 전문학습 과제를 실제 교수 실행 속에 내재화하여 교사들이 '그 순간의[in-the-moment]' 교수적 의사결정을 함께 성찰하고 논의할 수 있는 장으로 활용하는 시도를 하였다. 예비 교사를 대상으로 한 연구를 통해 우리는 리허설[rehearsal](Lampert et al., 2013)이라는 상호작용적 교수법을 개발하였다. 이 접근에서 초보 교사들은 동료들 앞에서 활동 실행을 함께 계획하고 시연[approximation]한 뒤, 실제 교실 환경에서 학생들과 함께 이를 실행한다. 이러한 리허설 맥락에서 예비 교사들은 자신이 학습하고 준비한 수업 실행의 다양한 측면을 다시 시도하거나 재고[reconsider]하고, 다른 참여자들로부터 피드백을 받을 수 있었다. 교사교육자와 리허설을 하는 교사는 학생과 그 활동을 뒤따라 가르치게 될 교실에 관한 특정한 측면을 리허설에 반영하기도 한다. 또한 리허설 도중에 일시적으로 멈춤[pause]을 두어,

학생의 학습과 참여를 촉진할 수 있는 실천적 문제problems of practice나 교수학적 고려 사항에 대해 논의와 숙고의 장을 열 수 있다(Ghousseini et al., 2015; Kazemi et al., 2016).

우리는 더 나아가 교사를 동료와 함께 교실의 복잡한 사회적이고 물질적인 생태 내에서 야심찬 지도에 참여시키는 학습 실험실이라 불리우는 전문학습 경험을 통해 현직 교사와 함께 이 활동을 발전시켰다(Kazemi et al., 2018). 학습 실험실은 교사가 교실 맥락에서 교육과정과 학생에게 반응적일 수 있도록 의도적으로 계획된 교수학적 활동을 조사하고 실행할 수 있는 학습 사이클에 따라 설계된 것이다. 전형적으로 대학 및 학교에서 근무하는 교사교육자와 함께 교사는 질문의 4단계인 (1) 새로운 학습new learning, (2) 함께 계획하기coplanning, (3) 함께 실행하기coenactment, (4) 보고하기debriefing([그림 3])를 거친다. 새로운 학습 단계에서는 교사는 학문적 지식, 야심찬 지도의 측면, 또는 학생의 사고에 집중하는 활동에 참여함으로써 시작한다. 그 후 팀은 함께 교실 중 한 곳에서 실행할 교수학적 활동을 함께 계획한다. 계획하는 동안 팀은 학생을 위한 내용과 참여 목표, 잠재적인 학생 반응, 학생 참여를 돕는 전략을 찾아낸다. 또한 교사는 수업이 진행되는 동안 하나의 공동체로서 어떻게 함께 활동할 수 있을지(서로 다른 팀원이 어디에 앉을지, 다른 시기에 누가 수업을 이끌지, 언제 팀원이 수업을 멈추고 생각하거나 알아차린 것에 대해 질문하거나 학생과 함께 참여할 지)를 예측한다. 참여자는 제안된 순서의 행동을 시험하고 그 결과를 평가하기 위하여 교사의 역할로 나아갈 수도 있을 것이다(Ghousseini et al., 2022; Kazemi et al., 2021). 이 사이클은 교사가 실제 수업 실행에 대해 보고하는 것으로 끝을 맺는다. 수업연구와 친숙한 교사는 수업연구와 학습 실험실의 유사한 점을, 특히 수업을 함께 계획하고 보고하는 공동체적 특성을 알아차릴 것이다. 그러나 학습 실험실은 중요한 방식으로 수업연구와 결을 달리한다(예: Lewis et al., 2009). 학습 실험실을 통해 계획된 수업은 수업연구에서의 연구수업처럼 광범위한 계획을 통해 개발되지 않는다. 오히려 학습 실험실은 대개 40-45분간의 상대적으로 짧은 시간 내에 계획하고 참여자가 실행하는 동안 수정을 할 수 있도록 오히려 느슨하다. 수업연구와 달리, 실행하는 동안 참여자는 서로 의견을 나누고 수업의 방향을 바꾸기 위하여 수업을 중지할 수 있다. 수업연구와 학습 실험실 간의 또 다른 중요한 차이점은 교사가 계획된 수업을 공유하거나 수업을 돕기 위해 순서대로 할 수 있다는 것이다.

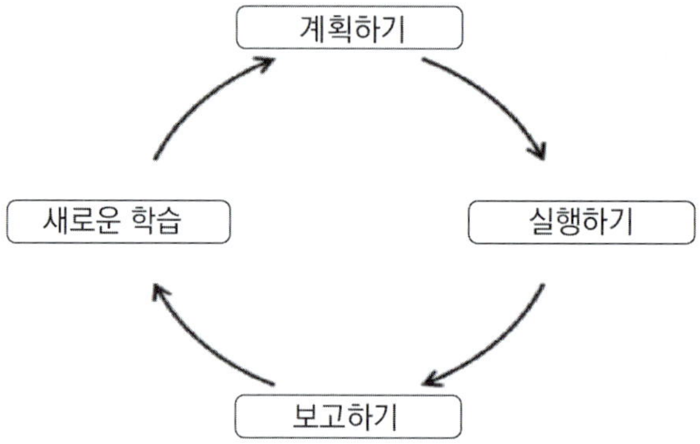

[그림 3] 전문학습 과제로서의 학습 실험실의 사이클

리허설과 학습 실험실 모두에서 참여자는 수업 실행 단계 중 가르치면서 공동의 실험을 목적으로 공유된 실천shared practices과 도구를 가져올 수 있다는 사실을 알고 있다.

현직 교사와의 학습 실험실에서는, 우리는 [그림 3]의 4단계의 전체 사이클을 넘나드는 전체를 아우르는 전문학습 과제에 착수한다. 그 과제는 교사가 수학적 논증의 과정을 이해하고 실행할 준비를 하며 이 과정에서 학생의 폭넓은 참여를 지지하는 법을 학습하게 한다. 주요한 전문학습 과제는 학습 실험실의 각 단계에 따라 만들어진 더 작은 활동으로 지지된다. Silver(2009)의 개념화와 일치하면서 전체를 아우르는 전문학습 과제는 수학 문제, 영상, 수학적 초점에 중심을 둔 지도의 이야기 사례에 대한 검토를 수반하는 교사를 위한 의도적인 학습 기회를 통해 시작된다. 수업 계획 단계는 교사가 학생의 아이디어를 이끌어내고 학생의 사고를 파악할 수 있는 질문을 생성하면서 수학적 목표를 식별하고 가능한 학생 전략을 고려할 교수학적 활동에 초점을 둔다. 실행 또는 공동체적 지도 단계는 교사가 학생의 성취를 고려하여 지도하고 교수학적 상황의 문제가 있는 측면을 고려하기 위해 일시 멈춤할pause 기회를 가질 수 있는 수업 실행에 관한 질문을 포함한다. 교사와 교사교육자는 협력하여 "과제의 문제가 있는 구성요소를 식별하고 결과적으로 이를 받아들이며 유의미한 것으로 간주한다"(Silver, 2009, p. 245). 보고 단계 동안 교사는 더 나아가 수업의 인지적이고 교수학적 요구에 대한 자신의 인식을 상술한다. 이에 따라 그 사이클의 4단계에 걸친 전문학습 과제는 학습 기회가 수업의 전, 동안, 후에 인지적, 사회적으로 도전적인 수학 문제를 어떻게 촉진할 수 있을지를 고려하기 때문에 교사가 학습할 서로 다른 기회를 제공한다. 지도의 복잡성을 구분하고 관리하기 위해 협동하여 활동하는 것은, 특히 교사 협동학습 기회에 관한 선행연구에서는 다루어지지 않았다. 조사와 지도로 이어지는 실행의 사이클에 걸쳐서 발생하는 것에 관한 우리의 연구는 반복적으로 교사가 어떻게 학생의 의미형성을 중심으로 하는 인지적으로 도전적인 과제에 대비하고 촉진하며 숙고하는지에 대한 맥락화되고 미묘한 통찰을 발전시켰다.

다음으로, 우리는 학습 실험실 사이클에 걸쳐 확장되는 전문학습 과제가 전문학습 과제나 실행과 공동체적 전문성 신장에 어떻게 포함될 수 있는지를 보여주는 예를 살펴본다. 우리는 전체를 아우르는 전문학습 과제의 목표를 함께 다루는 사이클의 각 단계의 의도적이고 연결된 활동을 통해 전문적 학습 모델의 행동유도성을 조명한다.

사례 예시

우리가 여기서 제시하는 사례에서 어떻게 우리의 전문성 신장 모델에서 전문학습 과제를 한 집단의 교육자가 수학적 논증 수업에서 초등학교 고학년 교사를 지지하는 것에 관한 이해를 더 발전시키는 기회로 개념화하는지 설명한다. 위에서 진술했듯이 전문학습 과제는 학습 실험실 전문적 경험의 전체 사이클(새로운 학습, 함께 계획, 함께 지도 또는 실행, 보고하기)에 걸쳐서 나타난다.

새로운 학습과 계획하기: 지도 이전에 복잡성에 집중하기

논증에 관한 선행연구는 반복적으로 논증은 활동 이상의 것(논증은 의도적인 규범 설정, 활동 선택, 지도를 통해 장시간에 걸쳐 논증에 관한 교실 문화를 조성하는 것에 기반한다)이라는 점을 강조한다(예: Knudsen et al., 2018). 모든 야심찬 지도처럼, 수학적 논증을 위한 문화를 발달시키는 것은 교사가 어떻게 의도적으로 (1) 수학적 문제나 루틴을 선택하고 구조화하기, (2) 허용할 만한[acceptable] 논증이라고 여겨지는 것에 대한 규범 발전시키기, (3) 학생을 논증의 과정에 참여시킬 수 있는 언어적 지원과 담화 구조를 제공하는지를 학습해야 하기 때문에 교사에게 복잡한 활동이고 지적으로나 교수학적으로나 많은 부담을 준다(Krummheuer, 2007; Makar et al., 2015).

힐탑 초등학교[1)]의 고학년 교사는 학교와 대학교의 교수 코치, 교장과 함께 수학적 논증의 실행에 초점을 둔 2년간의 전문적 학습[2)]의 맥락에서 이러한 부담을 탐색하고 있었다(Kazemi et al., 2021). 모둠 활동에서 한 측면은 문제 선택과 문제제기였다. 여기서 우리

1) 대학 소속 교사교육자들을 제외한 모든 이름은 가명이다.

2) 학교는 학습 실험실을 전문적 학습 지원 방법으로 활용해 오고 있었는데, 연구자료를 수집할 때에는 학습 실험실을 활용한 지 8년이 되는 시점이었다.

가 설명하는 사례에서 교사는 학생의 함수적 사고(예: National Council of Teachers of Mathematics [NCTM], 2020)를 지지하는데 적당한 증가하는 패턴 문제로 실험하고 있었다. 이 초점이 되는 학습 실험실Learning Lab을 하는 동안, 그룹의 학습 목표는 학생이 과제의 구조를 구별하는 지적인 활동을 수행할 수 있는 수학적 논증을 위한 증가 패턴 문제의 행동 유도성을 탐색하는 것과 특정한 증가 패턴 문제([그림 4])를 어떻게 도입할 수 있을지에 대한 탐구였다.

[그림 4] 학습 실험실에서 사용되었던 교사가 차트 종이에 그렸던 증가 패턴 문제

아래에서 설명할 초점이 되는 학습 실험실은 수학적 논증에 관한 활동을 했던 첫 번째 해의 끝에 진행되었다. 그때는 그 모둠이 증가 패턴 문제가 수학적 논증에 관한 학생의 능숙함을 발달시킬 전체적인 목표를 이루도록 어떻게 도울 수 있는지를 탐색했던 첫 번째 날이었다. 교육자 집단은 학생이 증가 패턴의 구조를 관찰하고 알아차리며 증가 패턴에 뒤따르는 항의 배열에 관해 관찰을 바탕으로 주장을 할 수 있도록 학생을 돕는 것에 관심이 있었다. 2명의 대학 교사교육자, 2명의 학교 교수 코치, 2명의 4학년 교사, 2명의 5학년 교사, 1명의 특수교사와 1명의 교장으로 이루어진 그룹이 특정한 학습 실험실을 위해 모였다.

학습 실험실의 새로운 학습 단계(전문적 학습 단계의 첫 번째 활동)에서 그 그룹은 스스로 증가 패턴 문제를 해결하기 위해 시도하고 학생과 비슷한 문제를 사용한 몇몇 영상에 관한 설명을 읽고 시청함으로써 증가 패턴 문제에 대해 학습했다. 이전에 했듯이 참여자들은 어떤 수학적 아이디어가 나타날 수 있을지를 탐색했고 교사로서 학생들의 지적인 참여에 영향을 미칠 수 있을 결정들을 열거했다.

- 학생이 각 항에서 정사각형이 몇 개 있는지 식별하게 할 것인지
- 학생에게 항이 구조화된 방식을 설명하게 할 것인지
- 학생이 알아차린 것이나 세는 전략을 제시하도록 형광펜을 사용하는 방법
- 항 번호와 정사각형이 개수를 기록하기 위한 표를 사용하는 장점과 단점

• 학생이 항의 층, 탑과 같은 다양한 부분을 지칭하기 위해 사용할 언어
• 학생이 만들 수 있을 모델과 그것의 용도
• 학생이 증가 패턴의 구조를 반복적으로 또는 항 번호와 정사각형의 수를 직접적으로 관계시키면서 구별하는 다양한 방법

이 목록은 그 그룹의 교수학적 결정을 학생의 의미형성을 위한 기회에 관련짓는 데에 대한 상당한 투자가 필요함을 반영한다. 그 그룹은 어떻게 이러한 결정이 학생의 문제에 대한 접근, 폭넓은 참여, 문제의 인지적 요구에 영향을 끼칠 것인지 고려했다. 그 그룹은 어떻게 교수학적 행동이 학생 참여와 접근에 관련될 수 있는지를 고려했기 때문에 다양한 영역의 지식을 동원했다. 예를 들어, 교사는 학생이 도식의 다양한 부분을 묘사하기 위하여 사용할 표현과 대화에서 청자가 토의에 서로 기여한 바를 어떻게 이해할 것인가를 예상했을 때, 학생과 수학 내용에 관한 지식에 맞추어졌다.

학습 실험실의 함께 계획하기 단계(전문학습 과제의 두 번째 활동)에서는 그 그룹은 한 번에 하나의 항을 보여줄지 또는 한 번에 여러 개의 항을 보여줄지 뿐만 아니라 단어 선택이 어떻게 학생 알아차림을 촉진하여 학생의 사고에 영향을 미치는지를 고려했다. 그 그룹은 "학생이 '패턴'이라는 용어를 사용해야만 할까? 또는 '무엇이 변하지 않을까? 무엇이 변할까?'라고 촉진해야만 할까?"라고 궁금증을 가졌다. 각각의 새로운 아이디어를 가지고 참여자는 어떻게 학생이 반응할지와 대안적으로 할 수 있을 것을 고려했다. 예를 들어, 5학년 교사 중 한 명인 Leslie가 수업을 "패턴"이라는 단어의 의미에 대한 토의로 시작할 수 있음을 제안할 때의 다음 대화를 고려해 보자. 교육자는 어떻게 학생이 패턴이라는 용어의 의미에 관한 대화에 참여하는 가능한 방식을 제안하고 어떻게 학생이 함께 그 문제를 해결하고자 할 때 발생할 수 있을 것을 고려하는지를 파악해보자. 우리는 발췌문 이후에 기울임이나 진한 글씨체로 의견을 표한다.

Leslie(5학년 교사): 그리고 *저는 처음에 '패턴'이라는 단어에 대해 이야기 해보는 것도 가치가 있을지 궁금해요.* 즉, 학생들에게 "수학에서 우리가 패턴이라고 말할 때, **여러분에게 패턴은 무엇인가요?** 그 단어의 의미는 무엇인가요?" 라고 물어보는 거죠. 그러면 학생들이 '규칙적으로 일어나는 무언가' 라고 말할 수도 있고, 뭐든지 학생들이 말할 수 있도록 이끌어 낼 수 있겠죠.

Sonya(4학년 교사): 예측 가능하다는 것이죠.

Leslie: 맞아요. 예측 가능하고, 왜 그렇게 예측할 수 있는지를 보여주는 근거가 있지요.

Brooke(5학년 교사): 그럼 우리는 그걸 수업의 도입부에서 바로 말할까요, 아니면 세 번째 단계쯤에 가서 말해줄까요?

Leslie: 제 생각에는 모두가 패턴이라는 단어를 알고 있기 때문에 시작할 때 어느 정도 다루는 것이 좋다고 생각해요. 왜냐하면 '패턴'이라는 단어는 모두가 알고 있는 단어이고, "나는 패턴을 이렇게 생각해"라고 말할 수 있기 때문이죠. 그리고 나서, "오늘 우리는 패턴과 관련한 활동을 할 건데, 우선 이 그림에서 시작해 볼게요"라고 말할 수 있어요.

Tina(4학년 교사): 네, **그런데 제 생각에는 그렇게 한다면** 하나 명확하게 짚고 넘어가야할 게 있다고 보여요. 유치원 아이들은 ABAB, **즉 별, 동그라미, 별, 동그라미처럼 반복되는 것만 패턴이라고 볼 수 있어요. 그런데 지금 우리가 다루는 건 그런 반복 패턴이 아니거든요.**

Eva(학교 소속 코치): **이것은 증가하는 것이죠.**

Tina: 맞아요. 이건 이렇게 증가하는 구조예요. 그래서 제가 그것을 2 2가 세 번, 2 2가 세 번으로 봤던 이유에요. 저한테는 그것도 하나의 패턴이거든요. 그래서 제 생각에 우리 아이들 중에는 패턴을 ABCABCABC만으로 이해하는 학생들도 분명 있을 것 같아요.

Lynn: 그리고 우리가 이걸 5학년 교실에서 한다면, 4학년 학생들과는 다르게 접근하게 되겠죠.

Tina: **우리 아이들은 이런 걸 해본 적이 없어요.** 유치원과 1학년에서 몇 가지 패턴을 배우긴 하지만, 대부분 ABABAB 수준이거든요.

Eva: **함께 말하며 세기(학교에서 사용하는 공통적인 교수학적 활동)를 하면서 우리는 항상 패턴을 다뤄요. 그런데, 이건 어떤 면에서 다른 종류의 패턴인가요?**

Sonya: **수로 이루어진 패턴이 아니라, 시각적인 패턴이라는 건가요?**

Elham(대학 소속 교사교육자): 네. *우리는 또한* '이것이 어떻게 변하고 있는지, 어떻게 증가하는지'*에 대해 이야기할 수도 있어요.* 여기서 사실 '패턴'이라는 단어조차 사용하지 않고도 말이 되죠. 패턴이라는 개념이 여기서 등장하는 지점은, '어떤 규칙성이 보이나요? **우리가 셀 때, 매번 동일하게 유지되는 어떤 것이 있나요?**'라고 묻는 순간이지요. **왜냐하면 일반화된 식에 도달하도록 돕는 것은 바로 '매번 동일한 방식으로 세고 있다'는 점이기 때문이에요. 즉, 반복되는 추론[repeated reasoning]에서의 반복성[repetition]이 핵심이죠.**

Alison(대학 소속 교사교육자): (이전 학습 실험실 문제를 언급하면서) 그러니까 우리가 분수 비교 문제 풀었던 것 같은 것처럼요.

Elham: 예. 우리가 이걸 셀 때 했던 생각의 과정에서 같았던 점과 달랐던 점이 무엇인지

이야기해볼 수 있어요. 예를 들어, *여기가 첫 번째 항이라고 해본다면,* 여긴 몇 개가 있나요? 여기 두 번째 항이 있어요. 어떤 일이 일어났고, 무엇이 바뀌었죠? 무엇이 똑같이 유지되나요? 이건 어떻게 셀까요? 여기 세 번째 항이 있어요. 무엇이 바뀌었죠? 무엇이 똑같이 유지되나요? 이건 어떻게 셌어요? 이러한 방식으로 학생들이 항을 보고 세었던 서로 다른 방식을 기록할 수 있겠죠. 그리고 나서 *이렇게 물을 수 있어요.* **이러한 방식으로 계속 증가한다면 다음 항은 무엇일까요?** *이러한 접근이 가능할까요?*

우리가 했던 함께 계획하기의 한 측면으로서 이 대화는 그 그룹의 계획하기의 고려 사항이 학년별로 패턴이 어떻게 나타나고 4학년 학생 중 특정한 그룹이 곧 일어날 실행에서 어떻게 할지에 연결될 수 있는지에 대한 이해와 깊이 연결된다. 교사는 아직 어떻게 4학년 학급이 증가 패턴 문제를 이해할 것인지를 알지 못함에도 불구하고 서로 어떻게 증가하는 패턴이 자신의 학교 학생이 전형적으로 학교 교육과정에서 반복 패턴(ABABAB) 또는 수치적 패턴(굵게 강조된)으로서 패턴과 마주하는 방식과 연결될지에 대한 질문을 제기하고 있었다. 교사가 자신의 교실에서 처음으로 증가 패턴 문제를 시도했었고 학생이 할 수도, 하지 못할 수도 있을("우리 학생은 아직 안 해봤어") 것에 대한 어느 정도의 두려움이 있었다는 점을 상기해 보자. 이 대화는 또한 교사가 그 문제를 어떻게 구성하고 시작할 수 있을지에 관한 (기울임체로 나타났던) 몇 가지 전제에 의해 표현될 수 있다. "그리고 저는 먼저 패턴이라는 … 궁금해요", "우리가 그렇게 하면…", "그것이 맞을까요?"와 같은 언어적 표지자는 어떻게 학생이 참여하는 것과 관련된 목표를 위한 지적인 활동을 하지 않으면서도 그 그룹이 함께 증가 패턴의 구조를 알아차릴 수 있도록 소리 내어 생각했었는지를 반영한다.

함께 소리 내어 생각하기는 교사가 그 수업을 함께 가르칠 것이기에 전문학습 과제의 이 활동에서 중요하다. 가능한(교사가 말할지 모르는 지시를 포함하는) 전개에 대해 소리 내어 생각하기는 모든 교사의 아이디어를 가설의 영역에서 마주할 수 있을 문제의 영역으로 이끌었다. 함께 계획하기의 말미에 그 그룹은 패턴이라는 용어를 토의함으로써 그 문제를 도입하는 것에 반대한다는 결정을 했으나 명백히 학생과 함께 패턴의 의미를 탐색하는 것에 관한 직관을 가지고 있었다. 게다가, 교사가 계획하는 동안에 고려했었던 복잡성은 의도했던 목표에 대한 최선의 이해를 고려하여 일어날 것을 예상하면서 학생을 고려하여 계획했기에 조건문의 형태를 갖는다. 그러나 교사는 교수학적 결정을 하고 학생이 반응으로서 무엇을 할지를 보기 전까지는 실제 교수학적 결정을 하거나 교사가 내린 교수학적 결정의 이점을 고려할 수 없다. 이는 전문학습 과제의 다음 활동이 참여자에게 제공할 수 있을 것이다.

함께 실행하기: 지도하는 동안의 복잡성에 집중하기

다음으로 학습 실험실의 함께 실행 단계(전문학습 과제의 세 번째 활동)에서, 그 그룹은 계획했던 수업을 함께 Sonya의 4학년 교실에서 가르쳤다. 몇몇 교사는 학생이 문제에 참여하는 것을 촉진할 것인 반면에, 다른 참여자는 학생 사이에 앉아 있을 것임을 알고 수업을 실행했다. 또한 그 그룹은 다음 교수학적 움직임에 대해 의견을 교환할 필요가 있다고 느끼는 순간에 수업을 잠시 중지할 수 있는 루틴을 공유했다. 교사 타임아웃[Teacher Time Outs]으로 지칭되는 일시 중지는 참여자가 수업에서 어렵거나 문제가 있는 측면을 인식하면서 수업 실행의 특정한 순간에 교수학적 결정 내리는 것에 관한 복잡한 요구를 공유하는 시간을 의미한다(Gibbons et al., 2017). 교사 타임아웃은 참여자가 학생과 의사소통, 수업의 특정한 측면에 관하여 다른 참여자와의 숙고하기와 같은 형태를 취한다. 함께 실행하기 단계에서 임기응변으로 행해지는 결정은 참여자의 확장된 계획하기에 의존한다. 참여자가 학생이 증가하는 항의 구조를 이해할 수 있게 사용할 언어와 항을 표현하는 표상[representations]에 대해 고민하는 것이 지도의 함께 실행하기에서 교사가 가져올 공유된 자원[shared resources]이 된다.

실행 단계에서 학생은 교사가 예상했었던 것과 잘 부합하면서도 "2, 2, 3처럼 쌓고", "3의 두 열과 1개 더"와 같이 항을 설명할 수 있는 추가적인 언어 표현을 도입하면서 그 항을 설명하는 여러 방법을 공유했다. 몇몇 학생은 첫 번째 항이 3개의 정사각형, 두 번째 항이 5개의 정사각형, 세 번째 항이 7개의 정사각형처럼 사용된 홀수 개의 정사각형의 연속된 수치적 패턴을 알아차렸다. 처음 세 개의 항의 구조를 토의한 후에, 교사는 연결하는 큐브를 나누어주었고 학생에게 네 번째 항을 만들어 보도록 결정했다. 그러나 학생은 교사를 놀랍게 하면서 학급에서 이전에 각 항의 구조를 분해했던 방식과 달라 보이는 몇몇 다른 형태를 만들었다. 교사는 다른 모델을 수집했고 교실의 앞쪽에 매달아 전시했다([그림 5]). 교사는 학생에게 네 번째 항을 어떻게 만들었는지 설명하도록 요청했다. 이 대화를 통해서 교사는 몇몇 학생이 처음 세 항에서 발견했었던 패턴을 확장하고 있지 않고 구조를 바꾸고 있음을 알게 되었다. 예를 들어, 정사각형 형태로 네 번째 항을 만들었던 학생은 네 번째 항이 9개의 큐브를 가질 것임을 알고 있었다고 말했고, 9개의 큐브를 정사각형 형태로 배열했다. 두 개의 큐브를 그 형태의 아래쪽에 놓았던 학생은 수평 방향뿐만 아니라 수직 방향으로도 커질 것이라고 생각했다. 몇몇 학생은 증가하는 패턴이 너무 "명백"하거나 "평범"할 것이라고 말했다. 교사가 모두 함께 실행하기 단계 동안 있었다는 사실이 협동해서 학생이 이러한 특정한 모델을 만들었는지 이유를 탐색할 기회를 주었다. 교사는 학생의 설명을 경청하면서 몇몇 학생이 교사가 예상했었던 패턴을 이해하는 방식을 벗어나서 네 번째 항을 만들었음을 알게 되었다.

결과적으로, 한 교사는 학생이 "명백하고 평범하다"고 한 것에 대해 직접 대화해보기 위하여 교사 타임아웃을 신호했다. 뒤따르는 발췌록에서, Leslie가 교사 타임아웃을 시작할 때, 다른 교육자가 그 대화에 참여하고 그 순간에 가진 궁금증에 따라 응답하도록 하기 위해서 권위가 있는 상태로 설정되었다(교사의 질문에 대해 굵은체로 중요한 학생 반응에 대해서는 기울임체로 나타내었다).

교사가 학생이 만든 네 번째 항의 여러 모델을 들고 있다.	왼쪽에서 오른쪽 방향으로 학생이 만들고 사진으로 나타낸 네 번째 항의 재구성
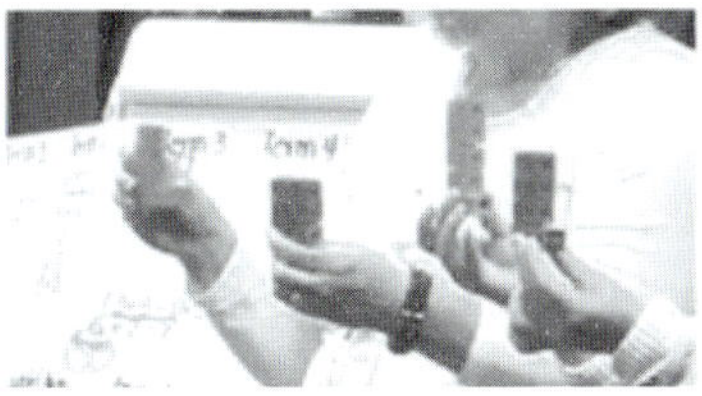	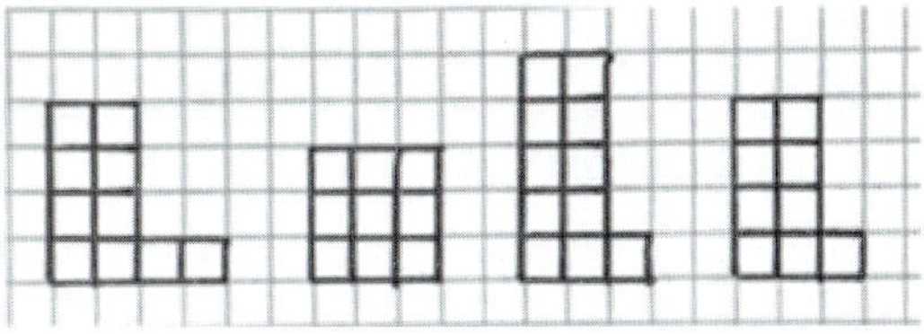

[그림 5] 학생이 만든 네 번째 항

Leslie(5학년 교사): 자, 여러분 중 몇몇이 특정한 단어를 사용했는데, 선생님은 여러분이 진짜 어떤 의미인지로 말했는지 알고 싶어요. 그러니까 한 명이나 두 명 이상이 우리가 이 네 번째 항을 이렇게(네 번째 항이어야 하는 것의 모델을 들고) 만든다면, "그건 너무 명백하다[obvious]."라고 했죠. 그리고 어떤 학생은 네 번째 항을 이런 방식([그림 2]에서 볼 수 있듯 위쪽의 2개 큐브를 옆으로 옮겨서 3×3 정사각형을 만듦으로써 정사각형을 보여주면서)일 것이라 생각했지요. "너무 명백하다"라고 말한 의미는 뭐였어요? (학생1을 보면서) 방금 그 표현을 썼지요. **너는 이건 너무 명백하다고 말했지. 선생님은 네가 정말 무슨 뜻으로 말했는지 알고 싶단다.**

학생1(네 번째 항을 3×3 정사각형으로 만들었던 학생): 제가 명백하다고 말한 것은요, 두 번째와 세 번째 항을 보면, 두 번째 항이 5였고 그래서 '그게 3에다 2를 더하고 그래서 또 다른 2개를 쌓아 올리고 세 번째 항에서도 똑같이 했어요. *그러고 나서 저는 네 번째 항은 선생님께서 이미 그렇게 하셨고 이미 두 번째, 세 번째 항이 위쪽에 2개를*

추가했던 것을 제외하고는 똑같다는 걸 보여주셨기 때문에, 2개를 위쪽에다 추가하듯이 그냥 똑같은 것은 아닐 것이라 생각해요.

Leslie: 그럼 선생님이 네 번째 항을 구하려고 단지 2개를 추가했었다면, 그게 너무 명백하다는 거군요.

학생1: 네.

Leslie: 그러면 다섯 번째 [항]은 무엇일까요?

학생1: *아마도 2개를 더하는 것과 같은 것, 그리고 선생님이 계속해서 그렇게 하시면, '오, 난 모르겠다, 이건 너무 명백해지는 데'라고 생각할 것 같아요.*

Tara(학교 소속 코치): **그래서 저는 이것이 전혀 지적인 도전이 아니라는 것이 아주 명백하다고 생각해요.**

학생1: 네.

Elham(대학 소속 교사교육자): **이건 충분히 복잡하지 않아요.**

Tara: 이건 충분히 복잡하지 않아요.

Brooke(5학년 교사): **그리고 나는 네가 그것이 똑같은 것일 수는 없다고 매번 말한걸 들었어요.** 그것이 같은 것이라는 것이 너무 명백할 것 같다구요.

학생1: 맞아요.

Leslie: 맞아요, 그렇죠. 누군가 명백하다는 것에 대한 다른 아이디어가 있나요? (다른 학생을 보면서) 이것이 학생이 명백하다고 말했을 때랑 같은 의미인가요?

학생2: 예. 저는 선생님이 계속해서 같은 것을 하는 것이기 때문에 갈수록 더 쉬워지는 것 같아요. 그래서 비슷하게 생각했어요. 그래서 저는 제 생각을 바꾸고 싶어요, 이제는 그 9(네 번째 항)가 그냥 쌓아가는 것 대신에 정사각형 형태가 될 것 같다고 생각해요.

Leslie: **그러니까, 너는 이렇게 생각하는 거지. "선생님이 우리에게 이렇게 쉬운 문제를 줄 리가 없다."**[교육자들이 조용히 웃는다.]

Heather(교장): 그 말이 내 마음을 아주 따뜻하게 해주는군요. 학생이 우리를 너무 잘 알아줘서요. 우리는 학생이 얼마나 도전적이었으면 하고 원하는지를 알아줘서요.

Leslie: 그럼, 이제 제 질문은 학생이 그건 평범할 것이라고 말했던 것이에요. **이것도 학생이 평범하다고 의미했던 것인가요?** 이건 아마도 이제 우리가 위에다 한 번에 2개씩 더 놓는 것과 같은 것이겠지요.

Tara: 저도 질문 하나 해도 될까요? 학생은 "예상하다"라는 단어를 알고 있어요. 학생은 알죠, 학생이 예상하고 있을 때. 예상 가능하다는 표현, 네가 **그건 예상 가능해요**라고 말했던 것을 설명해줄 수 있을까요?

학생: 네

Tara: *예상하기에 쉽다.*

Elham: 그럼, 제 생각에는 처음에 그 학생이 정말 그렇게 될 것이라고 말했던 것, 그것이 명백했다면 괜찮아요.

Eva: 예, 맞아요, 저도 그렇게 들었어요.

Leslie: 오, 그래서 명백했다면 괜찮다고 말하신 거군요.

Elham: 그럼, 제가 그것 또한 명백할 수도 있겠군요, 그 학생이 그렇게 말했던 것 같아요.

Leslie: 와우!

증가 패턴 문제의 함께 실행하기는 교육자 그룹으로 하여금 직접 학생이 그 문제에 어떻게 참여하는지를 볼 수 있고 더 나아가 학생의 사고를 이끌어내며 학생의 참여에 대한 그의 교수학적 결정의 결과를 볼 수 있게끔 한다. 게다가 교사 타임아웃의 사용은 교육자 이 실행에 관한 사후 성찰이라기보다는 실행되는 과정에 결정적이었던 방식으로 지도하는 순간에 관한 교수학적 요구에 집중할 수 있게 한다. 예를 들어, 다섯 명의 참여자가 개입할 수 있도록 하면서 그 그룹은 학생이 "명백하다"와 "평범하다"는 단어를 사용할 때 무엇을 의미하는지를 밝혀내기 위해 시도했다. 이 대화를 통해 교사는 그렇지 않으면 단지 "더욱 더 쉬워질" 것이기 때문에 네 번째 항에 대한 새로운 기하학적 도형을 떠올린다는 것을 알게 되면서 참여자는 서로가 학생의 사고에 대한 이해를 도왔다. 교육자는 교사 타임아웃을 하는 동안에 명료화하는 질문을 하면서 첫 번째 항부터 세 번째 항까지를 검토할 때 묘사했던 기하학적 구조보다는 오히려 네 번째 항에서 유지될 것이라고 생각되는 중요한 수학적인 특징으로서 몇몇 학생이 9개의 큐브를 해석한다는 것을 알게 되었다. 교사 타임아웃을 통해서 교육자는 발췌록에서 Tara의 시도에 대해 "너는 이것이 단지 너무 명백하다고 했기 때문에, 우리가 그렇게 쉬운 걸 주지는 않았을 것이라는 것처럼 말이야"에서 예증 되었듯이 학생이 말했던 것을 재진술하기 위해 노력했다. 학생과의 상호작용에서 공동체적 순간의 의미형성은 교육자 그룹에게 학생이 "너무 명백하고 평범하다"고 했던 뜻을 이해할 수 있게 도왔다. 학생은 이 패턴의 일부분으로 어떤 도전[challenge]을 기대했고 패턴의 구조에서의 일관성("이건 같은 것을 하고 있어!") 때문에 도전의 부족[lack of challenge]을 인식했을 때, 그 학생은 새로운 구조를 창조했다. 우리는 Ed Silver가 이를 몇몇 학생에게는 충분하지 않은 인지적 요구를 인식하면서 문제의 구조를 조정하는 인지적 요구에 대한 흥미로운 뒤틀림[twist]이라고 보았을 것이라고 생각한다.

보고하기: 지도 이후에 복잡성에 집중하기

그 교육자는 학습 실험실의 보고 단계(전문학습 과제의 네 번째 활동)에 참여하고자 교실을 떠날 때 학생이 말했던 것과 했던 것을 이해하고자 열심이었다. 우리는 교육자가 학생이 패턴이 명백하다고 했던 의미를 고민하기 시작할 때 방문하였다. 여기서 어떻게 학생이 교육자에게 말했던 것(기울임체로 표현된 것)과 교육자가 해석하고 그 결과로서 다음의 교수학적 단계를(굵은 글씨체로 표현된 것) 고려하고자 계속해서 시도했는지를 알아보자.

Tara(학교 소속 코치): 그 학생[학생1]은 그 숫자가 무엇이어야 하는지에 몰두했어요. **그 학생이 창의적이었던 부분은 그냥 어디든 2개를 더할 수 있다는 것과 그 패턴은 계속될 것이라는 것을 말하고 싶었다는 것이었어요.**

여러 교육자: 예, 맞아요.

Tara: **그 아이는 그 모양의 구조를 보고 있지 않았어요, 그 수의 패턴을 보고 있었어요.**

Eva(학교 소속 코치): 맞아요.

Tara: *그리고 그 학생은 '명백하다'고 생각했어요, 왜 우리가 명백한 것을 해야 하지?라는 의미로 생각한 거지요.*

Tina(4학년 교사): **단순하지요.**

Tina: *위쪽에 또 2개를 더하면 돼요.*

Tara: *네, 2개를 더하고, 2개를 더하고.*

Tina: *그러니까 (또 다른 학생) "그건 9예요."라고 해서 제가 "어떻게 알죠?"라고 물었더니, 그 학생이 "왜냐하면 3, 5, 7, 9니까요."라고 했지요. 저는 그 학생에게 다시 "그걸 어떻게 알아?"라고 물었더니, "그냥 3, 5, 7, 9로 가요."라고 했죠. 그러니까 어디에든 둘 수 있다는 거죠.*

Leslie(5학년 교사): **그런 이야기를 들으니 저는 "패턴이 무엇인지"를 생각해보게 해요. 왜냐하면 패턴은 명백하기 때문이에요.**

Elham(대학 소속 교사교육자): 오 맞아요. 수치적인 패턴에서는 그렇죠.

Tina: **그 학생은 숫자를 보고 있었고, 제가 원하는 어떤 방식으로도 구조를 만들 수 있다고 말했어요.**

Tara: **도형의 패턴에 대해 이야기 했었더라면 어땠을까요?**

학생의 반응을 처리하면서, 교사는 증가 패턴 문제의 목적(학생이 모양과 각 항의 큐브 개수에 반영된 수치적 패턴에서 알아차린 것을 정리하도록 한다는 그 아이디어)에 집중했다. 학생의 사고에 관한 숙고를 통해서, 학생이 이러한 아이디어를 서로 분리되게 할 수 있을 것이라는 결론을 내렸다. "모양의 패턴에 관해서 이야기 했었더라면 어떻게 되었을까요?"라는 Tara의 질문은 교사로 하여금 학생이 패턴을 구별하도록 돕는다는 것(각 항이 직전의 항에서 어떻게 증가하는지)이 무엇을 뜻하는지를 고려하도록 이끌었다. 토의가 계속되면서, 교사는 학생의 아이디어에서 복잡성과 미묘함을 명백히 음미하고 있었다. 교사는 학생이 문제에 접근하는 방식에는 논리가 있다는 것과 특정한 교수학적 목적에 맞게 수업의 방향을 바꾸는데 학생의 아이디어를 이해하는 것에 토대가 되는 믿음을 명확하게 했다. 교사는 학생이 도형은 언제든 바뀔 수 있다는 것을 옳게 생각했다는 점에 동의했고, 그에 따라 학생들이 그 도형의 구조를 무시하지 않도록 하기 위해서 문제와 토의를 어떤 형태로 계획할지 알아내고 싶어 했다. 이는 "패턴"과 "구조"가 학생에게 무엇을 의미할 것인가에 대한 확장된 토의로 이어졌다. 예를 들어, 몇몇 학생이 생각하기에 구조는 최종적으로 만들어진 그림을 의미하고 내부적인 디자인이나 설계가 아니라고 생각할 것인가? 이는 교육자에게 이 문제로 돌아오면서 고려할 필요가 있는 것을 훨씬 복잡하게 했다. 교육자는 학생에게 그 숫자 패턴이 그 구조의 도형과 함께 조정될 수 있다는 사실을 전달하는 것에 대한 아이디어를 고려했다. 예를 들어, 교육자는 학생이 "모든 항이 똑같은 구조를 갖고 있을까? 똑같은 구조가 증가하는 것일까?"와 같은 질문을 하는 것이 증가 패턴 과제를 이해하는 데 유용할 것인지 궁금해했다. 전문학습 과제에서 이 활동을 하는 동안 교사의 숙고와 성찰은 학습 실험실 사이클(새로운 학습, 함께 계획하기, 실행)의 다른 단계 동안 집중했었던 협력적 의미형성을 확장한다. 교육자 상호 간 보고하기 활동 참여는 학생 학습을 지지하는 데에 대한 상호 책임감을 가지고 협력적으로 수업을 경험하는 기회에 의해 가능케 된 호기심, 놀라움, 궁금증에 의하여 동기부여가 되었다. 교육자의 고려 사항은 또한 학생 이해와 증가 패턴 문제의 향후 실행에서의 수학적 논증에 착수하고 모니터링하기 위해 필요한 수정 사항에 관한 결정을 하도록 이끌었다.

토의

본 장에서 우리의 작업은 Ed Silver의 실천-기반 전문성 신장 연수에서 전문학습 과제의 역할에 관한 표상에 크게 영향을 받았다. 교사를 위한 실천-기반 전문성 신장을 설계하는 것에 대한 우리의 연구는 그의 관점과 잘 부합된다. Silver는 전문학습 과제가 교사 학습을 상당히 맥락적인 특성을 통해 실제 실행에 더 가깝게 할 수 있다고 상정하였다. 그가 첨언했듯, 의도적으로 설계되었을 때, 전문학습 과제는 교사의 질문을 교사가 지식의 다른 측면을 고려하고 연결하는 복잡한 실행과 관련될 수 있다. 우리는 전문학습 과제의 특성을 수학적 논증을 통한 학생 의미형성을 촉진하는 것에 관한 교사 학습 지지를 목표로 하는 학습 실험실 활동의 설계와 연결하였다. 가장 중요하게도 본 장에서 우리의 주장은 Ed Silver의 전문학습 과제에 관한 교사가 "과거와 현재 지도 경험과 전문성 신장 경험 간"(Silver, 2009, p. 245) 이동을 연결하는 것으로서 묘사한 것에 영향을 받았다. 예비 교사와 현직 교사가 함께 했던 실습에 관한 분석을 지도의 실행에 더 근접하게 하는 전문적 학습의 모델에 관한 우리의 활동을 고려한다면, 본 장에서 전문학습 과제의 역할과 포지션의 모델에 관한 함의를 탐색한 것이다.

전문학습 과제를 학습 실험실 모델로 실행에 내재시키는 것은 다음과 같이 전문학습 과제를 가교보다 더 큰 것으로서 개념화한다. 첫째, 전체를 아우르는 전문학습 과제는 먼저 새로운 학습, 함께 계획하기, 함께 지도 실행하기, 함께 보고하기의 사이클 전체에 걸쳐있다. 둘째, 이러한 모든 단계를 거쳐 전문학습 과제는 전문성 신장과 학생이 있는 실제 실행에 기반할 수 있다. 우리는 사례 이야기를 통해 참여자가 이러한 모든 경험을 거쳐, 학생 사고에 관한 질문, 이를 지지하기 위하여 교사로서 취할 행동에 관해 숙고하는 전문학습 과제를 개념화하는 것의 행동유도성을 강조하였다. 이 개념화 내에서 학습의 기회는 전문학습 과제가 교사에게 지식과 경험을 지도와 학습 실험실 맥락과 연결할 뿐만 아니라 다양한 공간에서 그 사이클의 각 단계를(즉, 통합된 전체의 모두) 연결할 수 있도록 한다. 예컨대 우리는 계획하기 단계에서 교사의 숙고가 가설 사이를 넘어 교사가 학생 사고에 관한 예상으로 만들어 낸 협력적 교수학적 상상의 일부를 실험할 수 있는 함께 실행하기의 영역으로 갈 수 있는 잠재력을 가졌다는 것을 보여주었다. 전문학습 과제에 활동하는 맥락으로서 학습 실험실의 각 단계에서, 교사는 교수학적 상황에서 인지적이고 교수학적 요구를 새로운 아이디어를 버리기보다는 오히려 지속적인 활동을 독려하는 방식으로 교사의 지식을 투자함으로써 야심찬 지도에 대한 실제적인 도전에 대응할 수 있다. 다른 교육자와 함께 있고 같이 실행에 관해 탐구하는 것은 또한 교육과정 개정 권고사항의 피상적인 측면을 받아들일 수 있는 종종 반복되는 관찰을 다룰 수 있고 수학이나 학생과 관련짓는 방식에 어떠한 상당한 변화도 일으키지 않을 수 있다.

사례 이야기는 또한 학습 실험 단계에 걸쳐서 전문학습 과제가 실행에 내재되는 것이 전문성 신장 연수가 교사의 실습과 관련이 없을 때에 비하여 교사에게 인지적이고 교수학적 요구의 다른 유형을 제공할 수 있는 방법을 설명한다. 학습 실험실 사이클은 교사가 네 개의 단계에 걸쳐서 함께 제안하기, 토의하기, 교수학적 딜레마에 대한 해결책 고려하기와 순간에 나타나는 실행의 문제에 대한 교수학적 가능성을 탐색하기에 참여할 수 있는 장(場)을 제공한다(Silver, 2009). 교수학적 딜레마에 주의를 기울이면서 교사는 내용, 학생, 교수법에 관한 개인적이고 공유된 지식을 학생의 명확한 수학적 목표와 관련된 의미형성을 중심으로 하는 방식으로 수학 과제에 대한 접근을 학생에게 제공할 방식을 고려하기 위해서 함께 맥락화하고 있었다. 의도적이고 공동체적인 교수학적 문제해결의 이러한 측면은 참여자가 자기지식과 학습에 관한 사회적 실행 이론의 규범인 공유된 자원에 집중할 공간을 제공한다(Penuel et al., 2016; Yanow, 2001). 이 이론은 교사가 실행의 도전적이고 불확실한 측면에서 활동 구조(새로운 학습, 계획하기, 실행하기, 보고하기)에 걸쳐 협력할 수 있을 때, 서로(O'Connor & Allen, 2010) 그리고 실습의 다양한 맥락에 기여하는 바를 조정할 수 있도록 설정될 수 있다는 점을 상정한다.

전문학습 과제를 실습의 함께 실행하기 내에 포함하는 우리의 연구는 학생에 대한 특정한 포지셔닝을 수반한다. 교실에서 협력적 지도의 이러한 모델은 학생을 학습 실험실 참가자와 공동 학습자로 위치시켜, 학생의 사고와 참여에 관한 교육자의 고찰을 듣게 된다. 우리의 협력적 수업에서 때때로 우리는 상호작용을 위한 일시정지를 하는 동안 학생이 아이디어를 명료하게 하거나 교사가 시도할 것에 대한 자신의 관점을 제시하면서 발화의 비중이 더 비중이 커지는 것을 발견한다. 예를 들어, 본 장의 사례 이야기에서 누군가는 어떻게 학생이 교사의 순간적 고민과 의문에 답하면서 학생이 "명백하다"고 뜻했던 것을 교사가 이해하도록 돕고 있음을 관찰할 수 있었을 것이다. 이러한 이유로 우리는 전문학습 과제를 실습의 함께 실행하기에 내재시키는 것에 대해 성인과 학생은 모두 불확실성과 질문하기를 다른 사람과 함께 학습하는 것이 의미하는 것에 대한 중심적인 측면임을 알 수 있다. 또한 학생의 존재는 학생의 참여와 아이디어를 바탕으로 누군가의 사고를 조정하는 자극을 제공한다(Ghousseini et al., 2022). 게다가, 수업 동안에 발생하는 교사 타임아웃(학생과의 상호작용에서든 교사 간이든)은 함께 계획했던 수업에 토대를 두었기 때문에 일시 중지와 실행 간의 전환은 생각하고 있는 특정한 학생과의 일관된 교수학적 경험 내에서 발생한다. 이러한 의미로 우리는 실행에 기반하는 전문학습 과제에 관한 우리의 모델은 즉각적인 소란^bustle of immediacy^이 학습할 기회를 방해하거나 "특정한 교실에서 행해지는 지도의 종류에 관한 주의^attention^를 제한한다"(Ball & Cohen, 1999, p. 14)는 점을 가정하는 관점을 반박한다. Ed Silver(2009)가 주장했듯이 전문학습 과제는 의도적으로 교사가 교수학적 상황의 도전적인 측면을 고려하도록 촉진하고 결과적으로 교사의 지식을 학생 학습을 돕는 것에 관한 인지적이고 교수학적인 요구에 투자하도록 설계될 수 있다. 학습 실험실 사이클은 교사의 실행에 관한 물음을 교사가 실행의 즉각성immediacy과 실제성authenticity 안에서 학습 목표를 추구하도록 하는 통합된 의도적인 활동에 고정하는anchoring 의도적인 설계의 예이다.

제한점과 후속 연구

협력적 지도, 계획하기, 성찰을 포함하는 실습에 내재된 과제로서 교사 학습을 지지하는 데 있어 전문학습 과제의 역할에 관한 우리의 개념화는 몇몇 조직적이고 문화적인 제한점을 갖는다. 첫째, 학습 실험실을 설계하고 촉진하는 것은 근무일에 포함되는 협력적 학습을 허용하는 형태로 학교의 조직적인 조건의 변화를 필요로 한다. 적어도 미국 내의 대부분의 학교는 학습 실험실을 규칙적으로 실행할 시간표와 많은 자원이 부족하다. 예를 들면 협력적 학습, 신뢰와 공유된 책임의 문화를 정립할 수 있는 유능한 촉진자가 부족한 것처럼 교사는 서로 지도하는 것을 볼 시간도 부족하다. Stigler와 Hiebert(2009)는 전문성 신장 프로그램 개발자가 대게 "학기 중 특별히 지정된 날에 교사 워크샵"(p. 36)을 진행하는 것으로 추정되는 전문가로서 관여시킨다고 주장하는 미국의 맥락에서의 문제에 주목했다.

Stigler와 Hiebert(2009)는 전문성 신장 연수가 수업연구(또는 학습 실험실)처럼 전통적인 교사 학습 기회에 대한 중요한 대안이 될 수 있음에도 불구하고 미묘하지만 "강력한 문화적 힘"(p. 36)이 교사 학습을 실습에 연결하는 방식에 방해가 될 수 있다는 점이 분명함을 상기시킨다. 실습에 기반한 의도적으로 설계된 전문학습 과제를 통해서 생성적인 교사 학습이 근무 중에 일어날 수 있도록 학교를 재조직하는 것은 문화적 변화를 요구한다. 수업을 공개하는 것은 지도의 함께 실행하기를 포함하는 전문학습 과제 개발을 위해 필요하다. 교사는 정말 서로 가르치는 것을 보아야 할 필요가 있다. 그러나 우리는 또한 수업의 공개화(즉, **지도를 공개되게 하는 것**)는 우리가 촉진하고자 노력하는 전문적 학습의 종류로 충분하지 않다. 단순히 서로의 수업을 보게 하는 것은 충분하지 않다. 활동적으로 성인 학습 노력에 관여된다는 것은 함께 가르치고 새로운 아이디어와 씨름하면서 **교사 학습이 공개될 필요가 있다**는 점을 의미한다. 교사의 부분적인 아이디어, 수정 사항, 그리고 성장은 함께 실행하기가 다른 교사의 수업 시연을 단순히 관찰하는 것 이상일 때 가능하다. 우리의 학습 실험실에서 함께 실행하기는 한 공간에 있는 모든 이들이 수업을 실행하고 의미를 이해할 책임이 있기 때문에 교사에게 공유된 결과를 만들어 낸다.

마지막으로 전문학습 과제를 학습 실험실 맥락에서 실행에 토대를 두는 것은 어떤 공동체제적collective 학습 노력처럼 모든 사람이 그 경험으로부터 얻는 것이 같다는 점을 가정해서는 안 된다. 조직적인 지원은 여전히 교사가 학생과 함께 실습을 통해 교사 학습을 맥락화하는 것을 돕기 위해서 필요하다. 학교 코치는 이 학습 실험실 경험에서 참여자가 될 수 있을 때, 지원을 생성적으로 제공할 수 있다. 이러한 방식으로, 코치는 전문학습 과제를 특정한 학습 실험실 사이클을 넘어 교사의 일상에 연결할 수 있다. 그래서 우리의 활동에서 발전시킨 전문학습 과제의 모델은 교사교육자 협력적 학습과 개인 학습을 모두 모니터링하고 학습 사이클이 시간에 걸쳐 일관성을 가질 수 있는지를 고려할 중요한 요구를 만든다. 학교 소속 교사교육자가 이러한 일을 어떻게 할 수 있는지에 관한 후속 연구는 조직적인 변화가 매일 행해지는 실행에 더 가까운 교사 학습을 지지할 수 있다. 부가적으로 학습 실험실 사이클은 전문학습 과제의 폭넓혀진 개념화의 예이다. 후속 연구는 전문적 학습의 다른 모델이 어떻게 전문학습 과제를 교사의 실습에 내재시키는지와 교사 학습을 위해 가져올 행동유도성의 종류를 알려줄 수 있다.

▌참고문헌

Ahlstrom, U., & Friedman-Berg, F. J. (2006). Using eye movement activity as a correlate of cognitive workload. *International Journal of Industrial Ergonomics, 36*(7), 623-636.

Akcay, A. O. (2016). *An examination of pre-service mathematics teachers' integration of technology into instructional activities using a cognitive demand perspective and levels of technology implementation* [Doctoral dissertation, Duquesne University].

Akcay, A. O., & Boston, M. D. (2018). Preservice mathematics teachers' effective use of technology: Analyzing the cognitive demands of technology-based instructional activities. In M. E. Strutchens, R. Huang, D. Potari, & L. Losano (Eds.), *Educating prospective secondary mathematics teachers: Knowledge, identity, and pedagogical practices* (pp. 143-166). Springer International.

Akcil-Okan, O., & Tekkumru-Kisa, M. (2021). *Enacting rigorous lessons: Leveraging students' ideas for enhancing demand on student thinking.* Presented at the National Association for Research in Science Teaching Annual Meeting.

Allen, A. F. (2003). *Integrating themes of social justice and equity into a middle school mathematics classroom.* Indiana University.

Amador, J. M., Gillespie, R., Carson, C., & Kruger, J. (2021). Online teaching labs: Changes in design and facilitation for teacher learning in synchronous professional development. *Professional Development in Education*, 1-17.

American Educational Research Association. (2006). *Do the math: Cognitive demand makes a difference. Research Points: Essential Information for Educational Policy.*

Arbaugh, F. (2003). Study groups as a form of professional development for secondary mathematics teachers. *Journal of Mathematics Teacher Education, 6*, 139-163.

Arbaugh, F., & Brown, C. A. (2005). Analyzing mathematical tasks: A catalyst for change? *Journal of Mathematics Teacher Education, 8*, 499-536.

Arbaugh, F., Lannin, J., Jones, D. L., & Park-Rogers, M. (2006). Examining instructional practices in Core-Plus lessons: Implications for professional development. *Journal of Mathematics Teacher Education, 9*, 517-550.

Baker, D., Knipe, H., Collins, J., Leon, J., Cummings, E., Blair, C., & Gamson, D. (2010). One hundred years of elementary school mathematics in the United States: A content analysis and cognitive assessment of textbooks from 1900 to 2000. *Journal for Research in Mathematics Education, 41*(4), 383-423.

Ball, D. L., Thames, M. H., & Phelps, G. (2008). Content knowledge for teaching: What makes it special? *Journal of Teacher Education, 59*(5), 389-407.

Baor, R., & Heyd-Metzuyanim, E. (2019). Change in posing opportunities to learn in the context of professional development. In H. V. M. Graven, A. Essien, & P. Vale (Eds.), *Proceedings of the 43rd conference of the international group for the psychology of mathematics education.* Pretoria, South Africa.

Borko, H., Gomez, F. Z., Reigh, E., & Osborne, J. (2021). Teacher facilitation of elementary science discourse after a professional development initiative. *The Elementary School Journal, 121*(4), 561-585.

Boston, M. D. (2013). Connecting changes in secondary mathematics teachers' knowledge to their experiences in a professional development workshop. *Journal of Mathematics Teacher Education, 16*, 7-31.

Bowers, J., Bezuk, N., & Aguilar, K. (2011). Adapting the mathematical task framework to design online didactic objects. *International Journal of Mathematical Education in Science and Technology, 42*(4), 481-495.

Bray, A., & Tangney, B. (2017). Technology usage in mathematics education research - A systematic review of recent trends. *Computers & Education, 114*, 255-273.

Cai, J., & Silver, E. A. (1995). Solution processes and interpretations of solutions in solving a division-with-remainder story problem: Do Chinese and U. S. students have similar difficulties? *Journal for Research in Mathematics Education, 26*(5), 491-497.

Candela, A. G. (2016). Mathematics teachers' perspectives on factors affecting the implementation of high cognitive demand tasks. In M. B. Wood, E. E. Turner, M. Civil, & J. A. Eli (Eds.), *Proceedings of the 38th annual meeting of the North American Chapter of the International Group for the Psychology of Mathematics Education*. Tucson, AZ.

Candela, A. G. (2017). Mathematics teachers' perspectives on professional development around implementing high cognitive demand tasks. In C. Martin, & D. Polly (Eds.), *Handbook of research on teacher education and professional development* (pp. 538-560). IGI Global.

Carnwell, R., & Daly, W. (2001). Strategies for the construction of a critical review of the literature. *Nurse Education in Practice, 1*(2), 57-63.

Cayton, C. S.-A. (2012). Teachers' implementation of pre-constructed dynamic geometry tasks in technology-intensive Algebra 1 classrooms. North Carolina State University.

Cayton, C., Hollebrands, K., Okumuş, S., & Boehm, E. (2017). Pivotal teaching moments in technology-intensive secondary geometry classrooms. *Journal of Mathematics Teacher Education, 20*(1), 75-100.

Chamberlin, S., Payne, A. M., & Kettler, T. (2020). Mathematical modeling: A positive learning approach to facilitate student sense making in mathematics. *International Journal of Mathematical Education in Science and Technology*, 1-14.

Chapman, O. (2013). Mathematical-task knowledge for teaching. *Journal of Mathematics Teacher Education, 16*(1), 1-6.

Charalambous, C. (2010). Mathematical knowledge for teaching and task unfolding: An exploratory study. *The Elementary School Journal, 110*(3), 247-278.

Charalambous, C., Delaney, S., Hsu, H.-Y., & Mesa, V. (2010). A comparative analysis of the addition and subtraction of fractions in textbooks from three countries. *Mathematical Thinking and Learning, 12*(2), 117–151.

Codreanu, E., Sommerhoff, D., Huber, S., Ufer, S., & Seidel, T. (2020). Between authenticity and cognitive demand: Finding a balance in designing a video-based simulation in the context of mathematics teacher education. *Teaching and Teacher Education, 95*, 103146.

Cohen, D. K., Raudenbush, S. W., & Ball, D. L. (2003). Resources, instruction, and research. *Educational Evaluation and Policy Analysis, 25*(2), 119–142.

Coskun, S. D., & Bostan, M. I. (2019). An in-service primary teacher's implementation of mathematical tasks: The case of length measurement and perimeter instruction. *International Journal of Mathematical Education in Science and Technology, 50*(4), 486–505.

Delaney, S., & Gurhy, A. M. (2019). Combining differentiation and challenge in mathematics instruction: A case from practice. In U. T. Jankvist, M. Van den Heuvel-Panhuizen, & M. Veldhuis (Eds.), *Proceedings of the eleventh congress of the European Society for Research in mathematics education*. Utrecht, the Netherlands.

Desimone, L., Smith, T. A., & Phillips, K. (2013). Linking student achievement growth to professional development participation and changes in instruction: A longitudinal study of elementary students and teachers in Title I schools. *Teachers College Record, 111*(5), 1–46.

Dogbey, J., & Dogbey, J. (2018). Depth of knowledge and context characteristics of the West. African Examination Council's Core Mathematics assessment–the case of Ghana from 1993–2013. *Assessment in Education: Principles, Policy & Practice, 25*(4), 376–398.

Doyle, W. (1983). Academic work. *Review of Educational Research, 53*(2), 159–199.

Doyle, W. (1988). Work in mathematics classes: The context of students' thinking during instruction. *Educational Psychologist, 23*(2), 167–180.

Duval, R. (1998). Geometry from cognitive point of view. In C. Mammana, & V. Villani (Eds.), *Perspectives on the teaching of geometry for 21st century* (pp. 37–52). Kluwer.

Edwards, J., & Dall'Alba, G. (1981). Development of a scale of cognitive demand for analysis of printed secondary science materials. *Research in Science Education, 11*, 158–170.

Engelhard, G., Jr., & Sullivan, R. K. (2007). Re-conceptualizing validity within the context of a new measure of mathematical knowledge for teaching. *Measurement: Interdisciplinary Research and Perspectives, 5*(2), 142–156.

Estrella, S., Zakaryan, D., Olfos, R., & Espinoza, G. (2020). How teachers learn to maintain the cognitive demand of tasks through Lesson Study. *Journal of Mathematics Teacher Education, 23*, 293–310.

Foley, G. D., Khoshaim, H. B., Alsaeed, M., & Nihan Er, S. (2012). Professional development in statistics, technology, and cognitively demanding tasks: Classroom implementation and obstacles. *International Journal of Mathematical Education in Science and Technology, 43*(2), 177-196.

Gartner, W. B., & Murphy, M. R. (1979). Concepts of workload. In B. O. Harman & R. E. McKenzie (Eds.), *Survey of methods to assess workload* (pp. 1-2). AGARD Aerospace Medical Panel.

Georgius, K. (2013). *Planning and enacting mathematical tasks of high cognitive demand in the primary classroom* [Doctoral dissertation, The University of Nebraska-Lincoln].

Gilbert, M.· C. (2016). Relating aspects of motivation to facets of mathematical competence varying in cognitive demand. *The Journal of Educational Research, 109*(6), 647-657.

Glaser, R. (1990). The reemergence of learning theory within instructional research. *American Psychologist, 45*(1), 29.

Glaser, R., & Silver, E. A. (1994). Assessment, testing, and instruction: Retrospect and prospect. *Review of Research in Education, 20*, 393-419.

Graeber, A. O., Newton, K. J., & Chambliss, M. J. (2012). Crossing the borders again: Challenges in comparing quality instruction in mathematics and reading. *Teachers College Record, 114*(4), 1-30.

Guastello, S. J., Shircel, A., Malon, M., & Timm, P. (2015). Individual differences in the experience of cognitive workload. *Theoretical Issues in Ergonomics Science, 16*(1), 20-52.

Hadar, L. L. (2017). Opportunities to learn: Mathematics textbooks and students' achievements. *Studies in Educational Evaluation, 55*, 153-166.

Hadar, L. L., & Ruby, T. L. (2019). Cognitive opportunities in textbooks: The cases of grade four and eight textbooks in Israel. *Mathematical Thinking and Learning, 21*(1), 54-77.

Hanson, B. R., Strayer, J. F., Mangione, K. A., Brown, J. J., & Pair, J. D. (2014). Implementing GAISE recommendations through "doing statistics" tasks. In B. d. S. K. Makar, & R. Gould (Eds.), *Proceedings of the ninth international conference on teaching statistics*. Flagstaff, Arizona, USA.

Henningsen, M., & Stein, M. K. (1997). Mathematical tasks and student cognition: Classroom-based factors that support and inhibit high-level mathematical thinking and reasoning. *Journal for Research in Mathematics Education, 28*(5), 524-549.

Heyd-Metzuyanim, E., & Shabtay, G. (2019). Narratives of 'good' instruction: Teachers' identities as drawing on exploration vs. acquisition pedagogical discourses. *ZDM: The International Journal on Mathematics Education, 51*, 541-554.

Heyd-Metzuyanim, E., Tabach, M., & Nachlieli, T. (2016). Opportunities for learning given to prospective mathematics teachers: Between ritual and explorative instruction. *Journal of Mathematics Teacher Education, 19*, 547–574.

Heyd-Metzuyanim, E., Munter, C., & Greeno, J. (2018). Conflicting frames: A case of misalign-ment between professional development efforts and a teacher's practice in a high school math-ematics classroom. *Educational Studies in Mathematics, 97*, 21–37.

Heyd-Metzuyanim, E., Smith, M., Bill, V., & Resnick, L. B. (2019). From ritual to explorative participation in discourse-rich instructional practices: A case study of teacher learning through professional development. *Educational Studies in Mathematics, 101*, 273–289.

Heyd-Metzuyanim, E., Nachlieli, T., Weingarden, M., & Baor, R. (2020). Adapting a professional development program for cognitively demanding instruction across shifting contexts. *Educational Studies in Mathematics, 104*(3), 385–403.

Hiebert, J., & Wearne, D. (1993). Instructional tasks, classroom discourse, and students' learning in second-grade arithmetic. *American Educational Research Journal, 30*(2), 393–425.

Hong, D. S., & Choi, K. M. (2019). Challenges of maintaining cognitive demand during the limit lessons: Understanding one mathematician's class practices. *International Journal of Mathematical Education in Science and Technology, 50*(6), 856–882.

Hoyles, C., & Noss, R. (2003). What can digital technologies take from and bring to research in mathematics education? In A. J. Bishop, M. A. Clements, C. Keitel, J. Kilpatrick, & F. K. S. Leung (Eds.), *Second international handbook of mathematics education* (pp. 323–349). Springer Netherlands.

Hsu, H.-Y., & Silver, E. A. (2014). Cognitive complexity of mathematics instructional tasks in a Taiwanese classroom: An examination of task sources. *Journal for Research in Mathematics Education, 45*(4), 460–496.

Jackson, K., Garrison, A., Wilson, J., Gibbons, L., & Shahan, E. (2013). Exploring relationships between setting up complex tasks and opportunities to learn in concluding whole-class discussions in middle-grades mathematics instruction. *Journal for Research in Mathematics Education, 44*(4), 646–682.

Johnson, D. C., Hodgen, J., & Adhami, M. (2004). Professional development from a cognitive and social standpoint. In A. Millett, M. Brown, & M. Askew (Eds.), *Primary mathematics and the developing professional* (pp. 185–217). Springer International.

Johnson, R., Severance, S., Penuel, W. R., & Leary, H. (2016). Teachers, tasks, and tensions: Lessons from a research–practice partnership. *Journal of Mathematics Teacher Education, 19*, 169–185.

Jones, D., & Tarr, J. E. (2007). An examination of the levels of cognitive demand required by probability tasks in middle grades mathematics textbooks. *Statistics Education Research Journal, 6*(2), 4–27.

Kenney, P. A., & Silver, E. A. (1999). *Design features for the content analysis of a state assessment and NAEP.* Paper presented at the Annual Meeting of the American Educational Research Association, Montreal, Quebec, Canada.

Kessler, A. M., Stein, M. K., & Schunn, C. D. (2015). Cognitive demand of model tracing tutor tasks: Conceptualizing and predicting how deeply students engage. *Technology, Knowledge and Learning, 20,* 317–337.

Kotsopoulos, D., Lee, J., & Heide, D. (2011). A pair-wise analysis of the cognitive demand levels of mathematical tasks used during classroom instruction and those assigned for homework. *Canadian Journal of Science, Mathematics and Technology Education, 11*(4), 348–364.

Krussel, L., Edwards, B., & Springer, G. T. (2004). The teacher's discourse moves: A framework for analyzing discourse in mathematics classrooms. *School Science and Mathematics, 104*(7), 307–312.

Lane, S. (1993). The conceptual framework for the development of a mathematics performance assessment instrument. *Educational Measurement: Issues and Practice, 12*(2), 16–23.

Lepak, J. (2013). *Supporting low-tracked algebra students' written arguments* [Doctoral disserta-tion, Michigan State University].

Liu, S., & Phelps, G. (2020). Does teacher learning last? Understanding how much teachers retain their knowledge after professional development. *Journal of Teacher Education, 71*(5), 537–550.

Magone, M. E., Cai, J., Silver, E. A., & Wang, N. (1994). Validating the cognitive complexity and content quality of a mathematics performance assessment. *International Journal of Educational Research, 21*(3), 317–340.

Mali, A., Gerami, S., Ullah, A., & Mesa, V. (2019). Teacher questioning in problem solving in community college algebra classrooms. In P. Felmer, P. Liljedahl, & B. Koichu (Eds.), *Problem solving in mathematics instruction and teacher professional development* (pp. 317–335). Springer International.

Marx, R. W., & Walsh, J. (1988). Learning from academic tasks. *The Elementary School Journal, 88*(3), 207–219.

Matsumura, L. C., Garnier, H. E., Slater, S. C., & Boston, M. D. (2008). Toward measuring instruc-tional interactions "at-scale.". *Educational Assessment, 13*(4), 267–300.

McGraw, R., Lynch, K., Koc, Y., Budak, A., & Brown, C. A. (2002). *Talking about mathemat-ics teaching: An examination of the use of a multimedia case to stimulate the conversation.* Paper presented at the Annual Meeting of the American Educational Research Association, New Orleans.

McGraw, R., Lynch, K., Koc, Y., Budak, A., & Brown, C. A. (2007). The multimedia case as a tool for professional development: An analysis of online and face-to-face interaction among mathmatics pre-service teachers, in-service teachers, mathematicians, and mathematics teacher educators. *Journal of Mathematics Teacher Education, 10,* 95–121.

Mehler, B., Reimer, B., & Coughlin, J. F. (2012). Sensitivity of physiological measures for detecting systematic variations in cognitive demand from a working memory task: An on-road study across three age groups. *Human Factors and Ergonomics Society, 54*(3), 396–412.

Mullis, I. V. S., Martin, M. O., Foy, P., & Arora, A. (2012). *TIMSS 2011 international results in mathematics*. TIMSS & PIRLS International Study Center.

Nachlieli, T., & Heyd-Metzuyanim, E. (2021). Commognitive conflicts as a learning mechanism towards explorative pedagogical discourse. *Journal of Mathematics Teacher Education, 25*, 347–369.

Ni, Y., Zhou, D.-H. R., Cai, J., Li, X., Li, Q., & Sun, I. X. (2018). Improving cognitive and affeztive learning outcomes of students through mathematics instructional tasks of high cognitive demand. *The Journal of Educational Research, 111*(6), 704–719.

Niss, M. (2011). The Danish KOM project and possible consequences for teacher education. *Cuadernos de Investigación y Formación en Educación Matemática, 9*, 13–24.

O'Connor, R., Shúilleabháin, A. N., & Meehan, M. (2019). Investigating cognitive demand of higher-level leaving certificate mathematics examination tasks pre- and post- curriculum reform. In L. Harbison & A. Twohill (Eds.), *Proceedings of the seventh conference on research in mathematics education in Ireland*.

Organisation for Economic Co-operation and Development. (2014). *PISA 2012 results: What students know and can do-student performance in mathematics, reading and science* (Vol. 1). Author.

제3장 개방형 문제는 어느 정도 열려 있는가? 문제 맥락과 구조 사이의 상호작용

Roza Leikin, Sigal Klein and Ilana Waisman

서론

연구자, 수학교육자, 그리고 수학자들 사이에서는 문제해결이 수학 교수·학습 및 수학의 학문적 발전에 핵심적이라는 데에 공감대가 형성되어 있다(Polya, 1973; Schoenfeld, 1985; Silver, 1985; Verschaffel et al., 2020; Liljedahl & Cai, 2021). 문제를 정신적 노력이 수반되는 해결책을 필요로 하는 상황으로 정의하는 것은 수학 문제해결이 본질적으로 어려운 과정이라는 것을 의미한다. 수학 문제해결은 개인의 과거에 성공적인 전략 사용 경험뿐만 아니라, 익숙하지 않은 문제를 해결하는 데 중요한 직관과 상상력에 크게 의존한다. 이러한 관찰은 문제에 내재된 도전의 수준은 상대적이며 이는 해결자의 문제해결 전문성과 창의성에 따른 복합적 함수로 볼 수 있다. 수학교육의 핵심 질문 중 하나는 다양한 수준의 수학적 능력(능력의 개념에 대해서는 Krutetskii, 1976 참조), 수학적 숙련도 및 창의성을 지닌 학생들에게 적절한 도전을 제공하기 위해 학습 과정을 어떻게 조직할 것인가 이다(Leikin, 2023). 모든 학생의 수학적 능력과 수학적 창의성을 개발하기 위해 수학교육자들이 권장하는 방법 중 하나는 개방형 수학 문제 및 과제를 수행하는 것이다(Haylock, 1987, 1997; Leikin, 2018; Leikin et al., 2023; Pehkonen, 1995, 1997; Silver, 1995, 1997). 이 장에서는 개방형 수학 문제에 내재된 수학적 도전성과 개방성의 유형 간의 관계에 초점을 맞춘다. 특히 개방형 문제의 복잡성과 문제해결 시 “현실적인” 고려 사항과의 연관성에 대해 특별한 주의를 기울인다. 먼저 Silver(1995, 1997), Pehkonen(1995, 1997), Krutetskii(1976), 그리고 Haylock(1987, 1997)의 연구에서 나타난 수학 문제의 개방성에 대한 다양한 해석을 분석하는 배경 절부터 살펴본다. 분석틀은 다음과 같은 구분을 기반으로 구성되었다.

- **개방-시작**open-start 문제와 **개방-종결**open-end 문제: Pehkonen(1997)의 정의에 따라 문제의 시작 상황과 목표 상황 중 어느 쪽이 개방되어 있는가에 따른 구분

- **다중해결전략 과제**multiple solution strategies tasks**(MST)**와 **다중해결결과 과제**multiple solution outcome tasks**(MOT)**: MST는 해결자가 가능한 한 **많은 다양한 방법**으로 문제를 해결할 것을 명시적으로 요구한다(Leikin, 2007). MOT는 해결자가 여러 가지 해결 결과를 찾아낼 것을 기대한다(Leikin et al., 2023).

개방형 문제의 유형에 대한 분석에 이어, Silver(1997)와 Haylock(1987, 1997)에서와 같이 창의성과 개방성 사이의 관계를 살펴본다. 그런 다음 개방형 문제의 특수한 유형으로 간주되는 현실적 맥락을 가진 문제(Greer, 1993; Reusser & Stecler, 1997; Silver et al., 1993; Verschaffel et al., 1994, 1997, 2000)를 확대하여 살펴본다. 연구에 따르면 학생들이 문장제 문제를 해결할 때, 실생활 지식이나 현실적 고려를 배제하려는 경향으로 인해 현실 맥락을 포함한 문제를 해결할 때 학생들의 성공률이 표준 문제를 풀 때보다 현저히 낮은 것으로 나타났다(Reusser & Stebler, 1997; Verschaffel et al., 1999; 1997). 이러한 문제 유형의 복잡성을 새로운 관점에서 탐구하기 위해 문제의 수학적 구조와 문제의 맥락(수학적 또는 현실적)을 구분한다. 우리는 이러한 문제 유형의 복잡성이 의미 부여sense making의 중단 현상 때문이 아니라, 문제의 구조와 해당 문제가 다중해결결과 과제(MOT) 범주에 속하는지의 여부와 더 관련되어 있다는 가설을 검토한다.

결론의 논의에서는 수학 과제에 내재된 수학적 도전을 결정하는 문제의 개방성, 해법의 다양성, 그리고 수학적 추론과 관련된 통찰 요소 간의 연결에 초점을 맞춘다. 우리는 수학 지도에서 특정 문제에 대한 다양한 해결 전략과 문제의 해 공간solution space의 완전성completeness 사이의 연결에 대한 논의를 체계적으로 통합해야 한다고 주장한다.

개방형 문제의 다양한 유형

수학교육 문헌에서 나타난 개방형 수학 문제open mathematical problems의 개념은 다양한 상황과 해결해야 할 질문들을 포함한다. 수학 수업의 목표는 계산과 알고리즘 수행뿐만 아니라 이해력 향상과 추론 및 창의성 개발이다(Pehkonen et al., 2013). 일본에서 열린 PME-17에서 Pehkonen이 주도한 토론 그룹은 ZDM의 특별호를 발간하였으며, 여러 나라의 개방형 문제의 본질과 활용 방식에 대해 분석한 네 편의 논문을 출판하였다(Nohda, 1995; Pehkonen, 1995; Silver, 1995; Stacey, 1995). 이 중 Silver(1995)는 수학교육에서 개방형 문제의 본질과 활용을 분석하고, **개방형 문제**라는 용어가 지닌 여러 가지 다른 의미를 다음과 같이 제시했다.

- 수학적으로 열린(미해결) 문제
- 다양한 해석을 허용하는 문제
- 다양한 해결 방법이 존재하는 문제
- 다른 문제나 일반화로 이어지는 문제

수학적으로 열린(미해결) 문제는 아직 해결되지 않은 채 남아 있는 문제를 의미한다. 이러한 문제는 수학자나 수학자 그룹이 해결할 때까지 열린(미해결) 상태로 남아 있다. 1900년에 Hilbert는 파리에서 열린 수학 학회에서 20세기 수학자의 연구에 의미 있는 영향을 미친 23개의 문제를 공식화했다. 이 문제들 중 일부는 오늘날에도 여전히 해결되지 않고 있다(Simons Foundation, 2022). 다양한 해석을 허용하는 문제(예: "1살 아이의 키는 얼마인가?")는 "하나의 정확한 답이 있는 것이 아니라, 여러 가지 그럴듯한 해답이 정당화될 수 있는" 경우를 말한다(Silver, 1995, p. 68). 여기서 많은 수학 문제들이 여러 가지 다른 해결 방법을 사용하여 해결될 수 있다는 점에 유의해야 한다. 그러나 특정 해결자가 다양한 해결 방법을 적용할 수 있는지에 대한 개방성은 그 과제가 해결자에게 어떻게 제시되는지에 따라 달라진다. 예를 들어, 수업 상황에서 학생들에게 문제를 해결하기 위한 다양한 방법을 찾도록 장려되는지 여부가 영향을 미친다. Silver(1995)는 여러 가지 방법으로 해결할 수 있는 문제의 예시로 "닭과 토끼의 머리와 다리 문제"를 제시한 바 있다. 일반화나 다른 문제로 이어지는 문제는 문제제기 유형의 하나로, 그 결과가 해결자에 따라 달라지기 때문에 개방성이 가장 높다. [그림 1]은 다른 문제로 이어지는 일반화 문제의 변형 중 하나인 "곱의 배수성 문제(DOP; Divisibility-of-the-Product)"를 묘사한다. 이 문제는 Silver(1995, p. 68)에서 발췌한 것으로, 새로운 문제로 확장될 수 있는 일반화 문제의 예이다. 독자들이 이 문제와 이 장에 포함된 다음 문제들을 직접 해결해 보기를 권한다.

DOP 문제는 그 탐구적 본질과 "다른 문제로의 확장" 가능성으로 인해 개방-시작형open-start 문제로 분류된다. 또한 이 문제는 다양한 방식으로 학생들에게 제시될 수 있기 때문에 다중해결전략 과제(MST)로 활용될 수 있는 개방성도 지닌다. 예를 들어, 일반적 사례를 통해 n의 다양한 값($n=4k$, $n=4k+1$, $n=4k+2$, $n=4k+3$)을 고려하거나 또는 귀납법에 의해 $n(n+1)(n+2)(n+3) \vdots 24$라는 결론으로 이어지는 형식적인 증명으로 이어질 수 있다. 또한 **연속하는 네 정수의 곱을 나눌 수 있는 가장 큰 수가** 24**임**을 증명할 수도 있다. 그러나 이 문제는 특정한 해 결과를 가지므로 개방-종결open-end 문제로는 간주되지 않는다. 과제의 개방성은 대부분 교육적 맥락, 즉 문제를 성공적으로 해결할 수 있는 학생들의 능력에 대한 교사의 신뢰와 자율적 문제해결 절차를 허용하기로 한 교사의 교수적 결정에 크게 달려 있으며, 이는 문제의 탐구적 본질을 유지하는 데 필수적이다.

임의의 연속된 네 정수의 곱을 24로 나눌 수 있음을 보여라. 임의의 연속된 네 정수의 곱을 나눌 수 있는 더 큰 수가 존재하는가?

[그림 1] 곱의 배수성 문제(DOP)

Pehkonen(1997)은 문제의 개방성을 문제의 '시작 상황'과 '목표 상황'이 개방되어 있는지 혹은 폐쇄되어 있는지의 여부에 따라 정의하였다. 시작 상황이 명확하게 설명되지 않았거나(예: 주어진 조건이 누락됨) 목표가 정의되지 않았다면(예: 질문 없이 명제만 있음), 해당 문제는 개방형 문제로 정의된다. Pehkonen(1995, 1997, Avital, 1992를 참조)은 개방형 문제가 탐구적 본질을 가지고 있다고 주장했다(자세한 내용은 Sullivan et al., 1997도 참조). Pehkonen(1995, 1997)의 분류에 따르면, 개방형 문제는 다음과 같은 요소들을 요구한다.

- 수학적 탐구
- 문제제기
- 제공된 문제의 변형(만약-그렇다면what-if 그리고 만약-그렇지 않다면what-if-not 질문)
- 실생활 상황과의 관련성

Pehkonen(1997)은 많은 실생활 상황에서 시작 상황이나 목표가 명확하게 설명되지 않는다는 점을 강조했다. [그림 2]는 Pehkonen(1997)이 제시한 문제를 변형한 성냥-다각형(Matches-Polygons; MP) 문제를 보여준다.

DOP 문제와 유사하게, MP-1 문제([그림 2])는 그 탐구적 본질로 인해 개방형 문제로 분류된다. 그러나 DOP 문제([그림 1])와 달리, MP-1 문제는 또한 개방-종결형 다중해결결과 과제(MOT)로도 간주된다. 이어지는 질문들(MP-2—MP-6)은 탐구를 유도하는 가이드로 간주될 수 있다. '직교 격자' 내에서 다각형을 고려할 때, 질문 MP-2, MP-3, MP-4,

MP-5는 각각 완전한 해 집합을 가진다([그림 2] 참조). 질문 MP-2와 MP-3은 해당하는 수의 집합을 찾아야 하는 반면, 질문 MP-4는 하나의 값을 요구한다. 특히 MP-4는 다양한 다각형을 그리게 함으로써 해결자가 완전한 다각형 집합을 그리도록 요구한다. 따라서 과제 MP-2, MP-3, MP-5는 완전한 해결 결과 집합을 요구하는 다중해결결과 과제(MOT)에 해당한다.

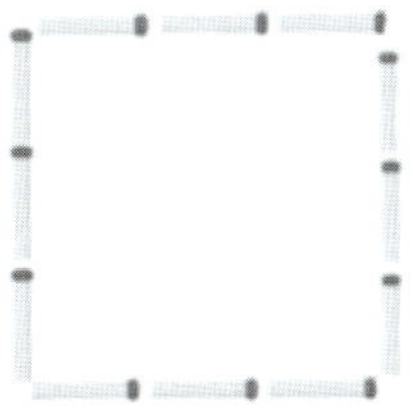

성냥개비 12개로 넓이 9au(면적 단위)의 정사각형 하나를 만들 수 있다.

(MP-1) 성냥개비 12개를 사용하여 서로 다른 넓이를 가진 다각형들을 만들어라.

*(MP-2) 어떤 넓이(au)를 얻을 수 있는가?**

(MP-3) 이러한 다각형에는 몇 개의 꼭짓점을 가질 수 있는가?

(MP-4) 서로 다른 다각형은 몇 가지나 만들 수 있는가?

(MP-5) 성냥개비 12개를 사용하여 만들 수 있는 모든 다각형을 그려라.

MP-1은 Pehkonen(1997, p. 77)에서 인용함.

* 이탤릭체 텍스트는 저자가 추가한 것이다.

** 해의 개방성 및 실현 가능성에 대한 의견은 텍스트에 나타나 있다.

[그림 2] 성냥-다각형(MP) 문제

[그림 3]은 직교 격자에서 MP 문제에 대한 해결 사례를 보여준다. 흥미롭게도 직교 격자에서 얻은 모든 다각형의 집합은 정사각형 1개, 직사각형 3개(이 중 하나는 정사각형), 육각형 6개, 팔각형 12개, 십각형 2개, 십이각형 1개가 포함된 집합으로 설명된다. 따라서 직교 격자에서의 MP 문제는 완전한 해 집합을 가지며 개방형 문제는 아니다. 그러나 격자가 직교라는 가정을 완화하면, 인접한 변(성냥개비) 사이의 각도의 함수로서 다각형의 집합은 무한히 증가한다. 이로 인해 다양한 추가 문제가 제기될 수 있으며, 따라서 MP 문제는 Silver가 제시한 기준인 "다른 문제나 일반화로 이어지는 문제"에 따르면 개방형으로 간주될 수 있다. 한편 문제 MP-2는 $0 < A \leq 9$의 범위에서 완전한 해 집합을 가지므로, 개방-종결형 문제는 아니다. 반면에 문제 MP-1은 12개의 성냥개비를 사용하여 모든 가능한 다각형을 구성하는 것이 불가능하기 때문에, 이 문제는 개방형으로 간주된다.

이는 DOP 문제([그림 1])의 분석에서 관찰한 바와 같이, 여기에서도 MP 문제의 개방성은 교사의 개방성과 수학적 탐구를 모니터링하는 역량에 따라 달라진다. 또한 이 문제의 개방성은 완전한 해결 결과 집합을 도출해야 한다는 요구에 의해서도 결정된다. 우리의 견해로는, 이러한 요구 사항은 다중해결결과 과제(MOT)를 해결할 때 하나의 규범으로 자리 잡아야 한다고 본다.

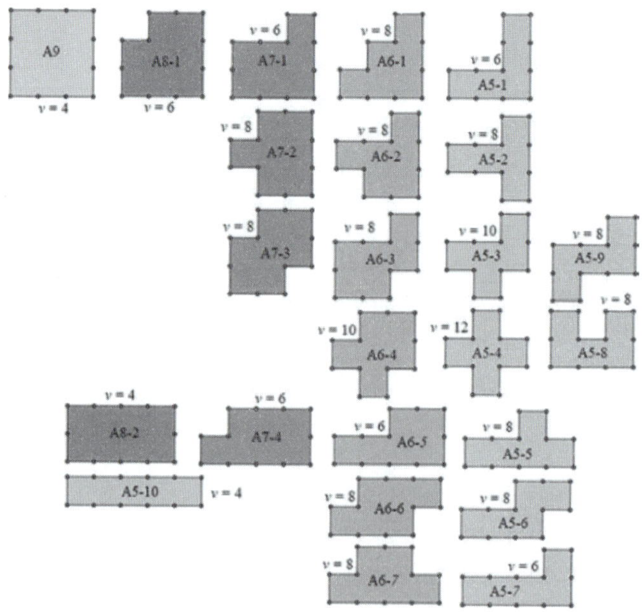

직교 격자에서 12개의 성냥개비를 사용하여 만들 수 있는 다양한 다각형

직교 격자에서 구성하는 경우의 해						완전한 해결 결과물의 집합
(MP-2) *가능한 넓이 A*	9	8	7	6	5	{5, 6, 7, 8, 9}(au)
(MP-3) *꼭짓점 개수 N*		{4, 6}	{6, 8}	{6, 8, 10}	{4, 6, 8, 10, 12}	{4, 6, 8, 10, 12}
(MP-4) *서로 다른 다각형 개수*	1	2	4	7	10	24
참고	여기에 제시된 해는 인접한 변이 수직 또는 평행한 다각형에 대해 생성된 것이다. 만약 해가 직교 격자에 국한되지 않는다면, 12개의 성냥으로 구성할 수 있는 다각형의 수는 무한하며, 다각형의 넓이(A)는 구간 0<A≤9에서 어떤 수도 될 수 있다.					
범례. AN-M: 다각형 넓이는 N과 같고, M은 다각형의 일련 번호, v는 꼭짓점 개수						

[그림 3] 직교 격자에서 MP 문제에 대한 해

Silver(1995, 1997)와 Pehkonen(1995, 1997)은 수업 도구로서 개방형 문제의 중요성을 강조한 반면, Krutetskii(1976)는 초·중등 학생들의 고급 수학 능력을 식별하고 특성화하기 위해 개방형 문제를 활용했다. 그의 연구에서는 다양한 특성을 가진 다양한 주제에 대한 26개의 수학 문제 시리즈를 소개하였으며, 그중 일부만이 개방형 문제를 포함하고 있다. [표 1]은 Krutetskii(1976)에서 사용된 개방형 문제의 예시이다.

[표 1] Krutetskii(1976)의 개방형 문제 예시

시리즈			예제 문제
이름	#[a]		
질문이 명시되지 않은 문제	I	Kr-P1	한 자전거 운전자가 A에서 B로 갈 때에는 시속 20km로 이동하고, 되돌아 갈 때에는 시속 10km로 이동하였다(p. 106[b]).
		Kr-P2	한 정사각형이 주어졌다. 한 변을 1.2m, 다른 한 변을 1.5m로 줄이면, 얻어진 직사각형의 넓이가 원래 정사각형의 넓이보다 14.4m^2이 적어진다(p. 107).
불완전한 정보를 가진 문제	II	Kr-P3	한 학급에서 일반 공책과 특수한 공책을 총 80개를 받았다. 일반 공책 비용은 8 kopeks, 특수한 공책은 2 kopeks다. 학급에서 받은 공책은 각각 몇 권인가?(p. 108)
		Kr-P4	두 도시 사이의 거리는 225km이다. 두 대의 기차가 두 도시에서 동시에 출발했다: 첫 번째는 여객 열차(시속 50km)이고 두 번째는 화물 열차(시속 40km)이다. 두 기차는 언제 만나는가?(p. 109)
서로 관통하는 요소를 가진 문제	IV	Kr-P5	(다음 그림에서) 선분 AC는 무엇을 나타내는가?(p. 115) 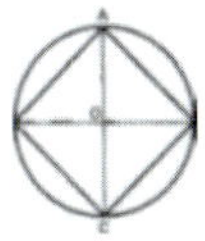
여러 가지 해결 전략을 가진 문제	XIII	Kr-P6	$113^2 - 112^2 =$
		Kr-P7	피타고라스 정리에 대한 여러 가지 증명을 찾아보아라(p. 137).
자기 제한을 유도하는 문제	XVI	Kr-P8	4개의 삼각형을 얻기 위해 하나의 사각형과 하나의 직선을 교차하여라(p. 142).

[a]Krutetskii(1976)의 9장에 수록된 문제 시리즈 번호
[b]수록된 Krutetskii(1976)의 페이지

Krutetskii는 개방형 문제를 활용하여 학생들이 수학 문제의 구조와 그 주어진 조건들 사이의 관계를 어떻게 인식하는지, 주어진 조건에서 누락된 조건을 식별하고 이를 보완하여 문제를 해결하는 능력, 그리고 누락된 조건의 완성을 어떻게 보완하느냐에 따라, 서로 다른 다양한 해로 이어질 수 있음을 학생들이 이해하는지를 조사했다. Krutetskii가 제시한 질문이 명시되지 않은 문제들(Kr-P1, Kr-P2)은 학생들이 스스로 질문을 생성할 수 있다는 전제를 바탕으로 하지만(Krutetskii, 1976, pp. 106-107), 주어진 조건을 바탕으로 다양한 질문을 제기할 기회를 제공하므로 이러한 문제는 문제제기 과제와 유사하며, 다중해결전략 과제(MST)와 다중해결결과 과제(MOT)의 성격을 모두 가진 개방형 문제다. 불완전한 정보를 가진 문제(Kr-P3, Kr-P4)는 해결자가 어떤 정보가 누락되었는지를 파악해야 하며, 완성할 수 있는 세부 정보에 대한 개방성이 있기 때문에 다양한 해결 결과를 얻을 수 있다. 학생들이 다양한 방식으로 주어진 정보를 완성할 수 있기 때문에, Kr-P3와 Kr-P4는 개방-시작 문제이자 다중해결결과 과제(MOT)에 해당한다. 이 두 문제는 각각 특정한 해 집합을 가지며, 우리가 보기에 이는 완전한 해 집합을 도출할 것을 요구한다. 두 문제 모두 전통적인 단일 해답을 요구하는 일반적인 문장제 문제와는 달리, 문제의 일부 요소가 누락되어 있어 일반적인 문제 구조를 변형한다는 점에서 다양한 해결을 얻기 위한 통찰력이 요구된다.

Kr-P5의 그림에서 서로 관통하는 요소들을 살펴보면, 선분 AC는 다양한 역할을 한다. 정사각형에서의 대각선, 원에서의 지름, 또는 이등변 삼각형에서는 밑변의 역할을 한다. 이 문제 또한 다중해결결과 과제(MOT)이며 완전한 해 집합을 가진다. 여러 가지 해결 전략을 가진 문제(MST)의 경우, 참여자가 단순하지 않은, 상당한 통찰력이 필요한 우아한 해법을 찾을 것으로 기대되었다(예: Kr-P6 $113^2 - 112^2 = (113 - 112)(113 + 112) = 225$). 자기 제한[self-restriction]을 요구하는 문제에서는 문제를 해결하기 위해 통찰력이 필요하며, Kr-P8의 개방성은 다양한 오목 사각형을 사용하여 그릴 수 있는 다양한 도형의 생성 가능성과 관련된다.

개방성과 창의성

Haylock(1997)은 학생 창의성 검사의 관점에서 Krutetskii의 일련의 과제를 자세하게 분석하였다. Haylock은 창의성을 사고의 고착과 대비되는 개념으로 보았다. Haylock은 Krutetskii(1976)의 자기 제한 과제를 예로 들며, 문제해결 과정에서 해결자가 의존하는 추론 방식과 전형적 문제와의 함수(즉, 이 두 변인으로 발생하는 고착[1])인 제한이 자기 제

1) 번역자 주석 추가.

한 과제를 해결하는데 주요 장애물이라고 주장하였다. Haylock(1997)에서 제시한 면적 과제([그림 4], H-P1)는 통찰력 있는 사고, 고착의 감소, 수학적 유연성을 요구한다는 점에서 Kr-P8([표 1])과 유사하며, 이는 문제의 개방-종결 본질을 이해하는 데 기여한다. Haylock (1997, p. 72)에 기반한 두 번째 면적 과제([그림 4], H-P2)는 수학적 유연성, 시각화 및 상상력을 요구하고, 동시에 이러한 역량을 개발하는 발산적 생산 과제의 예시이다. H-P2에 대한 해결 예시를 부록 A에 제시하였다.

개방-종결 문제는 문제의 개방성이 누락된 데이터나 가정을 기반으로 하는 경우 "비구조적ill-structured" 또는 "불완전 정의ill-defined" 과제로 간주된다. 따라서 개방-종결 문제의 해결은 인지적 갈등을 수반하며, 문제에 직접 제시되지 않은 비정형nonroutine 자원에서의 확장된 지식을 요구한다. Haylock(1987, 1997)은 수학의 발산적 생산divergent mathematical production을 창의적 문제해결 처리와 연결하였으며 이는 고착 및 알고리즘적 문제해결과 대비되는 방식으로 설명하였다. Haylock은 개방-종결형 발산적 생산 과제를 다음의 세 가지 주요 범주로 분류하고 활용했다.

(i) 다중 해를 가진 문제; 학생들은 가능한 한 많은 다양한 해를 찾도록 격려된다.
(ii) 문제제기 과제; 주어진 상황과 관련하여 학생들이 다양하고 흥미로운 질문을 제기하도록 영감을 준다.
(iii) 재정의 과제; 학생들은 수학적 속성을 재정의함으로써 상황을 변형하도록 요구된다.

H-P1	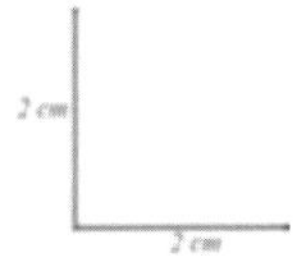	한 사각형의 두 인접한 변이 수직이고 2cm로 같다. 넓이가 $2cm^2$보다 작은 사각형이 되도록 그림을 완성하시오. (Haylock, 1997, p. 71)
H-P2		격자점 사이 간격이 1cm인 9개의 점으로 이루어진 정사각형 격자가 주어져 있다. 꼭짓점이 격자점 위에 있고, 넓이가 $2cm^2$인 다각형을 가능한 많이 그리시오. (Haylock, 1997, p. 72 기반)

[그림 4] 면적 문제

Silver(1997)는 창의성 지향 수학 수업을 하나의 문제를 다양한 해결 방법으로 해결하거나 하나의 상황을 바탕으로 여러 문제를 제기하는 활동과 연결 지었다. Haylock(1985, 1997)은 창의성 지향 활동을 개방형 과제와 관련된 발산적 사고 및 사고의 고착 감소와 연계한 반면, Silver(1997)는 Guilford(1956)와 Torrance(1974)의 창의성 모델에 근거하여 유창성fluency, 유연성flexibility, 독창성originality, 그리고 정교성elaboration으로 구성된 창의 지향적 교육적 접근을 정당화했다. 유창성은 여러 가지 방법으로 문제를 해결하거나 여러 문제를 제기하는 것과 관련이 있다. 유연성은 다른 해결 방법을 사용하고 다른 문제를 제기하는 것을 전제로 한다. 독창성은 제기된 문제에 대해 생산된 해결책의 희소성으로 정의된다. Leikin(2009)은 참여자들에게 문제를 다른 방식으로 해결하도록 명시적으로 요구되는 다중해결(전략) 과제(MST)를 사용하여 수학적 창의성 평가 모델을 제안했다. MST는 다양한 문제해결 전략 사용과 연계된 문제해결 과정에 초점을 맞춰 창의성을 평가할 수 있는 개방-시작 과제이다. 다양한 해답과 관련된 창의성 평가는 일반적으로 문제풀이자 집단에서 도출된 해 결과의 빈도를 기반으로 수행된다.

통찰insight은 창의성 산출의 핵심 요소이다. Leikin과 Guberman(2023)은 통찰력을 요구하는 과제와 통찰력을 허용하는 과제를 구분했다. 위에서 제시된 문제들 중, 자기 제한을 유도하는 문제(Kr-P8; H-P1)는 일반적인 통찰력을 요구하는 반면, MST는 종종 통찰력을 허용하는 문제에 해당한다(예: Kr-P6, Kr-P7). 따라서 개방형 과제를 해결하는 것은 궁극적으로 창의 지향적 활동이라 할 수 있다. 이는 정신적 창의성을 활성화하여 발산적 생산divergent production을 촉진하고, 다른 한편으로는 사고의 고착을 극복하며 독창적인 통찰적 사고를 이끌기 때문이다.

Silver(1995, 1997), Pehkonen(1995, 1997), Krutetskii(1976), Haylock(1987, 1997)이 특징짓고 예시로 든 개방형 문제에 대한 분석에 따르면, 개방형 문제는 **개방-시작과 개방-종결**, 그리고 이 두 가지가 결합된 문제로 분류할 수 있다. 본 연구의 분석에 따르면, 모든 MST는 개방-시작 문제에 해당한다. 더욱이 개방-시작은 통찰력을 요구하는 문제(Krutetskii의 용어로는 일반적으로 자기 제한적인 문제) 또는 해결자에게 새로운 문제에 해당하는 경우와 연관될 수 있다. 개방-종결 문제와 다중해결결과 과제(MOT) 간의 관계는 다르다. 각 개방-종결 문제는 복수의 해답을 갖지만, 모든 MOT가 개방-종결형인 것은 아니다. 완전한 해의 집합을 도출해야 한다는 요구 사항은 MOT의 개방성을 사실상 닫기closed 때문이다.

개방형 문제의 활용은 학생과 교사 모두의 수학적 역량, 특히 수학적 사고 유연성을 향상시키며, 이는 창의성과 밀접하게 연결되어 있다(Cai & Leikin, 2020; Klein & Leikin, 2020; Leikin & Elgrably, 2020; Liu et al., 2020; Matsko & Thomas, 2015; Silver, 1994, 1997). 2010년부터 2021년까지 수행된 수학(교육)에서 창의성에 대한 실증 연구들을 종합 분석한 결과(Leikin & Sriraman, 2022)는 발산적 생산 문제(예: MST, 문제제기 과제, 개방-종결 문제)가 가장 자주 사용됨(전체 연구의 50%)을 밝혀냈다. 또한 개방형 과제에 내재된 도전적 요소는 문제해결 능력을 향상시키고 다른 분야 및 영역 간 지식의 전이도 가능하게 한다(Chu et al., 2017; Jonsson et al., 2016). 수학 수업에서 개방형 문제를 활용했을 때 나타나는 인지적 효과는 수학 이해의 심화, 해결자의 문제해결 전략 레퍼토리 확장, 수학적 창의성 고양이다. 이와 더불어 개방형 과제는 해결자의 수학에 대한 태도와 호기심, 동기, 자기효능감, 자존감을 향상시킬 뿐만 아니라 학생들의 협력과 교실 내 토론을 촉진한다(Cai et al., 2015; Leikin, 2018; Miyakawa & Winslow, 2009; Moore-Russo & Demler, 2018; Scherer & Gustafsson, 2015; Silver, 1997).

실생활 맥락의 개방형 문제

Silver(1997)와 Pehkonen(1999)은 개방형 문제를 실생활 문제와 연결지었다. Silver (1997)는 다양한 해석이 가능한 현실 기반 문제의 예시를 제공했다. 문제제기 과제는 종종 현실적 맥락을 포함한다. 개방형 실생활 문제를 해결하는 것은 다양한 사고방식과 추론적 접근을 위한 기회를 제공할 뿐만 아니라 새로운 연결과 맥락을 적용할 수 있는 기회를 제공한다(Lowrie et al., 2000; Pehkonen et al., 2013). Van den Heuvel-Panhuizen (1996)의 연구에서 개방형 질문을 활용하여 불완전한 정보가 주어졌을 때, 학생들은 누락된 정보에 대해 스스로 자신만의 가정을 만들어 현실적 문제를 해결할 수 있음을 보여주었다. 문제해결에 개방형 맥락 접근을 사용할 때 얻는 다른 이점으로는 학생들의 즐거움이 증가한다는 점과 교사가 학생들이 문제해결 과정을 어떻게 관리하는지에 대한 의미 있는 정보를 제공받는다는 점 등이 있다(Van den Heuvel-Panhuizen, 1996).

1970년대 초에 등장한 현실적 수학교육[realistic mathematics education](RME)의 지지자들은 수학과 실제 세계 사이의 연결성에 대한 학생의 이해를 증진하기 위해 수학을 맥락 속에서 학습해야 한다고 주장했다(Freudenthal et al., 1976; Van den Heuvel-Panhuizen & Drijvers, 2020). RME는 개방형 현실 문제를 학생들의 발명을 수학 지식 개발의 원천으로 사용하는 상향식[bottom-up] 접근과 통합했다. [그림 5]는 RME 문제의 한 예를 보여준다(Freudenthal et al., 1976, p. 303에서 차용).

신호등은 20초 동안 녹색이고, 40초 동안 빨간색(및 노란색)이다. 두 명의 운전자가 신호등에 도착했을 때, 둘 다 통과할 수 있는 확률은 얼마인가?

[그림 5] RME 문제 예시: 신호등(Traffic Light; TL) 문제

이 상황에 대한 수학적 모델을 설계하는 것은 복잡하며, 문제해결 과정에서 학생들은 부족한 정보를 (누락된 정보를 완성하여) 스스로 가정해야 한다. RME 문제는 제시된 상황을 탐구하는 과정을 통해 비형식적 수학과 연결되고, 해결 방법에 대한 계획 틀을 형성하게 하며 형식적 수학의 아이디어 및 전략이 어떻게 서로 연결되는지를 이해하도록 이끈다(Van den Heuvel-Panhuizen & Drijvers, 2020). 이런 의미에서 이 문제는 개방-시작과 개방-종결 둘 다에 해당한다. 맥락적 문제는 형식적 수학과 관련된 다양한 해결 전략과 해결책으로 표현된 통찰을 촉발한다.

흥미롭게도 한 문헌 연구에 따르면, 문제해결에서 현실적 맥락의 역할에 관한 몇 가지 모순이 드러난다. 일부 연구자들은 문제에 현실적 맥락을 추가하는 것이 학생들의 문제해결 능력을 지원한다고 입증(Sullivan et al., 2000)한 반면, 다른 연구들은 현실적 맥락을 수학적 내용과 연결하는 데 어려움을 초래하는 "실세계 지식의 중단suspension of real-world knowledge"을 보여주었다(Silver et al., 1993; Verschaffel et al., 1994).

Silver 외(1993)는 학생들에게 "군대 버스 문제"([표 2] 참조)를 해결하도록 했는데, 이때 문제 맥락의 잘못된 해석이 학생들의 낮은 성공률(20%-40%)로 이어졌음을 보였다. 연구자들은 시행착오trial-and-error 방법을 사용하든 산술적 계산을 사용하든, 올바른 답을 얻기 위해 고려할 수 있는 가능성을 파악하는 것이 문제해결 및 추론 과정에서 중요하다고 강조했다. 이 연구에서는 맥락적 변형에 의해 결정되는 문제의 개방성이 문제의 복잡성을 유발하는 주요 원인으로 나타났다. Silver 외(1993)는 잘못된 답변이 주로 수학적 계산 자체보다는 실세계 상황의 잘못된 해석 때문이라고 지적했다. 더 나아가 많은 학생들이 교사가 정답이라고 인정할 것이라고 믿는 답안을 적어냈기 때문에, 자신의 추론과 사고방식을 드러내지 않았다고 언급하였다.

Greer(1993)와 Verschaffel 외(1994)는 전형적인 교과서 수학 문제에 대한 학생들의 반응과 주어진 상황의 수학적 모델링을 요구하는 맥락적으로 풍부한 수학 문제에 대한 반응을 비교하는 또 다른 접근방식으로 연구를 진행했다. 현실적 맥락을 사용해야 하는 문제는 "문제적problematic"으로 간주되었으며, 이는 간단한 산술 계산이 필요한 표준 문제standard problems와 대조적으로 제시되었다. [표 2]에 이 연구에서 사용된 열 쌍의 문제 중 네 쌍이 제시되어 있다. 연구자들은 학생들이 맥락적 제약을 무시하는 경향이 있고, 문제에서 묘사된 상황을 이해하려는 노력을 꺼리는 경향이 있음을 발견했다. 연구자들은 학생들이 표준적인 문장제 문제에 대한 지속적인 경험과 수학 수업 중 문제의 맥락적 특징에 대해 체계적인 주목의 부족으로 인해 문제해결 과정에서 실세계 지식을 배제하는 경향이 있다고 주장했다. 이러한 결과는 Reusser와 Stecler(1997)와 Verschaffel 외(1997, 2000)의 연구에서 다른 참가자 그룹(교사와 학생들)에서 반복적으로 재현되었다. Reusser와 Stecler(1997)와 Verschaffel 외(1997, 2000)는 학생들이 문제적(P) 문제를 해결할 때 표준(S) 문제를 해결할 때보다 성공률이 현저히 낮다는 것을 입증하였으며, 이러한 결과는 문장제 문제를 해결할 때 현실적인 고려를 중단하기 때문이라고 일관되게 설명했다.

[표 2] Verschaffel 외(1994, p. 276)의 문제 예시

	문제가 있는 문제		표준 문제	
생일 파티 문제	P1	칼에게는 다섯 명의 친구가 있고 조지에게는 여섯 명의 친구가 있습니다. 칼과 조지는 함께 파티를 열기로 결정합니다. 친구들을 모두 초대합니다. 모든 친구가 참석합니다. 파티에 몇 명의 친구가 있습니까? (Nelissen, 1987)	S1	피트는 10주년을 맞아 생일 파티를 준비합니다. 그는 8명의 남학생과 4명의 여학생을 초대합니다. 피트는 생일 파티에 몇 명의 친구를 초대했을까요?
버스 문제	P2	1128명의 병사를 훈련 장소까지 버스로 이동시켜야 합니다. 각 군용 버스에는 36명의 병사가 탑승할 수 있습니다. 몇 명의 버스가 필요합니까? (Carpenter et al., 1983)	S2	피트의 돼지 저금통에는 690프랑이 들어 있습니다. 피트는 그 돈을 다 써서 장난감 자동차 20대를 샀습니다. 장난감 자동차 한 대의 가격은 얼마입니까?
거리 문제	P3	브루스와 앨리스는 같은 학교에 다니고 있습니다. 브루스는 학교에서 17km, 앨리스는 8km 떨어진 곳에 살고 있습니다. 브루스와 앨리스는 서로 얼마나 떨어져 살고 있나요? (Treffers & de Moor, 1990)	S3	크리스는 도보 여행을 했습니다. 오전에는 8km를 걸었고 오후에는 15km를 걸었습니다. 크리스는 몇 킬로미터를 걸었나요?
온도 문제	P4	80℃의 물 1리터와 40℃의 물 1리터를 용기에 부으면 용기에 담긴 물의 온도는 어떻게 될까요? (Nesher, 1980)	S4	한 가게 주인이 사과를 담는 두 개의 용기를 가지고 있습니다. 첫 번째 컨테이너에는 사과 60개가 들어 있고 두 번째 컨테이너에는 사과 90개가 들어 있습니다. 주인은 모든 사과를 더 큰 새 용기에 넣습니다. 새 용기에 들어 있는 사과는 몇 개일까요?

Reusser와 Stecler(1997), Verschaffel 외(1997, 2000)의 연구에서 사용된 P 집합(문제적 문제)과 S 집합(표준 문제) 모두 현실적 맥락을 포함하고 있었다. 그러나 이 두 집합은 문제에서 설명된 상황에 상응하는 수학적 구조가 달랐다. S 집합의 모든 문제([표 2])는 주어진 두 수를 이용한 단일 단계 계산으로 해결될 수 있다. 예를 들어 S1, S3, S4는 주어진 두 정수의 덧셈에 의해, S2는 주어진 두 유리수의 단일 단계 나눗셈에 의해 해결된다. 현실적 맥락은 문제 풀이자가 해당 문제와 관련된 수학적 내용과 연결을 스스로 구축해야 한다. 현실적 맥락과 달리, 수학적 맥락은 일반적으로 특정 수학적 내용과 명시적으로 연결된다.

P4 문제의 복잡성은 문제 맥락, 즉 "온도가 다른, 같은 양의 물이 혼합될 때 물의 온도는 두 온도의 평균값과 같다."는 물리적 모델을 이해하는 것과 관련이 있다. 이 문제는 문제를 해결하기 전에 학생들에게 이러한 맥락적 지식을 요구하며, 학생들은 "의미형성[sense-making]" 만으로 그 모델을 생성할 수 없다. 이러한 맥락에 대한 사전지식은 문제 상황이 과학적, 사회적, 문화적 및 기타 맥락에 속할 수 있는 모델링 문제를 해결하는 데 중요한 역할을 한다. 우리는 문제 P1, P2, 그리고 P3의 복잡성이 이 문제들의 맥락적 특성보다는 MOT 구조와 관련이 있다고 주장한다. 이 세 문제는 모두 다중 해석을 허용하거나(Silver, 1995의 관점에서) 불완전한 정보를 포함하고 있다는 점에서(Krutetskii, 1976의 관점에서) 개방-시작 문제로 특징지어질 수도 있다. 이 문제들의 수학적 구조는 문제에서 설명된 상황에 해당하는 다양한 상황을 고려할 수 있도록 허용하기 때문에 역동적으로 볼 수 있다.

P1 문제에서는 Carl과 George가 공통으로 가진 친구의 수에 대한 정보가 주어지지 않는다. 즉, Carl과 그의 모든 친구들이 George가 초대한 모든 친구들일 수도 있고, 반대로 두 친구 집단이 서로 겹치지 않을 수도 있다. 이러한 문제의 동적 구조를 이해하는 것은 가능한 결과의 집합은 "자연수 N에 대해 $7 \leq N \leq 13$"임을 알 수 있다. P2 문제의 알고리즘적 해는 나머지를 가진 나눗셈으로 이어진다. 버스의 수가 자연수여야 한다는 점을 이해하는 것은 "$32 \leq n \leq 1128$인 모든 정수 n"이라는 결과로 이어진다. 여기서 각 군대 버스에 탑승한 군인의 수에 대한 정보가 누락되어 있다. 각 군대 버스는 36명의 군인을 수용할 수 있지만, 이것이 각 버스에 정확히 36명의 병사가 있었다는 것을 의미하지는 않는다. P3 문제에서는 두 집의 상호 위치에 대한 정보가 주어지지 않는다. 따라서 "임의의 실수 S에 대해 $9\text{km} \leq S \leq 25\text{km}$"라는 부등식은 P3의 해 집합이 된다. 예를 들어, 한 집은 학교를 중심으로 반경이 17 km인 원의 어느 지점에나 위치할 수 있으며, 다른 집은 같은 중심을 가진 반경 8 km인 원의 어느 지점에나 위치할 수 있다.

P1, P2, P3는 주어진 정보가 불완전하여 복수의 해를 갖는 문제이며, 따라서 기존 문헌

에 따르면 개방-종결형으로 간주될 수 있음을 의미하지만, 우리는 이러한 과제가 MOT(다중해결결과 과제)라는 점을 강조하며 그 개방성에 의문을 제기한다. 우리는 이러한 문제를 해결하는 것은 본질적으로 모든 해결 결과를 찾을 것을 요구하며, 따라서 해 집합의 완전성을 요구한다고 주장한다. 이러한 관찰을 바탕으로, 우리는 "하나의 특정 해 결과만 가지는 **등식 문제**"와 "부등식 형태로 표현 가능한 해 결과 집합을 가지는 **부등식 문제**"를 구분한다. 이어서 우리는 부등식 문제 구조로 인한 복잡한 문제와 실생활에서 고려해야 할 사항으로 인해 복잡한 문제를 비교하는 연관된 연구 실험을 제시한다. 그런 다음 동전의 양면과도 같은 개방성과 통찰력에 대한 논의로 마무리를 한다.

등식 및 부등식 문제와 관련된 의미형성하기: 연구 실험

연구 가설

위의 분석을 바탕으로, 우리는 학생들의 현실적인 고려 사항을 무시하는 경향이 학생들이 P 문제를 해결하는 데 어려움을 겪는 주요 원인이 아니라는 가설을 세웠다. P 문제의 복잡성을 새롭게 탐구하기 위해, 문제의 수학적 구조와 그 맥락(수학적 또는 현실적)을 구분한다. 우리는 이러한 유형의 문제 복잡성이 의미형성의 중단 현상보다는 문제의 구조와 MOT 유형 범주에 속하는지 여부와 더 관련이 있다는 가설을 검토한다. 특히 부등식 문제는 그 수학적 구조로 인해 복잡하다고 본다. 이러한 주장은 수학 문제해결에서 현실적 맥락의 역할에 대한 일관성 없는 결과들과 일치한다(예: Verschaffel et al., 1994; vs. Sullivan et al., 2000). 더 나아가 우리는 문장제 문제해결에서 현실적 고려의 복잡성과 관련된 연구 결과는 그러한 활동이 교수 실천에 거의 포함되지 않는 드문 특성으로 설명될 수 있다고 본다. 특히 부등식 문제의 수업 포함 빈도는 그 보다도 더욱 드물다. 이에 우리는 다음과 같은 가설을 검증한다.

- **H1**: 수학 문제의 구조는 그 문제의 복잡성에 유의미한 영향을 미치며, 부등식 문제(MOTs)가 등식 문제보다 더 복잡하다.
- **H2**: 수학 문제를 해결할 때 현실적 맥락의 효과는 그 문제의 수학적 구조에 대한 함수이며, 등식 문제와 부등식 문제에서 서로 다를 수 있다.

과제

우리의 가설을 검증하기 위해 본 연구에서 EPs(등식 문제)와 IPs(부등식 문제)를 각각 수학적 맥락과 실세계 맥락 모두에서 설계하였다. 수학적 맥락을 가진 문제는 풀이 과정에서 사용될 수 있는 수학적 대상과 개념을 사용하여 수학적 상황을 설명한다. 실세계 맥락 문제는 해결자가 수학적 설명을 만들어야 하는 현실적 상황을 묘사한다. [표 3]은 본 연구에서 사용된 2×2 과제 설계와 그 결과로 도출된 8개의 문제를 보여준다.

수학적 구조(등식 vs. 부등식)가 문제의 복잡성에 미치는 영향과 현실적 맥락이 문제 복잡성에 미치는 영향을 비교하기 위해, 수학적 맥락과 실세계 맥락에서 동등한 문제를 설계했다. 또한 등식 문제에 사용된 수학적 내용은 부등식 문제에 사용된 것보다 더 높은 수준이었다. 그러나 어떤 문제도 표준 학교 수학교육과정에서 나오는 것 이상의 지식을 요구하지 않았다([표 4]).

[표 3] Verschaffel 외(1994, p. 276)에서 발췌한 문제 예시

	수학적 맥락	실세계 맥락
등식 문제	**M-EP1** Dana는 종이에 5개의 점을 찍고, 각 두 점씩 쌍으로 선분으로 연결하였다. Dana가 그린 선분은 모두 몇 개인가? **M-EP2** 어떤 수열에서, 5번째 항이 20이고 7번째 항이 6이다. 인접한 항들의 차는 일정하다. 이 수열의 6번째 항의 값은 얼마인가?	**RW-EP1** 여섯 명의 아이들이 Dani와 Tom의 파티에 참석했다. 모든 참석자가 서로와 악수를 한 번씩 했다면, 악수의 총 횟수는 얼마인가? **RW-EP2** Tom은 시속 80km로 1시간 동안, 그리고 시속 40km로 2시간 동안 운전했다. 전체 여행의 평균 속도는 얼마였는가?
부등식 문제	**M-IP1** Dana는 종이에 5개의 서로 다른 수를 적었고, Shelly는 7개의 서로 다른 수를 적었다. Dana가 Shelly의 종이에서 본인이 적지 않은 수를 복사해 적었다. 이때, Dana의 종이에 적힌 수는 모두 몇 개가 되었는가? **M-IP2** 삼각형 ABC에서, 변 AB의 길이는 17cm이고 변 BC의 길이는 8cm이다. 이 삼각형의 변 AC의 길이는 얼마인가?	**RW-IP1** Dani에게는 4명의 친구가 있고, Tom에게는 6명의 친구가 있다. Dani와 Tom은 파티를 열기로 하고, 두 사람의 모든 친구를 초대했다. 모든 친구가 참석했다면, 파티에 있는 친구의 수는 몇 명인가? **RW-IP2** Dani와 Tom은 같은 학교에 다닌다. Dani는 학교에서 8km 떨어져 살고, Tom은 학교에서 3km 떨어져 산다. 두 사람의 집은 서로 얼마나 떨어져 있는가?

[표 4] 수학적 맥락 문제와 실생활 맥락 문제의 동등성

	수학적 맥락	문제 구조의 동등성: 다중 문제해결 전략 및 결과	실생활 맥락
등식 문제	M-EP1 $n=5$	**전략**: 산술급수의 합, 조합론적 해법, n개의 대상을 두 번 세는 통찰 **결과**: $n \in N : \dfrac{n(n-1)}{2}$	RW-EP1 $n=6$
	M-EP2 $x \in N,\ \ yINN$	**전략**: 서로 다른 맥락에서의 평균값 계산 **결과**: $\dfrac{x+y}{2}$	RW-EP2 $x \in R;\ y \in R$
부등식 문제	M-IP1 $m=5,\ \ n=7$	**전략**: 동적 벤 다이어그램 모든 가능한 경우 점검하기 **결과**: $n > m : n < X < x + m;$ $n \in N,\ \ m \in N$	RW-IP1 $m=4,\ n=6$
	M-IP2 $d_1 = 17$ $d_2 = 8$ 강력한 부등식	**전략**: 삼각 부등식, 동적 기하 도형 **결과**: $d_1 - d_2 \ll X \ll d_1 + d_2\ ;$ $d_1 \in R,\ d_2 \in R$	RW-IP2 $d_1 = 8,\ d_2 = 3$

참여자와 실험 절차

연구 실험에는 415명의 중등학교 학생들(8-11학년)이 참여했다. 무작위로 배열된 8개의 문제([표 2])로 구성된 지필 시험을 제작하여 제시되었다.

정답은 1점, 오답은 0점을 부여하여 채점하였다. 특정 유형의 과제에 대한 정답률은 모든 참여자가 제출한 정답 비율로 산출하였다.

가설을 검증하기 위해 문제 결과의 구조(EP vs. IP)와 문제 맥락의 유형(M vs. RW)을 두 개의 피험자 내 요인으로 설정하여 반복측정 분산분석[repeated measures ANOVA]를 실시하였다.

결과: 과제의 구조와 맥락이 미치는 영향

[표 5]와 [그림 6]은 기술 통계와 학생들의 문제해결 능력의 정확도에 대한 두 가지 조사된 요인(문제 구조, 요인)의 효과를 보여준다.

가설 1은 본 연구 실험에 의해 확인되었다. 즉, 수학 문제의 구조는 그 문제의 복잡성에 유의미한 영향을 미쳤으며, IPs(MOTs)가 EPs(등식 문제)보다 더 복잡했다. EPs를 해결하는 전반적인 정확도는 IPs(부등식 문제)를 해결하는 정확도보다 유의미하게 (두 배) 높았으며, 그 차이는 통계적으로 유의미하였다. $[F(1, 414) = 384.2, p < 0.001, \eta_p^2 = 0.48]$. 또한 EPs를 해결하는 정확도는 수학적 맥락 $[F(1, 414) = 430.87, p < 0.001, \eta_p^2 = 0.51]$에서나 실세계 맥락 $[F(1, 414) = 86.615, p < 0.001, \eta_p^2 = 0.173]$에서 모두 IPs를 해결하는 정확도보다 유의미하게 높았다.

본 연구는 가설 2 또한 확인하였다. 즉, 수학 문제를 해결할 때 현실적 맥락의 효과는 문제의 수학적 구조에 대한 함수이며, EPs와 IPs에 따라 다르다. 우리는 문제의 구조와 맥락 사이에 유의미한 상호작용을 발견했다 $[F(1, 414) = 18.782, p < 0.001, \eta_p^2 = 0.043]$. 이러한 상호작용은 현실적 맥락이 IPs와 EPs의 해결 정확도에 반대 효과를 미치는 것으로 나타났다. 실세계 맥락에서 EP 문제의 해결 정확도는 수학적 맥락에서 EP 문제를 해결하는 정확도보다 유의미하게 낮았다. $[F(1, 414) = 4.337, p < 0.05, \eta_p^2 = 0.01]$. 동시에 실세계 맥락에서 IP 문제해결 정확도는 수학적 맥락에서 IP 문제해결 정확도보다 유의미하게 높았다 $[F(1, 414) = 23.277, p < 0.001, \eta_p^2 = 0.053]$.

[표 5] 해결 정확도

		맥락			
		전체	수학적 맥락 (M)	실생활 맥락 (RW)	효과 (Effect)
		평균(표준편차)			F(1,414)
결과 구조	전체		46.0(26.2)	48.9(26.0)	6.743** $\eta_p^2 = 0.016$
	등식 문제(EP)	62.8(23.0)	64.7(29.3)	60.8(30.1)	4.337* $\eta_p^2 = 0.010$
	부등식 문제(IP)	32.1(32.7)	27.2(34.5)	37.0(42.6)	23.277*** $\eta_p^2 = 0.053$
	효과 F(1,414)	384.203*** $\eta_p^2 = 0.481$	430.870*** $\eta_p^2 = 0.510$	86.615*** $\eta_p^2 = 0.173$	

EP equality problem, *IP* inequality problem, *M* mathematical context, *RW* real-world context
*$p < 0.05$; **$p < 0.01$; ***$p < 0.001$

$F(1{,}414 = 6.743)^{**}$
$\eta_p^2 = .016$

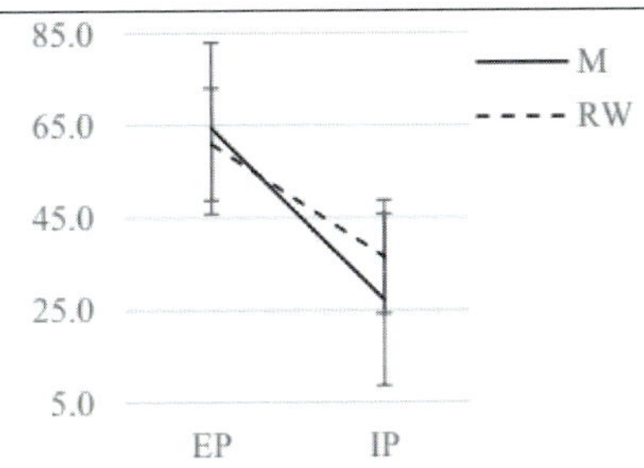

$^{*}p < .05.$ $^{**}p < .01.$ $^{***}p < .001$

[그림 6] 맥락과 결과 구조 요인 간의 유의미한 상호작용

우리는 추가적으로 학교 수학 수업에서 전형적인 EPs(등식 문제)를 해결할 때, 현실적 맥락이 문제해결 과정에서 맥락을 해결자에게 익숙한 수학적 표현으로 변환하는 단계를 요구하며, 이 추가적인 변환 단계가 문제해결의 복잡성을 증가시킨다고 제안한다. 동시에, IPs(부등식 문제)는 수학적 맥락과 현실적 맥락 모두에서 비전형적이다. 이는 해 집합의 완전성을 요구하는 MOTs이자, 결과가 부등식 형태로 제시되는 문제이기 때문이다. 우리는 역동적이고 비전형적인 수학적 모델을 추론하는 과정에서, 학생들이 통찰력 있는 사고와 상상력을 활성화하게 되고, 이것이 문제해결에 도움이 된다고 가정한다. 이 가정은 후속 연구에서 해 집합의 완전성을 요구하는 MOTs의 해결과 관련된 사고 과정에 대한 더 깊은 통찰력을 얻기 위해 개별 인터뷰를 통해 검토될 예정이다.

마지막으로 가설에서 예측한 바와 같이 Verschaffel 외(1994)의 결과와는 대조적으로, 학생들은 수학적 맥락에서 문제를 해결할 때보다 실세계 맥락에서 문제를 해결할 때 전반적으로 더 정확했다는 점에 유의하자 $[F(1, 414) = 6.743,\ p < 0.01,\ \eta_p^2 = 0.016]$.

마무리 노트: 동전의 양면과도 같은 개방성과 통찰력

개방형 문제라는 범주 아래에는 다양한 수학 과제가 포함된다. 이 장에서는 개방형 과제에 대한 접근방식의 유사점과 차이점을 보여주는 기초 연구로 Silver(1995, 1997), Pehkonen(1995, 1997), Haylock(1987, 1997), 그리고 Krutetskii(1976)의 연구를 분석했다. 이들 모든 저자들은 개방형 과제를 창의 지향적 활동으로 간주한다. 다중해결전략 과제(MSTs)와 다중해결결과 과제(MOTs) 사이의 구분은 해결 전략과 관련된 과정 기반 창의성과 해결 결과와 관련된 결과 기반 창의성과 관련된다(Leikin & Elgrably, 2022).

MSTs는 본질적으로 개방-시작 문제인 반면, MOTs는 해 집합의 완전성 요구 여부에 따라 달라지기 때문에 반드시 개방-종결 문제인 것은 아니다. 반면 문제제기 과제나 탐구 과제는 수행할 수 있는 방법이 다양하고 결과의 완전성을 종종 달성할 수 없는 경우가 많다는 점에서 개방-시작 과제인 동시에 개방-종결형 과제이기도 하다. 흥미롭게도 문제 H-P2([그림 4])는 동적 기하 환경에서 탐구를 통해 해결될 수 있으며(부록 A 참조), 그 결과로서 합동이 아닌 다각형들의 완전한 집합을 도출할 수 있는 것으로 보인다.

개방형 과제와 창의성 사이의 연관성은 수학에서 개방형 문제의 다양성만큼이나 다면적이다. 한편으로 창의성은 발산적 생산divergent production, 즉 한 문제에 대한 다중해결전략과 다중해결결과와 관련이 있다. 또 다른 한편으로 통찰력은 창의적 활동의 필수 구성요소다. 일부 과제는 "고착의 극복"(Haylock의 용어) 또는 "자기 제한 극복"(Krutetskii가 말하는 바)의 필요성 때문에 개방형이 된다. Haavold와 Sriraman(2022)은 문제해결 과정에서 나타나는 수학적 통찰을 두 가지 유형으로 구분했다. 의식적인 분석적 사고(예를 들어, 익숙하지 않은 상황에서 나타나는)의 결과로서의 통찰과 교착 상태(해결의 막힘)에서 무의식적 과정의 결과로서 나타나는 통찰이다. 이러한 이유로 수학 수업에서 흔히 다루지 않는 비전형적인 개방형 문제는 통찰적 활동의 활성화로 이어진다(Haavold & Sriraman, 2022). Leikin과 Guberman(2023)은 통찰력을 요구하는insight-requiring 문제와 통찰력을 허용하는insight-allowing 문제를 구분했다. 통찰력을 요구하는 문제는 해결자에게 낯설거나 그 해결 방법이 직관적이지 않고 자기 제한을 비활성화해야 한다. 통찰력을 허용하는 문제는 비전형적인 해결 결과나 비전형적인 해결 전략으로 이어지는 발산적 생산과 관련이 있다. 연구자들은 이 두 가지 유형의 통찰 사이의 차이가 문제해결 과정에서 서로를 보완하고 전문가와 비전문가의 문제해결 과정의 다양한 측면을 설명할 수 있다고 주장한다. Leikin 외(2016)는 참여자의 일반적인 영재성과 수학적 전문성 수준에 따라 학습 기반 문제해결 및 통찰 기반 문제해결을 신경인지적 분석을 수행하였다. 그 결과 수학적 전문성은 적절한 해결 전략과 문제를 연결하는 단계에서 통찰 요소를 포함하며, 일반 창의성은 통찰 기반 문제해결에서의 성공률을 증가시킨다는 가설을 세웠다. [그림 7]은 수학에서 창의 지향적 활동과 개방형 문제해결 사이의 다양한 관계를 보여준다.

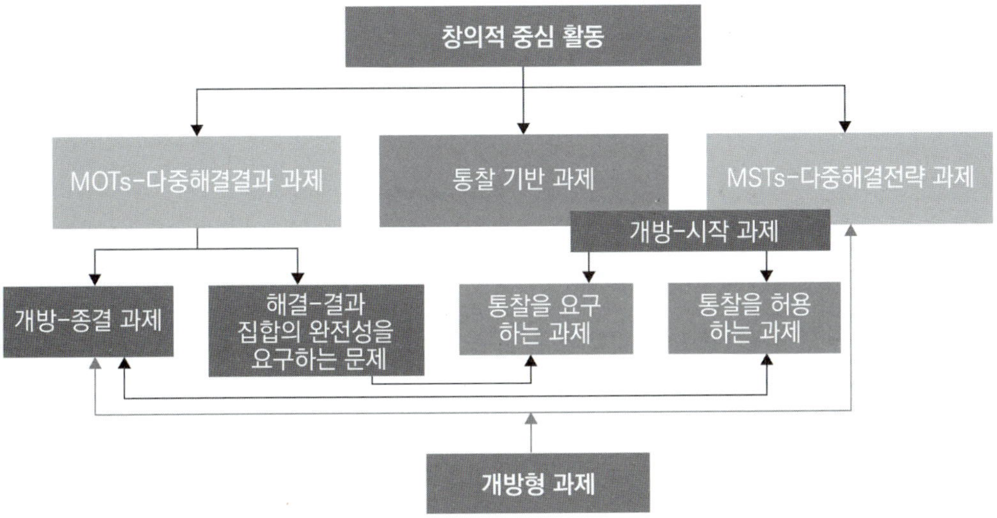

[그림 7] 창의적 중심 활동과 수학의 개방형 문제해결 사이의 다양한 관계

사사

본 연구 실험은 이스라엘 과학재단(Grant #887/18)의 지원을 받았다. 본 출판물에 나타난 견해는 전적으로 저자(들)의 것이며, 이스라엘 과학재단의 견해를 반드시 반영하는 것은 아니다.

저자 기여

이 논문은 Roza Leikin이 박사후연구과정(1997-1998) 기간 동안 LRDC에서 Ed Silver의 지도를 받아 작성해 온 22번째 버전이다. 이 논문은 Roza Leikin과 Sigal Klein, Ilana Waisman의 공동 저작이며, 두 공동 저자는 현재 Roza Leikin과 함께 맥락이 풍부한 문제와 열린 문제의 수학 수업에의 통합과 관련된 다양한 측면을 연구하고 있으며, 이러한 내용이 본 논문에 반영되어 있다.

부록 A

동적 기하 환경에서 체계적인 변형을 통한 H-P2의 해결책

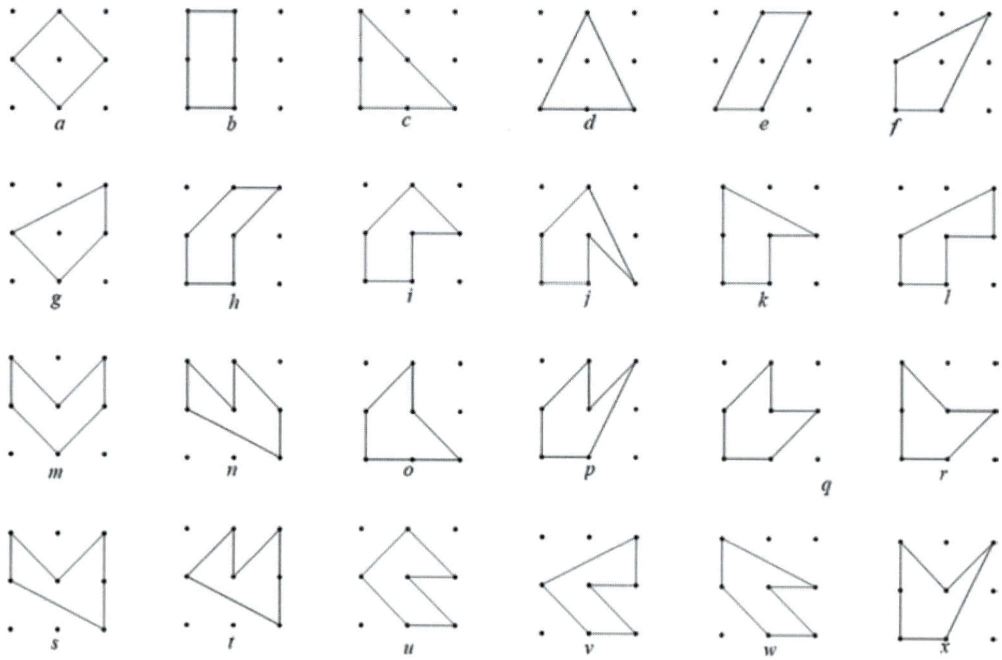

▌참고문헌

Avital, S. (1992). *Exploratory problems as a motivational factor in the learning of mathematics*. A paper presented in the Working Group 5 of the ICMI-7 conference in Quebec.

Cai, J., & Leikin, R. (2020). Affect in mathematical problem posing: Conceptualization, advances, and future directions for research. *Educational Studies in Mathematics, 105*(3), 287-301.

Cai, J., Hwang, S., Jiang, C., & Silber, S. (2015). Problem-posing research in mathematics education: Some answered and unanswered questions. In *Mathematical problem posing* (pp. 3-34). Springer. https://doi.org/10.1007/978-1-4614-6258-3_1

Carpenter, T. P., Lindquist, M. M., Matthews, W., & Silver, E. A. (1983). Results of the third NAEP mathematics assessment: Secondary school. *The Mathematics Teacher, 76*(9), 652-659. https://www.jstor.org/stable/27963780

Chu, C. W., Chan, K. L., Chan, W. S., & Kwong, K. S. (2017). Multiple-solution problems in a statistics classroom: An example. *International Journal of Mathematical Education in Science and Technology, 48*(8), 1249-1261. https://doi.org/10.1080/0020739X.2017.1338770

Freudenthal, H., Janssen, G. M., & Sweers, W. J. (1976). Five years IOWO. *Educational Studies in Mathematics, 7*(3), 185-367. https://www.jstor.org/stable/3481887

Greer, B. (1993). The mathematical modeling perspective on wor(l)d problems. *The Journal of Mathematical Behavior, 12*(3), 239-250.

Guilford, J. P. (1956). Structure of intellect. *Psychological Bulletin, 53*, 267-293.

Haavold, P. Ø., & Sriraman, B. (2022). Creativity in problem solving: integrating two different views of insight. *ZDM-Mathematics Education, 54*(1), 83-96. https://doi.org/10.1007/s11858-021-01304-8

Haylock, D. W. (1985). Conflicts in the assessment and encouragement of mathematical creativity in schoolchildren. *International Journal of Mathematical Education in Science and Technology, 16*(4), 547-553.

Haylock, D. W. (1987). A framework for assessing mathematical creativity in school children. *Educational Studies in Mathematics, 18*(1), 59-74.

Haylock, D. (1997). Recognizing mathematical creativity in schoolchildren. *ZDM-Mathematics Education, 29*(3), 68-74.

Jonsson, B., Kulaksiz, Y. C., & Lithner, J. (2016). Creative and algorithmic mathematical reasoning: Effects of transfer-appropriate processing and effortful struggle. *International Journal of Mathematical Education in Science and Technology, 47*(8), 1206-1225. https://doi.org/10.108 0/0020739X.2016.1192232

Klein, S., & Leikin, R. (2020). Opening mathematical problems for posing open mathematical tasks: What do teachers do and feel? *Educational Studies in*

Mathematics, 105(3), 349–365. https://doi.org/10.1007/s10649-020-09983-y

Krutetskii, V.A. (1976). In J. Kilpatrick & Wirszup (Eds.), *The psychology of mathematical abilities in schoolchildren.* Translated from Russian by J. Teller (Trans.). The University of Chicago Press.

Leikin, R. (2007). *Habits of mind associated with advanced mathematical thinking and solution spaces of mathematical tasks.* The Fifth conference of the European Society for Research in Mathematics Education – CERME-5. (pp. 2330–2339; CD-ROM and Online). http://ermeweb. free.fr/Cerme5.pdf

Leikin, R. (2009). Exploring mathematical creativity using multiple solution tasks. In R. Leikin, A. Berman, & B. Koichu (Eds.), *Creativity in mathematics and the education of gifted students* (pp. 129–145). Sense.

Leikin, R. (2018). Openness and constraints associated with creativity-directed activities in mathematics for all students. In N. Amado, S. Carreira, & K. Jones (Eds.), *Broadening the scope of research on mathematical problem solving: A focus on technology, creativity and affect* (pp. 387–397). Springer. https://doi.org/10.1007/978-3-319-99861-9_17

Leikin, R. (2023). Unravelling the construct of mathematical challenge based on conceptual characteristics of mathematical tasks, instructional setting and socio-mathematical norms. Introduction. In R. Leikin (Ed.), *Mathematical challenges for all* (pp. 1–15). Springer. https://doi.org/10.1007/978-3-031-18868-8

Leikin, R., & Elgrably, H. (2020). Problem posing through investigations for the development and evaluation of proof-related skills and creativity skills of prospective high school mathematics teachers. *International Journal of Educational Research, 102*, 101424. https://doi.org/10.1016/j.ijer.2019.04.002

Leikin, R., & Elgrably, H. (2022). Strategy creativity and outcome creativity when solving open tasks: Focusing on problem posing through investigations. *ZDM–Mathematics Education, 54*(1), 35–49.

Leikin, R., & Guberman, R. (2023). Creativity and challenge: Connections between task complexity and insight required for tasks solution. In R. Leikin (Ed.), *Mathematical challenges for all* (pp. 325–342). Springer. https://doi.org/10.1007/978-3-031-18868-8-17)

Leikin, R., & Sriraman, B. (2022). Empirical research on creativity in mathematics (education): From the wastelands of psychology to the current state of the art. *ZDM–Mathematics Education, 54*, 1–17. https://doi.org/10.1007/s11858-022-01 340-y

Leikin, R., Waisman, I., & Leikin, M. (2016). Does solving insight-based Problems differ from solving learning-based problems? Some evidence from an ERP study. *ZDM–Mathematics Education, 48*(3), 305–319.

Leikin, R., Klein, S., Ovodenko, R., Gurevitch, I., Dinur, S., & Leen Y. (2023). MATH-KEY program: Opening mathematical minds by means of open tasks supported by dynamic applets. In R. Leikin (Ed.), *Mathematical challenges for all* (Ch. 6, pp.

93–114). Springer. https://doi.org/10.1007/978-3-031-18868-8-6)

Liljedahl, P., & Cai, J. (2021). Empirical research on problem solving and problem posing: A look at the state of the art. *ZDM–Mathematics Education, 53*(4), 723–735. https://doi.org/10.1007/s11858-021-01291-w

Liu, Q., Liu, J., Cai, J., & Zhang, Z. (2020). The relationship between domain and task specific self-efficacy and mathematical problem-posing: A large-scale study of eighth-grade students in China. *Educational Studies in Mathematics*. https://doi.org/10.1007/s10649-020-09977-w

Lowrie, T., Francis, R., & Rogers, G. (2000). Knowledge and strategies students employ to solve open-ended problem-solving activities. *Mathematics Education Beyond 2000, Proceedings of the Twenty-Third Annual Mathematics Education Research Group of Australasia*, 393–401.

Matsko, V. J., & Thomas, J. (2015). Beyond routine: Fostering creativity in mathematics classrooms. In *Mathematical problem posing* (pp. 125–139). Springer. https://doi.org/10.1007/978-1-4614-6258-3_6

Miyakawa, T., & Winslow, C. (2009). Didactical designs for students' proportional reasoning: An "open approach" lesson and a "fundamental situation". *Educational Studies in Mathematics, 72*(2), 199–218. https://doi.org/10.1007/s10649-009-9188-y

Moore-Russo, D., & Demler, E. L. (2018). Linking mathematical creativity to problem solving: Views from the field. In *Broadening the scope of research on mathematical problem solving* (pp. 321–345). Springer. https://doi.org/10.1007/978-3-319-99861-9_14

Nelissen, J. M. C. (1987). Kinderen leren wiskunde. Een studie over constructie en reflectie in het basisonderwijs. Children learning mathematics. A study on construction and reflection in the elementary school (De Ruiter, Trans.).

Nesher, P. (1980). The stereotyped nature of school word problems. *For the learning of mathematics, 1*(1), 41–48.

Nohda, N. (1995). Teaching and evaluating using "open-ended problems" in the classroom. *ZDM–Mathematics Education, 27*(2), 57–61.

Pehkonen, E. (1995). Use of open-ended problems. *ZDM–Mathematics Education, 27*(2), 55–57.

Pehkonen, E. (1997). Introduction to the concept "open-ended problem". *Use of Open-Ended Problems in Mathematics Classroom, 6*(10). https://files.eric.ed.gov/fulltext/ED419714.pdf

Pehkonen, E. (1999). Open-ended problems: A method for an educational change. At the *International Symposium on Elementary Maths Teaching* (SEMT 99) (pp. 56–62).

Pehkonen, E., Näveri, L., & Laine, A. (2013). On teaching problem solving in school mathematics. *CEPS-Center for Educational Policy Studies-Journal, 3*(4), 9–23.

Polya, G. (1973). *How to solve it. A new aspect of mathematical method.* Princeton University Press.

Reusser, K., & Stebler, R. (1997). Every word problem has a solution—The social rationality of mathematical modeling in schools. *Learning and Instruction, 7*(4), 309–327.

Scherer, R., & Gustafsson, J. E. (2015). The relations among openness, perseverance, and performance in creative problem solving: A substantive-methodological approach. *Thinking Skills and Creativity, 18*, 4–17. https://doi.org/10.1016/j.tsc.2015.04.004

Schoenfeld, A. H. (1985). *Mathematical problem solving.* Academic Press.

Silver, E. A. (1985). *Teaching and learning mathematical problem solving: Multiple research perspectives.* Lawrence Erlbaum.

Silver, E. A. (1994). On mathematical problem posing. *For the Learning of Mathematics, 14*(1), 19–28. https://www.jstor.org/stable/40248099

Silver, E. A. (1995). The nature and use of open problems in mathematics education: Mathematical and pedagogical perspectives. *ZDM–Mathematics Education, 27*(2), 67–72.

Silver, E. A. (1997). Fostering creativity through instruction rich in mathematical problem solving and problem posing. *ZDM–Mathematics Education, 3*, 75–80. https://doi.org/10.1007/s11858-997-0003-x

Silver, E. A., Shapiro, L. J., & Deutsch, A. (1993). Sense making and the solution of division problems involving remainders: An examination of middle school students' solution processes and their interpretations of solutions. *Journal for Research in Mathematics Education, 24*(2), 117–135. https://files.eric.ed.gov/fulltext/ED342647.pdf

Simons Foundation. (2022). *Hilbert's problems: 23 and math.* https://www.simonsfoundation.org/2020/05/06/hilberts-problems-23-and-math/

Stacey, K. (1995). The challenges of keeping open problem-solving open in school mathematics. *ZDM–Mathematics Education, 27*(2), 62–67.

Sullivan, P., Bourke, D., & Scott, A. (1997). Learning mathematics through exploration of open-ended tasks: Describing the activity of classroom participants. In E. Pehkonnen (Ed.), *Use of open-ended problems in mathematics classroom* (pp. 88–105). University of Helsinki.

Sullivan, P., Warren, E., & White, P. (2000). Comparing students' responses to content specific open-ended and closed mathematical tasks. *Mathematics Education Research Journal, 12*(1), 2–17.

Torrance, E. P. (1974). *The torrance tests of creative thinking. Technical-norms manual.* Scholastic Testing Services.

Treffers, A., & de Moor, E. (1990). *Proeve van een nationaal programma voor her reken-wiskundeonderwijs op de basisschool. Deel 2. Basisvaardigheden en ci$eren.*

Towards a national mathematics curriculum for the elementary school. Part 2. Basic skills and written computation (Zwijssen, Trans.).

Van den Heuvel-Panhuizen, M. H. A. M. (1996). *Assessment and realistic mathematics education* (Vol. 19). https://dspace.library.uu.nl/handle/1874/1705

Van den Heuvel-Panhuizen, M., & Drijvers, P. (2020). Realistic mathematics education. In *Encyclopedia of mathematics education* (pp. 713–717). https://doi.org/10.1007/978-3-030-15789-0

Verschaffel, L., De Corte, E., & Lasure, S. (1994). Realistic considerations in mathematical modeling of school arithmetic word problems. *Learning and Instruction, 4*(4), 273–294. https://doi.org/10.1016/0959-4752(94)90002-7

Verschaffel, L., De Corte, E., & Borghart, I. (1997). Pre-service teachers' conceptions and beliefs about the role of real-world knowledge in mathematical modeling of school world problems. *Learning and Instruction, 7*, 339–359. https://doi.org/10.1016/S0959-4752(97)00008-X

Verschaffel, L., De Corte, E., Lasure, S., Van Vaerenbergh, G., Bogaerts, H., & Ratinckx, E. (1999). Learning to solve mathematical application problems: A design experiment with fifth graders. *Mathematical Thinking and Learning, 1*(3), 195–229. https://doi.org/10.1207/s15327833mtl0103_2

Verschaffel, L., Greer, B., & De Corte, E. (2000). *Making sense of word problems*. Swets & Zeitlinger.

Verschaffel, L., Schukajlow, S., Star, J., & Van Dooren, W. (2020). Word problems in mathematics education: A survey. *ZDM–Mathematics Education, 52*(1), 1–16. https://doi.org/10.1007/s11858-020-01130-4

제4장 연구자와 실천가: 파이프라인을 구축하고, 다리를 연결하고, 경계를 넘나든 이야기

Cathy G. Schloemer and Patricia Ann Kenney

수십 년간 교육연구와 교실에서의 실천 사이에는 연결고리가 부족하다는 인식이 있었고, 두 분야를 연결하는 방법을 찾아야 한다는 수많은 요구가 있었다. 수학교육 분야에서는 연구와 실천을 연결하고자 하는 이러한 요구는 다수의 학술 출판으로 이어졌다(예: Arbaugh et al., 2010; Cai et al., 2017a, b, c, d, e; Kieran et al., 2012; Langrall, 2014; National Council of Teachers of Mathematics Research Committee, 2006, 2007, 2010; Silver, 1990, 2003; Silver & Lunsford, 2017). 그러나 이렇듯 많은 연구가 발표되었음에도, Langrall이 **Journal for Research in Mathematics Education**(JRME) 편집자 논설에서 사용한 부제인 "**실천을 위한 또 다른 요청?**Another Call to Action(2014, p. 154)"에서 물음표를 통해 여전히 연구와 실천을 연결하는 데 있어 진전이 부족함을 잘 보여주고 있다.

연구와 실천을 연구한 많은 수학교육자 중에서도, Edward A. Silver는 연구 경력의 대부분을 이 주제에 바쳤다. 특히 그는 연구와 실천의 단절 현상을 분석하고 연구 아이디어와 교실 수업 실천 사이를 연결하는 방법을 제안했다. 그에 대한 존경을 담아, 이 장에서는 Silver가 한 교사와 협력하여 어떻게 그 교사가 수학교육연구의 아이디어를 학습하고 이를 자신의 수업 및 전문적 경험에 구현했는지의 실제 사례를 다룬다. 특히 1990년대 초 제1저자가 Silver에게 박사학위과정을 지도받으며 고등학교 수학 교사로 재직하던 경험을 바탕으로 작성되었다. Silver의 연구 "수학교육에서 연구와 실천의 연계: 관점과 경로Linking Research and Practice in Mathematics Education: Perspectives and Pathways"(Silver & Lunsford, 2017)를 분석틀로 삼아, "신념이 완고한 교사dyed-in-the-wool teacher"라고 자칭하는 제1저자와 Silver의 교류를 연구와 실천 사이에서 의미 있는 관계를 형성하는 방법의 예시로 제시하며 이러한 관계가 어떻게 형성될 수 있는지 살펴보겠다.

이 장의 집필 절차

이 장을 계획할 때, 제1저자는 독립적으로(즉, 제2저자의 참여 없이) 자신과 Silver와의 경험을 회고하는 것부터 시작했다. 그녀는 자신이 어떻게 연구를 접했고 이를 어떻게 실천과 연관시켰는지를 보여주는 예시로 네 편의 회고문(이하 "이야기")을 작성하였다. 이야기는 제1저자의 학기 보고서와 박사학위논문, 그리고 다른 발표된 논문과 같은 다른 자료들을 예시로 뒷받침하였다. 제2저자는 이야기들의 초기 제작 단계에서 어떠한 역할도 하지 않았다.

이야기를 작성한 후, 제1저자는 제2저자와 협력하여 연구에서 실천으로 이어지는 문헌에 이 글을 어떻게 배치할지 고안했다. 우리는 Silver와 Lunsford가 각 장에서 제안하는 은유를 발견하여, 이를 이야기 내에서 나타난 관계를 분석하는 프레임으로 사용했다. 이 은유들을 아래와 같이 간략히 설명하겠다.

이야기를 연구하기 위한 은유

Silver와 Lunsford는 연구와 실천 사이의 연결에 관한 장에서 "연구와 실천 사이의 간극과 이를 없애거나 줄일 수 있는 방법에 대한 담론에서 나타나는 은유를 검토하면 문제 영역의 많은 특징들이 드러난다. 이 중요한 특징들은 지금까지 우리의 발전을 제한했을 수도 있다."라고 제안한다(2017, p. 34). 그들이 판단한 "가장 보편적이고 강력한 은유"는 다음과 같다(p. 34). 파이프라인[Pipeline], 번역[Translation], 삼투[Osmosis], 경계를 넘나들기[Border Crossing] 그리고 파스퇴르 사분면[Pasteur's quadrant]이다. 다음에서 각 은유에 대해 간단히 설명하며, 더 자세한 설명은 Silver와 Lunsford가 작성한 장의 pp. 34-38에서 확인할 수 있다.

파이프라인[Pipeline]

이 은유는 "연구에서 실천으로의 단방향 흐름"(p. 34)이라는 아이디어를 뒷받침하며, 양방향 교류가 거의 또는 전혀 없다는 것을 의미하였으나, Silver와 Lunsford는 파이프라인 은유가 최근 교사 리더와 같은 중재자들의 등장으로 변화하였다고 주장한다. 교사 리더들은 연구에서 얻은 중요한 정보를 사용할 수 있는 상태로 가공, 형성한 후에 수학 교사들과 공유"할 수 있도록 돕는 역할을 한다(p. 35).

번역[Translation]

이 은유는 연구 아이디어가 실천가들에게는 다르게 전달되어야 한다는 것, 즉 언어적 변화가 필요하다는 전제로 한다. 전미수학교사협의회(NCTM)의 번역 노력의 예시로 "lessons learned"(Sowder & Schappelle, 2002; Silver & Kenney, 2015, 2017) 시리즈가 있다. 이 책은 **JRME**에서 발행된 논문과 NCTM 학교 학술지(예: **Teaching Children Mathematics, Mathematics Teacher**)에 게재된 논문들을 실천가 대상으로 다시 작성한 것이다.

삼투[Osmosis]

Silver는 생물학에서 아이디어를 얻어 이 은유를 제안했다. "교육연구 분야와 교육 실천 분야에서의 아이디어와 구성이 서로에게 영향을 미친다."(Silver, 1990, Silver & Lunsford, 2017, p. 35에서 재인용). 파이프라인과 달리 삼투는 아이디어가 연구에서 실천, 또는 실천에서 연구의 양방향으로 자연스럽게 흐를 수 있다고 제안한다.

경계를 넘나들기[Border Crossing]

Silver가 2003년 **JRME** 편집자 논설에서 경계를 넘나든다는 은유를 처음 언급했다. 해외여행 중 국경을 넘나들면서 미국과 유럽 간의 통화 환전의 필요성에 대해 고찰하며(달러 대 유로), 이를 연구(이론)의 가치와 교육 실천(실용성)의 가치 간의 교환 필요성에 비유하였다. Silver는 "연구와 실천의 경계 양쪽에 있는 사람들은 서로 다른 통화 가치 체계를 가지고 있다."라고 지적하면서(2003, p. 183), 경계를 넘나드는 양방향 통행이 "인간의 주체적 영향력을 불러일으킨다[evokes the possible influence of human agency]"라고 주장한다(Silver & Lunsford, 2017, p. 36). 즉, 연구자와 실천가들은 본래라면 그들을 갈라놓았을 경계를 직접 넘어서는 일에 관여하게 된다는 점을 강조한다.

파스퇴르 사분면[Pasteur's Quadrant]

Silver와 Lunsford는 이 은유가 1997년 Stokes의 저서에서 유래되었으며, 이는 "과학적 발견과 실용적 유용성에 대한 갈망 사이의 긴장[tension between scientific discovery and the desire for practical utility]"을 나타낸다고 언급한다(2017, p. 37). Stokes는 발견과 실용성의 높고 낮음을 기준으로 한 2×2 행렬을 제안하였다. 질병의 확산을 막은 Louis Pasteur의 이름을 딴 파스퇴르 사분면은 두 요소, 즉 과학적 지식과 실용적 문제해결이 모두 높은 수준에 있는 경우를 나타낸다.

위의 다섯 가지 은유는 제1저자의 박사학위과정이라는 연구 세계와 중등 수학 교실이라는 실천적 세계에 동시에 발을 담은 시기의 이야기를 연구할 때 분석틀로 사용되었으며, 제1저자의 기억을 적절하게 묘사하는 것으로 보이는 은유들만을 선택했다.

이야기는 그녀의 초기 박사학위과정에 관한 이야기부터 시작한다. 진정성을 위해 제1저자는 자기 자신을 지칭할 때 대명사 "나"를 사용한다. 또한 제1저자가 이야기 속에서 출처(예: 책, 논문)를 언급한 경우, 독자가 출처를 확인할 수 있도록 참고문헌에 추가하였다. 인용 부호(따옴표)의 사용은 Silver가 제1저자의 학술 과제에 대해 작성한 의견을 나타낸다.

연구와 실천을 연결하는 과제

첫 번째 이야기는 제1저자가 Silver와의 첫 만남을 회상한 내용으로, 수학교육 평가에 관한 수업과 초등 교육과정 및 교수에 관한 두 가지 수업을 다룬다. 다음은 앞서 설명한 적절한 은유를 통해 이 이야기를 분석한 내용이다.

이야기 1

1990년대 초, 피츠버그 대학 수학교육 박사학위과정에는 연구와 통계, 초임 교사교육 등 수학교육 분야의 초점을 둔 다양한 과목이 개설되었다. Silver 교수는 수학교육 두 과목을 강의했는데, 수학교육 평가^Assessment and Evaluation in Mathematics Education^와 초등 수학교육과정 및 교수^Curriculum and Instruction in Elementary Mathematics^이다. 각 강좌의 주요 프로젝트는 교육과정과 관련된 분야를 조사하고 그 결과를 실제 맥락에 적용하는 것이었다. 이러한 과제는 연구와 실천을 연결하는 데 확실히 도움이 되었다.

프로그램에 참여한 대부분의 학생은 대학에서 연구에 몰두하고 있었고, 일부는 Silver 교수의 지도를 받으며 수업 프로젝트와 연구 프로젝트를 연계하였다. 그러나 나는 매일 교실에서 수업하는 고등학교 수학 교사였기 때문에 동료 학우들이 수업 외에 어떤 연구 프로젝트를 진행하고 있는지 어렴풋하게만 알고 있었다. 따라서 나는 평가 과목의 프로젝트를 위해 당시 새롭게 부상하던 수학교육의 대안평가^alternative assessment^ 분야를 연구하고, 그 아이디어를 나의 고등학생들에게 어떻게 활용할 수 있을지 고민해보기로 결정했다. 초등 수학 프로젝트의 경우, 나는 주로 중등 수학에 집중해왔기에 과제의 범위를 조금 더 확장하여 대수학 이전의 중학교 좌표 그래프를 연구하고 그 결과를 Usiskin 외(1990)의 **Transition Mathematics**에 나타나는 교수 방법과 비교하였다.

강의를 듣는 동안, Silver 교수가 관련 연구와 이론을 소개하기 위해 의식적으로 노력한다는 것을 금방 깨달았다. 나는 수학교육연구에 대한 배경 지식이 매우 미미했기 때문에 그 점에 대해 감사했다. 그러나 그의 과제는 학생들이 연구와 실천 간의 연결하도록 장려하기 위해 설계되었다. 특히 평가 과목 과제는 평가에 관한 최신 이론과 동향을 조사하고 이를 실제로 적용한 사례를 보고하는 두 가지 요소로 구성되었다. 평가 과목은 나의 첫 박사학위과정 수업이었고, 연구 기반 논문은 내 첫 번째 정식 박사급 논문이었기에 이론 및 동향 과제가 어려웠던 기억이 난다. 물론 Silver 교수는 대안평가에 관한 이론적 연구를 요약하려는 나의 시도에 그다지 깊은 인상을 받지 못했다.

그러나 나는 실천적 적용 논문을 훨씬 더 편하게 다룰 수 있었고, 그 논문에 대한 그의 반응도 훨씬 더 긍정적이었던 것으로 기억한다. 특히 그는 내가 평가 관련 문헌의 내용을 고등학교 예비 미적분 과목의 함수 단원 수업에 효과적으로 번역하여 내 수업에 적용한 것에 대해 칭찬을 아끼지 않았다. 예를 들어, 1990년대 초에 교육과정 전반에 걸친 글쓰기는 수학 교실에서 항상 일상적으로 사용되지는 않았던 대안평가의 한 형태였다. 내가 연구 과제를 위해 찾아본 논문들은 글쓰기가 모든 학생이 참여할 수 있는 활동이라고 제안했지만(예: Geeslin, 1977), 이는 교사에게는 시간이 많이 소요되는 작업이 될 수 있다고도 주장했다(예: Fiske, 1990). 나는 학생들이 함수에 관한 글을 작성하면서 얻을 수 있는 정보를 최대한 활용하면서도, 시간 소요는 최소화하기 위해 출판된 논문들(예: Geeslin, 1977; Nahrgang & Petersen, 1986)에서 영감을 얻은 집중적 글쓰기 과제를 만들었다. 예를 들면, 학생들이 두 가지 유사한 수학 개념이 어떻게 관련되어 있는지와 두 가지 반대의 수학적인 과정이 어떻게 다른지 설명하는 과제가 있었다. 나의 실천적 적용 논문practical applicaion paper에는 이러한 함수에 관한 교실 글쓰기 활동이 포함되었다.

평가에 관한 두 번째 실용적인 논문에 대해 긍정적이었던 Silver 교수의 반응을 항상 기억할 것이다. 그가 남긴 의견 중 하나는 "정말 현실적이었다.It was so real."이었다. 나는 그 말을 들었을 때 인지부조화를 느꼈다. 첫 번째 연구 논문의 경우, 연구의 공통 요소들은 나에게 낯설고 어려운 세계였다. 그러나 연구를 내 수업에 적용하는 경우, 나에게는 특별한 것이 없는 수업 내용이지만, 완벽한 연구자인 Silver 교수에게는 다소 놀라운 것으로 보였던 것이다.

Silver 교수가 가르친 초등 수학 과목으로 돌아가서, 내 프로젝트 주제는 "대수학 과정 이전의 중학교에서의 좌표 그래프: 현재의 관행과 개혁을 위한 제언Coordinate Graphing in Middle

School Prior to Algebra: Present Practice, Recommendations for Reform"이었다. 논문의 핵심은 **행동을 위한 의제**[Agenda for Action](NCTM, 1980)와 **교육과정 및 평가 기준**[Curriculum and Evaluation Standards](NCTM, 1989)과 같은 문서들, 제4차 국가 교육 진단평가(NAEP) 학생 성취 보고서와 같은 대규모 평가에서의 학생 성취도 보고서(예: Brown et al., 1988)가 좌표 그래프 수업에 대한 전통적인 접근법을 재고하고 새로운 교수법으로 나아가도록 촉진하는 것이었다. 동시에 **Mathematics Teacher**와 **Arithmetic Teacher**의 논문과 **Transition Mathematics** 같은 혁신적인 교육과정은 좌표 그래프 수업에서의 그래프 감각의 중요성을 강조했다. 내 논문에서는 기존 교육과정의 기계적인 점과 선 그리기 목표와 보다 의미 있고 유용한 접근방식을 위한 감각 만들기 목표를 비교 대조하여 요약하였다. 나는 다양한 출처(예: **Mathematics Teacher** 및 **Arithmetic Teacher**의 논문, **Transition Mathematics** 교과서)에서 발췌한 수업 활동들을 포함했는데, 이러한 활동은 모두 이해 중심 학습 성과[sense-making learning outcomes]에 초점을 두고 있었다.

돌이켜보면 30년 전만 해도 대수학 과정 이전의 그래프 감각은 일반적인 연구 주제로 크게 주목받지 못했던 것 같다. 어쨌든 내 논문이 어떤 공백을 어느 정도 메운 것 때문인지, Silver 교수가 내 초등 수학 과목 프로젝트에 남긴 평가는 호의적이었다. "정말 훌륭했다. 학생 연구 논문에서 이런 일이 자주 일어나지는 않는데, 당신의 논문에서 많은 것을 배웠다."

이 두 강좌에서 Silver 교수가 긍정적인 의견을 표명한 후, 나는 그의 연구 전문성과 지도를 통해 배우며, 그와 내가 서로에게 다가가고 있다는 것을 느끼기 시작했다. 나는 그와 내가 그의 연구 전문성과 나의 교육 경험 사이에 어떤 다리가 지어지고 있는지 궁금했다.

이야기 1에 적절한 은유

이 이야기에는 파이프라인 은유가 적절하다. 제1저자는 박사학위과정을 시작할 때 연구 경험이 거의 없었기 때문에, 연구의 흐름을 시작하기 위해 교수에게 의존했다. 그녀는 연구 세계의 정보를 얻으면서, 그녀는 이를 자신의 교실 수업과 연계시키는 방법을 찾았다. 그녀는 집중적 글쓰기 문항을 대안평가로 사용할 뿐만 아니라, Silver의 평가 수업에서 배운 다른 대안평가에도 학생들을 참여시켰다. 예를 들어, 그녀가 연구를 통해 만든 대안평가 중 하나는 학생들이 빨래집게, 장난감 인형, 뚜껑이 달린 상자 등 평범한 물건 중에서 하나를 선택한 뒤, 이를 사용하여 함수의 합성에 대해 이해한 것을 구두로 설명하고 "행동으로 표현[act out]"하는 것이었다. 한 학생은 먼저 빨래집게로 장난감 인형을 고정("고정[pinning]"함수)한 다음 고정된 장난감 인형을 뚜껑이 있는 상자에 넣어("상자[boxing]"함수) 함수의 합성을 만들기도 했다.

좌표 그래프 연구를 교실에서 생생하게 구현하기 위해, 제1저자는 지역 초등학교 교사와 자신의 연구 결과를 공유했으며, 이 교사는 그 아이디어를 자신의 교실에서 활용했다. 이렇게 동료 교사와 연구 아이디어를 공유함으로써, 제1저자는 자신만의 파이프라인을 만드는, 즉 연구 아이디어를 다른 교사들과 활용 가능한 형태로 공유하는 초기 단계를 밟았다. 또한 제1저자의 그래프 수업과 개념적 이해에 대한 연구는 그래프에서 의미를 찾는 데 방해가 되는 요소에 민감하게 반응하도록 만들었고, 고등학생들에게 보다 신중하게 그래프 감각을 가르치고 평가하도록 장려했다.

이야기 1은 마지막에 제1저자가 연구와 실천 사이에 다리를 놓으려는 노력을 언급했다. 이는 Silver가 경계를 넘나드는 은유의 특성, 실천가의 연구 노력에서 중요한 정보를 배웠다는 것을 시사하고 있다. 수학교육 평가 분야의 국제적 전문가로서, Silver가 당시 초기 단계였던 대안평가 분야의 초보 연구자의 논문으로부터 배울 것이 많지 않았다는 점은 놀랍지 않다. 그러나 초보 연구자이자 경험 많은 교사의 교실 활동에 대한 설명은 대안평가를 "정말 현실적이게[so real]" 만들어, 그 순간 그는 다른 세계와 긴밀히 연결되었다. Silver가 좌표 그래프 논문에서 "많은 것을 배웠다."라고 말한 것은, 아마도 제1저자가 NCTM 학교 학술지 약 40편의 교수법 관련 논문을 분석하여 구조화한 연구의 비공식 통로이자 우회로를 통해 그를 예상치 못한 유익한 방식으로 교실 안으로 끌어들였기 때문일 것이다.

수학교육연구공동체와의 교류

제1저자는 박사학위과정 중에 피츠버그 대학의 학습연구개발센터(Learning Research and Development Center, LRDC) 선임과학자 직위를 맡고 있던 Silver 교수의 역할을 통해 연구자들과 교류할 기회를 얻었다. 그는 LRDC에서 많은 연구 프로젝트를 주도하였으며 종종 박사학위과정 학생들을 이러한 노력에 참여하도록 초대하기도 했다. 이야기 2에는 이러한 연구 기반 프로젝트에 대한 제1저자의 성찰이 담겨 있다.

이야기 2

앞서 설명한 Silver 교수와 처음 함께한 두 가지 강도 높은 박사학위과정 연구에도 불구하고 나는 여전히 수학교육 교실 현장의 세계에 깊이 발을 딛고 있었다. 나는 여전히 하루

종일 교실에서 수업을 하고 방과 후 시간에 박사학위과정을 이수하고 있었기 때문이다. 그러나 나는 필수 과정을 정해진 기간 안에 마치기 위해 1년간 안식년을 선택했다. 그동안 Silver 교수는 나를 연구의 세계로 초대했는데, 아마도 내가 그곳에 머물기를 선택할지 알아보기 위해서였을 것이다. 특히 그는 나에게 집중 연구 그룹에 합류하고 수학교육연구공동체의 동료들과 함께 사교 활동에 참여하도록 권유했다.

나의 박사학위과정에 큰 영향을 미친 경험 중 하나는 문제제기 세미나였다. 나는 석사학위과정을 통해 문제**해결**에 익숙해졌으며, 이는 나의 일상적인 교실 실천의 핵심이었다. 그러나 문제**제기**는 거의 새로운 개념이었다. 나는 휴직 후 첫 학기에 피츠버그 대학 교육학과에서 개설한 연구 방법론 일반 과목을 수강하면서 문제제기를 처음 접했다. 배경 설명 중에 Silver 교수는 《**문제제기의 기술**The Art of Problem Posing(Brown & Walter, 1990)》이라는 책을 소개하며, 특히 문제해결이 다른 관련된 문제를 해결함으로써 더 촉진될 수 있다고 설명하였다. 나의 호기심이 크게 자극되었고, 다음 학기 Silver 교수가 격주로 2시간씩 진행하는 문제제기 세미나에 참여하게 되었다. 이 그룹에는 동료 박사학위과정 학생뿐만 아니라 박사후연구원 및 다른 연구자들도 참여했는데, 고등학교 수학 교사였던 나에게는 굉장한 사람들과 함께할 수 있는 기회였다. Silver는 이 그룹에서의 논의가 그의 중요한 논문 "수학적 문제제기에 관하여On Mathematical Problem Posing"(Silver, 1994)에 상당히 기여했다고 인정했다. 놀랍게도(그리고 기쁘게도), 내 이름이 각주에 기여자로 언급되었다.

또한 1993년 시애틀에서 열린 NCTM 연례회의에서 연구자들을 위한 연회에 Silver 교수가 나를 초대한 것도 연구자들과의 중요한 연결 기회였다. 수학교육 분야에서 국제적으로 인정받는 리더들과 마치 내가 그 엘리트 집단의 일원인 것처럼 소개받고 어울리는 경험은 나에게 강력한 연결과 포용의 메시지를 주었다.

특히 주목할 만한 또 다른 사건은 1993년 Silver 교수가 나에게 국가 교육향상평가(National Assessment of Educational Progress, NAEP)의 12학년 항목을 평가하기 위해 모인 전문가 패널의 기록자로 참여하라고 요청한 일이다. 당시 NAEP는 개정된 수학 평가틀과 국가 차원 성취 수준에 기반한 새로운 결과 보고 및 주 차원의 결과 보고 시스템을 개발하는 등 중요한 변화를 겪고 있었다(Silver & Kenney, 1993, 1994). NAEP 평가 과정의 일환으로 Silver 교수는 전문가 패널 연구를 요청받았다. 패널 구성원은 대부분 내가 참석했던 학회의 연사이거나 그들의 논문을 읽으면서 이름을 알게 되었던 사람들이었는데, 나는 그들을 **직접** 만나게 될 줄은 상상도 하지 못했다. 그런데 놀랍게도(적어도 나에게는), 내가 고등학교 교사임을 알게 된 패널들은 나에게 단순한 기록이 아니라 토론에 참여하여 전문적인 의견을 제시하길 원했다. 또한 사소한 일일 수 있으나 이 회의에 참석한 모든 사람은 서로를 이름으로 불렀고, "박사"나 "교수"라는 호칭은 사용하지 않았다. 나는 Silver 교수에게 뭔가 말을 해야 했기 때문에 용기를 내어 처음으로 그를 "Ed"라고 불렀는데, 아무도 그 변화에 주목하지 않았고, 심지어 Ed 자신도 알아차리지 못했다. 나는 연구자들과 실천가인 나 사이에 또 다른 다리가 만들어지고 있었다고 생각한다.

연구자와 마지막 협업 사례는 이전에 언급한 수학 평가 강좌의 직접적인 결과로 나타났다. 그 강좌에서 이 장의 제2저자(Patricia Kenney)를 만났는데, 이 강좌를 함께 가르치기 위해 Ed가 그녀를 초청했다. 그녀는 내가 평가 아이디어를 교실 수업 실천과 연결하는 방식을 인상 깊게 보았고, 나와 수학 대안평가에 대한 관심을 공유했다. 우리가 협력한 결과로 평가에 관한 NCTM 연감에 두 장(章)이 실렸고(출처: Cain et al., 1994; Kenney et al., 1996), 수학교육 백과사전에 한 항목으로 수록됐다(Kenney & Schloemer, 2001). Pat Kenney는 나의 교실 관점이 우리의 공동 저술 작업을 "현실적으로[real]" 만드는 데 얼마나 가치가 있었는지 여러 차례 표현하였다.

이야기 2에 적절한 은유

이야기 2에서 연구자와 실천가 간의 일방적인 파이프라인 사례를 계속 찾아보았다. Silver는 제1저자가 거의 들어본 적이 없는 주제인 문제제기를 소개했다. 제1저자는 격주로 열리는 문제제기 세미나에 참여하면서 이 주제에 대해 많은 정보를 얻게 되었고, 문제제기가 그녀의 박사학위논문의 초점이 되었다. 이는 다음 이야기에서 자세히 다룰 예정이다.

그러나 이야기 2에서는 교사와 연구자 간의 경계를 넘나드는 사례를 더 많이 확인할 수 있었다. Silver를 통해 제1저자는 연구공동체 구성원들과 만나고 교류할 기회를 많이 얻었으며, 연구 세계로 건너가기 시작했다. 그리고 그녀의 교실 전문성을 알게 된 연구자들은 그녀의 세계로 모험을 떠나기 시작했다. 예를 들어 전문가 패널들은 그녀의 의견을 요청했고, 이 장의 제2저자는 NCTM 연감 시리즈의 두 장에 공동 저자로 참여한 그녀의 경험을 바탕으로 연구를 진행했다. 따라서 이 이야기에서는 제1저자가 박사학위과정 2년차에 겪은 경험의 결과일지도 모를 경계를 넘나드는 사례가 증가했다.

이중 임무: "교사이자 연구자"로서의 교사

다음 이야기는 제1저자가 Silver 교수와 그의 동료들과 더 많은 교류를 통해 박사학위논문 주제를 찾아가는 여정이다. 이 이야기는 그녀가 연구자와 교사의 역할을 동시에 수행하며, 실제 수학 교실에서 실천 연구가 어떻게 이루어질 수 있는지를 보여준다.

이야기 3

박사학위논문을 쓸 때의 기본 규칙은 자신의 지도교수가 관심을 가질 만한 주제를 선택하는 것이라고 들었다. 그렇지 않으면 학위과정을 마치기 어렵기 때문이다. 하지만 나는 박사학위과정의 3분의 1 정도 지났을 때, '체계적 탐구Disciplined Inquiry'라는 일반 연구 과정의 핵심을 완료하기 위해서는 논문 주제나 논문 지도교수보다 '연구 주제'와 연구를 함께 진행할 의지가 있는 지도교수가 더 필요하다는 것을 깨달았다. 그럼에도 나는 여전히 연구에서 진행되는 모든 일이 실제 교실에서 의미 있어야 한다는 생각을 완강히 고수했다.

당시 나는 Silver 교수가 문제제기에 흥미가 있고, 이 분야에서 상당한 연구를 해왔다는 사실을 알고 있었다. 그는 이미 이전에 함께한 두 강의에서 이러한 관심사를 언급했기에 의심할 여지가 없었다. 나는 학부 시절로 거슬러 올라가, Polya의 저서 **어떻게 문제를 해결할 것인가?**How to solve it?(1973)와 그 책에서 다룬 문제를 제기함으로써 문제해결을 촉진할 수 있다는 내용을 기억하고 있다. 문제해결 프로젝트와 활동은 석사 및 박사학위과정에서도 주요 구성요소였으며, 당연히 문제해결은 내 일상적인 교실 수업에서도 핵심적인 역할을 했다. 교실 교수의 구성요소로서 문제**제기**에 초점을 맞추고 그것이 문제**해결**에 어떻게 작용할 수 있는지에 대한 개념은 매력적인 선택지였다. 이러한 교수적 가능성과 Silver 교수의 문제제기에 대한 관심을 어떻게 일반 연구수업 논문으로 연결할 수 있는가?

Silver 교수는 나의 다른 수업연구 논문을 기꺼이 지도하였고, 문제제기에 관한 자신의 방대한 논문과 자료들을 제공했다. 나는 언제든지 도움이 필요할 때 그의 지도를 받을 수 있을 뿐 아니라 도서관에서 도서 목록을 찾아보거나 1992년의 원시적인 전자 연구 세계를 탐색하려는 시도를 하지 않고도 흥미로운 논문을 정독할 수 있었기에, 선물을 두 개나 받은 것과 마찬가지였다. 궁극적으로 나는 프로젝트의 요구 사항을 성공적으로 충족할 수 있었다. 게다가 만약 문제제기를 박사학위논문의 일부로 삼아 더 확장할 방법을 찾게 된다면 이미 수행한 연구가 선행 문헌 검토의 탄탄한 시작이 될 것을 알았다.

그러나 박사학위논문 주제를 선정하는 일은 이 훨씬 작은 "체계적 연구" 프로젝트에서 문제제기를 다루는 일만큼 쉽지 않았다. 하지만 Silver 교수는 다음 학기에 나를 격주로 2시간씩 문제제기를 탐구하는 회의에 다른 연구자들과 함께 참여하도록 했고(이 문제제기 연구 그룹에 대한 자세한 내용은 이야기 2를 참고), 그 결과 Silver 교수와 나는 문제제기를 주제로 중요한 작업을 함께 할 수 있을 정도로 점점 가까워졌다. 또한 한 학기 동안 이 학술 그룹에 참여한 것은 연구 세계와 실천가로서의 내가 더 가까워지는 계기가 되었다.

Silver 교수가 어떻게 내 박사학위논문 지도교수가 되었는지, 어떻게 연구 계획을 세웠는지 설명하기는 어렵다. 내가 기억하기로는 다른 문제제기 프로젝트를 함께 진행하면서 Silver 교수의 지도 아래 박사학위논문을 완성할 수 있을 것이라고 생각했던 것 같다. 하지만 나의 첫 번째 관심사는 항상 나의 교실이었기 때문에, 나의 최우선 과제는 "현실성 유지keeping it real"였다. 우리는 문제제기 수업에서 학생들의 수학적 태도와 문제제기 능력의 변화, 그리고 문제제기 수업과 비문제제기 수업 간에 수학적 성취도나 수학적 태도, 문제제기 능력 차이가 있는지 살펴보고자 했다. 그러나 또한 이미 도입된 **고급 대수**Advanced Algebra(Senk et al., 1990) 교육과정을 지속적으로 정확히 실행하면서, 특정 문제제기 구성요소를 통합하는 계획을 충실히 이행하고자 했다.

교실에서 가치 있는 일들이 대부분 그렇듯이, 이 프로젝트는 계획, 실행 및 평가의 진정한 문어발식 프로젝트였다! 그러나 Silver 교수는 모든 중요한 문제를 다룰 수 있는 방식으로 계획을 이끌었다. 그는 연구 전문성을 발휘해 프로젝트를 관리할 수 있는 수준으로 초점을 좁히는 동시에 연구 맥락에서 가능한 한 자연스럽게 가르칠 수 있도록 자유를 허락했다. 즉, 연구는 내 교실에서 진행되었다. 이를테면 수학교육 전문가들이 내 수업 계획을 사전 평가하고, 심지어 실시간으로 전달된 교육과정이 계획된 교육과정과 일치하는지 확인했다. 또 녹음기와 카메라가 모든 수업을 기록했다. 학생 평가에도 평소보다 많은 수업 시간을 할애해야 했지만 수업 방식과 분위기는 대부분 자연스러웠다. 많은 사람이 함께 일하면서도 크게 방해받지 않고 실제 교실의 일면을 면밀히 살펴볼 수 있었고, 이로써 중요한 연구 질문에 답을 찾을 수 있었다. 박사학위논문 연구(Schloemer, 1994b)는 거대한 프로젝트였지만, 수개월에 걸친 연구를 마침내 끝냈을 때 나는 그 과정에서 많은 다리를 놓으며 연구와 실천의 만족스러운 결합을 이뤘다고 느꼈다.

이야기 3에 적절한 은유

다른 이야기들과 마찬가지로, 이야기 3에도 파이프라인 은유가 계속 적용된다. 구체적으로 Silver는 제1저자에게 자신의 방대한 문제제기 자료들을 제공하고, 그녀를 문제제기 연구 그룹에 참여시켰다. 문제제기를 고급 대수학 과정에 도입하고 통합하는 방법을 개념화하는 것은 제1저자의 역할이었다.

그러나 이 이야기는 경계를 넘나드는 기회도 제공했다고 생각한다. 제1저자는 실험군/대조군 설계 요건을 충족하기 위해 수학교육자들이 자신의 수업 계획을 검토하고 교실을 관찰했다고 언급한다. 이는 연구자들이 실제 교실에서 무슨 일이 일어나고 있는지 경험할 수 있는 기회, 즉 연구 세계에서 실천 세계로 경계를 넘어갈 수 있는 기회였다. 더불어 Silver는 박사학위논문 지도교수로서 제1저자와 함께 학습 기회에 대해 토론하고, 박사학위논문 초고를 검토하고, 비디오 클립을 시청하는 등 교실에서 일어나는 일을 경험할 수 있었다. 이렇듯 그는 제1저자의 교실 실천에 참여함으로써 문제제기에 대한 자신의 아이디어에 중요한 통찰을 얻고 있었다.

독자가 제1저자의 문제제기 방식을 궁금해할 수 있으므로, 그녀의 연구 및 실천 측면을 보여주는 두 개의 부록을 첨부했다. 부록 A는 연구 측면을 확인할 수 있는 논문 초록이다. 부록 B는 제1저자가 학생들에게 문제제기를 소개하기 위해 "만약 그렇지 않다면[what-if-not]" 예제를 어떻게 모델링했는지 그 실용성을 보여주는 녹취록이다.

연구 세계를 떠난 후의 수업

마지막 이야기는 제1저자가 학계를 떠나 교사이자 연구학생이 아닌 "그냥 교사"로 돌아간 후 일어난 일을 기록한 것이다. 연구 세계에서의 경험은 오래도록 긍정적인 인상을 남겼다는 것으로 보인다.

이야기 4

논문으로 이어지는 연구 세계에 처음 발을 들여놓았을 때, Silver 교수와 Pat Kenney는 나에게 아이디어를 투고해 보라고 권유했다. 그동안 수학 교실 게시판에 글(Schloemer, 1993a)을 올려 본 경험을 제외하면 이렇다 할 출판 경험이 없었던 나에게는 매우 흥분되는 일이었다. Silver의 제안에 따라 나는 내 실제 평가 프로젝트(이야기 1 참조)를 1993년 NCTM 평가 연감에 게재 가능성을 타진하며 제출했다. 비록 연감에 채택되지는 않았지만, **Mathematics Teacher**(Schloemer, 1993b, 1994a)에 두 편의 논문으로 게재되었다. 몇 년 후 Lambdin과 동료들(1996)은 이 두 논문을 NCTM 평가 관련 도서에 재출판하기로 결정하였다. 또한 중학교 좌표 그래프 논문도 **Teaching Children Mathematics**(Schloemer, 1994c)의 창간호에 실렸다. 이러한 출판 경험을 통해 내가 연구한 내용과 이를 교실에 적용한 방법이 훨씬 더 많은 독자들에게 영향을 미칠 수 있다는 것을 알 수 있었다. 나는 연구와 실천 사이를 잇는 나만의 다리를 만들고 있었다.

박사학위과정을 마친 후, 나는 연구의 세계에 머물지 않았다. 1년 6개월 동안 연구와 실천의 세계를 동시에 경험하는 것은 아주 즐거웠지만 매우 힘든 경험이었다! 그러나 그 이후에도 연구의 세계는 실천가로서의 내 업무와 여전히 다리가 놓아져 있었다. 예를 들어, 졸업 2년 후에도 Silver 교수는 내가 연구와 실천에 대해 생각하도록 격려했다. 교수는 내가 논문 초고를 작성해 **Journal for Research in Mathematics Education**(JRME)에 간단한 보고서 형식으로 제출하려는 노력을 지원했다. "수학교육에서 교사 연구On Teacher Research in Mathematics Education"(Schloemer, 1996)라는 제목의 이 논문은 교사/연구자의 중요성, 교사/연구자가 부족한 이유, 그리고 교사/연구자 역할을 육성하는 방법에 중점을 두었다.

아무리 노력해도—제안된 수정 사항을 반영한 후에도—**JRME** 심사위원들이나 당시 편집자를 설득하지 못해 논문이 게재되지 못했다. 심사위원의 논평(그리고 의견) 다양했는데, 몇 가지 예시는 다음과 같다.

- [교사] "연구에 참여하기에는 동기가 부족하다…";
- [교사] "연구에 시간과 에너지를 투자하기를 꺼린다.";
- [저자] "연구자도 증거를 제시하지 못하는 교실에서의 일들을 교사가 제시할 수 있다는 증거가 없다.";
- "모든 교사는 이미 '연구자'이다"; [연구를 보고하지 않았다고 해서 연구를 하지 않았다는 의미는 아니다];
- [자신의 교실에 대한 보고서를 작성하는 것으로 잘 알려진 교사/연구자들] "다른 사람들에게도 '인지적 충격'을 간접 경험하게 하여, 그로써 그들도 비슷하게 행동할 수 있도록 돕는다."

JRME에 내 논문을 게재하지는 못했지만, 실천가이자 연구자인 나에게 Silver 교수가 끊임없이 관심을 가지고 격려해 준 것은 그가 연구와 실천을 연결하는 데 얼마나 헌신적인지를 분명히 보여주었다. 나는 이 일로 인하여 좌절하지 않고, 계속해서 실천가들을 대상으로 글을 썼다. 이러한 노력은 나의 논문이 NCTM "학교 학술지school journals"(예: Schloemer, 1997, 2000, 2015)에 게재되면서 더욱 성공적이게 되었다. 나는 다른 현직 교사들, 그리고 어쩌면 다른 교사/연구자들과도 나의 아이디어를 공유할 수 있는 기회를 얻었다.

연구 세계에서의 경험 덕분에 나는 연구 기반 교육과정을 교실에 편안하게 구현하는 데도 도움이 되었다. 구체적으로 Carnegie Learning의 **대수 1**(2006)과 UCSMP의 **함수, 통계 및 삼각법**(Rubenstein et al., 1994) 및 **고급 대수**(Senk et al., 1990)를 적용할 수 있었다. 나는 저자들의 교육과정에 관한 연구 전제를 이해할 수 있었고, 내 연구 경험이 교육과정 실행 방식을 향상시킨다는 것을 느꼈다. Carnegie Learning Project의 **대수 1** 교재의 경우에는 나는 교사 자문 역할을 맡았기에, 교실에서 어떤 것이 효과적이었고 어떤 것이 그렇지 않았는지에 대한 나의 일지 메모를 출판사에 제공하기도 했다.

박사학위과정을 마친 후 주요 연구 활동에 참여하지는 않았지만, 나는 꾸준히 교수를 개선하기 위한 연구 기반 방법을 찾고 있었다. 연구 기반 문헌, 워크숍 및 강의를 통해 얻은 정보를 바탕으로 학생들의 참여와 이해를 높이는 동시에 나의 교수가 성공적이었는지 피드백을 받을 수 있는 활동과 평가를 정기적으로 개발했다. 또한 지역 내 다른 교사들과 아이디어를 공유할 기회도 있었다. 기억에 남는 사례 중 하나는 박사학위과정 수업 과제에 포함된 좌표 그래프에 관한 것을 구현하기 위해 초등학교 동료와 협력했던 일이다(위 이야기 1 참조).

나는 NCTM에서도 계속해서 활동을 이어갔으며, 가능하면 연례회의에 참석했다. 2016년에는 NCTM 연례회의에서 Silver 교수의 강연 "원칙에서 실천으로: 사용할 수 있는 연구From Principles to Action: Research You Can Use"에 참석했다. 그는 자신과 Pat Kenney가 공동 편집한 두 권의 책, **연구로부터 얻은 더 많은 교훈, 제1권**More Lessons Learned from Research, Volume 1(Silver & Kenney, 2015)과 **연구로부터 얻은 더 많은 교훈, 제2권**More Lessons Learned from Research, Volume 2(Silver & Kenney, 2017)을 소개했는데, **JRME**에 논문을 발표한 연구자들이 교사가 사용할 수 있도록 논문을 다시 작성하는 과정을 돕는 내용을 담고 있었다. 교사로서 그와 만난 지 거의 35년이 지난 지금에도 뜻밖의 행운처럼, Ed Silver가 여전히 연구와 실천 사이를 연결하는 일에 계속 헌신하고 있다는 것을 분명히 알 수 있었다.

이야기 4에 적절한 은유

제1저자가 박사학위과정을 뒤로 하고 떠날 무렵, 그녀는 연구 세계에서 얻은 중요한 아이디어와 기술을 가져와 자신의 교실에서 사용했다고 이야기한다. 우리는 그녀의 사례를 살펴본 결과, 실천가 기반 학술지에 논문을 게재하고, 출판사 자문 역할을 하며, 지역 동료 교사들의 롤모델이 됨으로써 제1저자가 동료 실천가들을 위한 Silver의 발자취를 따라 자신만의 정보 파이프라인을 만들었음에 동의했다. 아마도 그녀는 Silver와 Lunsford(2017)가 파이프라인 은유에서 언급한 교사 리더, 즉 "연구에서 얻은 중요한 정보를 사용할 수 있는 형태로 가공, 형성한 후에 수학 교사들과 공유(p. 35)"할 수 있도록 돕는 연구와 실천 사이의 중재자가 되어가고 있다고 할 수 있을 것이다.

제1저자가 **JRME**에 제출한 간략한 보고서가 출판되지 못했지만 실망하지 않고 교사 공동체와 아이디어를 공유하는 데 주력한 것은 다행스러운 일이다. NCTM 학교 학술지 **Mathematics Teacher**를 통해 교사들에게 다가가려는 그녀의 노력은 2015년까지 이어졌다.

마지막으로 제2저자와 이야기 4를 논의하는 과정에서 제1저자는 연구 경험을 바탕으로 한 다른 활동들에 대해 언급했다. 예를 들어, 대안평가와 문제제기를 주제로 교사들에게 많은 강연을 하고, Carnegie Learning Project의 교사 연수 개발을 지원하며, 소프트웨어 개발 프로젝트를 자문하는 등의 활동이 있었다. 이러한 활동들은 다시 한번(적어도 우리에게는) 파이프라인 은유를 예증한다.

결론

JRME 편집자 논설 시리즈 중 세 번째 글에서 Cai와 동료들(2017b)은 수학교육연구자(Ms. Research)와 4학년 교사(Mr. Lovemath)의 이야기를 전하고 있다. 요지는 Ms. Research가 Mr. Lovemath에게 분수 순서 정하기 과제를 부여하도록 했지만, 별다른 성과를 거두지 못했다는 것이다. 저자들은 다음과 같은 질문을 제기했다. "Mr. Lovemath와 같은 교사들을 돕기 위해 연구자들은 어떤 지식을 알아야 하는가? 학생들에게 더 넓고 풍부한 학습 기회를 제공하고 그들이 학습 목표를 달성하도록 돕기 위해 연구자들이 무엇을 알아야 하는가?"(p. 232). Cai와 동료들(2017d)은 이후 편집자 논설에서 이 이야기를 다시 논의하며 연구자와 실천가가 협력하고, Mr. Lovemath가 다른 교사들과 서로 전문 지식을 공유하며, 그러한 협력을 촉진하도록 책임 시스템을 재설계한 수정된 시나리오를 제시했다. 이 "연구와 실천의 긴밀한 결합"(p. 467)을 바탕으로, 학생들은 분수 과제를 비롯해 이와 유사한 다른 과제를 성공적으로 완수할 수 있었다.

이 장의 목적은 **실제**[real] 연구자(Edward A. Silver 교수가 Ms. Researcher의 역할을 대체)가 **실제** 실천가인 교사(Cathy G. Schloemer가 Mr. Lovemath의 역할을 대체)를 돕고

영향을 미치며, 연구와 실천 사이의 격차를 줄이기 위해 4년간 함께 노력한 사례를 보여주는 것이었다. 이야기는 30년이 넘은 과거의 사건을 기반으로 하고 있어서 다소 한계가 있으나, 다행히도 제1저자의 기억은 그녀의 박사학위과정 시절 작성한 자료(예: 수업 과제)와 박사학위논문 및 출판물로 보완되어 이야기에 어느 정도 신뢰성을 더했다.

또한 Silver와 Lunsford(2017)의 아이디어를 활용해 적절한 은유를 사용하여 이야기를 구성할 수 있었다. 우리가 발견한 한 가지 패턴은 다섯 가지 은유 중 파이프라인과 경계를 넘나들기라는 두 가지 은유가 이야기에서 두드러지게 나타났다는 점이다. 초기 이야기에는 파이프라인 은유가 가장 많이 사용되었는데, 이는 제1저자가 연구 세계에서 경험이 거의 없어서 적절한 연구로 자신을 이끌어주는 Silver에게 의존했던 상황을 고려하면 자연스러운 결과이다. 그러나 정말 대단하게도, 이야기에 따르면 Silver는 수업 실천의 현실로 "경계를 넘나드는" 의지를 여러 차례 보였다. 제1저자가 다시 교직에 복귀할 때, 그녀는 연구 세계로 진출해 얻은 경험을 함께 가져갔다. 특히 마지막 이야기에서는 그녀가 학교 동료들과 실천 세계의 다른 사람들에게 직접 정보 파이프라인을 구축한 사례를 확인할 수 있었다. 특히 출판된 논문들을 통해 이를 확인할 수 있었다.

후속 연구에 대해 다음과 같이 제안한다. 연구자와 실천가가 Silver 교수와 Schloemer 교수(또는 Ms. Researcher와 Mr. Lovemath)처럼 연구와 실천의 경계를 허물기 위해 계속해서 한 팀으로 협력할 것을 권장한다. 이러한 협력 과정에서 상호작용이 어떻게 이루어지는지를 더 즉각적으로 기록하는 것(이 장에서처럼 30년 후에 회상하는 대신)은 연구자/실천가 간의 교류에서 어떤 것이 효과적이고 어떤 것이 효과적이지 않은지 분석하는 데 도움이 될 것이다. 또한 파이프라인, 번역, 삼투, 경계를 넘나들기, 파스퇴르 사분면이라는 다섯 가지 은유는 연구와 실천 간의 중요한 연결을 분석하는 데 실용적인 분석틀을 제공한다.

맺음말

30년 만에 재회하여 이 장을 함께 집필하게 되어 기뻤다(Schloemer and Kenney). 서로 다른 방식으로 우리는 모두 Edward A. Silver 교수에게 도움을 받았으며, 그의 전문성, 지혜, 지도에 항상 감사드린다.

부록 A: 초록(Schloemer(1994b), pp. iv–v 발췌)

고급 대수 교수에 문제제기 통합하기: 실현 가능성과 결과

Cathy G. Schloemer, EdD

피츠버그 대학교 1994

지도교수: Edward A. Silver

한 교사/연구자는 시카고 대학의 **고급 대수** 교육과정에 "만약 그렇지 않다면[what-if-not]" 문제제기를 통합하기 위해 "인지적 도제[cognitive apprenticeship]"를 사용하는 것의 교수적 타당성과 그것이 학생에게 미치는 영향을 연구하였다. 전문 평가자, 교실 관찰자, 교실 비디오 녹화, 교사의 일지로부터 수집한 데이터를 통해 교수 설계에 의도한 요소를 포함했는지, 실제로 진행된 교수가 설계된 교수와 어떻게 관련되는지, 교수의 양과 질이 통제반(비문제제기)과 실험반(문제제기) 간에 어떤 차이가 있는지 분석하였다. 사전-사후 검사 설계를 통해 학생들의 수학적 태도, 문제제기 수행 능력, 수학 성취도 변화를 측정했다. 수학적 태도와 문제제기 수행 능력의 변화는 문제제기 수업과 비문제제기 수업 간의 차이뿐만 아니라 문제제기 수업 내에서도 연구되었으나, 수학 성취도는 두 반 사이의 차이로만 연구되었다.

주요 연구 결과는 다음과 같다. 실현 가능성에 대한 결과로는 의도된 설계 요소들이 교수 계획에 성공적으로 반영되었고, 실제 진행된 교수는 핵심 구조적 설계 요소에 대해서 계획된 내용과 대체로 일치했다. 다만 비문제제기 수업은 문제제기 수업보다 교과서의 목표에 더 많은 시간을 할애한 것으로 나타났다.

전반적으로 두 반의 수학 성취도는 통계적으로 동등하였다. 두 반 모두 수학적 태도는 감소하는 경향을 보였으나, 문제제기 수업에서는 이전 수학 성취도와 수학적 태도의 변화가 음의 상관관계($r=-0.392$)를 보였으며, 특히 지난 몇 년 동안 UCSMP 교육과정을 학습한 학생들 사이에서 더 두드러지게 나타났다($r=-0.76$, $p<0.05$). 반면 비문제제기 수업에서는 수학 성취도와 수학적 태도의 변화가 양의 상관관계($r=0.551$, $p< 0.05$)를 보였다. 따라서 이 연구 결과는 문제제기를 대수 2 교수에 통합하는 것이 학업성취도에 부정적인 영향을 미치지 않지만, 비문제제기 교수에서 성공했던 학생들에게는 부정적인 정서적 영향을 줄 수 있음을 시사한다.

부록 B: "만약 그렇지 않다면" 문제제기 예시(Schloemer(1994b), pp. 209-214 발췌)

연구자가 자신이 가르쳤던 실제 수업 중에서 [아래 예시]를 선택한 이유는 연구자가 판단하기에 [아래 예시]가 "인지적 도제"의 네 단계(모델링, 비계 설정, 코칭, 또는 페이딩fading) 중 하나인 모델링을 잘 보여주기 때문이다. [아래 예시]는 파일럿 연구에서 나온 것으로, 학생들에게 아직 코칭이나 페이딩 단계가 준비되지 않았던 초기 에피소드에서 모델링의 사용이… 더 뚜렷하게 나타난다… 각 예시는 교수 주제와 그 예시가 다루고 있는 인지적 도제의 측면에 대한 간단한 설명으로 시작된다.

예시 1: 모델링

이 예시는 고급 대수 4.3절 "크기 변화"에서 나왔다. 학생들은 행렬의 일반적인 개념과 행렬 곱셈을 다루는 두 번의 문제제기 수업을 받았다. 4.3절에서 저자는 크기 변화의 개념을 크기 k로 다루었는데, 일관되게 $k>1$인 경우만 다루었다. 이때 교사는 다른 k값에 대해 "만약 그렇지 않다면"을 모델링한다.

교사: 이 부분에 대해 조금 더 자세히 알아보면 흥미로울 것 같아요. 책에서 크기 변화에 대해 이야기 할 때 항상 1보다 큰 k값을 다루는 것을 눈치채셨나요? 그런 점을 알아챘나요? 항상 두 배, 세 배, 네 배로 늘어났어요. 하지만 저는 다른 방식으로 하면 어떨까 합니다. 만약 k가 1보다 크지 않다면 어떨까요? 예를 들어, k가 0과 1사이에 있거나 아니면 0이면 어떨까요? 또는 k가 음수라면 어떨까요? 만약 k가 1보다 크지 않다면 어떤 일이 일어날지 궁금합니다. 물론 k가 1이라면 무슨 일이 일어날까요? 제가 물어봐야 할 것 같아요.

중략

학생들: 그대로예요.

교사: 이전과 똑같을 거예요. 재미없겠군요. 크기가 전혀 변하지 않으니 할 말이 많지 않을 거예요. 하지만 첫 번째 경우인 k가 0과 1사이인 경우를 살펴봅시다.

학생(남): 더 작아지지 않을까요?

학생(여): 더 작아지고 양의 사분면에 있을 거예요.

교사: 그렇게 생각해요?

학생(여): 네.

교사: 더 작아질까요?

학생(여): 네.

교사: 예를 들면, 크기가 반으로 줄어드는 건가요?

학생(여): 네.

학생2(여): 네.

교사: 아니면 크기가 $\frac{1}{3}$으로 줄어든다거나? 교과서에서는 왜 그런 예시를 보여주지 않았는지 잘 모르겠지만, 이 부분에서 정말 그런 내용을 다루지 않았네요. 하지만 크기를 줄이면 더 작은 도형을 얻을 수 있을 거예요, 마치 복사기에서 크기를 줄이는 것과 비슷하다고 할 수 있어요. 여러분은 복사기를 다루다가 페이지에 맞게 크기를 줄여 본 경험이 있나요? 저는 큰 토끼 그림을 줄이지 않았어요 (게시판 예시를 가리키며), 작은 토끼 그림을 크게 했죠, 게시판에 붙이기 위해서요. 그렇다면 만약 k가 0이라면, 어떤 일이 일어날까요?

학생2(여): 그럼 여기 없을 거예요.

교사: 사라진다고요?

몇몇 학생들: 네.

교사: 네, 그럼 전체가 어떻게 바뀌는 건가요?

몇몇 학생들: 0.

교사: 0. 음, 정확히 어떤 표현인지 잘 모르겠네요. 그건 수렴하는 건가요? 그러면 0의 연속만 남게 되겠죠. 0, 0. 그래서 모든 게 원점으로 수렴할 텐데, 그게 그렇게 흥미롭진 않다고 생각해요. 아마 그래서 교과서에서 다루지 않았을 거예요. 하지만 여러분이 이것도 생각해 봤으면 좋겠어요. 이건 조금 더 어려운 문제라서, 무작정 답을 외치기보다는 이 삼각형 그림을 다시 보면서 생각해 보는 게 좋을 거예요. 만약 행렬에 음수 2가 들어있는 행렬을 곱한다면 어떤 일이 벌어지는지 확인해 보는 것도 괜찮을 것 같아요. 말하지 말고요, 알겠죠? 모두가 스스로 생각해 볼 수 있게요. 원래의 ABC 행렬에 이 행렬을 곱했을 때 어떤 일이 일어날까요? [잠시 멈춤] 직접 해 보면서 어디로 이끄는지 한 번 보세요.

학생2(여): 거꾸로 뒤집혀요.

교사: 더 커졌어요. 그리고 뭔가 움직였어요. 만약 이걸 어떻게든 들어 올려서, 몇몇 사람들은 이걸 뒤집는다고 말하기도 해요…

학생: 회전해요.

교사: 회전해요? 흥미로운 표현이네요. 이런 식으로 회전시킬 수 있겠죠. 이런 식으로요.

학생(남): 아니면 반대 방향으로요.

교사: 반대 방향으로요. 좋아요, 이 방향으로 회전할 수도 있어요. 얼마나 회전하는지 궁금합니다. 얼마나 회전하는지 아는 사람 있나요?

학생(남): 네. 180도 정도요.

교사: 180도처럼 보이네요.

학생(남): 우와.

교사: 회전에 대해서는 나중에 더 이야기할 거예요, 알겠죠? 마지막으로 여러분이 생각해 봤으면 하는 게 있어요. 시간이 얼마 남지 않았지만—만약 두 방향에서 크기를 동일하게 바꾸지 않는다면 어떻게 될까요? 지금까지는 세로와 가로의 크기를 항상 같은 값으로 곱했죠. 물론 그럴 경우 더 이상 크기 변화라고 부르기는 어렵겠지만, 다른 값으로 곱했을 때 어떤 일이 일어나는지 생각해 볼 수 있을까요? 여기 이쪽에서 그런 일어났습니다. -내일 더 자세히 설명하겠지만- 여기 있는 강아지 [게시판 그림]은 세로 크기는 바꾸지 않고 이쪽 방향으로 늘리면 닥스훈트처럼 되고, 다시 가로 크기를 바꾸지 않고 이쪽으로 늘리면 기린처럼 보이죠. 알겠나요? 그래서 이 문제에 대해 더 이야기하고 싶어요.—이 문제가 크기 변화와 비슷하지만 어떻게 다른지에 대해서요.

▌참고문헌

Arbaugh, F., Herbel-Eisenmann, B., Ramirez, N., Knuth, E., Kranendock, H., & Reed Quander, J. (2010). *Linking research and practice: The NCTM Research Agenda Conference report.* National Council of Teachers of Mathematics.

Brown, S. I., & Walter, M. I. (1990). *The art of problem posing* (2nd ed.). Erlbaum.

Brown, C. A., Carpenter, T. P., Kouba, V. L., Lindquist, M. M., Silver, E. A., & Swafford, J. O. (1988). Secondary school results for the fourth NAEP mathematics assessment: Algebra, geometry, mathematical methods, and attitudes. *Mathematics Teacher, 81*(5), 337–397.

Cai, J., Morris, A., Hohensee, C., Hwang, S., Robison, V., & Hiebert, J. (2017a). Clarifying the impact of educational research on students' learning. *Journal for Research in Mathematics Education, 48*(2), 118–123.

Cai, J., Morris, A., Hohensee, C., Hwang, S., Robison, V., & Hiebert, J. (2017b). Clarifying the impact of educational research on learning opportunities. *Journal for Research in Mathematics Education, 48*(3), 230–236.

Cai, J., Morris, A., Hohensee, C., Hwang, S., Robison, V., & Hiebert, J. (2017c). Making classroom implementation an integral part of research. *Journal for Research in Mathematics Education, 48*(4), 342–347.

Cai, J., Morris, A., Hohensee, C., Hwang, S., Robison, V., & Hiebert, J. (2017d). A future vision of mathematics education research: Blurring the boundaries of research and practice to address teachers' problems. *Journal for Research in Mathematics Education, 48*(5), 466–473.

Cai, J., Morris, A., Hwang, S., Hohensee, C., Robison, V., & Hiebert, J. (2017e). Improving the impact of educational research. *Journal for Research in Mathematics Education, 48*(1), 2–6.

Cain, R. W., Kenney, P. A., & Schloemer, C. G. (1994). Teachers as assessors: A professional development challenge. In D. B. Aichele (Ed.), *Professional development for teachers of mathematics, 1994 yearbook of the National Council of Teachers of Mathematics* (pp. 93–101). NCTM.

Carnegie Learning. (2006). *Algebra 1.* Author.

Fiske, M. B. (1990). Are teachers prepared to implement the "Standards"? *Mathematics Teacher, 83*(4), 248–251.

Geeslin, W. E. (1977). Using writing about mathematics as a teaching technique. *Mathematics Teacher, 70*(3), 112–115.

Kenney, P. A., & Schloemer, C. G. (2001). Assessment of student achievement: Overview. In L. S. Grinstein & S. I. Lipsey (Eds.), *Encyclopedia of mathematics education* (pp. 50–56). Routledge Falmer.

Kenney, P. A., Schloemer, C. G., & Cain, R. W. (1996). Communicating about alternative assessment beyond the mathematics classroom. In P. C. Elliott & M. J. Kenney

(Eds.), *Communication in mathematics, K-12 and beyond, 1996 yearbook of the National Council of Teachers of Mathematics* (pp. 187–196). NCTM.

Kieran, C., Krainer, K., & Schaughnessy, J. M. (2012). Linking research to practice: Teachers as key stakeholders in mathematics education research. In M. Clements et al. (Eds.), *Third international handbook of mathematics education* (pp. 361–392). Springer.

Lambdin, D. V., Kehle, P. E., & Preston, R. V. (Eds.). (1996). *Emphasis on assessment: Readings from NCTM school-based journals.* National Council of Teachers of Mathematics.

Langrall, C. W. (2014). Linking research and practice: Another call to action? *Journal for Research in Mathematics Education, 45*(2), 154–156.

Nahrgang, C. L., & Petersen, B. (1986). Using writing to learn mathematics. *Mathematics Teacher, 79*(6), 461–465.

National Council of Teachers of Mathematics. (1980). *An agenda for action.* Author.

National Council of Teachers of Mathematics. (1989). *Curriculum and evaluation standards for school mathematics.* Author.

National Council of Teachers of Mathematics Research Committee. (2006). The challenge of linking research and practice. *Journal for Research in Mathematics Education, 37*(2), 76–86.

National Council of Teachers of Mathematics Research Committee. (2007). Connecting research and practice at NCTM. *Journal for Research on Mathematics Education, 38*(3), 108–114.

National Council of Teachers of Mathematics Research Committee. (2010). Strengthening research by designing for coherence and connections to practice. *Journal for Research in Mathematics Education, 41*(4), 216–235.

Polya, G. (1973). *How to solve it* (2nd ed.). Princeton University Press.

Rubenstein, R. N., Schultz, J. E., & Senk, S. L. (1994). *Functions, statistics, and trigonometry (The University of Chicago School Mathematics Project).* Scott Foresman.

Schloemer, C. G. (1993a). Bulletin boards in mathematics class. *Mathematics Teacher, 86*(6), 454–455.

Schloemer, C. G. (1993b). Aligning assessment with the NCTM's curriculum standards. *Mathematics Teacher, 86*(9), 722–725.

Schloemer, C. G. (1994a). An assessment example. *Mathematics Teacher, 87*(1), 18–19.

Schloemer, C. G. (1994b). *Integrating problem posing into instruction in advanced algebra: Feasibility and outcomes.* Unpublished doctoral dissertation, University of Pittsburgh.

Schloemer, C. G. (1994c). Tips for teaching Cartesian graphing: Linking concepts and procedures. *Teaching Children Mathematics, 1*(1), 20–23.

Schloemer, C. G. (1996). *On teacher research in mathematics education* (unpublished manuscript).

Schloemer, C. G. (1997). Some practical possibilities for alternative assessment. *Mathematics Teacher, 90*(1), 46–49.

Schloemer, C. G. (2000). I found sinusoids in my gas bill. *Mathematics Teacher, 93*(1), 10–12.

Schloemer, C. G. (2015). My car is worth what? Statistical modeling for predicting value. *Mathematics Teacher, 108*(9), 700–703.

Senk, S. L., Thompson, D. R., Viktora, S. S., Rubenstein, R., Halvorsen, J., Flanders, J., Jakucyn, N., Pillsbury, G., & Usiskin, Z. (1990). *Advanced algebra*. Scott, Foresman, & Co.

Silver, E. A. (1990). Contributions of research to practice: Applying findings, methods, and perspectives. In T. J. Cooney (Ed.), *Mathematics teaching and learning in the 1990s. 1990 year book of the National Council of Teachers of Mathematics* (pp. 1–11). National Council of Teachers of Mathematics.

Silver, E. A. (1994). On mathematical problem posing. *For the Learning of Mathematics, 14*(1), 19–28.

Silver, E. A. (2003). Border crossing: Relating research and practice in mathematics education. *Journal for Research in Mathematics Education, 34*(3), 182–184.

Silver, E. A., & Kenney, P. A. (1993). Expert panel review of the 1992 NAEP mathematics achievement levels. In *National Academy of Education, Setting performance standards for student achievement: Background studies* (pp. 215–282). The Academy.

Silver, E. A., & Kenney, P. A. (1994). The content and curricular validity of the 1992 NAEP Trial State Assessment (TSA) in mathematics. In *National Academy of Education, the trial state assessment: Prospects and realities; Background studies* (pp. 231–284). The Academy.

Silver, E. A., & Kenney, P. A. (2015). *More lessons learned from research, Volume 1: Useful and usable research related to core mathematical practices.* National Council of Teachers of Mathematics.

Silver, E. A., & Kenney, P. A. (2017). *More lessons learned from research, Volume 2: Useful research on teaching important mathematics to all students.* National Council of Teachers of Mathematics.

Silver, E. A., & Lunsford, C. (2017). Linking research and practice in mathematics education: Perspectives and pathways. In J. Cai (Ed.), *Compendium for research in mathematics education* (pp. 28–47). National Council for Teachers of Mathematics.

Sowder, J. T., & Schappelle, B. (Eds.). (2002). *Lessons learned from research.* National Council of Teachers of Mathematics.

Stokes, D. E. (1997). *Pasteur's quadrant: Basic science and technological innovation.*

Brookings Institution Press.

Usiskin, Z., Flanders, J., Hynes, C., Polonsky, S., & Viktora, S. (1990). *Transition mathematics.* Scott Foresman.

제5장 문화적 관점에서 수학교육의 이해와 개선

Meixia Ding, Rongjin Huang, Xiaobao Li and Yeping Li

서론

수학교육은 연구와 실천의 한 분야로서 수학 수업instruction에 대한 연구와 개발research and development을 핵심 주제 중 하나로 다루고 있다. 이 주제는 오랜 기간에 걸쳐 Edward Silver 교수가 다양한 연구 과제를 수행하고 학술 출판을 통해 방대한 지식을 축적해 온 분야이기도 하다(예: Silver et al., 1990; Silver & Lane, 1995; Silver & Stein, 1996). 그의 학술적 기여 중 하나로 《Transforming Mathematics Instruction: Multiple Approaches and Practices》라는 제목의 공동 편저서(Li et al., 2014a)가 있다. 이 책의 출판은 수학 수업 개선을 위한 다양한 접근과 실천을 체계적으로 정리할 필요성에서 비롯되었다. 수업은 본질적으로 복잡한 현상이며, 이로 인해 교육학에서 연구의 대상이 되기에는 어려움이 따르기도 한다. 그럼에도 불구하고 기존 연구들은 수학 수업의 질을 향상시키기 위한 다양한 특정 측면에 초점을 맞춘 접근법을 통해 일부 성과를 보여주었다. 이에 따라 이 책에서 수학 교수의 질을 향상시키기 위한 접근방식을 다음 세 가지 범주로 조직하였다. (1) 혁신적인 교실 수업 실천, (2) 교육과정 개혁을 통한 간접적 수업 변화, (3) 교사 전문성 개발을 통한 수업 변화로 구성하였다. 이 외에도 이 책에는 이론 및 방법론 개발에 관한 절(節)을 포함하고 전문가 논평도 덧붙였다.

이 책의 기획과 편집은 수학 수업 및 그 개선을 다양한 교육체계에서 다룬 기존 연구들(Li & Even, 2011; Li & Huang, 2013; Li & Shimizu, 2009; Silver et al., 1990; Silver & Suh, 2014; Stein et al., 2009)을 바탕으로 이루어졌다. 서로 다른 교육 시스템 및 문화적 맥락에서 수업을 탐구하고 학습하는 과정은 효과적인 수학 수업에 대한 이해를 풍부하게 해준다. 이 책에는 총 25개의 장(章)과 4개 절(節)로 구성된 서문이 포함되어 있으며, 호주, 캐나다, 중국, 독일, 홍콩, 이스라엘, 네덜란드, 포르투갈, 영국, 미국 등 10개국 교육체제에서 활동하는 총 56명의 수학교육자 및 연구자들이 집필에 참여하였다. 이러한 다양한 관점의 집합은 독자들이 각 교육체제에서 중요하게 여기는 수업 접근법과 실천을 이해하는 데 유용한 통찰을 제공한다.

동시에 이 책이 국가 간 비교 연구의 모음집을 의도한 것은 아니라는 점도 분명히 해둔다. 독자들은 여러 장(章)과 절(節)에 걸쳐 다양한 접근과 실천 사례를 통해 성찰하며 학습할 기회를 얻을 수 있지만, 각 장(章)을 읽을 때는 해당 장(章)내와 장(章)들 간의 맥락 모두에 대해 특별한 주의를 기울일 필요가 있다. 제2부 Transforming Mathematics Instruction의 서문에서 Silver(2014)는 교육과정 변화와 수업과의 관계에 대한 이해와 탐색에 내재된 복잡성을 강조하며, 이를 논의할 때 문화적 요소를 포함한 다양한 요인들에 특별한 주의를 기울여야 한다고 지적하였다.

> 교육과정 변화에 대한 효과는 수많은 요인과 행위자들에 의해 매개된다. 여기에는 교사와 학생이 포함된다. 실행된 교육과정implemented curriculum은 궁극적으로 교실에서의 교사와 학생의 행위actions 및 반응reactions에 의해 결정되며, 이는 문화적, 역사적, 정치적, 사회적 요소들이 복합적으로 얽힌 조건에 의해 제약을 받는다(p. 149).

또한 Li 외(2014b)는 서문에서 독자들을 위해 두 가지 문화와 관련된 관점을 제안하였다. (1) 다양한 교육 시스템과 문화적 맥락에서 중요시되는 다양한 접근의 본질을 학습하고 이해하기, (2) 문화적으로 가치 있는 접근을 탐색하여 효과적인 수업 실천을 파악하고 평가하기가 그것이다. 그러나 이러한 제안은 어디까지나 해당 책에 이미 수록된 내용을 읽어보라는 의미로 제시된 것이며, 이 책 자체가 문화적 관점을 중심으로 구성된 것은 아니다. 더불어 각 장(章)의 저자들에게도 문화적 이슈에 대해 특별히 주의를 기울이도록 요청되지 않았으며, 이는 문화적 관련성cultural relevance에 대한 명시성과 초점이 부족함을 나타낸다. 여기서 말하는 문화적 관련성이란, 어떤 활동과 그 의미를 그 활동이 속한 고유한 문화적 맥락 안에서 바라보고, 그 문화를 구성하는 문화의 고유성integrity과 실제성reality을 기반으로 그 활동을 이해하고 학습하려는 의도적이고 명시적인 조망을 의미한다.

문화적 관련성에 대해 명시적으로 주의를 기울이지 않은 점은 앞서 언급한 편저서(Li et al., 2014a)나 장(章)의 저자들에게만 국한된 현상이 아니다. 교육자와 학자들은 일반적으로 수업의 특정 측면에 초점을 맞추어 연구하기 때문에, '문화'는 수업이라는 실제 맥락에 자연스럽게 내재된 요소로 간주되어 버리는 경우가 많다. 그 결과 문화는 수업을 심층적으로 이해하는 데 설명력을 부여하는 핵심 요소임에도 불구하고, 쉽게 간과되거나 부차적인 요소로 처리되기 쉽다. 더욱이 연구자가 초점을 맞춘 수업 활동과 관련하여 그 연구자 자신의 문화적 배경까지 고려하게 되면, 상황은 훨씬 더 복잡해질 수 있다. 실제로 수학 수업에서 문화적 관련성에 대해 명확한 주의를 기울이지 않는 것은 독자와 저자 모두에게 잠재적 도전이 될 수 있다. 이에 우리는 Silver와 동료들이 편집한 저서의 성과를 바탕으로, '문화적 관련성'에 특별한 주의를 기울여 수학 수업의 이해와 개선에 대한 논의를 확장하고자 한다.

이 장에서 우리가 '문화적 관련성'이라는 주제를 함께 다루게 된 데에는 몇 가지 이유가 있다. 첫째, 우리 네 사람은 모두 오랜 시간에 걸쳐 Silver 교수의 연구로부터 직·간접적으로 배움을 얻고 영향을 받아왔다. 앞서 언급한 수학 수업 개선 관련 저서를 포함하여, 수학적 사고, 문제해결, 문제제기 등 다양한 주제에 대한 그의 연구는 오늘날 수학교육 분야에서 고전적인 연구로 자리매김하고 있다. 이 장은 우리가 수학 수업연구의 진전을 위해 작지만 의미 있는 기여를 할 수 있는 소중한 기회라 여긴다. 둘째, 우리 네 사람은 비슷한 문화적 배경과 경험을 공유하고 있다. 우리는 모두 중국에서 학생이자 수학 교사로서의 경험을 쌓은 뒤, 학업을 위해 미국으로 유학을 와서 수학교육 분야의 교수로 성장했다. 이러한 문화 간 경험cross-cultural experiences은 우리 스스로의 경험을 끊임없이 성찰하게 하며, 나아가 수업 실천을 문화적 혹은 문화 간 관점에서 조망할 수 있는 안목을 갖게 해주었다. 실제로 우리의 이러한 문화 간 경험은 수년간 수학교육연구를 수행하는 데 있어, 수학 수업에 대한 문화 간 공유와 이해에 주목하게 했으며, 연구의 기반이 되어주었다. 따라서 이 장에서는 우리가 진행해온 수학교육연구를 예시로 삼아, 문화적 관련성을 풀어내는 다양한 접근방식을 구체적으로 설명하고자 한다.

개념적 틀Conceptual Framing

교실 수업은 문화적으로 구성된 활동이다(Stigler & Hiebert, 1999). 이러한 수업을 문화적 관점 없이 바라볼 경우, 수업은 연구 대상으로서 파악하기 어려운 성격을 띠게 된다. 이는 "문화culture"라는 개념이 지니는 풍부한 의미로 설명될 수 있다. Carlone과 Johnson (2012)에 따르면, 문화의 의미는 일반적으로 두 가지 방식으로 이해되고 해석되며, 따라서 이에 기반한 두 가지 이론적 관점이 존재한다. 바로 문화 차이 이론cultural difference theory과 실천 이론practice theory이다. 문화 차이 이론에서 문화란 고유한 전통, 역사, 그리고 환경에 대한 성공적인 적응 과정에서 나타나는 경제적, 사회적, 정치적 양식과 패턴을 지닌 것으로 간주된다(Eisenhart, 2001). 반면, 실천 이론에서는 보다 거시적인 사회 구조와 더불어, 그 구조와의 관계 속에서 개인이 일상적 실천을 통해 드러내는 행위주체성agency에도 주목한다

(Carlone & Johnson, 2012). 이에 따라 우리는 교실 수업과 그 개선을 연구할 때 문화적 관련성을 탐색하는 두 가지 상이한 접근법을 제안한다.

첫째, 문화 간 비교 관점[cross-cultural lens]에서 수업을 바라보는 접근을 취할 수 있다. 둘째, 특정 문화 맥락 안에서의 문화적 관점[cultural lens within a specific setting]을 취하는 방식이다.

문화 간 관점 취하기

문화 차이 이론(Carlone & Johnson, 2012)에 기반하여, 교실 수업과 그 개선을 문화 간 비교 혹은 문화 내부 비교의 관점에서 탐구할 수 있다. 예를 들어, 미국의 교실 수업 사례를 살펴보자. 미국의 교실 수업은 지난 수십 년간 거의 변화 없이 정형화된 형식과 절차가 유지되어 왔다고 보고되고 있다(Hiebert & Morris, 2012). 수학 수업의 질에 대한 관심은 원래 미국 내 정책 입안자와 교육자들에게 주요한 이슈가 아니었지만, 국제 비교가 이루어지면서 상황이 달라졌다. 특히 국제 수학·과학 성취도 추이변화 국제 비교 연구(Third International Mathematics and Science Study; TIMSS)의 교실 수업 비디오 연구가 미국과 다른 문화권의 수학 수업 간 교수 차이[teaching gap]를 드러내면서, 수업의 질 문제가 본격적으로 주목받기 시작했다(Stigler & Hiebert, 1999, 2004). 심지어 하나의 문화권 내에서도 문화 간 관점을 취함으로써 연구자는 다른 문화 맥락에서의 유사한 수업 활동을 참조하여 자국의 수업을 성찰할 수 있다. 예를 들어, Li와 Huang(2013)은 미국 교실 수업을 처음 관찰했을 때, 중국에서의 경험을 참조하여, 학급 규모, 수업 활동의 성격, 수학 내용의 난이도와 같은 다양한 "발견"을 했다고 회고하였다(p. xvi).

문화 간 관점을 적용할 때는 두 가지 방식이 가능하다. 문화 간 차이를 먼저 식별하는 방식과 문화 간 공통점을 먼저 파악한 후, 그 공통점으로부터의 차이를 분석하는 방식이다. 후자의 접근은, 겉보기에는 동일한 수업 활동(예: 강의나 학생의 개인 활동)을 하고 있음에도 왜 어떤 문화권의 학생들이 더 나은 성과를 내는가에 대한 탐구를 가능하게 한다. 특히 문화 차이와 공통점은 연구 질문에 따라 구체적으로 명시될 수 있다. 예를 들어, 여러 교육체계에서 분수 단원이 교육과정상 어디에 배치되는지를 분석하는 연구에서는, 분수가 소수 학습 이전에 등장하는지 이후에 등장하는지 여부를 문화 간 차이로 규정할 수 있다. 만약 몇몇 교육체계에서 분수 단원의 배치가 동일하다면, 그 다음 단계로는 교과서나 수업에서 사용되는 표상이나 문제 유형의 차이에 대한 연구가 이어질 수 있다.

특정 문화 맥락 내에서의 문화적 관점 취하기

특정 문화적 맥락 안에서 교실 수업과 그 개선을 바라볼 때도 '**문화적 관점**'을 적용할 수 있으며, 이는 실천 이론(Carlone & Johnson, 2012)의 관점을 통해 뒷받침된다. 예를 들어, 수업연구lesson study를 사례로 들 수 있다. Schoenfeld(2013)는 수업연구를 도입하고 이해하려면, 그 문화 고유의 요소들—예를 들어, 수업연구의 목표와 실행을 가능케 하는 문화적 기반—에 대한 합리적 이해reasoned understanding가 필수적이라고 주장하였다. 이러한 성찰 없이 단순히 미국에 수업연구를 도입하고 적용하려는 시도는 순진한 접근에 불과하다는 것이다. 이러한 시각에서 Schoenfeld는 교사 실천과 교사 간 협력을 포함한 문화적으로 가치 있는 접근으로부터의 배움을 추구하는 것에 대한 중요성을 강조하였다. 더 나아가 특정 문화 맥락에서의 문화적 관점은 연구자의 위치position에 대한 심층적 고려를 요구한다. 일반적으로 내부자의 위치에 있는 연구자가 해당 문화권에서의 수학 수업에 대한 합리적인 깊이 있는 이해를 개발하는 데 더 도움이 된다고 가정된다. 하지만 동시에 외부자의 위치에 있는 연구자가 현장 연구field study를 통해 그 문화에서 가치 있게 여겨지는 수업 실천을 이해하려는 경우도 존재한다. 이 두 접근방식은 각기 다른 통찰을 제공할 수 있으며, 모두 연구적 가치가 있다. 외부자에게 있어 어떤 현상을 알고 이해하는 행위는 한 문화적 맥락 내에서 문화 간 관점을 적용하는 것과 본질적으로 밀접한 연관성을 가진다.

앞서 제시한 교실 수업과 그 개선을 탐구할 때 문화적 관련성을 해석하는 두 가지 접근법—즉, 문화 간 관점을 취하는 접근과 특정 문화 맥락 내에서의 문화적 관점을 취하는 접근—은, 두 가지 "**문화**" 개념이 서로 긴밀히 연결되어 있듯, 엄밀히 구분될 수 있는 독립적인 접근은 아니다(Carlone & Johnson, 2012). [그림 1]은 우리가 제안하는 개념적 틀conceptual framework을 요약한 것이다. 특히 우리는 각각의 접근 안에서 이러한 연구를 수행할 수 있는 두 가지 경로가 존재함을 제안한다. 접근 1은 문화 차이 이론cultural difference theory에 따라, 보다 광범위한 문화 간 차이와 공통점에 주목한다. 반면 접근 2는 실천 이론practice theory을 바탕으로, 보다 미시적인 수준의 개인과 활동에 주의를 기울이며, 이를 보다 넓은 문화적 맥락과 연계하여 해석한다. 또한 각 접근 내에서 연구 과정의 구체적 절차를 구분하는 접근(접근 1) 또는 연구자의 위치position(접근 2)와 같은 세부적 분화를 제시함으로 경로를 구분하고자 한다. 무엇보다 중요한 점은 이 두 접근이 각기 지향하는 초점이 다르지만, 수학 수업을 문화적 활동cultural activity으로 탐구하는 데 있어 상호보완적으로 함께 활용될 수 있다는 점이다.

이 장의 후속 절에서는 우리가 직접 수행한 수학 수업에 대한 연구를 사례로 들어, 이 두 접근법이 실제로 어떻게 적용될 수 있는지를 구체적으로 보여주고자 한다.

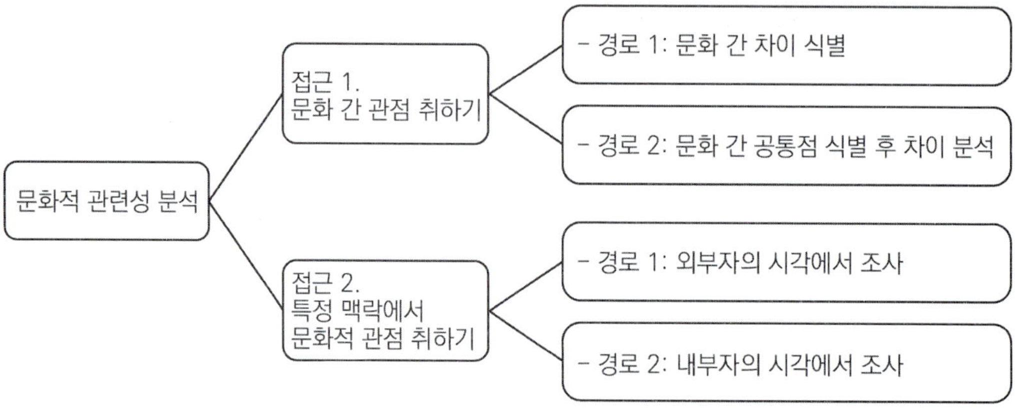

[그림 1] 이 장의 개념적 틀

접근 1: 문화 간 관점을 취하는 접근

국제 비교 연구들은 수학 개념에 대한 학생의 이해에서 의미 있는 차이가 존재함을 보여주며, 이는 학생들이 받아온 학습 기회의 차이를 시사한다. 학생들의 학습을 향상시키고자 하는 공통된 목표는 교실 수업과 수업의 개선 노력(예: 교육과정 개혁 및 교사 전문성 개발 등)과 같은 학생의 학습 환경에 대한 문화 간 비교 탐구를 요구한다(Li et al., 2014a). 이들 각각은 모두 문화 간 관점을 통해 탐구될 수 있다. Carlone과 Johnson(2012)에 따르면, “문화”는 먼저 특정한 전통, 역사, 그리고 넓은 사회적 환경 내에서 형성된 패턴으로 이해될 수 있으며, 이는 곧 문화 간 비교의 필요성을 제기한다. 전반적으로 이 접근에는 두 가지 일반적인 경로가 존재한다. 첫 번째 경로는 단순히 문화 간 차이를 식별하는 것이고, 반면 두 번째 경로는 공통점에서 출발하여, 각 공통점 내에서의 미시적 차이를 보다 정교하게 분석하는 방식이다(그림 1 참조). 아래에서는 우리가 수행한 선행연구를 바탕으로 수업, 교육과정, 그리고 교사 전문성 개발 사례를 통해 이 두 경로를 구체적으로 설명하고자 한다.

1) 경로 1: 문화 간 차이 식별하기

사례 1 수학 교과서에서 초기 대수 개념의 제시 방식

초기 대수 개념 학습에 있어 학생들의 이해 양상에서 나타나는 문화 간 차이를 바탕으로(예: Ding et al., 2021a; Li et al., 2008), 우리는 미국과 중국의 초등 수학 교과서에서 “=”, 분배법칙, 역관계 등의 초기 대수 개념이 어떻게 제시되고 있는지를 비교 분석하였다(Li et al., 2008; Ding & Li, 2010, 2014; Ding, 2016). 그 결과 중국 교과서는 “=”, “〉”, “〈” 기호를 함께 다루며 관계적 맥락에서 “=” 기호를 도입한 반면, 미국의 교사용 지도서 및 수학 교수법 책에서는 "+", "−" 기호와 함께 "=" 기호를 연산 기호로 취급하고 있었다. 이와 유사하게 중국 교과서는 학년 전반에 걸쳐 분배법칙과 같은 근본 개념에 대한 깊이 있는 이해를 강조한 반면, 미국의 표본 교과서들은 해당 법칙에 기반한 계산 전략(예: 곱셈 계산을 위한 배열 쪼개기)을 강조하고 있었다(Ding & Li, 2010). 또한 중국 교과서는 학생들의 이해를 돕기 위해 실생활 맥락 속에서의 완성된 예제를 체계적으로 제시하였다. 이러한 구체적 표상들은 보통 점진적 추상화(때때로 반구체적 도식semiconcrete diagrams을 거쳐)로 전환되었으며, 이를 통해 학생들의 추상적 사고를 발달시키고자 하였다(Ding & Li, 2014). 이러한 유형의 표현 순서는 최근 제안된 '구체성의 점진적 완화concreteness fading'로 불리는 교수 이론(Fyfe & Nathan, 2019)과 결을 같이 하며, 이는 학습과 전이를 모두 지원하는 데 효과적인 것으로 나타났다(Fyfe et al., 2015). 그러나 이러한 표현 순서의 패턴은 분석 대상이 되었던 표본 미국 교과서에서는 관찰되지 않았다. 위에서 서술한 문화 간 교과서의 차이는 학생들의 초기 대수 학습의 차이를 야기하는 주요 요인일 수 있으며(Ding et al., 2021a, 2023), 이는 학생들에게 보다 나은 학습 환경을 제공하기 위해 주목할 필요가 있다.

사례 2 초등 교실에서의 초기 대수 수업

앞서 확인된 교과서 차이를 바탕으로, 우리는 초기 대수 개념(예: 역관계 및 연산의 기본 성질)이 미국과 중국의 초등학교 수학 수업에서 전문가 교사expert teachers가 어떻게 가르치고 있는지 추가로 탐색하였다. 총 64편의 수업 녹화 영상 분석을 통해 제시된 예제worked examples, 표상representations, 그리고 심화 질문deep questions의 사용에서 문화 간 차이가 나타남(Ding et al., 2019)을 확인하였고, 이는 효과적인 교실 수업의 핵심 요소이다(Pashler et al., 2007). 예를 들어, 대부분의 중국의 새로운 수업에서는 하나의 예제를 심층적으로 다루었다. 이러한 예제는 목표 개념을 학습하는데 명확한 목적을 두고 다루어졌다. 반면 미국 수업에서는 여러 개의 유사한 예제가 반복적으로 제시되었고, 각각에 대한 논의는 비교적 짧게 이루어졌다. 또한 예제를 중심으로 한 수업 논의에서, 중국 교사들은 학생들이 실제 맥락을 통해 개념을 이해할 수 있도록 유도하고, 구체적인 표현과 추상적 개념 간의 연결을 형성하도록 하였으며, 개념의 핵심 아이디어에 주의를 집중시키는 심화 질문(예: 연산의 의미, 역관계 등)을 적극적으로 활용하였다. 이러한 수업 방식은 중국 수업에서 뚜렷하게 나타나는 특징으로, 미국 수업에서는 드물게 관찰되었다. 미국 수업의 경우, 주로 정답 찾기에 초점을 맞춘 활동이 많았다(예: 수직선 위에서의 점프를 통해 정답을 찾거나, 큐브의 남은 부분을 세어 '차이'를 계산하는 방식). 이러한 문화 간 교수 차이는 앞서 언급된 교과서 차이와 일관된 경향을 보이며, 학생의 수학 학습에 유의미한 예측 요인으로 작용함이 확인되었다(Ding et al., 2023).

2) 경로 2: 문화 간 공통점 파악 후 차이 분석하기

사례 1 중학교의 대수 수업

중학교에서 대수 수업에 대한 이해를 심화하기 위해, 우리는 중국과 미국의 중학교 대수 수업 두 사례를 병렬적으로 비교하였다(Huang et al., 2016b). 이 비교를 통해 학습 목표, 수학 과제의 실행 방식, 실제 실행된 수업 목표 측면에서 공통점과 차이점을 모두 발견할 수 있었다. 첫째, 양국 교사 모두는 다음과 같은 공통된 수업 목표를 강조하였다. 대수식을 활용하여 양적인 관계를 표현하기, 패턴을 발견하는 과정을 경험하기, 수학과 실생활 간의 연결을 형성하기. 그러나 중국 교사는 수학적 패턴을 일반적인 방법으로 탐색하는 능력(즉, 기하적·수치적 변화 속에서 불변의 특징을 관찰해 추론하는 방식)을 강조한 반면, 미국 교사는 특정 패턴을 발견하는 과정(예: 관찰, 추측하기, 구체적 검증으로 증명하기 및 연역적 증명, 혹은 반례를 통한 반증)을 보다 중점적으로 다루었다. 둘째, 두 수업 모두 인지적으로 높은 요구 수준의 과제를 포함하고 있었으며, 이는 공통적으로 패턴 탐색 및 증명에 초점을 두고 있었다. 그러나 중국 수업은 미국 수업에 비해 보다 다양한 패턴을 탐색하고 이를 연역적으로 증명하는 고차원적 과제를 더 많이 포함하고 있었다. 마지막으로 두 교사 모두 설정한 학습 목표를 적절하게 수업에 반영하였으며, 패턴을 발견하는 과정 자체에 대한 강조도 공통적으로 나타났다. 하지만 중국 수업은 두 가지 다른 패턴을 동시에 탐색하려 한 반면, 미국 수업은 그 중 하나의 패턴에 집중하여 일관되게 수업을 전개하였다. 특히 중국 교사는 구체적인 검증[concrete verification]과 연역적 증명[deductive proof] 사이를 넘나들 수 있는 기회를 반복적으로 제공하였고, 새로운 상황에 학습한 방법을 적용하게 함으로써 연역적 증명을 강조하였다. 반면 미국 교사는 달력이라는 특정 맥락 안에서 하나의 패턴을 체계적으로 탐색할 수 있는 기회를 제공하고자 했다. 요약하자면 중국 수업은 미국 수업에 비해 수학적으로 더 풍부하고 정교하며, 수학적 사고 방법에 있어서도 더 높은 수준을 포함하고 있었다.

사례 2 초등학교에서 덧셈적 비교[additive comparisons]의 지도

마찬가지로 우리는 덧셈 비교 문장제 문제[comparison word problems](CWPs) 수업에 대한 미국과 중국의 1학년 수업 두 사례를 비교하였다(Huang et al., 2019). 두 수업은 각각 미국과 중국에서 수업연구[lesson study]를 통해 개발된 결과물이었다. 중국 수업에서는 여러 개의 해결된 예시 문제(예: "한 학생이 별 3개를 가지고 있고, 교사는 별 5개를 가지고 있다면, 교사가 학생보다 몇 개 더 가지고 있을까?" 또는 "어떤 학생이 별 3개를 가지고 있고, 교사가 학생보다 2개를 더 가지고 있다면, 교사는 몇 개를 가지고 있을까?")를 통해 [그림 2]와 같은 도식을 사용하여 CWP의 내재된 구조를 강조하였다.

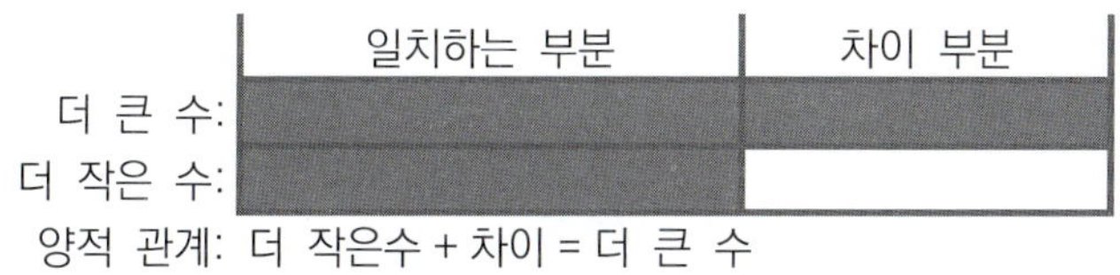

[그림 2] 덧셈 비교 문장제 문제(CWP)의 구조와 그 정량적 관계

Huang 외(2019)는 세부 분석을 기반으로 학습 목표, 수학 과제, 교실 담화, 표현의 활용, 학생의 풀이와 오류의 활용 측면에서 공통점과 차이점을 도출하였다. 첫째, 학습 목표 측면에서 두 수업 모두 적절한 도구와 표현(예: 실물 도구, 조작물, 그림, 기호 등)을 활용하여 CWP를 이해하는 데 중점을 두었다. 하지만 뚜렷한 차이는 미국 수업은 정답이나 다양한 표현을 사용한 해결법을 찾는 데 중점을 둔 반면, 중국 수업은 다양한 표현을 활용하여 덧셈 비교의 구조를 강조하는 데 초점을 두었다는 것이다([그림 2] 참고). 이는 Ding 외(2019)의 보고와도 유사하다. 둘째, 두 수업 모두 도전적인 수학 과제를 포함하고 있었으나, 중국 수업(n=8)에는 미국 수업(n=5)보다 도전적 과제가 더 많이 포함되어 있었다. 이는 Huang 외(2016b)의 결과와도 일치한다. 셋째, 두 수업 모두 과제를 중심으로 수업 담화를 이끌어 나갔으나, 그 담화 방식은 달랐다. 중국 수업에서는 점진적 유도형 질문 방식[funneling pattern of questioning](National Council of Teachers of Mathematics [NCTM], 2014)을 활용하여 학생들을 특정한 일반화로 이끄는 식의 교수·학습 교환이 이루어진 반면, 미국 수업에서는 집중식 질문[focusing pattern of questioning]을 활용하여 학생들이 문제를 해결하는 자신만의 방식을 개발하고, 수학 아이디어에 대한 소유감[ownership]을 공유할 수 있도록 유도하였다. 학생들의 오개념을 다룰 때, 미국 수업에서는 학생들의 해결 전략에 초점을 맞추어 재안내[redirection]를 하였다. 반면 중국 수업에서는 교사가 학생들이 이전에 얻은 그림 표상을 바탕으로 기호적 표현을 발전시킬 수 있도록 격려하였다. 예를 들어, "YY는 별을 6개 가지고 있고, LL은 5개를 가지고 있다. YY는 LL보다 몇 개 더 가지고 있는가?"라는 문제를 해결하기 위해, 학생들은 다음과 같은 세 가지 식을 제시하였다. $6-5=1$, $6-1=5$, $5+1=6$. 이에 대해 교사는 어떤 식이 문제 상황에 가장 잘 부합하는지를 학생들에게 질문하였다. 학생들의 응답을 바탕으로, 교사는 비교 모델이 어떻게 구조적으로 뺄셈과 연계되어 있으며, 왜 첫 번째 식만이 이 문제의 의미와 정확히 맞는지를 설명하였다. 전반적으로 Huang 외(2019)는 미국과 중국 수업의 근본적인 차이를 다음 세 가지 측면에서 요약하였다. 수업 구조의 차이(개방형 vs. 폐쇄형), 학습 목표의 차이(전략 중심 vs. 구조 중심), 표현 수단의 활용 방식 차이(하나의 문제를 다양한 전략으로 해결하기 vs. 다양한 문제에 내재된 동일한 구조 이해하기).

사례 3 교사 연수에서 교사의 비디오 노티싱

수업 개선을 지원하기 위해 우리는 미국과 중국 교사들($N_{미국}$ = 17명, $N_{중국}$ = 17명)을 대상으로 주석이 달린 국가 간 수업 영상을 제시하고, 이들이 해당 영상을 시청한 뒤 의견을 나누도록 하였다(Ding et al., 2022). 우리는 교사들의 비디오 노티싱video noticing을 분석할 때, 먼저 공통점을 중심으로 살펴본 후, 국가 간 차이에 주목하였다. 두 국가의 교사들 모두 '수업teaching'을 다른 영역(수학 내용, 학생, 기타)보다 더 많은 언급을 하였다. '수업' 영역 내에서도, 각 국가의 교사들은 의사소통 방식, 표상, 교사의 질문 및 안내 방식에 대해 가장 많이 주목하였다. 그러나 이러한 측면들을 좀 더 면밀히 분석한 결과, 국가 간 문화적 차이가 뚜렷하게 드러났다. 예를 들어, 미국 교사들은 중국 수업의 실제 맥락에 기반한 예시의 제시와, 구체적인 현실 상황에서 점차 추상적인 수식으로 점진적 완화fading되는 방식에 관심을 보였다. 반면 중국 교사들은 미국 수업에서 연결 큐브connecting cubes와 배열 모델array model을 창의적으로 활용한 점에 주목하였으며, 이는 중국 교육과정에서 강조하는 "수형결합(数形结合)"—즉, 수와 도형의 결합적 이해 접근방식과 일치한다고 평가하였다. 더불어 미국 교사들은 중국 수업의 엄밀하고 구조화된 수업 전개 방식에 깊은 인상을 받았고, 중국 교사들은 미국 교실의 자연스러운 교사—학생 관계와 편안한 수업 분위기를 긍정적으로 받아들였다. 이러한 노티싱의 차이는 단순한 수업 실행 방식의 차이를 넘어, 각국 교사들이 수업에서 무엇을 중요하게 여기는지에 대한 통찰을 제공하며, 이는 수학교육자나 수업 개선에 관심 있는 정책 입안자들에게 유의미한 시사점을 제공한다.

3) 문화 간 관점을 통해 우리는 무엇을 배웠는가?

문화 간 관점에서 도출된 연구 결과는 수학교육 분야의 연구자 및 실천가들이 수학 수업을 보다 깊이 이해하고 개선하는 데 도움을 줄 수 있다. 첫째, 이러한 관점은 각 교육체제 안에서 수학 수업의 구조와 특징을 깊이 있게 이해하도록 도와준다. 예를 들어, 동일한 유형의 일차함수의 양적 모델(예: 띠 그림tape diagrams)을 사용하는 경우에도, 중국 교사들은 이를 두 양 사이의 관계(즉, 근본 구조)를 모델링하는 데 주로 활용한 반면, 미국 교사들은 정답을 구하는 수단으로 활용하는 경향을 보였다(Ding et al., 2019; Huang et al., 2019). 이러한 표현 수단 활용의 차이는 두 나라가 수업에서 강조하는 바가 다름을 시사하며, 만약 문화 간 비교 관점을 취하지 않았다면 이러한 차이는 관찰되지 않았을 수도 있다. 이러한 관찰은 Cai(2004)의 보고와도 일치하며, 문화 간 비교가 자신의 수업 실천에 대한 깊은 성찰을 유도한다는 Li 외(2014b)의 주장을 뒷받침한다. 또한 Huang 외(2016b)의 연구에서 결론지은 바와 같이, 교실 수업의 유사점과 차이점을 파악하는 과정은 수학 수업에서 학습 기회를 극대화하는 방안에 대한 성찰을 강화한다.

둘째, 문화 간 비교 연구의 결과는 수학 수업 개선에 대한 가능성을 제시한다. 이는 서로 다른 문화권의 수업에서 도출된 결과들을 융합할 경우, 새롭고 독창적인 수업 실행 방안이 창출될 수 있기 때문이다. 예컨대 Ding(2021)은 기본 부분-전체[part-whole] 개념과 관련한 문장제 문제를 가르칠 때, 중국의 1학년 교실에서는 일반적으로 현실 세계의 문제에서 수치적 풀이로 중간 단계 없이 바로 완화[fading]되는 표상의 순서가 사용된다고 기록하였다. 반면 미국 수업에서는 연결 큐브와 같은 조작물을 활용하여 수업을 시작하는 경향이 있었는데, 이는 미국 수업의 특징적인 도구이다. 학생들이 수학 개념을 학습하는 속도는 개인차가 크다는 점을 고려할 때, 우리는 미국과 중국 수업의 장점을 통합하여 구체-그림-추상[Concrete-Pictorial-Abstract] 표상 연속체에 기반한 수업 구조를 제안한다. 즉 현실 맥락에서 출발하여, 이를 반구체적인 조작물[semiconcrete manipulatives]로 모델링하고, 궁극적으로 수치적 풀이[numerical solutions]로 연결하는 흐름이다. 이러한 표현 순서는 느린 학습자뿐만 아니라, 모든 학생들이 수학적 추론을 할 수 있는 발판을 제공한다. 앞서 언급한 바와 같이, 이러한 순서는 Fyfe와 Nathan(2019)이 제시한 구체성의 점진적 완화[concreteness fading]와도 일치하며, 이는 중국 교과서의 다양한 주제에서도 자주 나타나는 특징이기도 하다. 이와 같은 맥락에서 Huang 외(2016b)는 만약 미국 수업의 목표를 패턴을 경험적으로 발견하는 것뿐만 아니라 연역적으로 정당화하는 것까지 포함하도록 조정한다면, 미국 수업의 접근방식에 중국 수업의 요소 일부를 결합하는 것이 그 목표 달성에 도움이 될 수 있다고 제안하였다. 반대로 중국 수업에서도 미국 수업의 통찰을 반영하여 학생들에게 더 많은 탐색과 토론의 시간을 허용한다면, 이는 2011년 중국 교육부가 제시한 새로운 교육과정 기준이 요구하는 바와도 부합하게 될 것이다(교육부, 2011).

접근 2: 특정 맥락 내에서 문화적 관점을 취하는 접근

특정 문화적 맥락 내에서 이루어지는 수업 활동 역시 보다 깊이 있는 이해를 위해 문화적 관점을 필요로 한다. Carlone과 Johnson(2012)에 따르면, "문화"의 두 번째 측면은 보다 넓은 사회 구조와의 관련 속에서 드러나는 개인의 실천으로 설명될 수 있다. 이러한 맥락에서, 특정 환경 내에서 문화적 관점을 취하는 연구들은 국가 간 비교를 목적으로 하지 않는다. 대신 하나의 문화 맥락 안에서 일어나는 활동에만 초점을 맞춘다. 수업 활동은 자국의 문화권에서도 또는 외국의 문화권에서도 발생할 수 있으며, 이에 따라 연구자나 교사는 그 활동의 '내부자insider' 또는 '외부자outsider'가 될 수 있다(예: 수업연구lesson study에서 중국 교사나 연구자는 그 활동의 '내부자'인 반면, 미국 교사나 연구자는 '외부자'라고 할 수 있다). 이러한 내부자-외부자 관계는 해당 활동이 이루어지는 문화적 맥락에도 적용된다(예: 중국 교사 및 연구자는 중국이라는 맥락의 내부자이고, 미국 교사는 그 맥락의 외부자에 해당한다). 이처럼 사람people, 활동activity, 맥락context의 상호 관계는 복잡할 수 있으나, 우리는 특정 문화 내에서 이루어지는 수업 활동을 탐구하는 데 있어 두 가지 일반적인 접근 경로를 도출할 수 있었다. 하나는 외부자의 시각에서 접근하는 경로이고 다른 하나는 내부자의 시각에서 접근하는 경로이다([그림 1] 참고). 이러한 두 관점을 명확히 설명하기 위해 우리는 각 접근방식을 개별적으로 서술한다. 그러나 특정 환경 내에서 국제적 관점을 통해 의미 있는 학습을 실현하기 위해서는 내부자와 외부자 간의 상호이해와 협상 과정이 매우 중요하다. 이후 본문에서는 각 경로에 해당하는 구체적인 사례들을 자세히 살펴본다.

1) 경로 1: 외부자의 관점에서 특정한 문화적 활동 살펴보기

사례 1 협동학습Cooperative Learning

외부자의 시각에서 특정 문화적 수업 활동을 탐구하는 접근은 연구자 자신의 배경과 경험에서 비롯될 수 있으며, 이는 관찰한 문화 맥락에서 교육적 문제를 식별하는 데 기여할 수 있다. Ding 외(2007)의 연구에서 우리는 미국 교실의 협동학습 수업에서 교사의 개입에 대해 탐색하였다. 이 연구는 협동학습 방식에 익숙하지 않았던 두 명의 중국인 저자(제1저자, 제2저자)의 배경에서 출발하였다. 수업 영상을 시청하는 동안 연구팀은 중학생들이 원형 책상에 앉아 있고, 교사는 교실을 돌아다니며 조언을 제공하는 장면에 주목하였다. 교실의 전반적인 분위기는 자유롭고 편안해 보였지만, 학습의 효율성은 상대적으로 낮아 보였다. 예를 들어, 한 소그룹 전체가 과제 수행에 어려움을 겪고 있는 상황에서도 교사는 여전히 동료 간 도움을 장려하였다. 우리는 왜 교사가 그렇게 지도했는지 명확히 이해하지는 못했지만, 이러한 관찰은 중국에서의 교수·학습 경험과 극명한 대조를 이루었기에 강한 호기심을 불러일으켰다. 비슷한 상황에서 중국 교사들이라면 교실 토론을 촉진하기 위해 즉각적으로 직접적인 지도를 제공했을 것이다. 문헌 조사를 통해 우리는 이러한 수업 방식이 '협동학습'이라 불리며, 서구에서 시작되어 서구 교실에서 널리 사용되는 교수 전략이라는 것을 알게 되었다. 또한 선행연구에서도 이 교수 방식에 대해 다각도로 분석한 바 있으며, 그 결과들은 장점과 도전 과제를 모두 갖고 있다는 혼합된 양상을 보여주고 있었다. 이후 교사의 개입 방식에 대한 미시적 분석을 통해, 우리는 학생들의 수학적 사고를 어떻게 다루는지가 핵심 쟁점임을 밝혀낼 수 있었고, 이는 이 분야의 후속 연구에 의미 있는 통찰을 제공하였다.

사례 2 수업연구

외부자의 시각에서 특정 문화적 활동을 탐구하는 접근은 실제 교육 현장에서 직면한 문제들을 해결하는 데 있어 유망한 방향성을 제시할 수 있다. 이를테면, 수업연구lesson study를 예로 들 수 있다. 수업연구는 중국과 일본에서 시작된 협력 기반의 교사 전문성 개발 모델로 알려져 있다(Chen & Yang, 2013; Lewis & Tsuchida, 1998). 수업연구의 긍정적인 효과가 다양한 연구를 통해 입증되면서(Huang & Shimizu, 2016; Lewis & Perry, 2017; Xu & Pedder, 2014), 우리는 미국 내 여러 수업연구 그룹과 협력하여 중국식 수업연구 접근법을 적용해 문제해결 중심 수업의 핵심 교수 실천을 개발하고자 하였다(Huang et al., 2017). 그 결과 교사들은 연구수업에서 과제 제시, 과제 실행, 그리고 학생의 해결 방안과 과제와의 조율 측면에서 수업을 실제로 개선하였다. 우리는 중국식 수업연구가 의도적 실천deliberate practice의 일환으로 작동하면서, 교사들이 수업 내에서의 "작은 변화"(예: 학생들에게 정답을 유도하는 질문을 많이 던지고 답을 이끌어내는 방식에서, 소그룹 활동의 개입 시 교사의 유도 질문을 줄이고 학생들이 자신의 해결 방법을 협력적으로 논의하도록 하는 방식으로 전환하는 등의 변화)가 학생의 학습에 얼마나 중대한 차이(예: 하나의 정답만을 제시하는 것에서 일부 오개념을 포함한 다양한 학생들의 해결 방안을 비교·대조하는 방식으로의 전환)를 만들어내는지를 직접 인식하게 되었고, 이는 교사들이 수업연구에 적극적으로 참여하도록 동기를 부여했다.

흥미롭게도 외국 맥락에서 수업연구를 연구하는 과정은 오히려 이러한 문화적으로 특수한 활동 자체를 개선할 수 있는 통찰도 제공해주었다. 다른 국가의 수업연구와 비교하면서, 중국식 수업연구가 학생 학습에 대한 초점 부족이나 수업연구 과정에 대한 체계적인 탐색의 부족과 같은 약점을 갖고 있음을 인식하게 되었다. 이러한 외부자의 시각에서 도출된 결과는, 우리가 학습 궤적 개념을 중국식 수업연구에 통합하여, 교사가 학생의 학습과 이해에 보다 집중하도록 지원하는 방안을 고안하게 하였다(Huang et al., 2016a). 더 나아가 우리(Huang, 2021; Huang et al., 2021)는 확장적 학습expansive learning의 관점을 적용하여 중국식 수업연구에서의 교사 학습 과정을 분석하였다. 확장적 학습이란 "학습자가 자신이 속한 활동을 위해 새롭고 더 넓고 더 복잡한 목적object과 개념을 스스로 구성하고 실행하는 학습"(Engeström & Sannino, 2010, p. 2)을 의미한다. 이러한 일련의 연구를 바탕으로, 우리는 중국식 수업연구를 이론적·실천적으로 심화하기 위해 개선과학 방법론improvement science methodology과 네트워크 기반 개선 공동체networked improvement community 개념의 도입을 제안하였다.

2) 경로 2: 내부자의 관점에서 특정한 문화적 활동 살펴보기

사례 1 구체성의 점진적 완화Concreteness Fading

내부자의 시각에서 특정 문화적 수업 활동을 탐구하는 접근은 해당 활동의 진정한 가치, 즉 '문화적 온전성cultural integrity'을 보존하는 데 중요한 역할을 한다. 예를 들어, 중국 교과서(Ding & Li, 2014)와 실제 수업(Ding, 2021)에서 관찰된 '구체성의 점진적 완화concreteness fading' 접근을 살펴보자. 이 접근은 동일한 개념의 표현을 '구체적concrete' 수준에서 시작해, '반구체적semiconcrete' 수준을 거쳐, 점차 '추상적abstract' 수준으로 완화fade시키는 표현 방식의 순차적 전개를 말한다. 이전 연구(Ding et al., 2022)에서 많은 미국 교사들은 이 접근에 대해 긍정적으로 평가하며 자신들의 수업에 적용하려는 시도를 보였다. 그러나 실제로는 미국 교사들이 이 접근을 구현할 때 표면적인 요소(예: 표현 순서)에 더 초점을 두는 경향이 있었으며, 그 표현들이 기반하고 있는 문제 구조에는 충분히 집중하지 못하고 있었다(Ding et al., 2021b). 일부 교사들은 다양한 표현 방식들을 단지 정답을 구하는 수단으로만 활용하기도 하였다. 이러한 발견은 교수 전략의 문화적 온전성에 대한 이해의 필요성을 시사한다. 예컨대, 중국 수업에서는 추상적 사고를 학습의 궁극적인 목표로 여기며, 구체적 또는 반구체적 표현은 그 목표를 달성하기 위한 도구적 수단일 뿐이다. 즉 구체성의 점진적 완화의 목적은 정답 도출이 아니라, 문제에 내재된 구조적 이해를 돕기 위한 것이다. 내부자의 시각 없이, 단순히 겉모양을 모방하는 방식만으로는 해당 교수 접근법이 지닌 원래의 교육적 효과를 제대로 실현하기 어렵다. 이러한 관찰은 국제 교과서 도입에도 중요한 시사점을 제공한다. 현재 여러 국가에서는 동아시아 국가들의 우수 수학 교과서에 큰 관심을 보이고 있다(예: 싱가포르 수학 교과서의 미국판 발간). 그러나 이러한 교과서의 특정 특징들(예: 띠 모형, 구체성의 점진적 완화)을 제대로 수용하려면, 표면적 요소 이면에 담긴 원래 교육과정 설계자들의 의도에 대해 깊이 있는 이해가 선행되어야 한다.

사례 2 수업연구

특정 활동을 다른 문화권에 성공적으로 적용하기 위해서도 내부자의 시각은 핵심적인 역할을 한다. 앞서 언급한 수업연구의 사례를 살펴보면, 미국 내에서 교사들이 수업연구를 적용했던 연구들은 일정 부분 성과가 보고되었는데, 이는 대부분 외부 재정 지원을 받은 프로젝트를 기반으로 이루어진 것이었다(Huang et al., 2017, 2019).

이들 프로젝트가 종료된 이후, 수업연구 활동 역시 지속되지 못하고 중단되었다. 미국 맥락에서 내부자의 시각에 따르면, 수업연구 수행에서 실시간 수업 참관을 위한 교사 시간표 조정의 어려움, 훈련된 수업연구 촉진자[facilitator] 부족의 두 가지 주요 장애 요인들이 수업연구의 정착과 확산을 가로막고 있는 것으로 나타났다(Akiba & Wilkinson, 2016; Takakashi & McDonald, 2016). 이러한 미국 교실의 현실적 제약을 인식한 우리는 (Huang et al., 2020) 디지털 기술을 활용한 수업연구 방안을 제안하였다. 이 접근에서는 연구수업을 다수의 카메라로 촬영하고, 촬영된 영상에 주석을 달아, 사후 협의회를 온라인 화상 회의 시스템을 통해 진행하였다. 이로 인해 교사들은 자신의 수업을 빠지지 않고도, 주석이 달린 연구수업 영상을 시청하며 심층적인 수업 이해와 풍부한 협의 과정을 경험할 수 있었다. 이러한 기술 기반 수업연구 모델은 중국식 수업연구에 대한 내부자의 통찰이 미국에서 중국식 수업연구를 적용할 때, 외국의 수업연구 접근법이 지닌 핵심 장점을 유지하면서 도전적 과제를 극복할 수 있는 혁신적 해결 방안을 제안할 수 있음을 보여준다.

3) 특정 맥락 내에서 문화적 관점: 우리는 무엇을 배웠는가?

특정 맥락에서 이루어지는 교육 활동을 연구할 때, 우리는 "외부자" 또는 "내부자"의 문화적 관점을 취할 수 있음을 확인하였다. 이 두 시각은 모두 수학 수업에 대한 이해와 개선에 기여할 수 있다. 문화적으로 형성된 활동을 "외부자"의 시각에서 바라볼 경우, 예상치 못한 발견을 통해 연구자의 탐구적 호기심을 자극할 수 있다. 특히 외부자의 관점은 다음 두 가지 측면에서 유의미한 기여를 할 수 있다. (1) 내부자에 의해 간과될 수 있는 교육적 문제를 식별하게 하며, 이때 식별된 문제는 연구자 자신이 속한 수업 실천을 깊이 있게 성찰하고 더 나은 이해로 이어지는 촉매 역할을 할 수 있다. (2) 식별된 문제를 해결하기 위한 대안적 방향을 제시하고, 이를 통해 수업 개선을 도모할 수 있다. 외부자의 경험과 전문성은 문제를 식별하고 제기함으로써 변화를 만들어 내기 위한 유망한 방향성을 제시할 수 있다. 어떤 측면에서는 이러한 "외부자"적 시각이 앞서 논의한 문화 간 비교 관점과 유사한 기능을 수행한다고 볼 수 있다.

마찬가지로 "내부자"의 시각 또한 특정 문화적 수업 활동을 탐색하는 데 있어 핵심적인 역할을 한다. 첫째, 내부자의 관점은 해당 교수 실행의 문화적 온전성cultural integrity을 유지하면서 그 실천을 깊이 이해하도록 도와준다. '문화적 온전성'이라는 개념은 질적 연구에서 자주 요구되는 것으로, 연구자들이 문화적 관련성 및 맥락성과 같은 원리에 주의를 기울이도록 하여, 특정 맥락에 내재된 전통적 가치를 의미 있게 이해하도록 돕는다(Pelzang & Hutchinson, 2018). 이러한 이해는 Schoenfeld(2013)가 말한 '합리적 이해reasoned understanding'와도 일치하며, 이는 Carlone과 Johnson(2012)이 강조한 실천 이론, 즉 "문화"라는 개념에 담긴 의미를 해석하는 접근과도 맥을 같이 한다. 우리가 소개한 구체성의 점진적 완화concreteness fading 사례(Ding et al., 2022; 2021b)는 문화적으로 형성된 수업 활동에 대한 합리적 이해가 타국의 수업 통찰로부터 의미 있는 학습을 이끌어내는데 전제조건이 됨을 잘 보여준다. 둘째, 내부자의 시각은 해당 교수 실행이 적용될 맥락적 현실contextual reality을 깊이 있게 이해하도록 한다. 우리의 수업연구 사례(Huang & Han, 2015; Huang et al., 2016b, 2020)는 연구자가 내부자의 시각에서 실제 맥락을 주의 깊게 고려해야 하며, 이를 통해 학습하고자 하는 특정 문화에 기반한 특수한 수업 활동을 성공적으로 변환함으로써, 수학 수업 개선을 촉진할 수 있음을 보여준다. 결론적으로 우리는 내부자의 시각과 외부자의 시각 모두가 특정 교수 실행을 자국 문화 또는 타문화에서 이해하고 개선하는 데 필수적인 전제조건임을 확인하였다. 국제적 통찰로부터 효과적인 학습을 가장 잘 지원하기 위해 이 두 시각은 반드시 조율되어야 할 필요가 있다.

논의 및 결론

본 장에서는 Silver와 동료 연구자들(Li et al., 2014a)이 수행한 중요한 선행연구를 바탕으로, 수학 수업 및 수업 개선 연구에서 문화적 관련성cultural relevance의 중요성과 그 쟁점을 탐색하였다. 우리는 Carlone과 Johnson(2012)이 제안한 "문화"에 대한 두 가지 연관된 이론—문화 차이 이론cultural difference theory과 실천 이론practice theory—을 이론적 기반으로 삼아, 문화적 관점을 취하는 두 가지 접근—(1) 문화 간 관점cross-cultural lens, (2) 특정 맥락 내 문화적 관점cultural lens within a specific context—을 구분하였다. 이 두 접근 각각에 대해, 미국과 중국에서 수행한 우리의 선행연구를 사례로 제시하며 다른 분석 경로를 구체적으로 설명하였다. 앞서 제시하였듯이 문화적 관점은 당연하게 여겨질 수 있는 교육적 문제들을 새롭게 인식하게 해주었다. 예를 들어, 문화 간 비교 관점이나 외부자의 시각에서 특정 활동을 탐색한 연구들(Ding, 2021; Ding et al., 2007, 2019, 2022; Huang et al., 2016a, b, 2017, 2019, 2020)을 통해 우리는 문화 내 그리고 문화 간 유사성과 차이를 발견하였다. 이러한 발견은 우리가 관찰한 수업 현상을 성찰하고, 수학 수업에 대한 이해를 더욱 심화하는 데 기여하였다. 또한 우리는 미국 교사들과 협업하여 문화 간 연구에서 도출된 시사점을 실제 수업 개선에 적용하고자 하였다. 일정 부분 성공적인 실행 결과도 있었지만, 동시에 문화적으로 형성된 교수 방식과 신념의 견고함을 확인할 수 있었고, 이러한 변환 과정에서 문화적 온전성[cultural integrity]과 맥락적 현실[contextual reality]을 고려하는 것이 필수적이라는 점을 재확인하였다. 이는 다국적 연구를 포함한 기존 연구의 결과(Stigler & Miller, 2018)와도 일치한다. 이를 종합하면 우리의 관찰과 연구 결과는 다음 두 가지 질문에 대한 지속적인 성찰과 향후 연구의 필요성을 제기한다. 문화적 관점을 통해 드러난 발견들(예: 문화 기반의 차이)을 어떻게 설명할 수 있을 것인가? 하나의 교육체제에 속한 교육자들이 다른 나라의 사례로부터 어떤 방식으로 배움을 얻고, 그것을 자신들의 체제에 어떻게 효과적으로 적용할 수 있을 것인가?

1) 문화적 관점을 통해 드러난 연구 결과들을 어떻게 설명할 수 있는가?

우리가 흔히 말하듯 "수업은 문화적 활동이다". 다른 대부분의 문화적 활동과 마찬가지로, 수업의 많은 특성은 겉으로 잘 드러나지 않으며, 효과적인 수업에 대한 전제나 신념은 내부자에게는 암묵적인 경우가 많다. 명시적인 비교나 분석이 이루어지지 않는다면, 이러한 문화 기반의 수업은 의미 있는 변화가 이루어지지 않을 수 있다. 사실 수업은 학생, 내용, 교사 등 다양한 요소들이 복합적으로 얽혀 있는 복잡한 체계이다(Stigler & Miller, 2018). 이러한 복잡한 체계 안에서는, 문화적 활동이 개인과 집단 간의 상호작용을 통해 암묵적이고 비형식적으로 학습되기도 한다. 이러한 요인들이 바로 문화적 관점을 통해 드러난 연구 결과들을 설명하는 데 도움을 준다. 우리의 연구(Ding, 2021; Ding et al., 2019; Huang et al., 2016a, b, 2017)에서도 다양한 학년 수준에 걸쳐 다음을 발견하였다. 중국 교사들은 대체로 수학 개념과 구조에 대한 이해를 강조하고, 새로운 문제해결에 활용 가능한 사고 방법에 집중하였다. 반면 미국 교사들은 정답에 도달하기 위한 절차적 과정에 더 집중하는 경향을 보였으며, 이는 학생들의 문제해결력이나 구조적 이해를 심화시키는 데에는 충분하지 않을 수 있다. 수업은 문화적 활동이며, 복잡한 체계이다. 이러한 관점에서 볼 때 중국과 미국 교사들이 같은 주제나 심지어 같은 표상을 어떻게 다르게 접근하는지를 발견한 것이 놀랍지 않을 수 있다. 이러한 연구 결과는 기존 문헌(Cai, 2004; Stigler & Hiebert, 2004)과도 일관된 맥락을 이룬다.

Stigler와 Miller(2018)에 따르면 교사들은 실제로 교단에 서기 전까지 약 1만 시간 동안 수업을 관찰한 경험을 갖고 있으며, 이는 문화적으로 형성된 수업을 논할 때 반드시 고려해야 할 핵심 요소이다. 이와 유사하게 Cuban(1984)도, 교사교육이 K-12(초·중·고) 수업에 미치는 영향력이 상대적으로 미약한 이유 중 하나가 바로 이 때문이라고 지적하였다. 그는 다음과 같이 말한다. "교사들은 교사교육 프로그램에서 짧은 기간 동안 교육자에게서 배우는 것보다, 학생으로서 K-12 교실에서 보낸 수천 시간의 경험을 통해 수업에 대해 훨씬 더 많이 학습한다"(Labaree, 1992, p. 139에서 재인용). 같은 맥락에서 Ball(1988)은, 예비 교사들이 교사교육 프로그램에 입문하기 훨씬 이전부터 수학교육에 대한 오랜 노출 경험을 통해, 무엇이 효과적인 수업인지에 대한 신념과 아이디어를 이미 형성했을 수 있다고 주장하였다. 그 결과 교사들은 워크숍이나 교사교육 프로그램에서 무엇을 배웠는지와 관계없이, 자신이 학생 시절 경험했던 방식 그대로 수학을 가르칠 가능성이 높다(Ball, 1988). 이러한 관점에서 보면, 교수 행동에 미치는 문화적 영향의 정도는 해당 문화적 활동에 얼마나 오랜 시간 노출되었는가에 따라 결정되는 함수라고 볼 수 있다. 이 영향력은 매우 깊게 내면화되어 있어, 내부자에게조차 거의 인식되지 않으며, 변화에 저항적이다. 또한 교사는 단지 교사로서 첫 발을 내딛기 전의 경험에 의해 영향을 받을 뿐 아니라, 교직 생활 동안 지속적으로 몸담는 제도와 환경에 의해서도 꾸준히 형성된다는 점을 주목할 필요가 있다.

이러한 점에서 우리는 "문화"라는 용어를 단순하고 모호하게 '수업이 서로 다른 문화 체계 안에서 이루어진다'는 사실과 연결지어서는 안 된다고 주장한다. 오히려 수업 또한 인간의 모든 행동과 마찬가지로, 외부 자극에 얼마나 오랫동안 노출되었는지에 깊이 영향을 받는다고 여긴다. 즉 언어 습득을 "외부 강화^reinforcement^와 조형^shaping^의 함수"로 설명한 것처럼(Skinner, 1957; Kuhl, 2000, pp. 11, 850 재인용), 수업 또한 문화적 활동이며, 그 형성과 습득은 오랜 시간에 걸친 교실 경험에 의해 강화되고 형성된 결과라 할 수 있다. 이러한 관찰은 문화 기반의 수업 방식이 왜 그렇게 견고한지, 왜 문화적으로 형성된 교수 유형이 반복적으로 나타나는지를 이해하는 데 중요한 통찰을 제공한다.

2) 문화적 관점을 통해 드러난 연구 결과에서 우리는 어떻게 배울 수 있는가?

문화에 기반한 교수 방식의 근간을 이해하는 것은, 다른 문화 체계로부터 배움을 얻는 데 있어 중요한 통찰을 제공할 수 있다. Scotland(2012)에 따르면 하나의 패러다임은 세 가지 주요 수준, 즉 방법론(methods, 교수법), 인식론(epistemology, 학습이 어떻게 일어나는가에 대한 이해), 존재론(ontology, 신념과 가치)으로 구성된다. 따라서 패러다임 전환이 일어날 때, 교사 학습과 수업 변화는 이 세 수준에서 각기 다르게 나타날 수 있다. 우리의 선행연구에 따르면, 변화는 주로 첫 번째와 두 번째 수준(방법론과 인식론)에서 관찰되었으며, 가장 어려운 부분은 존재론적 수준에서의 변화였다. 예를 들어, 한 미국 교사는 '구체성의 점진적 완화[concreteness fading]'라는 교수법(새로운 교수법)을 자신의 수업에 적용할 수 있었지만, 그 방법을 사용하는 목적은 여전히 "정답을 찾기 위한 것"(기존 가치)이었다(Ding et al., 2019). 이러한 경우는 새로운 교수법이 그것의 진정한 가치를 반영하지 않고 사용되었기 때문에 방법론적 전환은 있었지만 존재론적 전환은 없었다고 볼 수 있다. 앞서 논의한 바와 같이, 교사의 효과적인 수업에 대한 신념(예: 표상 사용의 목적)은 과거의 학습 경험에 의해 형성된다. 우리의 연구에서 미국 교사들은 수학 학습과 교수의 본질을 "정답 찾기"로 귀속시키는 경향을 보였다. 이로 인해 그들의 수업 접근방식은 무의식적으로 정답에 도달하는 전략에 초점을 맞추는 경향이 있었다. 반면 중국 교사들은 수학 교수·학습을 "수학 구조의 이해"로 귀속시키는 경향이 있었다. 따라서 표상(도형, 조작물)은 중국 교사들에게 문제해결 수단이 아닌, 수학적 구조를 이해하기 위한 도구로 간주된다. 물론 하나의 거시문화[macroculture] 안에도 다양한 미시문화[microcultures]가 존재한다는 점을 인정하는 것이 중요하다. 미국 수업 체제 내에서도 교수 방식은 매우 다양하며, 모든 교사가 동일한 방식으로 수업을 운영하는 것은 아니다. 그럼에도 불구하고 본 연구에서 보고된 관찰 결과와 수업 패턴은 여전히 주목할 필요가 있다.

패러다임 전환에 대한 위의 관점을 바탕으로, 우리는 교사가 다른 교육체제로부터 의미 있는 배움을 얻고 발전하기 위해서는 존재론적 수준의 변화가 필요하다고 제안한다. 물론 존재론적 변화는 가장 어렵고 복잡한 변화임에 틀림없다. 그럼에도 불구하고 문화 간 비교 연구는 서로 다른 수업 접근방식들이 수업에 대한 개념 및 그것이 속한 존재론적 범주(예: 정답 찾기 vs. 구조 이해) 간의 본질적인 불일치에 기인할 수 있음을 보여준다. 수학 교수·학습에 대해 다른 존재론적 범주가 존재한다는 사실을 인식하는 것 자체가, 다른 문화권 교육체제로부터 배울 수 있는 잠재적 가능성을 열어준다. Ball(1988)은 이러한 과정을 "가르치는 법에 대한 학습을 버리고 다시 배우기[unlearning to teach]" 과정이라고 명명하였으며, 이는 곧 존재론적 변화를 필요로 한다는 점을 강조한 것이다. 선행연구 사례들을 바탕으로 보면, 많은 미국 교사들은 수학 교수의 개념을 "정답 찾기"에서 "수학적 구조 이해"로 재구성 할 필요가 있다.

물론 이러한 존재론적 변화를 유도하기 위해 단순히 대안적 접근이 존재한다는 사실을 전달하는 것만으로는 충분하지 않다. 존재론적 전환을 촉진할 수 있는 추가적인 요인이 반드시 필요하다. 우리가 주목하는 중요한 요인 중 하나는 교사의 전문화된 내용 지식[specialized content knowledge]이다(Ball et al., 2008; Ma, 1999). 이러한 지식은 교사로 하여금 수학을 모든 지식 조각이 연결된 구조로 이루어진 추상적 학문으로 이해하고 받아들이게 해준다. Ma(1999)의 연구는 미국과 중국의 초등 교사를 비교하며, 미국 교사들이 평균적으로 16년 이상의 교육을 받았음에도 불구하고, 12년의 교육만 받은 중국 교사들이 더 뛰어난 "수학 기초에 대한 깊이 있는 이해(Profound Understanding of Fundamental Mathematics, PUFM)"를 보여주었다고 강조한다. 이러한 내용 지식의 격차는 적절히 다루어지지 않을 경우, 존재론적 수준에서 타 문화권 수업으로부터 배우는 것을 심각하게 저해할 수 있는 주요 요인이 된다. 향후 연구는 이와 같은 문화적 관점을 다양한 방식으로 확장하여, 교육적 쟁점과 우수 사례, 그리고 그 이면에 존재하는 요인들을 탐색하고, 이를 통해 수학 수업 및 그 개선에 관한 지식과 연구를 다 같이 더욱 심화해 나가야 할 것이다.

결론

본 장에서는 Li 외(2014a)의 연구를 확장하여, 수학교육연구에서 문화적 관점을 취할 때 적용 가능한 두 가지 접근방식에 대해 논의하였다. Carlone과 Johnson(2012)이 강조한 바와 같이, 그리고 우리가 제시한 연구 사례들이 보여주듯, 이 두 접근방식은 서로 완전히 분리될 수 없다. 오히려 하나의 교수 활동(예: 수업연구, 표상의 활용)은 서로 다른 접근과 경로를 통해 탐구될 수 있으며, 이러한 다양한 접근은 상호보완적으로 작용하여 해당 문화적 활동에 대한 이해를 더욱 심화시킨다. 우리가 자체적으로 제안한 개념적 틀을 활용하여 우리의 이전 연구들을 분류하고 분석함으로써, 문화 간 관찰 결과의 이면에 존재하는 요인들, 그리고 타 문화 체계의 우수 실천 사례를 효과적으로 수용하고 수업 개선으로 연결하기 위한 방안을 성찰할 수 있었다. [그림 1]에 요약된 우리의 개념적 틀에 기반하여, 우리는 또한 특정 맥락에서의 외부자적 관점이 문화 간 비교에서 얻을 수 있는 통찰과 유사한 기여를 할 수 있다는 점도 발견하였다. 이러한 외부자의 시각은 문화 간 비교를 촉진하는 전단계로 간주될 수 있으며, 그 뒤를 잇는 문화 간 연구는 실제로 교육 개선을 위해 다른 문화 맥락에 적용할 수 있는 대안을 제시할 수 있다. 이러한 경우 내부자의 시각은 특히 중요하다. 내부자의 시각은 해당 수업 활동의 전통적 가치에 대한 올바른 이해를 보장하며, 유망한 외국 수업 방식의 성공적인 변환을 방해할 수 있는 잠재적 장애 요인들을 식별할 수 있도록 해주기 때문이다. 물론 문화적 관점을 적용할 때 퍼즐 조각을 맞추는 방식(다른 접근 방식과 경로의 조합)은 다양하다. 우리가 제안한 개념화와 해석은 그중 하나일 뿐이다. 종합적으로 우리는 본 장에서 제시한 문화적 관련성cultural relevance을 해석하고 탐색하기 위한 개념적 틀이 수학교육연구 분야에서 문화적 관점으로 수업을 탐구하고 개선해 나가는 데 있어 유용한 방향성과 다양한 탐색 지점을 제공할 수 있기를 기대한다.

감사의 글

본 장의 집필 과정에서 귀중한 조언을 주신 편집자들과 심사자들께 깊이 감사드립니다. Temple University의 Rahma F. Goran과 Patricia Kenney의 편집 지원에도 감사드립니다.

▮참고문헌

Akiba, M., & Wilkinson, B. (2016). Adopting an international innovation for teacher profes-sional development: State and district approach to lesson study in Florida. *Journal of Teacher Education, 67*(1), 74–93.

Ball, D. L. (1988). Unlearning to teach mathematics. *For the Learning of Mathematics, 8*(1), 40–48.

Ball, D. L., Thames, M. H., & Phelps, G. (2008). Content knowledge for teaching: What makes it special? *Journal of Teacher Education, 59*, 389–407.

Cai, J. (2004). Why do U.S. and Chinese students think differently in mathematical problem solv-ing? Impact of early algebra learning and teachers' beliefs. *Journal of Mathematical Behavior, 23*, 135–167.

Carlone, H., & Johnson, A. (2012). Unpacking "culture" in cultural studies of science education: cultural difference versus cultural production. *Ethnography and Education, 7*(2), 151–173.

Chen, X., & Yang, F. (2013). Chinese teachers' reconstruction of the curriculum reform through lesson study. *International Journal for Lesson and Learning Studies, 2*(3), 218–236.

Cuban, L. (1984). *How teachers taught.* Longman.

Ding, M. (2016). Opportunities to learn: Inverse operations in U.S. and Chinese elementary math-ematics textbooks. *Mathematical Thinking and Learning, 18*(1), 45–68.

Ding, M. (2021). *Teaching early algebra through example-based problem solving: Insights from Chinese and U.S. elementary classrooms.* Routledge.

Ding, M., & Li, X. (2010). A comparative analysis of the distributive property in the U.S. and Chinese elementary mathematics textbooks. *Cognition and Instruction, 28*, 146–180.

Ding, M., & Li, X. (2014). Transition from concrete to abstract representations: The distributive property in a Chinese textbook series. *Educational Studies in Mathematics, 87*, 103–121.

Ding, M., Li, X., Piccolo, D., & Kulm, G. (2007). Teacher interventions in cooperative-learning mathematics classes. *Journal of Educational Research, 100*, 162–175.

Ding, M., Chen, W., & Hassler, R. (2019). Linear quantity models in the US and Chinese elemen-tary mathematics classrooms. *Mathematical Thinking and Learning, 21*, 105–130.

Ding, M., Li, X., Hassler, R., & Barnett, E. (2021a). Understanding of the properties of operations: A cross-cultural analysis. *International Journal of Mathematical Education in Science and Technology, 52*(1), 39–64.

Ding, M., Spiro, B., & Mochaourab, R. (2021b, April). *Promoting changes in elementary mathematics teaching: A case study.* Presented at the annual meeting of American

Educational Research Association (virtual).

Ding, M., Li, X., Manfredonia, M., & Luo, W. (2022). US and Chinese elementary teachers' notic-ing of cross-cultural mathematics videos. *Journal of Mathematics Teacher Education*. https://doi.org/10.1007/s10857-021-09526-z

Ding, M., Byrnes, J., & Ke, X. (2023). Rethinking the role of quality instruction in predicting algebraic learning within an opportunity-propensity framework: An exploratory cross-cultural study. *Journal of Educational Psychology, 115*, 241-266.

Eisenhart, M. (2001). Changing conceptions of culture and ethnographic methodology: Recent the-matic shifts and their implications for research on teaching. In V. Richardson (Ed.), *Handbook of research on teaching* (4th ed., pp. 209-225). American Educational Research Association.

Engeström, Y., & Sannino, A. (2010). Studies of expansive learning: Foundation, findings and further challenges. *Educational Research Reviews, 5*, 1-24.

Fyfe, E. R., & Nathan, M. J. (2019). Making "concreteness fading" more concrete as a theory of instruction for promoting transfer. *Educational Review, 71*(4), 403-422.

Fyfe, E. R., McNeil, N. M., & Borias, S. (2015). Benefits of "concreteness fading" for children's mathematics understanding. *Learning and Instruction, 35*, 104-120.

Hiebert, J., & Morris, A. K. (2012). Teaching, rather than teachers, as a path toward improving classroom instruction. *Journal of Teacher Education, 63*, 92-102.

Huang, R. (2021, July). Chinese lesson study: A local practice or an international innovation. Invited lecture at *The 14th International Congress on Mathematics Education*. Shanghai, China.

Huang, R., & Han, X. (2015). Developing mathematics teachers' competence through parallel Lesson study. *International Journal for Lesson and Learning Studies, 4*(2), 100-117.

Huang, R., & Shimizu, Y. (2016). Improving teaching, developing teachers and teacher developers, and linking theory and practice through lesson study in mathematics: An international perspective. *ZDM Mathematics Education, 48*, 393-409.

Huang, R., Gong, Z., & Han, X. (2016a). Implementing mathematics teaching that promotes stu-dents' understanding through theory-driven lesson study. *ZDM Mathematics Education, 48*, 425-439.

Huang, R., Prince, K., & Barlow, A. (2016b). The same task, different learning opportunities: An analysis of two exemplary lessons in China and the US from a perspective of variation. *Journal of Mathematical Behavior, 41*, 141-158.

Huang, R., Haupt, M., & Barlow, A. (2017). Developing high-leverage practices as deliberate practice through lesson study. *International Journal for Lesson and Learning Studies, 6*(4), 365-379.

Huang, R., Kimmins, D., Winters, J., Seat J., & Frideczky, M. (2019, April). *Teaching word problems informed by learning trajectory in China and the U.S.* Paper presented at the annual meeting of National Council of Teachers of Mathematics, San Diego, CA.

Huang, R., Kimmins, D., Winters, J., & Rushton, G. (2020). Does a technology assisted lesson study approach enhance teacher learning while eliminating obstacles of traditional lesson study? *Contemporary Issues in Technology and Teacher Education, 20*(4), 618-659.

Huang, X., Lee, M. Y., & Huang, R. (2021). Teachers' learning through an online lesson study: An analysis from the expansive learning perspective. *International Journal for Lesson and Learning Studies, 10*(2), 202-216.

Kuhl, P. K. (2000). A new view of language acquisition. *Proceedings of the National Academy of Sciences of the United States of America, 97*, 11850-11857.

Labaree, D. (1992). Power, knowledge and the rationalization of teaching: A genealogy of the movement to professionalize teaching. *Harvard Educational Review, 62*, 123-154.

Lewis, C., & Perry, R. (2017). Lesson study to scale up research-based knowledge: A random-ized, controlled trial fractions learning. *Journal for Research in Mathematics Education, 48*(3), 261-299.

Lewis, C., & Tsuchida, I. (1998). A lesson is like a swiftly owing river. *American Educator, 22*(4), 12-17.

Li, X., Ding, M., Capraro, M. M., & Capraro, R. M. (2008). Sources of differences in children's understandings of mathematical equality: Comparative analysis of teacher guides and student texts in China and in the United States. *Cognition and Instruction, 26*, 195-217.

Li, Y., & Even, R. (2011). Approaches and practices in developing teachers' expertise in mathematics instruction:An introduction. *ZDM-The International Journal on Mathematics Education, 43*, 759-762.

Li, Y., & Huang, R. (Eds.). (2013). *How Chinese teach mathematics and improve teaching.* Routledge.

Li, Y., & Shimizu, Y. (2009). Exemplary mathematics instruction and its development in East Asia. *ZDM-The International Journal on Mathematics Education, 41*, 257-395.

Li, Y., Silver, E. A., & Li, S. (Eds.). (2014a). *Transforming mathematics instruction: Multiple approaches and practices.* Springer.

Li, Y., Silver, E. A., & Li, S. (2014b). Transforming mathematics instruction: What do we know and what can we learn from multiple approaches and practices? In Y. Li, E. A. Silver, & S. Li (Eds.), *Transforming mathematics instruction: Multiple approaches and practices* (pp. 1-12). Springer.

Ma, L. (1999). *Knowing and teaching elementary mathematics teachers' understanding of funda-mental mathematics in China and the United States.* Routledge.

Ministry of Education. (2011). *Mathematics curriculum standards for compulsory education (grades 1-9) [in Chinese].* Beijing Normal University Press.

National Council of Teachers of Mathematics. (2014). *Principles to actions: Ensuring mathemati-cal success for all.* National Council of Teachers of Mathematics.

Pashler, H., Bain, P. M., Bottge, B. A., Graesser, A., Koedinger, K., McGaniel, M., et al. (2007). *Organizing instruction and study to improve student learning* (NCER 2007-2004). National Center for Education Research.

Pelzang, R., & Hutchinson, A. M. (2018). Establishing cultural integrity in qualitative research: Refections from a cross-cultural study. *International Journal of Qualitative Methods, 17,* 1–9.

Schoenfeld, A. H. (2013). Foreword. In Y. Li & R. Huang (Eds.), *How Chinese teach mathematics and improve teaching* (pp. xii–xv). Routledge.

Scotland, J. (2012). Exploring the philosophical underpinnings of research: Relating ontology and epistemology to the methodology and methods of the scientifc, interpretive, and critical research paradigms. *English Language Teaching, 5*(9), 9-16.

Silver, E. A. (2014). Preface to part II. In Y. Li, E. A. Silver, & S. Li (Eds.), *Transforming math-ematics instruction: Multiple approaches and practices* (pp. 147–151). Springer.

Silver, E. A., & Lane, S. (1995). Can instructional reform in urban middle schools help students narrow the mathematics performance gap? Some evidence from the QUASAR project. *Research in Middle Level Education, 18*(2), 49–70.

Silver, E. A., & Stein, M. K. (1996). The Quasar project: The "revolution of the possible" in mathematics instructional reform in urban middle schools. *Urban Education, 30*(4), 476–521.

Silver, E. A., & Suh, H. (2014). Professional development for secondary school mathematics teach-ers using student work: Some challenges and promising possibilities. In Y. Li, E. A. Silver, & S. Li (Eds.), *Transforming mathematics instruction: Multiple approaches and practices*(pp. 283–309). Springer.

Silver, E. A., Kilpatrick, J., & Schlesinger, B. (1990). *Thinking through mathematics: Fostering inquiry and communication in mathematics classrooms.* College Board Publications.

Stein, M. K., Smith, M. S., Henningsen, M. A., & Silver, E. A. (2009). *Implementing standards-based mathematics instruction: A casebook for professional develop-ment* (2nd ed.). Teachers College Press.

Stigler, J. W., & Hiebert, J. (1999). *The teaching gap: Best ideas from the world's teachers for improving education in the classroom.* The Free Press.

Stigler, J. W., & Hiebert, J. (2004). Improving mathematics teaching. *Educational Leadership, 61*(5), 12–17.

Stigler, J. W., & Miller, K. (2018). Expertise and expert performance in teaching. In A. Ericsson, R. Hoffman, A. Kozbelt, & M. Williams (Eds.), *The Cambridge handbook of expertise and expert performance* (2nd ed., pp. 431–454). Cambridge University

Press.

Skinner, B. F. (1957). Verbal behavior. New York: Appleton-Century-Crofts.

Takahashi, A., & McDougal, T. (2016). Collaborative lesson research: Maximizing the impact of lesson study. *ZDM Mathematics Education, 48*, 513–526.

Xu, H., & Pedder, D. (2014). Lesson study: An international review of the research. In P. Dudley (Ed.), *Lesson study: Professional learning for our time* (pp. 29–58). Routledge.

제6장 수학 과제에서 연구-실천 파트너십까지: Edward Silver가 수학 교수 개선 노력에 미친 영향

Alison Castro Superfine and Benjamin M. Superfine

지난 10년간 수학 분야 공통 핵심 교육과정 표준(Common Core State Standards for Mathematics, CCSSM)과 시험 요구 증가 등 미국 교육정책에 많은 변화가 있었고, 이는 학생들이 고등학교 졸업 후 대학 진학과 취업 준비를 위해 필수로 학습해야 하는 수학 지식에도 상당한 변화를 야기했다. 이에 따라 교사는 이러한 정책의 일부로서 수학을 이해하고 높은 수준의 학생 사고를 지원할 수 있어야 한다. 그러나 학교 수학 수업을 개선하는 데에는 특정한 어려움이 따른다. 수학 수업은 복잡하며, 전문적인 내용 지식을 요구한다(Ball et al., 2008). 초등 교사의 수학 지식에 어느 정도 한계가 있다는 것은 잘 알려져 있으며(Hill et al., 2008), 이는 지난 10년간 수학 수업에 대한 기대가 높아진 교육정책의 변화와 함께 더욱 주목받는 난제이다. 또한 이러한 개혁의 대부분은 많은 교사들이 실행하기 어려운 교수 관행 및 교실 문화의 변화를 필요로 한다(Sztajn et al., 2012). Spillane과 Thompson(1997)이 1990년대 후반에 도입된 초기 미국 교수 개혁과 관련하여 결론 내린 것과 마찬가지로, 이러한 개혁은 야심찬[ambitious] 수학 수업에 집중한 교사 전문성 개발 필요성을 증가시켰다.

그러나 교수 개선을 지원하도록 최적으로 설계되지 않은 제한된 자원과 학교 및 학군 차원의 기반 시설은 교사의 교수 실천을 향상시키기 위한 전문성 개발 노력을 제한할 수 있다(Spillane & Hopkins, 2013). 관리자와 교사의 조직 구조, 조건 및 자원뿐만 아니라 관리자와 교사가 발휘하는 학교 차원 리더십은 학교 전체의 교수·학습 개선을 지원하는 데 매우 중요하다(Bryk et al., 2010). 비슷하게 학군은 학교와 학교 리더십이 학교 차원에서 실행하는 개선 노력을 돕거나 방해하면서, 그 실행 방식에 영향을 미치는 것으로 나타났다(Honig & Rainer, 2014). 따라서 학교와 학군은 그 안에서 일하는 직원과 더불어 전문성 개발을 통한 효과적이고 지속 가능한 수학 교수 개선에 중요한 특징으로 작용할 수 있다.

우리의 연구 프로그램은 비록 서로 다른 수준이지만, 교실과 교사의 교수 실천에서부터 주 정부 및 연방 차원의 교육정책에 이르기까지 위와 같은 문제를 이해하는 데 초점을 맞춰 왔다. Edward Silver 교수의 방대한 수학 교수·학습 연구는 이러한 연구 프로그램을 연결해 주는 동시에 큰 영향을 미쳤다. Silver 교수의 연구는 문제해결 및 질 높은 과제부터 전문성 개발과 교사 교수 실천에 이르기까지 수학 교수·학습의 중요한 요소들을 밝혀냈다. 교수·학습을 이해하기 위한 주요 분석 단위로서 과제의 중심성centrality of tasks에 대한 Silver 교수의 연구는 우리의 교육연구와 개선에 대한 사고에 특히 핵심이 되었다. 이 장에서는 Silver 교수의 연구가 연구–실천 파트너십(RPPs)을 통한 학군 전반에 걸친 수학 교수·학습 개선을 목표로 하는 우리의 연구에 어떻게 핵심 역할을 했는지 논의한다.

특히 과제, 인지적 요구, 전문성 개발, 그리고 반복적인 개선에 대한 Silver 교수의 연구가 어떻게 세 가지 RPP의 개발과 실행에서 핵심 요소였는지 보인다. 각 RPP에는 대학 연구자, 전문 개발자, 그리고 같은 지역 내 여러 학군에 있는 협력자가 참여했다. 또한 각 RPP는 초등 수학 교수·학습의 지속 가능한 개선과 이러한 개선을 돕는 조직 구조에 초점을 맞추고 있다(각 RPP의 정확한 초점은 학군별로 다를 수 있다). Silver 교수의 연구는 각 학군에서 수학 교수·학습의 비전을 어떻게 유익하게 발전시킬 수 있는지, 그리고 학군에서 수학 교수·학습을 어떻게 효과적으로 분석할 수 있는지에 대해 핵심적인 통찰력을 제공했다. 실제로 교수·학습에 대한 강력한robust 비전과 체계적인 근거 수집 및 분석에 기반한 개선 주기는 모두 RPP의 핵심 요소이다.

이 장에서는 다음과 같이 논의한다. 우선 RPP의 개발 및 실행에서 활용한 Silver 교수의 연구 주요 요소들에 대해 논의한다. 다음으로 RPP가 대응하는 교수 개선의 역사적 문제와, 대규모 지속 가능한 개선의 어려움을 중점으로 RPP 이론에 대해서 논의한다. 그다음 현재 우리가 참여하고 있는 세 가지 RPP의 개발과 실행에 대해 논의한다. 이때 Silver 교수의 연구에서 얻은 통찰력이 어떻게 이러한 RPP에 중요한 역할을 했는지 강조하고, 이러한 통찰력이 중심적인 역할을 한 구체적인 예시로 한 RPP를 제시한다. 마지막으로 이러한 수학 교수·학습 이해가 향후 수학 중심 RPP 노력의 핵심 요소가 될 수 있는 방법에 대한 결론을 제시한다.

Silver 교수가 RPP 개발 및 실행에 사용한 요소들

Silver 교수의 교사 전문성 개발 연구는 교사가 인지적으로 어려운 과제를 수행하는 데 도움이 되며, 이러한 연구는 우리의 RPP 개발 및 실행의 중심 요소가 되어 왔다(Silver, 2009; Silver & Stein, 1996). 특히 실행을 넘어서: 어려움과 학습을 중심으로Beyond

Implementation: Focusing on Challenge and Learning(BI:FOCAL) 프로젝트의 일환인 Silver 교수의 연구를 참고하였는데, 이 프로젝트는 교사와 가장 관련 있는 실천 문제에 대처하기 위해 교사 전문성 개발에 대한 반복적이고 적응적인 접근방식을 취했다. BI:FOCAL은 중학교 수학 교사들이 수업에서 학생의 복잡한 지적 활동을 능숙히 도울 수 있도록 지원하기 위한 다년간의 프로젝트였으며, 특히 교사의 수학 지식, 수업 계획 및 교수 실행 전략에 중점을 두었다(Silver et al., 2006, 2012). "단발성one shot" 워크숍과 달리, BI:FOCAL은 교사들에게 여러 번의 반복 주기에 걸쳐 장기간의 전문성 개발을 지원했다. 이 프로젝트는 교수 사례 분석과 토론, 수업 공동 계획 및 실행된 수업에 대한 토론을 모두 포함하는 하루 동안의 세션을 매월 개최했다(Silver et al., 2007, 2008). 이 사례 연구는 교사의 수업 계획에 궁극적으로 영향을 미치는 문제들을 제기했고, 실행된 수업에 대한 성찰과 토론은 다시 후속 사례 연구에서 고려하고 토론할 수 있는 문제들을 도출했다. 이 반복적인 주기는 학년 내내 계속되었다. 전문 개발팀은 각 회의에서 교사의 분석과 토론을 위한 자극제로 어떤 사례를 제공할 것인지에 대해 중요한 결정을 내렸으며, 이러한 결정은 이전 사례 토론, 수업 계획 및 보고 세션에서 발생한 문제들을 신중하게 고려하여 이루어졌다(Silver et al., 2008). 이러한 방식으로 BI:FOCAL 팀은 교사들이 "무엇을 할 준비"가 되었는지 파악하는 동시에 해당 이슈, 주제 또는 문제를 BI:FOCAL 팀이 "의도한 목표"와 연관 지으려고 시도했다. 교사의 실제 상황과 관련된 실천 문제와 연구팀의 목표 사이의 이러한 균형은 우리의 RPP 설계의 핵심이다.

동시에 Silver 교수의 광범위한 수학 과제 연구는 우리 RPP의 일부인 반복적 탐구 주기iterative inquiry cycles의 구현에 영향을 미쳤다. 그의 연구의 핵심 전제는 수학 과제가 학생의 학습 기회에서 중요한 요소라는 것이다(Silver & Thompson, 1984; Silver, 1995; Silver et al., 2009). 교사의 결정과 행동은 학생이 어려운 과제에 참여하는 성격과 참여 정도에 영향을 미치며, 궁극적으로 학생들이 그러한 과제를 통해 학습할 수 있는 기회에 영향을 미친다. Stein 외(2000)는 높은 수준의 수학 과제가 가장 실행하기 어려우며 "교수 중에 자주 더 쉬운 과제로 변형되고 있다"는 것을 밝혀냈다(p. 4). 그러나 그들의 교수에 관한 연구에 따르면, 학생들의 학습 향상은 높은 수준의 수학적 활동이 있는 교실에서 가장 높았고, 학생들이 단순한 절차적 과제에 참여하는 교실에서 가장 낮았다(Stein et al., 2000). 다만 더욱 중요한 것은 교사가 수학 과제를 어떻게 다루고 이를 중심으로 무엇을 하는가이다(Stein et al., 1996, 2000). 교사는 다음을 결정해야 한다.

과제의 어떤 측면을 강조할 것인지, 학생들의 활동을 어떻게 조직하고 조율할 것인지,

> 다양한 수준의 전문성을 가진 학생들에게 도전적인 질문을 하기 위해서 어떤 질문이 적절한지, 학생들의 사고 과정을 대신하지 않고, 어려움을 제거하지 않으면서 학생들을 어떻게 지원할 수 있는지(전미수학교사협의회National Council of Teachers of Mathematics [NCTM], 2000, p. 19)

그러나 교사는 학생에게 학습 기회를 제공하기 위해 다양하고 숙련된 교수 루틴 레퍼토리와 교수 설계 기술, 학생들이 수학에 대해 어떻게 생각하고 학습하는지에 대한 지식, 수학에 대한 심도 있는 지식이 필요하다. 따라서 수학 과제, 인지적 요구를 통해 반영된 질 높은 수학 비전, 교사의 이러한 과제 실행은 교수 개선 노력의 닻이 될 수 있다.

따라서 교수 개선 노력 중에 수학 과제에 대한 자료를 수집하는 것은 특히 유익할 수 있다. BI:FOCAL에서는 교사의 수업 계획에 전략적으로 초점을 맞추었는데, 교사가 학생들과 지적으로 도전적인 수학 과제를 사용하기 위해 어떻게 준비하고, 과제 실행을 어떻게 예상하는지를 분석하는 데 유리한 탐구의 장(場)이기 때문이다(Silver et al., 2007). 게다가 교수 계획에는 수학, 교육학, 학생 사고에 대한 지식 등 교수에 필요한 교사의 수학적 지식의 많은 측면이 포함되기 때문에 이러한 계획은 전략적 중심이 되었다(Ball et al., 2008). 또한 이는 교수 효과를 높이는 중요한 지렛대로 보인다. 수업 내 도전적인 수학 과제에 관한 선행연구에 따르면 학생들의 과제 참여도는 교사의 의도와 일치하지 않고(예: Stein et al., 1996), 과제 수행과 관련된 교사의 교수적 결정은 학생들이 참여하는 과제 요구의 수준과 교수 중 그 요구가 감소하는 정도를 결정하는 데 중요한 역할을 하며(예: Henningsen & Stein, 1997), 이 모든 것이 학생 학습에 영향을 미치는 것으로 나타났다(Silver & Stein, 1996; Stein & Lane, 1996). 더불어 전문성 개발 기간 동안 교사의 수업 계획과 토론은 수업 관찰과 함께 과제 수행의 본질과 관련된 교수적 어려움을 이해하는 데 유용한 자료이다(Silver et al., 2007, 2009).

이에 더해 교사 전문성 개발과 교실에서 수업 계획 및 수학 과제를 수행하는 교사의 업무에 곧바로 초점을 맞춘 Silver 교수의 반복적이고 적응적인 설계는 우리 RPP의 여러 측면에 영향을 미쳤다. 이는 RPP 개발뿐만 아니라, RPP 연구의 일환이며 학교 및 학군과 협력자와 작업의 기초가 되는 연구 주기의 구체적인 초점도 알려주었다.

RPP 이론과 실제

Silver 교수의 과제와 과제의 개념적 요구, 그리고 지역 실천 문제와 관련된 반복적인 교수 개선에 관한 연구는 우리가 참여한 세 가지 개별 RPP의 개발 및 실행에 중요한 요소이다. RPP는 다양한 형태로 나타나며 그 중 하나는 "연구 참여를 통한 교육 개선 또는 공평한 변화를 목표로 하는 [연구자와 실천가 사이의] 장기적인 협력"이다(Farrell et al., 2021, p. iv). 연구자들에 따르면, RPP는 목표, 참여자 구성 및 역할, 자금원, 연구 활용 방식 등 여러 측면에서 다를 수 있다. 그러나 일반적으로는 RPP와 관련된 실천가가 자신의 지역적 맥락에서 직면한 특정 "실천 문제"를 해결하기 위해 근거를 생산적으로 사용하는 것에 초점을 맞추고 있다.

RPP는 지속 가능하고 연속적인 교육 개선을 대규모로 달성하는 데 내재된 근본적인 어려움에 대응한다. 교육연구자들이 오랜 기간 강조해 왔듯이 교육정책의 실행에 있어 변동은 예외적인 것이 아니라 일반적인 것이다(예: McLaughlin, 1987; Viennet & Pont, 2017). 교육 개선이 이루어지는 맥락의 차이, 특히 학교와 교실에서의 차이는 정책 실행에 큰 영향을 미칠 수 있다. 따라서 점점 더 많은 연구자가(예: Bryk et al., 2015; Cobb et al., 2018) 다음을 강조한다. 가장 유망한 계획조차도 학교마다 상이하고 제한적인 결과가 나타나며, 심각한 지속 가능성 문제에 직면한다는 점이다. Bryk 외(2015)는 다음과 같이 말한다. "복잡한 업무 시스템에서 성공적인 변화를 달성하기 위해서는, 사전에 해결해야 할 모든 세부 사항과 그에 따른 부정적인 결과를 미리 예측할 수 없다는 것을 인정해야 한다."(p. 7). 실제로 성공적인 "규모 확장^scaling up^"은 조직의 다양한 수준을 거치면서 중재를 지속적이고 일관성 있게 조정하고, 이를 역동적이며 다양한 환경에 생산적으로 적용하는 현장 참여자들에게 달려 있다(Penuel et al., 2011).

Silver 교수의 연구를 기반으로 몇 가지 원칙을 반영한 RPP는 실천가들의 실천 문제와 이러한 문제가 시간이 지나면서 어떻게 변화할 수 있는지에 대해 주의를 기울이면서, 교육 개선 노력에 내재된 위와 같은 어려움에 대응한다. RPP는 특히 연구자와 실천가가 실천 문제에 대한 공동 작업에 참여하도록 유도하고, 이러한 문제를 해결하는 방법에 대한 근거 기반 사고를 촉진한다. 위에서 언급한 바와 같이 RPP는 여러 측면에서 다를 수 있지만, 이러한 문제를 해결하기 위한 특정 형태의 RPP가 나타나기 시작했다. 예를 들어, 네트워크된 개선 공동체는 대도시 학군의 수학 교수 개선과 같이 유사한 실천 문제에 직면한 공동체가 개선 과학^improvement science^ 기술을 활용하여 서로 학습할 수 있는 구조이다(Bryk et al.,

2015). 이 접근방식은 다양한 현장에서 공통으로 발생하는 실천 문제를 규명하고, 필요한 조치와 그 이유를 명확히 파악하며, 경험적 증거를 생성해 변화를 신중하게 시험하고, 재설계 및 테스트 주기를 새롭게 시작하는 데 중점을 둔다. 이와 밀접하게 관련된 설계 기반 실행 연구는 여러 이해관계자의 관점에서 중요한 실천 문제에 초점을 맞추고, 반복적이고 협력적인 설계에 전념하며, 학습 및 실행과 관련된 이론, 지식, 실천을 개발하기 위해 체계적으로 연구하고, 시스템 수준에서 지속 가능한 개선을 위한 역량을 개발하는 것을 목표로 한다(Fishman et al., 2013). 즉, 설계 기반 실행 연구는 중재의 생산적인 적응(Penuel & Potvin, 2021), 특히 대규모 중재 실행을 지원하기 위한 절차이다.

RPP는 실천 문제를 해결하기 위해 다양한 방식으로 연구에 참여할 수 있으며, 다음 절에서 설명하는 것처럼 Silver 교수의 연구는 현재 우리가 참여하고 있는 RPP의 다양한 측면에서 중요한 역할을 하고 있다. 연구 활용의 주요 유형 중 하나는 기존 문헌 기반의 작업을 검색, 분석 및 적용하는 것이다. 이러한 작업은 동료 심사를 거친 학술지나 보고서에 실린 질 높은 연구 근거를 포함해야 한다. 수학 개선에 초점을 맞춘 RPP의 경우, 이러한 작업은 RPP 개선 노력을 이끄는 수학 교수·학습의 특정 비전 개발과 이 비전에 부합하고 현장 상황에 맞게 조정할 수 있는 구체적인 도구, 전략 또는 접근법 식별 등 다양한 목적으로 사용될 수 있다. 이때 Silver 교수의 연구는 이러한 모든 요소에 유용한 자료가 될 수 있다. 또 다른 주요 연구 활용 유형으로는 선택한 개선 도구 및 전략과 그 실행에 영향을 미치는 요인에 대한 증거를 현지에서 개발하는 것이 있다. 이러한 유형의 증거는 현장에서 도구와 전략 사용에 대해 체계적이고 구성된 조사를 통해 만들어지며, 후속 개선 주기를 수정하는 데 매우 중요하다. 수학 개선에 초점을 맞춘 RPP에서는 강력한 수학 교수·학습의 개념화, 수학 교수·학습 개선에 사용되는 도구, 전략 및 접근방식, 그리고 수학 교수·학습에 대한 현장 자료가 모두 핵심 구성요소이다. 한 번 더 강조하자면 Silver 교수의 연구는 이렇듯 철저하고 유용한 방식으로 반복적인 연구 주기를 수행하는 데 매우 중요하다.

확실히 RPP에는 다른 핵심 요소가 포함될 수 있다. 예를 들어, RPP가 대규모로 장기간에 걸쳐 효과를 발휘하려면 교수적 문제뿐만 아니라 교수 개선 노력이 이루어지는 광범위한 조직 구조에도 주목해야 한다. 실제로 설계 기반 실행 연구의 주요 요소 중 하나는 시스템 차원에서 지속 가능한 개선을 위한 역량을 개발하는 것이다. 교수 개선을 지원하도록 최적으로 설계되지 않은 제한된 자원과 학교 및 학군 수준의 인프라는 기존 교수 인력 효율성 개선을 위한 전문성 개발과 같은 개선 노력을 제한할 수 있다(Spillane & Hopkins, 2013). 마찬가지로 학군은 학교와 학교 지도자가 학교 수준에서 광범위한 개선 노력을 실행하는 방식에 영향을 미쳐 그러한 실행을 방해하거나 돕는 것으로 나타났다(Honig &

Rainey, 2014; Leithwood et al., 2004).

그러나 일반적으로 조직 수준의 역량 강화 노력은 교실 수준의 강력한 교수·학습이 어떤 모습인지에 대한 강력하고 잘 표현된 조직적 비전 개발에 달려있다(Bottoms & Schmidt-Davis, 2010). 이러한 비전은 학교와 학군 내에서 "일관된 교수 체계coherent instructional system"를 구축하는 데 중요한 기여를 할 수 있다(Cobb & Jackson, 2011, pp. 11-12). 이 비전은 구체적으로 교육과정, 평가 및 전문성 개발과 같은 다양한 개선 도구와 전략을 일관되게 설계하는 데 닻 역할을 할 수 있다. 인지적 요구가 높은 활동에 중점을 둔 수학 교수·학습에 대한 명확한 비전은 조직적 비전을 이끄는 유용한 동력이 될 수 있다(Henrick et al., 2015; Nelson et al., 2010).

요약하자면 RPP는 교육연구자와 실천가가 다양한 방식으로 협력하여 현장에서 시급한 실천 문제를 해결하는 것이다. 교육연구의 활용과 창출은 RPP의 핵심 요소이며, 이러한 연구는 교실 수준과 조직의 관점 모두에서 유용할 수 있다. 구체적인 사례로 우리가 현재 참여하고 있는 수학 개선 RPP의 경우, 수학 교수·학습에 관한 질 높은 연구가 RPP 업무에 매우 중요하다.

수학 교수 개선에 중점을 둔 RPP

우리가 참여하고 있는 세 개의 RPP는 수학 개선mathematics improvement에 중점을 두고 있으며 Silver 교수의 연구에 상당 부분을 기대고 있다. 각 RPP는 교사, 학교, 학군 수준을 아울러 다중 구성요소를 가진 전문성 개발 중재로, CASPIR 수학 프로젝트에 의해 개발 및 실행되었다. 이 프로젝트는 특히 CCSSM에 부합하는 효과적인 수학 교수·학습에 대한 교사, 교사 지도자, 관리자의 이해를 향상시키기 위해 고안되었다. 또한 이 프로젝트는 이러한 수학 교수·학습 개선을 지원하기 위해 학교와 학군의 조직 역량을 강화하도록 설계되었다. 이 프로젝트는 연구자, 전문 개발자, 학군 및 학교 직원 간의 협력을 포함하는 설계 기반 실행 연구design-based implementation research 접근법을 사용하여 학군부터 교사 수준까지 전문성을 공동 개발한다.

이 프로젝트 중재에는 다음과 같은 세 가지 주요 구성요소가 있다. (1) CCSSM과 관련하여 수학 교수 노력에 가장 중요한 것으로, 실천가와 연구팀이 공동으로 파악한 실천 문제 정보를 식별 및 수집한 뒤, 파악된 문제와 관련된 목표를 개발한다. (2) 학군 관리자, 학교 관리자 및 교사 지도자, 그리고 교사를 위해 파악된 실천 문제에 부합하는 일관된 전문성 개발을 설계하고 실행한다. (3) 변화하는 학군 상황과 조건에 맞춰 중재를 생산적으로 조정하기 위해 매년 반복적인 자료 수집, 개발, 실행 및 수정 주기에 참여한다. 자료 수집 과정은 두 가지 목적을 가진다. 첫째, 연구자와 학군 및 학교 담당자가 연간 재설계에 참여하여 대규모에서도 중재가 생산적으로 적용될 수 있도록 자료를 제공한다. 둘째, 이 자료 수집 과정은 연구팀이 중재의 전반적인 효과를 연구할 수 있도록 다년간 다양한 자료를 제공한다.

프로젝트 중재의 첫 번째 구성요소—학군의 실천 문제를 공동으로 파악하고 목표를 개발하는 것—는 수학 교수·학습에 관한 기존 연구에 크게 의존한다. 연구에 따르면 학군 수준에서 교수 개선을 위해 강력한 비전을 개발하는 것은 교수 개혁을 촉진하는 핵심 요소이며(Henrick et al., 2015; Honig et al., 2010), 학군 내에서 "일관된 교수 체계"를 만드는 데 중요한 기여를 한다(Cobb & Jackson, 2011, pp. 11-12). 따라서 프로젝트의 초기 단계에는 수학 교사, 교장, 학군 관리자로 구성된 학군 수학 리더십팀(District Mathematics Leadership Team, DMLT)을 각 학군에 설립하는 것을 포함한다. DMLT는 프로젝트팀과 함께 학군의 실천 문제와 목표를 공동으로 도출하고, 프로젝트 전반에 걸쳐 다단계로 이루어진 전문성 개발을 반복적으로 재설계하는 주요 수단이 된다(De Voto et al., 언론 발표). 이 리더십팀은 학군 내의 학군 및 학교 관리자와 학교 수학 리더십팀의 교사로 구성되어 있으며, 이들은 규명된 실천 문제와 목표가 학교 및 관련된 다양한 실천가 그룹의 요구와 일치하는지 확인한다.

시급한 실천 문제를 파악하고 목표를 개발하기 위해, DMLT는 먼저 수학 교수·학습에 대한 비전을 개발하거나 수정하는 데 집중했다. 기존 문헌 기반은 DMLT가 비전에 대해 논의하는 토대를 제공했다. 효과적인 수학 수업을 위해서 교사는 교실 토론을 어떻게 조율할 것인지, 학생들에게 어떤 질문을 할 것인지, 어떻게 학생의 사고 과정을 대신하지 않고 복잡한 지적 활동에 대한 학생들의 참여를 지원할 것인지에 대한 결정을 내려야 한다(Smith & Stein, 2011). 동시에 학생들은 수학 개념에 대한 이해를 발전시키기 위해 수학적 의사소통 방법과 사고방식을 개발할 기회가 필요하다(Li et al., 2014). 따라서 수학 교수·학습에 대한 강력한 비전은 교사와 학생이 수학 교실에서 무엇을 하고 있는지에 주목한다.

각기 다른 맥락과 역사를 가진 세 개의 RPP는 수학 교수·학습 비전에 차이가 있었다. 그러나 이 비전들은 문헌을 바탕으로 하여 대체로 (1) 풍부한 과제와 형성평가를 통해 학생의 사고와 학습에 집중하고, (2) 교사 역량을 강화하고 내용 지식과 교수 실천에 주의를 기울이며, (3) 성찰, 성장 및 지속 가능성을 지원하기 위해 협업을 촉진하는 내용을 포함하고 있었다. 이 장을 작성하는 시점, 세 개의 RPP 중 두 개는 비전과 고유한 실천 문제로부터 도출한 목표에 초점을 맞춘 첫 번째 교수 개선 주기에 진입했다(참조: Superfine et al., 출판 예정). 이 주기에는 다단계로 이루어진 전문성 개발의 계획 및 실행, 이에 대한 자료 수집, 궁극적으로 수집된 자료를 반영하여 다음 연도의 전문성 개발을 수정하는 과정이 포함된다.

CASPIR 수학 전문성 개발은 질 높은 전문성 개발 프로그램 설계를 위한 지침을 제공하는 기존 연구에 기초한다. Smith(2001)와 Stein 외(1999)는 교사의 학습을 향상시킬 수 있는 질 높은 전문성 개발 프로그램의 몇 가지 특징을 제시했고, 이는 다음과 같다. (1) 교사의 학습은 교수·학습 내용에 기반하고, (2) 활동은 교사에게 어느 정도의 불균형disequilibrium을 유발하며, (3) 활동은 참여자 간의 협력을 장려하고 전문적 실천 공동체 개발을 지원한다. 그리고 (4) 교사의 학습은 학생을 가르치는 업무에 포함되거나 직접적으로 관련되어 있어야 한다.

이러한 실천-기반 전문성 개발 접근법은 위와 같은 권장 사항에 따라 교사를 위한 학습 기회를 설계하는 데 매우 효과적이다. 실천-기반 기회는 실제 교수 실천을 연구 및 조사 대상으로 하며(Silver, 2009; Smith, 2001), 다양한 매체(예: 비디오, 텍스트, 학생 과제물 예시; Stein et al., 2000)를 통해 제공될 수 있다. 실제로 BI:FOCAL 프로젝트는 명시적으로 수업 계획 및 수학 과제 실행을 포함한 교수 실천 측면 전문성 개발을 기반으로 하는(Silver et al., 2006, 2012). 실천-기반 접근법을 채택하였다(Silver, 2009; Smith, 2001).

CASPIR 수학의 조직적 특성을 고려하면, 이러한 교사 수준의 실천-기반 전문성 개발은 학교 및 학군 수준의 전문성 개발로 보완되어 학교 수학 리더십팀을 촉진할 것이다. 이 팀은 학교 관리자와 선정된 수학 교사 지도자로 구성되었으며, 구성원들은 학교에서 확인된 실천 문제를 해결하는 데 필요한 교수 및 조직 리더십을 공동 또는 개별적으로 제공할 수 있다. 선행연구(Cobb et al., 2013; Cosner, 2011)에 따르면, 이 전문성 개발은 이러한 지도자의 교수 리더십 실천을 강화하고, 수학 교수 리더십 책임의 공유를 가능케 하고 촉진하기 위해 설계되었다. 이때 리더십은 많은 지도자들로부터 공동 및 개별적으로 발휘된다. 실제로 학교의 학습 조직이 교수 개선과 학교의 성공에 미치는 중요성은 충분히 증명되었다(예: Newmann et al., 2001; Gamoran et al., 2003). 학년별 또는 부서별 팀, 그리고 더 일반적으로 학교 기반 전문학습 공동체의 일부인 다양한 형식의 교내 협력은 최근 CCSSM 교수 개선 설계에 지속적으로 반영되고 있다(예: Swars & Chestnutt, 2016).

프로젝트 중재의 세 번째 구성요소인 반복적 재설계 과정의 일환으로, CASPIR 수학의 세 개의 RPP는 기존 연구를 참고하는 것 외에 자체 연구도 수행한다. 따라서 다단계로 이루어진 전문성 개발이 실행되는 동안 실천가와 연구팀은 다양한 자료 수집 활동에 참여한다. 자료 수집에는 질 높은 수학교육 비전에 대한 학군 및 학교 차원의 관리자 인터뷰, 교실 관찰, 교사 지식 및 자기효능감 설문, 수학 교수·학습 문제를 논의하는 학교 차원 회의의 현장 필기 등이 포함된다. 특히 교실 관찰 및 관리자 인터뷰 원안은 Silver 교수의 연구를 기반으로 한다. 이 두 원안 설계의 핵심은 수학 과제와 그 과제를 중심으로 한 교수 활동에 초점을 맞추는 것이다(Munter, 2014; Matsumura et al., 2008). 이는 학생의 학습과 교사의 교수에 모두 큰 영향을 미치기 때문에, 수학 과제 수행과 그에 대한 인식에 관한 자료 수집은 교수 개선에 유용한 정보를 제공한다.

한 RPP 구현 사례 살펴보기

세 개의 RPP 중 하나에서 지금까지 프로젝트 중재를 실행한 사례를 간략히 설명하면 수학 교수·학습 연구가 개선 노력의 다양한 측면에서 어떻게 활용되었는지를 강조할 수 있다(자세한 내용은 Superfine et al., 출판 예정 참조). 예를 들어, 한 학군에서는 2020-2021 학년도 동안 DMLT가 매월 모임을 가졌다. DMLT의 학군 구성원은 4개 학교의 교장 또는 교감 1명과 교사 지도자 1명(총 8명), 그리고 추가 교사 참여자 3명이다. 교육청에서는 특수 교육 책임자, 이중 언어 책임자, 해당 지역 교수·학습 책임자가 DMLT를 대표한다. 대학 연구팀의 구성원도 DMLT 회의에 참석한다.

첫 번째 회의에서, 프로젝트팀은 학군이 자료 기반 개선 주기 참여하는 방법을 배우도록 돕기 위한 목표를 소개했다. 처음 두 번의 회의에서, DMLT는 지속적인 논의를 이끌어갈 규범에 대해서도 논의하고 합의했다. 문제를 정의를 위한 DMLT를 준비하기 위해, 프로젝트 참여자들은 학군 내 수학 교수·학습에 대한 비전을 명확히 하도록 DMLT 토론을 주도했다. 그들은 비전 보드[1]로 시작하여 이어서 설명문을 작성하였다. DMLT 구성원들은 학교와 교실에서 교사와 학생이 무엇을 해야 하는지 이상적인 비전에 관한 설명을 작성하였다. 그리고 이러한 설명을 분류하고 연결하여 수학 교수·학습에 대한 학군 비전의 초안을 묘사한 웹을 만들었다. 학군 비전에는 학생들이 생산적인 어려움에 도전하며 조작적이고 수준 높은 과제와 같은 도구를 사용하는 것과, 교사가 학생들이 존중받고 자신감을 느낄 수 있는 학습 환경을 조성하는 것이 포함되었고, 이는 처음 세 번의 회의를 통해 이루어졌다.

DMLT의 비전 분석 결과, 가장 발달되지 않은 영역은 "도구", 즉 질 높은 교수를 돕는

1) 이미지 등을 활용하여 비전을 직관적으로 시각화한 보드

서면 자료와 과제인 것으로 나타났다. DMLT 구성원으로부터 수집한 인터뷰 자료에 따르면, 질 높은 과제를 설명하는 방법에 대해 DMLT는 상당한 합의를 이루었으며, DMLT 구성원들의 설명은 연구 결과와 잘 부합했다. 한 구성원은 "우리가 원래 말했던 것은, 여러 가지 다양한 전략이 있어야 한다는 것이었습니다. 아이들을 위한 다양한 시작점과 입구가 있어야 했고, 문제를 푸는 데 정해진 방법이 없어야 했습니다([그림 1] 참조)."라고 설명했다. 질 높은 교수를 돕는 과제를 첫 번째 개선 주기의 잠재적 초점으로 규명한 후, DMLT는 이러한 과제와 관련된 문제 영역을 탐색하기 위한 계획을 설계하고 실행했다. 이러한 탐색 결과, 질문으로 제시된 잠재적 문제 목록이 도출되었다. "그렇다면 질 높은 과제가 교육과정에 분포되어 있는지 어떻게 알 수 있는가? 과제가 교육과정 전체에 고르게 분포되어 있는가? 모든 학생이 질 높은 과제에 접근할 수 있는가?" 동시에 몇몇 DMLT 구성원은 학군이 질 높은 교수를 지원하는 것으로 여겨지는 과제를 어떻게 결정하고 합의할지 우려했다. 한 구성원은 다음과 같이 말했다.

> 우리가 지금 하고 있는 과제들을 왜 선택하는지, 어떻게 하면 질 낮은 과제를 질 좋은 과제로 바꿀 수 있는지… 이러한 것들이 중요하다고 생각합니다. 우리는 질 높은 과제가 무엇인지 이해하고, 식별하고, 그 목적이 무엇인지에 대한 불편함을 이야기하고 있기 때문입니다. 그렇지 않습니까?

D126 양질의 과제 분석틀

1. ***학생들이 수학적 개념, 과정 또는 관계의 본질을 탐구하고 이해하도록 요구**
2. ***학생들이 관련 지식과 경험에 접근하고 과제 수행 과정에서 이를 적절하게 활용하도록 요구**
3. ***과제를 완료하는 데에는 암시되거나 미리 정해진 방법 없음**
   (이를 달성할 수 있는 방법...)
   a. 학생에게 다양한 접근점을 제공
   b. 가능한 다양한 전략을 허용
   c. 가능한 여러 정답을 허용
   d. 다양한 근거, 증명 및 타당한 주장을 허용

**양질의 작업을 위해서는 1-3번 항목이 필요하다.*
참고: 교사가 과제 실행 중에 하는 일과 과제에 내재된 내용을 분리하는 것은 매우 어려울 수 있다. 이 분석을 위해 과제 실행을 과제에서 분리하고자 한다.

[그림 1] DMLT에서 공동 개발한 질 높은 과제 분석틀

이에 따라 DMLT는 다양한 연구자료(예: 수학 규준, 교육학 연구 논문)를 활용하여 DMLT 구성원들의 인터뷰 의견을 바탕으로 과제 분석틀 초안을 개발했다. 이 과정은 1년 중 마지막 네 차례의 DMLT 회의에서 이루어졌다. 이 장을 작성하는 시점, DMLT는 수학 교육과정에 나타나는 수학 과제 유형 자료 수집 계획을 개발했다. 동시에 교사와 관리자의 어려운 수학 과제 본질에 관한 연구와 잘 부합하면서, 다양한 유형의 과제에 대한 이해를 향상시킬 계획을 개발하고 있었다. 또 다른 구성원은 인터뷰에서 다음과 같이 발언했다.

> 그래서 어떤 것이 엄격하고 어떤 것이 더 어려운 과제인지 살펴보는 것은 흥미롭습니다. 왜냐하면 우리가 기준을 보고 "그래, 이건 어려운 과제야."라고 말할 수 있지만 실제로 기준에 따라 7개 중 3개의 더 어려운 과제를 선별해야 했을 때, 눈을 뜨게 되었기 때문입니다… 저는 이런 기회를 가지게 되어 정말 기뻤고, 선생님들 또한 그렇게 느낄 것으로 생각합니다. 그리고 우리가 지난 1년 동안 이러한 과제를 검토하고 가을에 실행하기 위해 얼마나 많은 시간을 투자했는지 교사들이 알게 되면, 더 많은 교사들이 이 과제에 동참하고 이에 대해 더 긍정적으로 생각할 거라고 확신합니다.

개선 주기의 일환으로 질 높은 교수를 돕는 과제를 규명한 후, DMLT는 과제와 관련된 문제 영역 탐색을 설계하고 실행했다. 이러한 탐색 결과, 질문으로 제시된 잠재적 문제 목록이 도출되었다. 예를 들어, 이러한 과제가 우리가 사용하는 교육과정 전체에 균등하게 분포되어 있는가? 모든 학생이 이러한 과제에 공평하게 접근할 수 있는가? 이 탐구가 끝난 후 DMLT 구성원들은 문제를 정의하는 과정에서 생각하고 있거나 알고 싶은 것을 보고해 달라고 요청받았다. 몇몇 DMLT 구성원들은 학군이 질 높은 교수를 돕는 과제를 어떻게 결정하고 합의할지에 대해 우려했다. 이로 인해 DMLT는 과제 분석을 위한 분석틀을 개발하기 위해 연구를 활용했고([그림 1] 참조), 이는 2021-2022학년도에 시작된 첫 번째 교수 개선 주기의 토대가 되었다([그림 2]; Superfine et al., 출판 예정 참조).

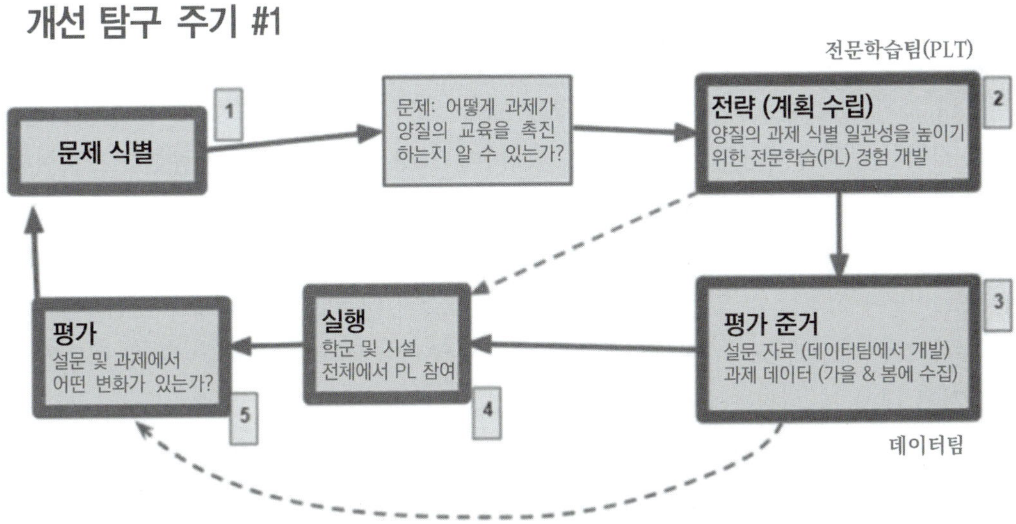

[그림 2] DMLT 첫해에 시행된 질 높은 과제에 초점을 맞춘 탐구 주기

요약하면 우리가 참여하는 RPP는 학군의 실천 문제, 다단계로 이루어진 전문성 개발, 반복적 재설계 주기의 공동 규명을 통해 지속 가능한 학군 전체의 수학 교수·학습 개선 촉진을 목표로 한다. 이러한 RPP의 기반이 되는 프로젝트 중재는 광범위한 질 높은 연구에 근거를 두고 있으며, 그중 상당 부분이 수학 교수·학습과 직접적으로 관련되어 있다. 실제로 Silver 교수의 과제, 인지적 요구, 전문성 개발 및 반복적 개선에 대한 연구는 세 개의 RPP 중 하나의 연구에서 핵심이 되는 것이 입증되었는데, 학군 전체의 비전 설계 및 수정에서부터 재설계 주기의 자료 수집에 이르기까지 다양한 활동에서 중심 역할을 하였다. 이러한 유형의 수학 교수·학습 연구는 RPP가 기초적인 수준에서 교수 개선 노력에 우선적으로 참여할 수 있도록 한다.

결론

Silver 교수의 광범위한 수학 교수·학습 연구는 우리의 각 연구 프로그램을 연결하는 데 도움이 되었다. 우리의 교사 전문성 개발 연구 상당 부분이 BI:FOCAL과 그 설계에서 비롯되었는데(Silver et al., 2006, 2012), 이 분야의 초기 작업은 지역적 맥락이나 교사가 소속된 대규모 조직 체계에 민감하지 않았다. Bryk 외(2015)가 주장했듯이, 교육 개선에 대한 사고는 일반적으로 무엇이 효과적인지에 대한 단순한 사고에서 벗어나 "'무엇이, 누구에게, 어떤 조건에서 효과적인가?'에 대한 보다 현실적인 평가로 나아가야 한다"(p. 11). 비슷하게 Cohen과 Mehta(2017)는 "효과가 있는" 교수 개혁 정책은 일반적으로 실천가가 현장에서 직면한 문제에 대응하고, 해결책을 제시하며, 도구, 지침, 자원을 제공했다고 밝혔다. 예를 들어, BI:FOCAL과 같이 인지적으로 어려운 수학 과제를 실행하는 데 중점을 둔 교사 전문성 개발에 대한 실천-기반 접근에서, 교사가 학생들과 함께하면서 직면하는 현장 실천 문제를 어떻게 고려할 수 있는가? 우리는 교사가 소속된 대규모 조직 체계의 요소들이 어떻게 수학 교수 개선과 교사 전문성 개발 노력을 지원하는 동시에 지역적 맥락에 대응할 수 있는지에 대해 계속 씨름하고 있다.

가장 최근에는 Silver 교수의 연구가 세 개의 RPP의 일부로서 우리의 수학 교수 개선 노력의 기준 역할을 했다. RPP와 같은 새로운 조직 형태는 지속 가능한 교수 개선을 촉진하는 데 많은 가능성을 제시한다. 그러나 이러한 교수 개선 노력이 효과적이려면, 특정 내용 영역의 교수·학습에 대한 질 높은 연구를 기반으로 해야 한다. Silver 교수의 수학 교수·학습 연구는 우리가 참여하고 있는 세 가지 RPP의 기반이자 핵심이다. 과제의 중심성, 인지적 요구, 전문성 개발, 반복적 개선에 대한 그의 연구는 수학 교수·학습에 대한 강력한 증거를 바탕으로 RPP의 중심이 되고, 개발과 실행의 틀을 마련했다. 실제로 이 연구에서 도출된 수학 교수·학습 원칙들은 RPP 설계가 어떻게 구성되어야 하는지에 대한 "역방향 설계[backward mapping]"의 닻을 제공한다(Elmore, 1979). 이 RPP 작업을 진행함에 따라 Silver 교수의 연구는 궁극적으로 수학 교수·학습이 이루어지는 수학 교실과 RPP가 어떻게 연계되는지에 대한 중추 역할을 계속할 것이다.

사사

이 장에 서술된 연구는 연구비 번호 Grant #1907681에 따른 DRK-12 프로그램의 일환으로, 부분적으로 미국 국립과학재단의 자금 지원을 받았다. 그러나 본 논문에서 표현된 모든 의견, 연구 결과, 결론 또는 권장 사항은 저자의 의견이며 미국 국립과학재단의 견해를 반영하는 것은 아니다.

▌참고문헌

Ball, D. L., Thames, M. H., & Phelps, G. (2008). Content knowledge for teaching: What makes it special? *Journal of Teacher Education, 59*(5), 389–407.

Bottoms, G., & Schmidt-Davis, J. (2010). *The three essentials: Improving schools requires district vision, district and state support, and principal leadership.* Southern Regional Education Board.

Bryk, A. S., Sebring, P. B., Allensworth, E., Luppescu, S., & Easton, J. Q. (2010). *Organizing schools for improvement: Lessons from Chicago.* University of Chicago Press.

Bryk, A. S., Gomez, L. M., Grunow, A., & LeMahieu, P. G. (2015). *Learning to improve: How America's schools can get better at getting better.* Harvard Education.

Cobb, P., & Jackson, K. (2011). Assessing the quality of the Common Core State Standards for Mathematics. *Educational Researcher, 40*(4), 183–185.

Cobb, P., Jackson, K., Smith, T., Sorum, M., & Henrick, E. (2013). Design research with educational systems: Investigating and supporting improvements in the quality of mathematics teaching and learning at scale. *Yearbook of the National Society for the Study of Education, 112*(2), 320–349.

Cobb, P., Jackson, K., Henrick, E., & Smith, T. M. (2018). *Systems for instructional improvement: Creating coherence from the classroom to the district office.* Harvard Education Press.

Cohen, D., & Mehta, J. (2017). Why reform sometimes succeeds: Understanding the conditions that produce reforms that last. *American Educational Research Journal, 54*(4), 644–690.

Cosner, S. (2011). Teacher learning, instructional considerations and principal communication: Lessons from a longitudinal study of collaborative data use by teachers. *Educational Management Administration & Leadership, 39*(5), 568–589.

De Voto, C., Pitvorec, K., & Castro Superfine, A. (in press). Building a scalable model for effective networked improvement across schools: The case of district math leadership teams. In J. Eckert & B. Carpenter (Eds.), *Catalytic improvement communities.* Information Age.

Elmore, R. F. (1979). Backward mapping: Implementation research and policy decisions. *Political Science Quarterly, 94*(4), 601–616.

Farrell, C. C., Penuel, W. R., Coburn, C. E., Daniel, J., & Steup, L. (2021). *Research-practice partnerships in education: The state of the field.* William T. Grant Foundation.

Fishman, B. J., Penuel, W. R., Allen, A., Cheng, B. H., & Sabelli, N. (2013). Design-based implementation research: An emerging model for transforming the relationship of research and practice. *Yearbook of the National Society for the Study of Education, 112*(2), 136–156.

Gamoran, A., Anderson, C. W., Quiroz, P. A., Secada, W. G., Willams, T., & Ashmann, S. (2003). *Transforming teaching in mathematics and science: How schools and districts can support change.* Teachers College Press.

Henningsen, M., & Stein, M. (1997). Mathematical tasks and student cognition: Classroom-based factors that support and inhibit high-level mathematical thinking and reasoning. *Journal for Research in Mathematics Education, 28*, 524–549.

Henrick, E., Cobb, P., & Jackson, K. (2015). Educational design research to support system-wide educational improvement. In A. Bikner-Ashbahs, C. Knipping, & N. Presmeg (Eds.), *Approaches to qualitative research in mathematics education: Examples of methodology and methods.* Springer.

Hill, H. C., Blunk, M. L., Charalambous, C. Y., Lewis, J. M., Phelps, G. C., Sleep, L., & Ball, D. L. (2008). Mathematical knowledge for teaching and the mathematical quality of instruction: An exploratory study. *Cognition and Instruction, 26*(4), 430–511.

Honig, M., & Rainey, L. (2014). Central office leadership in principal professional learning communities: The practice beneath the policy. *Teachers College Record, 116,* 1–48.

Honig, M. I., Copland, M. A., Rainey, L., Lorton, J. A., & Newton, M. (2010). *Central office transformation for district-wide teaching and learning improvement.* Wallace Foundation.

Leithwood, K., Louis, K. S., Anderson, S., & Wahlstrom, K. (2004). *How leadership influences student learning.* Wallace Foundation.

Li, Y., Silver, E., & Li, S. (Eds.). (2014). *Transforming mathematics instruction: Multiple approaches and practices.* Springer.

Matsumura, L., Garnier, H., Slater, S., & Boston, M. (2008). Toward measuring instructional interactions "at-scale.". *Educational Assessment, 13,* 267–300.

McLaughlin, M. W. (1987). Learning from experience: Lessons from policy implementation. *Educational Evaluation and Policy Analysis, 9*(2), 171–178.

Munter, C. (2014). Developing visions of high-quality mathematics instruction. *Journal for Research in Mathematics Education, 45,* 483–635.

National Council of Teachers of Mathematics. (2000). *Principles and standards for school mathematics.* National Council of Teachers of Mathematics.

Nelson, T., Deuel, A., Slavit, D., & Kennedy, A. (2010). Leading deep conversations in collaborative inquiry groups. *The Clearing House, 83*(5), 175–179.

Newmann, F. M., Smith, B., Allensworth, E., & Bryk, A. S. (2001). *School instructional program coherence: Benefits and challenges.* Consortium on Chicago School Research.

Penuel, E., & Potvin, A. (2021). Design-based implementation research to support inquiry learning. In G. Duncan & C. Chinn (Eds.), *International handbook of inquiry and learning* (pp. 47–87). Routledge.

Penuel, W., Fishman, B. D., Cheng, B. H., & Sabelli, N. (2011). Organizing research and development at the intersection of learning, implementation, and design. *Educational Researcher, 40*(7), 331–337.

Silver, E. (1995). The nature and use of open-ended problems in mathematics education: Mathematical and pedagogical perspectives. *ZDM, 95*(2), 67–72.

Silver, E. (2009). Toward a more complete understanding of practice-based professional development for mathematics teachers. In R. Even & D. Ball (Eds.), *The professional education and development of teachers of mathematics* (pp. 245–247). Springer.

Silver, E., & Stein, M. (1996). The QUASAR project: The "revolution of the possible" in mathematics instructional reform in urban middle schools. *Urban Education, 30*(4), 476–521.

Silver, E., & Thompson, A. (1984). Research perspectives on problem solving in elementary school mathematics. *The Elementary School Journal, 84,* 529–545.

Silver, E., Mills, V., Castro, A., & Ghousseini, H. (2006). Blending elements of lesson study with case analysis and discussion: A promising professional development synergy. In K. Lynch-Davis & R. Ryder (Eds.), *The work of mathematics teacher educators: Continuing the conversation of teaching* (AMTE Monograph Series No. 3) (pp. 117–132). Association of Mathematics Teacher Educators.

Silver, E., Clark, L., Ghousseini, H., Charalambous, C., & Sealy, J. (2007). Where is the mathematics? Examining teachers' mathematical learning opportunities in practice-based professional learning tasks. *Journal of Mathematics Teacher Education, 10,* 261–277.

Silver, E., Clark, L., Gosen, D., & Mills, V. (2008). Using narrative cases in mathematics teacher professional development: Strategic selection and facilitation issues. In M. Smith & S. Friel (Eds.), *Cases in mathematics teacher education: Tools for developing knowledge needed for teaching* (AMTE Monograph Series No. 4) (pp. 89–102). Association of Mathematics Teacher Educators.

Silver, E., Mills, V., Ghousseini, H., & Charalambous, C. (2009). Exploring the curriculum implementation plateau: Understanding and confronting issues and challenges. In J. Remillard, B. Herbel-Eisenmann, & G. Lloyd (Eds.), *Mathematics teachers at work: Connecting curriculum materials and classroom instruction* (pp. 245–165). Routledge.

Silver, E., Mills, V., Gosen, D., & Devine, G. (2012). Collaborative problem solving as a basis for a professional learning community: Four perspectives on collaboration within the BIFOCAL project. In J. Bay-Williams & W. Speer (Eds.), *Professional collaborations in mathematics teaching and learning: Seeking success for all* (pp. 192–203). National Council of Teachers of Mathematics.

Smith, M. (2001). *Practice-based professional development for teachers of mathematics.* National Council of Teachers of Mathematics.

Smith, M. S., & Stein, M. K. (2011). *Practices for orchestrating productive mathematics discussions.* National Council of Teachers of Mathematics.

Spillane, J. P., & Hopkins, M. (2013). Organizing for instruction in education systems and school organizations: How the subject matters. *Journal of Curriculum Studies, 45*(6), 721-747.

Spillane, J. P., & Thompson, C. L. (1997). Reconstructing conceptions of local capacity: The local education agency's capacity for ambitious instructional reform. *Educational Evaluation and Policy Analysis, 19*(2), 185-203.

Stein, M., & Lane, S. (1996). Instructional tasks and the development of student capacity to think and reason: An analysis of the relationship between teaching and learning in a reform mathematics project. *Educational Research and Evaluation, 2,* 50-80.

Stein, M., Grover, B., & Henningsen, M. (1996). Building student capacity for mathematical thinking and reasoning: An analysis of mathematical tasks used in reform classrooms. *American Educational Research Journal, 33,* 455-488.

Stein, M., Smith, M., & Silver, E. (1999). The development of professional developers: Learning to assist teachers in new settings in new ways. *Harvard Educational Review, 69*(3), 237-269.

Stein, M., Smith, M., Henningsen, M., & Silver, E. (2000). *Implementing standards-based mathematics instruction.* Teachers College Press.

Superfine, B., De Voto, C., Castro Superfine, A., & Han, A. (in press). How research-practice partnerships learn to develop goals for math and identify local problems of practice. In E. Reynolds & S. Hayes (Eds.), *Continuous improvement: A leadership process for school improvement.* Information Age.

Swars, S. S., & Chestnutt, C. (2016). Transitioning to the Common Core State Standards for Mathematics: A mixed methods study of elementary teachers' experiences and perspectives. *School Science and Mathematics, 116*(4), 212-224.

Sztajn, P., Marrongelle, K., & Smith, P. (2012). *Supporting implementation of the Common Core State Standards For Mathematics: Recommendations for professional development.* NorthCarolina State University. Retrieved 3/16/14 from http://cadrek12.org/sites/default/files/ CCSS%20Math.pdf

Viennet, R., & Pont, B. (2017). *Education policy implementation: A literature review and proposed framework.* Organisation for Economic Co-operation and Development. Retrieved from https://www.oecd.org/officialdocuments/publicdisplaydocument pdf/?cote=EDU/WKP(2017)11&do cLanguage=En#:~:text=Education%20policy%20 implementation%20is%20a,education%20 system%20on%20several%20levels

제7장 수학 과제의 바람직한 특징: 수학 교사교육자의 관점

Cengiz Alacaci, Bulent Centikaya and Ayhan Kursat Erbas

지난 수십 년간, 학교와 학교 체계는 수학에서 새롭고 높은 요구 수준의 교육과정상의 목표와 관련된 개혁에 대한 요구를 직면해오고 있다(National Council of Teachers of Mathematics [NCTM], 1989, 2000; National Governors Association Center for Best Practices & Council of Chief State School Offcers, 2010; Parveva et al., 2011). 이러한 목표에는 수학적 사고와 추론, 문제해결, 수학에 대한 긍정적인 태도가 포함된다. 이러한 비전은 수업, 평가, 교사교육과 교사들의 전문성 신장에 대한 함의를 갖는다(Parveva et al., 2011).

학생이 수학에서 학습하는 것은 교실에서 하는 활동의 범위를 대개 넘지 못한다. 교육과정상 목표들은 주로 교사가 제시한 수학 과제들에 의하여 실현된다. 실제로, 수학·과학 성취도 추이변화 국제 비교 연구[Trends in International Mathematics and Science Study](TIMSS, 1999)의 일부로서 일곱 개의 선진국(호주, 체코, 홍콩, 일본, 네덜란드, 스위스, 미국)을 대상으로 시행된 국제 설문조사에서 교사들은 약 80%의 수업 시간을(대부분의 과제가 복잡성이 낮은 과제임에도 불구하고; National Center for Education Statistics [NCES], 2003) 수학 과제 해결을 위해 할애한다는 결과가 보고되었다.

1990년대 중반부터 학교 수학에서의 개혁을 위한 노력의 일환으로, 상업적인 자료들, 전문적인 단체들, 국제 학생 평가 프로그램[Programme for International Student Assessment](PISA)와 국제 수학·과학 성취도 추이변화 국제 비교 연구(TIMSS)와 같은 국제 비교 평가 프로그램들, 국가 교육향상평가(NAEP; 예: Mohr et al., 2019)와 같은 공적 책무성을 띈 평가자료에서 교실에서 활용할 수 있는 더 높은 수준의 수학 과제가 더 많이 제공되고 있다. 이러한 자료를 탐색하고, 적절한 과제를 선택하여 활용하며 지속적인 활용을 계획하는 것과 필요한 시간 관리는 교사가 매일 행하는 전문적인 활동의 중요한 부분이다(Gueudet & Trouche, 2009).

Stein 외(1996)는 수학 과제[mathematical task]를 학생들의 주의를 특정한 수학적 아이디어나 학생들이 만들어낼 것, 어떻게 학생들이 만들어 낼지, 그리고 어떤 자원들을 이용하여 만들 것인지에 주의하면서 수학적 과정에 집중시키는 목적을 가진 행위로 설명하였다(p. 460). 따라서 이러한 설명에 따르면, 학생에게 기대되는 문제해결 전략, 사용되는 표상, 의사소통의 필요조건들과 인지적 요구 수준은 과제 개념의 필요한 부분이 되었다. 본 연구 목적에 따라, 수학 과제란 간접적으로 제시된 정보와 그 정보를 처리할 수 있는 도구를 바탕으로 수학적 아이디어에 관여하는 것을 필요로 하는 문제나 관련된 여러 문제로 정의된다.

개혁에 관한 비전을 실현하는 데에 있어 높은 수준의 수학 과제가 갖는 잠재적인 역할을 고려할 때, 수학 과제가 학습 지도에서 어떻게 활용되는지를 조사하는 상당한 연구가 진행되어왔다. 중학교 수학에서의 개혁에 관한 연구인 QUASAR 프로젝트(Silver & Stein, 1996; 본 책의 Smith & Stein 참고)의 일부로서 다양한 연구가 진행되었다. 영향력 있는 연구 중 하나인 Stein 외(1996)는 실제 교실에서의 수학 과제 사용에 관하여 조사했다. 연구진들은 높은 인지적 요구 수준의 수학 과제를 제공할 때, 학생은 높은 수준의 수학적 사고들을 경험하는 것이 가능하다고 보고하였다. 그러나 그러한 높은 인지적 요구 수준의 과제를 제공하는 것이 학생이 높은 수준의 추론을 한다는 것을 보상하지는 않는다. Stein과 동료들은 수학 과제가 교과서에 수록된 상태인 **출판된 과제**tasks as published, 교사에 의해 **설정된 과제**tasks as set up를 거쳐 교실에서 **실행된 과제**tasks as implemented의 단계를 거친다고 하였다. 이러한 단계들을 거쳐감에도 학생에게 그 과제가 적절하지 않거나 만연한 규범이나 교실 관리의 어려움, 의사소통 형태, 시간 사용과 같은 교실 내의 복잡한 활동 체계에 존재하는 다양한 요인들로 인하여 수학 과제는 실제 학생으로부터 이끌어낸 사고 수준에서는 종종 감소한다(Stein et al., 1996; Tekkumru-Kisa et al., 2020).

과제의 인지적 요구 수준 감소 문제는 향후 더 정교하게 다루어질 필요가 있다. Stein 외(1996)는 개혁을 목표로 하는 수업에 사용된 144개의 수학 과제 중 표본으로 한 연구에서, 인지적 요구 수준이 높게 **설정된** 10개의 과제 중 단 4개만이 교실에서 **실행된** 인지적 요구 수준이 유지되었다고 보고하였다. 과제 인지적 요구cognitive demand 수준 감소에 관한 흔한 이유 중 하나는 학생에게 해당 과제가 부적절하다는 것이었다. 이러한 이유는 해당 연구에서 추출되었던 표본의 61%에 해당했다. 그들은 교사에 의해 선택된 과제가 학생의 동기를 잘 유발하지 못하였거나 학생은 수학을 다루기에 사전지식이 부족했거나 그 과제의 난이도 수준이 학생들의 기술이나 지식의 수준과 일치하지 않았다고 보고하였다. 교사가 이러한 원인 중 일부를 과제 선택 단계에서 예견할 수 있다는 점에 주목하는 것은 중요하다. 그래서 높은 인지적 요구 수준의 수학 과제를 사용하는 것의 장점을 취할 수 있는 중요한 변수는 과제를 선택할 때의 교사의 의사결정으로 볼 수 있다. 그러나 이는 교실 내에서의 효과적인 실행에 관계된 여러 변인에 영향을 받기 때문에 성공하리라는 보장이 없을 것이다. 교사교육에서 수학 과제는 교사의 의사결정과 학생 결과물을 연결하는 유용한 도구가 될 수 있다. 이렇듯 과제는 수학교육 개혁의 비전을 소통하는 데에 강력한 도구이다. 그러므로 과제를 효과적으로 실행하기 위하여 교실 관리하기 뿐만 아니라 과제를 제작, 선택, 분석, 수정하는 것 또한 교사교육 프로그램에서 공통된 관행이 되었다(Tekkumru-Kisa et al., 2020).

교사교육자들은 예비 교사를 가르치고 종종 수학교육에 있어 선도적인 역할을 수행할 것으로 기대된다. 문제해결, 추론, 의사소통과 의미형성을 강조하면서 수학을 더 잘 가르칠 수 있는 교사의 잠재력을 개발하는 것이 바로 그들의 관심사이다. 수학 과제는 교사교육 지도 방법에 있어 가치가 있는 도구이기 때문에 교사교육자가 수학 과제의 바람직한 특성을 어떻게 바라보는가를 연구하는 것은 중요하다. 그러나 기존 연구에서는 교사교육자들이 수학 과제들을 어떻게 생각하는가에 대한 분석이 부족하다.

본 연구에서는 우리는 교사교육자가 수학 과제를 선택할 때 어떠한 생각을 갖고 있는지와 어떤 과제의 특성들을 그들이 주목하고 결정에 이르는지에 관하여 탐색한다. 본 연구의 부수적이고 관련 있는 목적은 혹시 있을지 모르는 교사교육자들 간의 어떤 수학 과제를 “좋다”고 보는지에 대한 동의하는 정도와 그들의 결정에 영향을 주는 과제의 특성들에 관한 동의하는 정도를 밝혀보고자 했다.

과제 선택에 관한 연구들

수학 교실에서 과제가 갖는 중요한 역할을 고려할 때, 놀랍게도 교사 또는 교사교육자들의 과제의 질이나 과제의 선호도에 관한 연구는 거의 찾을 수 없다. Karp(2008)의 연구에서 미국과 러시아의 수학 교사교육자에게 **아름다운** 수학 문제를 제시하도록 요구하고, 아름다운 수학 문제에 관한 인식을 비교했다. 그 연구 참여자는 중·고등학교 교사였다. Karp는 아름다운 문제의 내용 요소와 문제가 아름답다고 생각하는 이유에 있어 문화 간의 차이가 있음을 보고했다. 연구 참여자가 제시한 주요한 이유는 다음과 같다. (a) 교육과정상의 유용함[curricular usefulness](중요한 수학 개념을 포함하고 교육과정상 중요한 기술을 요구한다), (b) 실용적이거나 실생활에서 유용한 맥락, (c) 비표준적인[nonstandard mathematical thinking] 수학적 사고의 필요, (d) 개방형[open ended] 문제, (e) 예상 밖의(예상치 못한 요소를 포함하는) 해결책에 이르도록 하는 문제, (f) 여러 수학 내용 요소를 연결하고 다양한 방법을 사용하도록 요구하는 문제. Karp(2008)는 미국과 러시아 교사의 분명한 답변 양식을 두 국가의 문화적 맥락에서의 수학교육과정의 특성과 범위에 기인한다고 하였다. 그는 앞서 언급된 요인의 상대적으로 우세한 경향이나 빈도를 보고하지 않았으나 다른 요인보다는 어떤 수학 문제나 수학적 사고에 대한 선호는 그 문제에 포함된 수학 내용 요소나 요구되는 수학적 사고, (해당 되는 것이 있을 때) 그 맥락의 특성과 다양한 풀이 방법이나 정답을 사용하는 것이 가능한 것과 관련이 있어 보인다고 하였다. 그러나 이러한 결과는 연구자료 수집 방법을 고려하여 해석할 필요가 있다. 즉, Karp의 연구에서 참여자는 문제를 제공받지 않았고 문제를 개발하거나 찾아보도록 요청받았다. 예를 들어, 만일 연구 참여자가 제시된 문제 중에서 선택하도록 요구되었더라면, 이러한 요인의 순서가 바뀌거나 다른 요인이 발견될 수도 있을 것이다.

또 다른 연구인 DeGraaf(2015)에서 9~12학년 학생, 그 학생의 교사, 수학자를 대상으로 "좋은" 수학 문제에 관한 인식을 조사하였다. 연구 참여자는 대수와 정수론 문제 20개 중에서 3개의 "가장 좋아하는" 문제를 선택하고 그 이유를 밝히도록 요청받았다. 그 문제는 교과서 마지막 장에서 볼 수 있는 문장제와 유사한 문제였으나 훨씬 더 까다로운 문제였다. 근거이론grounded theory을 기반으로 하여 DeGraaf(2015)는 최고의 문제를 선택한 이유를 분류하였다([표 1]).

[표 1] DeGraaf(2015)에서 보고된 "가장 좋아하는" 문제 선택하기에서 발견된 학생, 교사, 수학자들이 제시한 이유 중 우세한 범주들

학생	교사	수학자
1. 문제를 해결할 수 있다, 쉬운 문제다.	1. 비판적인 사고, 논리적 추론, 개념적 이해가 필요하다.	1. 전형적이지 않고 어려운 문제이고 비판적 사고와 깊은 생각을 요구한다.
2. 생각이 필요한 어려운 문제이다.	2. 흥미로운 맥락과 예상 밖의 답을 가지고 있고 예상할 수 있다.	2. 중요한 수학을 사용할 필요가 있고 예상치 못한 답을 갖는다.
3. 실생활 맥락의 문제이다, 문제가 예상되고 예상 밖의 답을 갖는 문제다.	3. 학생에게 성취감을 줄 수 있고 많이 배울 수 있다.	3. 해답이 우아하고 그 내용에 관한 좋은 소개가 되고 문제 설정이 간단하다.
4. 이 문제를 통해 많이 배운다.	4. 학생이 해결할 수 있다. 쉽게 이해할 수 있다.	4. 대다수의 학생이 해결할 수 있고 단순한 용어만 필요하다.
	5. 다양한 수준과 학년의 학생에게 변형하여 제시할 수 있다.	5. 다양한 수준과 사고 양식에 적용할 수 있다.

DeGraaf는 학생, 교사, 수학자가 밝힌 이유가 내용적으로는 유사하다고 보고하였다. 그러나 세 그룹은 특정한 이유에 대한 우선순위에서 차이를 보였다. [표 1]에서 제시되었듯이 이해할 수 있으면서 까다로운 난이도가 학생들의 첫 번째와 두 번째를 차지하였으나 요구되는 수학적 사고는 교사들과 수학자들의 첫 번째 기준이었다. 또한 몇몇 교사들과 수학자들은 우아함(풀이가 강력하지만 간결함)과 놀라움 요인(예상 밖의 답에 이르게 함)을 말했다는 사실을 언급할 필요가 있다.

설계 연구 방법을 사용한 관련 연구에서 Leavy와 Hourigan(2022)은 예비 초등 교사가 수학 문제에서 바람직하다고 생각하는 특징들을 인식하기 위한 분석틀을 개발했다. 예비 교사는 문제를 만들었고 초등학생과 함께 풀어보았으며 학생, 교사와 교사교육자로부터 환류를 받아 문제를 수정하여 몇 주간 그 학생과 다시 문제를 풀어보았다. 연구자는 다른 몇 주간의 수정 과정에서 언급되었던 문제들의 특성들에 주목하였다. 이러한 과정들에서 중요했던 과제 특성들은 [표 2]에 제시되어 있다.

[표 2] Leavy와 Hourigan(2022)이 보고한 예비 초등 교사들의 바람직한 수학 과제 특성 알아차림 분석틀의 요소들

1.	동기유발이 되고 흥미로운 맥락의 사용
2.	언어와 문화적 맥락의 명료성
3.	교육과정과의 일관성(수학 내용 요소와 요구된 사고 방법)
4.	인지적 요구에 대한 주의(암기나 답습이 아닌 높은 수준의 사고와 추론을 요구함)
5.	추론을 장려할 수 있는 적당한 수의 해결 단계
6.	해결 전략의 다양성
7.	다양한 문제해결 방법을 도움
8.	성공 기회

본 연구

설계와 도구

수학 과제를 선택할 때 교사교육자가 선호하는 기준과 서로 동의 정도를 알아보기 위하여 우리는 수정된 레퍼토리 그리드 기술modifed repertory grid technique을 사용하였다. 이 기술은 구성주의 패러다임의 연장이다. 레퍼토리 그리드는 개인의 사고가 심리학적으로 그들이 사건들을 예견하는 방식에 의하여 결정된다는 것과 개인이 사건과 사물들을 인식하기 위하여 개인적인 구인들을 사용한다는 가정에 기반하여 개발되었다(Pope & Denicelo, 2016). 레퍼토리 그리드 기술은 2단계의 면담으로 이루어진다. 첫 번째 단계에서 3개 과제로 구성된 그룹들로 주어진 과제의 요소들을 참여자가 유사점이나 차이점을 표현할 수 있는 방식이나 특별한 목적에 따라 표현함으로써 그 요소들을 비교하도록 요청받는다. 이는 모든 삼인조에 반복이 된다. 그러면 연구자는 비교하고자 하는 특성을 담은 완전한 목록을 작성하고 열에 요소들을 행에 특성들을 기록한 표를 준비한다. 두 번째 단계에서는 이 표를 사용하여 참여자는 각 특성의 요소를 그 특성이 얼마나 각 요소에 가까운지를 리커트 척도로 평가한다. 레퍼토리 그리드의 효력은 참여자들이 각 특성들을 그들 자신의 표현에 기반하여 평가를 한다는 데에 있다.

면담을 위하여 우리는 3개씩 그룹으로 12개의 수학 과제를 수집했다. 각 그룹에 포함된 과제는 같은 학년 수준에서의 같은 핵심 수학 개념을 다루기 위하여 선택되었다. 각 그룹은 전형적인 레퍼토리 그리드 절차에서 벗어나 비반복적인 과제를 포함했다. 그래서 우리는 우리의 연구 방법을 **수정된** 버전의 레퍼토리 그리드로 간주한다. 그 과제들은 출판된 자료들에서 선택되었고([표 3]) 일부는 본 연구에 맞게 변형되었다(부록).

[표 3] 자료 수집에 사용된 수학 과제들과 그 과제들에 포함된 핵심 개념들

삼인조	과제 명칭	핵심 개념	학년 수준[a]	참고 자료
1	1. 패턴 완성하기	일차함수 표현하기	8학년	Rivera and Becker (2008, p. 66)
	2. 선(string)			Posamentier and Krulik (2009, p. 79)
	3. 스모선수			www.khanacademy.org
2	4. 공평하게 나누어 주기	삼각형의 넓이	9학년	Pagni and Shultz (1999, p. 189)
	5. 짜깁기			de Freitas and Zolkower (2009, p. 198)
	6. 삼각형 비교하기			Silver and Zawojewski (1997)
3	7. 팝콘	입체도형의 겉넓이와 부피	9학년	https://www.figurethis.org
	8. 어떤 캔의 부피가 더 클까?			Erbas et al. (2016, p. 70)
	9. 이 문제를 뚫어봐			https://www.khanacademy.org
4	10. 주머니의 개수	그래프로부터 자료 읽고 해석하기	4학년	NCES (1993, p. 126)
	11. 형제들			Small (2020, p. 244)
	12. 미스테리 그래프들			Zawojewski (1996, p. 376)

[a] 노르웨이 국가 교육과정을 바탕으로 작성(Utdannings-direktoratet [UDIR], 2018).

이 비교를 유의미하게 하기 위하여 우리는 같은 핵심 수학 개념을 다루어지도록 과제를 3개씩 그룹으로 구성하였다. 우리는 추상적이며 예시가 되고 활용되는 맥락에서 변화를 표현하는 과제를 포함하고자 하였다. 이에 대한 목표는 교사교육자가 어떤 맥락적인 구조를 갖는 과제를 다른 과제에 비하여 더 선호하는지를 알아보고자 함이었다. 그러나 우리는 심지어 큰 변화가 있더라도 참여자는 주로 더 높은 인지적 요구를 갖는 과제를 선택할 것으로 예상했고 이는 현재의 계획에 비하여 선택의 범위를 더 제한할 것이기 때문에 제한된 범위 내에서 인지적 요구의 수준을 보이는 과제를 변형시켰다. 이에 따라 Smith & Stein(1998)의 분석틀을 바탕으로 우리 과제 전부는 "연결되는 절차procedures with connections" 또는 "수학하기doing mathematics"와 같은 상대적으로 높은 인지적 요구를 보였다. 이는 두 명의 수학교육자의 그 과제에 대한 평가를 통해 확인되었다. 그들은 그 과제를 평가했고 개인적으로 12개의 과제 중 10개의 평가에 대해 동의하였다. 평가에서 이견을 보인 사례는 이 두 개의 과제에 대해 숙고의 과정을 통해 해결되었다. 3, 9, 11번 과제는 "연결되는 절차들"의 수준에서 평가되었고 그 외 과제는 "수학하기"로 평가되었다. 우리는 그 과제 전체가 이미 출판된 자료로부터 추출했다는 점을 고려할 때 그 과제는 반드시 허용할 만한 수준이었다는 점을 확실히 하였다.

연구 참여자와 자료 수집

본 연구의 참여자 중 두 명은 수학교육학 박사학위를 취득하였고, 한 명은 수학교육학 석사학위를 가진 수학교육자였다. 세 명의 연구 참여자 모두 2-4년간의 교사교육과정의 교육경력이 있었다. 그들은 중등 수학교육과 과정의 초기에 내용학이나 방법론 수업을 가르쳤다. 연구자료를 수집할 당시에 그들은 모두 노르웨이의 두 대학교에서 근무 중이었다.

먼저 개인별 면담을 시행하고 이어서 평가로 이어지는 두 단계에 걸쳐서 자료 수집이 이루어졌다. 첫 번째 단계에서 면담이 이루어지기 사흘 전 수학 과제가 연구 참여자에게 이메일로 전송되었다. 면담은 화상대화 장치를 통해 온라인으로 시행되었다. 이 면담에서 연구 참여자는 첫 번째 그룹의 세 개 과제를 검토하도록 요청받았다. "이 세 개의 과제를 검토하시오. 수업에 사용할 과제를 선택하려고 한다고 하자. 당신이 과제를 선택할 때 고려하는 사항에 관하여 이 과제가 어떻게 다르다고 생각하는가? 얼마나 유사한가?" 그들은 더 이상 말할 것이 없을 때까지 모든 것을 말하도록 지시받았다. 똑같은 절차가 4개 그룹의 과제에 대해서도 반복되었다. 연구자는 면담 과정에서 연구 참여자가 제시한 과제의 특성(구인)을 빠짐없이 기록하였다. 모든 과제 그룹이 면담에서 사용되었고 그 구인이 모두 이끌어져 나왔을 때, 참여자는 12개의 과제를 모두 검토하고 "가장 마음에 드는" 과제를 선택하도록 요청받았다. 일반적으로, 그들은 각 그룹에서 한 과제(가끔 두 개)를 제시하였고 연구자는 그 과제를 기록했다.

두 번째 단계에서는 연구자가 구인을 행에, 과제의 이름을 열에 기재하여 하나의 표로 정리한 후 그 표를 연구 참여자에게 면담에서 언급되었던 구인이 모두 포함되었는지 표현이 명확한지 확인할 수 있도록 전송하였다. 면담에서 다루어진 구인 중 어떤 것도 누락되지 않고[1] 모든 구인이 연구 참여자의 언어로써 기술되도록 하는 데에 그 목적이 있었다. 그 후 그들은 1(전혀 그렇지 않다)-5점(매우 그렇다) 리커트 척도를 이용하여 그 구인에 따라 각 과제를 평가하도록 요청받았다. 첫 번째 면담 이후 사흘 이내에 연구 참여자 스스로 평

1) 추출된 구인들의 표본이 [표 5]에 제시되어 있다.

가를 완료하였다. 참여자는 연구자에게 각자 완성한 표를 이메일로 전송하였다.

결과

[표 4]는 연구 참여자가 "가장 좋아하는" 과제와 그 과제를 선택한 참여자의 수를 제시한다. 모든 연구 참여자가 12개의 과제 중 4개의 과제(팝콘, 어떤 캔의 부피가 더 클까?, 미스테리 그래프)를 모두 선택하였다. 다르게 표현하자면, 이 과제에 대해서 완전한 동의가 이루어졌다. 게다가 연구 참여자 두 명이 두 개의 과제(공평하게 나누자, 주머니의 개수)를 선택했다. 예상 가능하게도 모든 연구 참여자가 선택하지 않았던 과제 1, 3, 9, 11 중 3, 9, 11은 상대적으로 낮은 인지적 요구 수준으로 평가된 과제였다. 본 연구 이전에 전문가들은 해당 과제를 연결되는 절차들의 수준으로 평가했었다. 그에 따라 높은 인지적 요구는 교사교육자가 선호하는 과제의 필요한 특성이었다. 그럼에도 불구하고 이는 교사교육자가 그 외의 수학하기 수준의 인지적 요구를 보이는 과제를 다양하게(0에서 3명) 평가했기 때문에 충분한 특성은 아니었다.

[표 4] 연구 참여자가 "가장 좋아했던" 과제

과제 번호 및 과제명	과제를 선택한 연구 참여자 수
1. 패턴 완성하기	-
2. 선	3
3. 스모선수	-
4. 공평하게 나누어 주기	2
5. 짜깁기	1
6. 삼각형 비교하기	1
7. 팝콘	3
8. 어떤 캔의 부피가 더 클까?	3
9. 이 문제를 뚫어봐	-
10. 주머니의 개수	2
11. 형제들	-
12. 미스테리 그래프	3

다음으로 우리는 연구 참여자가 선택한 여섯 개의 과제에 대한 평가에 초점을 맞춰보겠다. 우리는 각 연구 참여자들로부터 높은($M \geq 3.5$) 또는 낮은($M \leq 2.5$) 평균점을 받은 구인을 더 자세히 살펴보겠다. 독자는 연구 참여자가 이 여섯 개의 과제를 가장 좋아한다고 응답하였고, 그래서 적어도 한 명 이상의 연구 참여자로부터 "좋은"[2] 것으로 추측되었다는 점을 상기할 필요가 있다. 구인 중 일부는 부정적으로 표현되었기 때문에, 우리가 연구 참여자의 표현을 바탕으로 연구 참여자의 눈에 띄게 만든 특성을 찾고자 낮은 평균점을 받았던 과제 또한 살펴보고자 했다([표 4]).

수학 교사교육자의 바람직한 수학 과제 특성화에 관한 연구 참여자의 구인에 대한 자료의 일부가 [표 5]에 제시되어 있다. 주제 통합을 통해 [표 5]의 연구 참여자의 구인을 토대로 우리는 과제 특성을 추출했고 [표 6]에 제시한다. 요컨대 다음의 수학 과제의 다섯 가지 특성이 괄목할 만했다. (a) 수학적 잠재력, (b) 수학적 도전의 수준, (c) 간결성, (d) 시각적 요소, (e) 적용된 내용의 특성(해당하는 경우에).

수학적 잠재력은 과제의 선택을 이끄는 특성으로 보였다. 연구 참여자는 수학적으로 복잡한, 풍부한, 더 높은 수준의 수학적 사고를 요구하는, 반성, 창의적 사고, 문제해결과 같은 용어를 사용하여 과제의 수학적 잠재력을 표현했다. 이러한 표현은 교육과정 문서(UDIR, 2018)와 Smith와 Stein(1998)의 분석틀에 따라 더 높은 수준의 인지적 요구에 대한 설명과 맥을 같이했다. 이러한 과제 특성은 모든 연구 참여자에 의하여 지목되었고 가장 높은 수($n=7$, [표 6], 행 1)의 구인이었다.

2) 자료 수집 과정에서 우리는 교사가 전문가로서 "좋다"는 것의 의미와 과제를 사용하는 조건을 정할 것이라고 예상하여, 과제가 "좋다"고 간주하는 것을 연구 참여자들의 자의적인 해석에 맡기는 것을 의도하였다.

[표 5] 연구 참여자의 유일한 (각 그룹에서 반복적이지 않은) 구인과 평점

참여자	줄번호	구인	과제2	과제4	과제7	과제8	과제 10	과제12	평균점수
참여자 I									
	1	상황이 오히려 간단하고 상상하기 쉽고 그래서 학생에게 도움이 된다.	5	5	5	5	5	5	5.0
	2	학생에게 재미있는 과제이다.	4	3	4	5	5	5	4.3
	3	이 과제의 맥락이 현실적이고 관련이 있다.	4	5	3	5	3	4	4.0
	4	과제의 시각적 표현이 긍정적이고 결정적인 도움이 된다.	4	4	3	3	5	5	4.0
	5	완전한 답에 대한 요구에 있어 까다롭다	5	5	3	5	1	4	3.8
	6	이 과제는 수학적 힘을 갖고 있다.	4	5	3	3	3	4	3.7
	7	이 과제에는 바람직한 "간단함"이 있다.	3	3	4	3	5	3	3.5
	8	이 과제는 정돈되지 않은 느낌을 준다.	1	1	1	1	2	4	1.7
참여자 II									
	9	수학적으로 복잡한 과제이다.	3	5	5	5	3	4	4.2
	10	수학적으로 풍부한 과제이다.	4	3	4	5	4	4	4.0
	11	이 과제는 엄격하게 수학적 용어를 사용하여 구성되지 않았다.	3	5	4	4	3	4	3.8
	12	이 과제는 높은 수준의 수학적 사고를 촉진한다.	2	4	4	4	3	5	3.7
	13	이 과제는 창의적 사고를 필요로 한다.	3	5	3	4	3	4	3.7
	14	이 과제는 개인보다는 모둠 활동으로 해결하는 것이 더 적합하다.	4	4	4	5	2	3	3.7
	15	나라면 이 과제를 각 단원의 흐름 중 도입부에서나 초기에 사용할 것 같다.	2	1	3	2	3	3	2.3
	16	이 과제는 수학적 모델링 과제와 유사하다.	1	1	5	5	1	1	2.3
	17	이것은 상대적으로 명확한(쉬운) 과제이다.	3	1	2	2	3	2	2.2

참여자 III									
	18	이 과제는 시각적으로 해결하는데 도움을 주기 위하여 상상하거나 구체적인 조작이 가능한 방법을 제시한다.	5	5	5	5	5	5	5.0
	19	이 과제는 수학적인 요구 수준이 "높은 천장high-ceiling"이다.	5	5	4	5	3	3	4.2
	20	이 과제의 맥락은 잠재적으로 학생에게 동기부여가 된다.	4	4	4	4	2	4	3.7
	21	이 과제는 보통의 학생에게는 수학적으로 까다롭다.	4	5	4	5	2	2	3.7
	22	이 과제는 수학을 어려워하는 학생에게도 이해할 만한 수준이다	1	3	2	4	1	4	2.5
	23	이 과제에는 현실적이고 진정한 맥락이 있다	1	3	2	4	1	4	2.5
	24	이 과제는 학생이 반성하도록 한다.	5	2	2	2	2	2	2.5
	25	이 과제가 요구하는 것이 쉬운 것부터 더 어려운 단계로 주어져있다.	5	1	1	1	4	1	2.2
	26	이 과제는 다른 (사실, 더 높은) 수준에서 해야 할 것들의 확장을 필요로 한다.	5	1	1	1	4	1	2.2
	27	학생이 이 과제에서 수학적 절차를 사용하도록 이끌 수 있는 어떠한 핵심어나 힌트가 없다.	1	4	2	2	2	2	2.2
	28	이것은 문제해결 과제라기보다는 오히려 연습 문제에 더 가깝게 보인다.	2	1	1	1	3	3	1.8
	29	이 과제는 장황하다; 이 과제의 요구 사항을 더 적은 단어로 표현하는 것이 더 좋다.	1	1	1	1	1	4	1.5

[a] 두 번째 열에 있는 각 줄번호는 각 연구 참여자들의 구별되는 구인들을 의미한다. 부정적으로 표현된 구인들(예컨대 8번째 줄)에 대해서는 그 구인이 긍정적으로 표현되었더라면 "1"이라는 평가는 "매우 그렇다"를 의미하고 "5"는 "전혀 아니다"를 뜻한다.

수학적 도전의 특성은 연구 참여자가 그 다음으로 가장 많이 주목한 특징이었다. 연구 참여자는 이 구인을 지칭하기 위하여 까다롭다, 난이도가 높다 또는 보통의 학생들에게 쉽다, 분명하다와 같은 표현들을 사용했다. 도전의 수준은 세 참여자가 제시했던 다섯 가지의 구인들과 관련이 있다([표 6], 두 번째 행 참고). 공평하게 나누어 주기와 어떤 캔의 부피가 더 클까? 과제들이 이 범주의 구인들을 바탕으로 각각 4개와 3개의 5점의 평점을 받아 가장 도전적인 과제로 평가되었다. 한편, 주머니의 개수 과제는 상대적으로 "쉬운" 과제라는 평가를 받았다.

과제의 간결함이 연구 참여자 두 명의 네 개의 구인에서 관찰되었다. 실제 사용되었던 문구는 간단하거나 상상하기에 쉬운 맥락이다 또는 과제가 혼란스럽거나 장황하지 않다와 같은 것들을 포함했다. 이 구인에는 **과제 설정과 맥락의 간결함**과 **표현의 경제성**의 두 개의 측면이 있는 것으로 보였다. 이는 과제가 가능한 최소한의 단어로 표현되고 간단하고 상상하기 쉬운 맥락을 갖는다는 것을 함의한다. 두 명의 연구 참여자들은 이 범주에서 네 개의 구인을 제시하였다. 두 연구 참여자 모두 미스테리 그래프 과제를 표현의 경제성이 부족하다고 평가했다.

학생에게 동기부여가 되는 실용적인 맥락을 갖는다는 것이 두 명의 연구 참여자가 현실적이고 실용적이며 실제인 맥락을 갖는다와 학생들에게 동기부여가 되는 맥락을 갖는다와 같은 표현을 사용하여 표현되었다. 그러나 실용적이거나 실제의 맥락을 갖는다는 것은 그 자체로(세 개의 구인 중 두 가지가 이러한 구별을 가능하지 못하게 했을지라도; [표 5]의 3번과 23번 행 참고) 더 선호되는 과제가 되는 전제조건이 필연적으로 되는 것은 아닌 것으로 판단했다. 대신에 맥락이 실용적이었을 때, 그 맥락이 더 의미 있는 맥락이라는 것으로 판단할 수 있는 근거가 있었다. 사실상 7번과 10번(팝콘과 주머니의 개수) 과제는 이러한 관점에서 연구 참여자 I로부터 높은 평점을 받지 못하였다([표 5]의 3번 행 참고). 더 나아가 10번 과제(미스테리 그래프)는 연구 참여자 III으로부터 아마도 두 과제 모두(실용적이기보다는) 설명하는 맥락을 가졌기 때문에 높은 평점을 받지 못하였다([표 5]의 20, 23번 행 참고).

시각적이거나 구체적인 요소를 갖는다는 것이 두 개의 구인에서 바람직한 과제의 특성으로 두 명의 연구 참여자부터 언급되었다. '상상하기 쉽다'와 '과제가 문제해결을 위한 자료의 조직을 제공한다'와 같은 표현들이 실제 사용되었다. 선, 공평하게 나누어 주기, 주머니의 개수와 미스테리 그래프 과제는 기능적인 시각적인 요소가 단지 동기부여가 되는 요소는 아니었고 과제 설정에 필수적이었기 때문에 이 범주의 구인을 바탕으로 특별히 높은 평점을 받았다.

이러한 공통적인 과제 특성 외에도 개별 연구 참여자는 모든 참여자가 제시하지 않은 다른 바람직한 특성을 제안했다. 이러한 특성 중 일부는 과제가 사용될지도 모른다는 조건에 관한 것이었다. 예컨대, 연구 참여자 II는 과제 특성으로 모둠 활동([표 5]의 14번 행)이나 한 단원의 초기에 소개하는 활동으로 사용할 수 있다는 것을 제시하였다. 공통적이지 않은 다른 과제 특성으로 과제가 모델링 문제(16번 행), 과제가 쉬운 것에서부터 어려운 것으로 단계별로 구조화되어있다(25번 행), 과제가 잠재적으로 확장할 수 있다(26번 행)와 같은 것이 더 선호되는 과제의 바람직한 특성이면서 필요조건이 아닌 특성으로 보였다. 선택된 과제 중 전부가 아니라 오직 일부만이 이러한 구인에 대해 높은 평점을 받았다는 점과 그 특성이 한 명의 연구 참여자가 제시했다는 점을 고려할 때 이는 분명한 사실이었다.

논의

수학 교사교육자가 선택했던 여섯 개의 과제를 다시 검토해보면 이 과제의 선택을 이끈 우선적인 특징에 관한 몇 가지 추론이 가능할 것이다. [표 6]에 나열한 다섯 가지 특징은 수학 과제에 대한 그들의 우선적인 특징이라고 보였다. 첫째, 선택받은 모든 과제는 연구 참여자의 시각에서 높은 **수학적 잠재력**이 있었다. 그 과제는 가치 있는 수학적 사고와 추론을 발생시킬 수 있고 반성과 의사소통을 장려할 수 있는 잠재력이 있었다. 연구 참여자가 관련된 구인에서 실제 사용했던 표현은 Smith와 Stein(1998)의 인지적 요구에 관한 분석틀에 따르면 더 높은 수준의 인지적 요구에 관한 설명과 유사했다. 더 나아가 우리는 연구 참여자가 선호했던 과제는 더 높은 인지적 요구 수준에 있다고 일찍이 언급한 바 있었다. 그래서 우리는 수학적 잠재력의 구인은 Smith와 Stein(1998)의 인지적 요구에 관한 분석틀에 따라 더 높은 인지적 요구와 밀접하게 관련이 있다고 추측한다. 이 과제 특성은 또한 DeGraaf(2015)의 연구에서 교사와 수학자에게 우선적인 과제 특성이었고 약간 다르게 표현되었지만, Karp(2008), Leavy와 Hourigan(2022)의 연구에서도 확인되었던 바 있다. 그래서 수학적 잠재력은 수학 교사교육자에게 우선적인 고려 사항으로 보인다. 이는 교사교육자, 교사, 예비 교사와 수학자가 수학 과제를 훌륭한 수학적 사고를 야기한다는 과제의 필수불가결한 기능을 수행할 것으로 예상한다는 점을 고려하면 그리 놀라운 결과는 아니었다.

수학적 잠재력의 측면은 중요한 아이디어와 개념을 수학교육과정에 숨겨두는 것으로 간주될 수 있다. 이는 Leavy와 Hourigan(2022)에서 **교육과정 일관성**curricular coherence으로, DeGraaf(2015)에서 **중요한 수학**important mathematics으로, Karp(2008)에서는 **교육과정 실용성**curricular usefulness으로 보고되었음에도 불구하고 본 연구의 연구 참여자의 구인에서는 명확하게 관찰되지는 않았다. 이에 대한 이유는 노르웨이의 국가 교육과정(UDIR, 2018)이 있다는 사실과 연구 참여자는 연구에서 제시된 과제가 교육과정상의 학습 목표를 다루고 있다고 가정했을 수도 있다는 것이 될 수 있다.

수학적 도전은 본 연구의 수학 교사교육자가 두 번째로 높게 고려했던 바람직한 과제 특성이었다. 세 명의 연구 참여자 모두 이를 언급하였다. 연구 참여자가 선호했던 과제의 대부분은 대상 연령에 비하여 까다로운 과제로 평가되었으나 또한 쉬운 것으로 평가되었던 과제도 있었다. DeGraaf(2015)의 연구에서 이 과제 특성은 학생, 교사, 수학자에 따라 우선순위가 다르게 나타났었으나 그 연구 참여자 세 그룹 모두가 언급했었던 것이었다. Leavy와 Hourigan(2022)은 수학적 도전을 **성공 기회**라 보고했다. 우리는 그 과제가 적당한 수준의 인지적 도전을 제공하지만 또한 대부분의 학생에게 성공할 기회를 줄 때—다른 표현으로는, 과제가 "이해하기 쉽고 높은 수준의 도전"을 요할 때—과제가 선호된다고 해석할 수 있다.

본 연구 결과는 선호되는 과제는 또한 **간결성**을 갖는다는 사실을 보여준다. 과제 진술에 사용된 단어의 수가 최소이고 단순하거나 복잡하지 않은 행동을 갖는 설정에 있어 경제적이었다는 것이었다. 두 명의 연구 참여자가 이 특성을 언급했었다. 간결성이라는 개념은 DeGraaf(2015)의 연구에서 수학자로부터 수집한 연구자료와 Hourigan(2022)의 연구에서는 **언어와 문화적 맥락의 명료함**clarity in language and cultural context으로 보고된 바 있었다. 우리는 수학 교사교육자들과 수학자가 이 과제 특성에 있어서 동의한다는 사실을 흥미롭다고 생각한다.

우리 연구 참여자 두 명은 과제에서 **실용적인 맥락**이 활용될 때, 대상 연령 그룹의 학생에게 그 맥락이 흥미가 있다면 동기를 높이는 데에 도움이 될 것이라고 판단했다. 그러나 실용적이거나 실제 맥락을 갖는 것은 선호되는 과제의 필요한 특성으로 보이지는 않았다. 예컨대, 선 과제는 설명하는 맥락을 갖고 있었으나 연구 참여자 세 명 모두는 그 과제를 선호했다. 유사한 아이디어는 Leavy와 Hourigan(2022), Karp(2008)의 연구와 DeGraaf(2015)의 연구에서 보고된 바 있었다. 이 과제 특성은 Leavy와 Hourigan(2022)의 연구 결과에서 두드러졌다. 이 과제 특성을 초등학교 학생을 대상으로 연구하였기 때문일지도 모른다.

시각적인 요소의 효과적인 사용은 본 연구 참여자가 필요하다고 생각했던 또 다른 과제 특성이었다. 과제를 제시하고 학생이 과제의 기대를 이해하도록 돕는 시각적인 도식의 위력은 수학을 하는 사람이자 수학 교사로서의 개인적인 경험에서도 가장 특기할 만한 것이다. 그래서 이는 시각적이거나 구체적인 요소의 효과성이 과제의 바람직한 특성으로 보였던 것은 그리 놀랄만 한 결과는 아니었다. "그림 하나가 천 개의 단어만큼이다"라는 말을 고려하면 시각적인 자료의 사용은 과제를 설명하기 위해 필요한 단어의 수를 최소로 하는 데에 도움을 줬을 것이다. 수학 과제에서 시각화의 이슈들은 DeGraaf(2015)의 연구에서 학생과 교사에 의하여 언급되었다.

이러한 과제 특성은 연구 참여자가 만장일치로 선택했었던 과제 중 하나인 **선**string 과제를 예로 들 수 있다. 높은 인지적 요구인 선 과제는 또한 중학교 수학의 중요한 수학적 아이디어를 다룬다. 함수와 함수관계들 표현하기가 그것이다. 이는 학생이 자르는 횟수와 조각의 개수 사이의 관계를 단계적으로 발견하고 값을 표로 정리하여 대수적인 규칙으로 발전시킬 수 있도록 이끈다. 이 과제는 일반화라는 중요한 수학적인 사고 기술을 위한 기회를 만들어 낸다. 이 과제는 또한 통찰을 통해 더 나아가 문제를 해결할 수 있는 학생에게 좀 더 까다로운 확장된 문제를 만들어 낸다(그 선이 C자 형태가 아니라 S자 형태라면 어떻게 될까?). 다르게 표현해보면, 그 과제는 높은 **수학적 잠재력**을 갖는다. 이 과제에 관여된 활동은(한 도식이나 전자기기에서의 자르는 행동을 생각해보기) 이해하고 따라하기 쉽다. 그 문제 맥락이나 과제 설정은 학생이 실행하기에 **간단하고 흥미롭다**. 그 과제 진술에 포함된 **시각적인 도식**visual diagram은 그 과제에 대한 이해를 촉진하고 구술할 필요를 감소시켜준다. **도전의 수준**은 대부분의 학생에게 적절한 것으로 보인다. 학생은 일반화나 대수적인 규칙을 연역할 준비가 된다면 그렇게 할 수 있도록 수치 패턴을 만들어 낼 수 있다. 따라서 그 과제는 다양한 문제해결방식을 허용한다.

Stein 외(2009)에 따르면, "모든 과제는 똑같이 만들어지지 않는다-다른 과제는 다른 수준과 종류의 학생 사고를 촉발할 것이다"(p. xviii). 우리가 우연히 한 수학 과제를 보게 될 때, 우리는 심지어 특정한 교수 상황을 고려하기도 전에 때때로 "이 과제는 단정하다!"와 같은 말을 하고 있는 우리 자신을 발견하곤 한다. 과제의 어떤 부분이 이 과제를 좋아하도록 이끌까? 본 연구와 다른 연구(DeGraaf, 2015; Karp, 2008)에서 발견된 과제 특성은 우리가 이 질문에 답을 찾도록 도움을 준다. 과제 설계의 관점에서 보면, 수학 교사교육자로부터 수집했던 자료는 교사교육자가 보기에 질적으로 우수한 수학 과제가 어떤 것인가에 대한 청사진을 그려볼 수 있다. 하나의 수학 과제를 구성하는 것은 아마도 위에서 논의했던 모든 특징들이 함께 상호작용한 결과일 것이다. 누군가 예상할 수도 있듯 바람직한 과제를 만들기 위하여 이러한 특징을 한데 모으는 것이 그리 간단하지 않다는 것이다. 이는 아마도 교육 전문성과 통상적으로 연관되는 특징들인 교육과정에 대한 깊은 통찰, 대상 연령과 사회문화적 그룹에 관한 완전한 지식, 창의성과 상상력을 모두 동시에 필요로 할 것이다.

수학을 가르치는데 교사의 전문적 잠재력 실현을 촉진하는 것은 수학 교사교육자의 목표이다. 이는 또한 어린 학생의 수학적 잠재력 실현을 촉진하는 것은 교사의 목표이다. 교사교육자의 활동에서 학생의 수학적 발전과 교사의 전문가적 잠재력의 (위계적인)관계가 있다(Leikin, 2021). 이 두 개의 영역은 수학적 활동을 위한 맥락의 역할을 하는 과제에 몰입하는 학생들을 상상하는 것, 관찰하는 것, 직접적으로 관리하는 것을 통해 수학 과제를 사용하는 것과 연관될 수 있다. 교사교육의 도구로써 학생과 상상을 통하거나 실제 행하는 수학적 활동은 교사교육의 교육적인 측면에서 보면 다음 세 가지의 연관된 특징을 가질 수 있다. (a) 과제 특성(예: 인지적 요구와 다른 설계 특징), (b) 교실 설정과 기술, (c) 교실 규범과 담화(Leikin, 2021). 본 연구에서 우리는 교사교육자가 바라본 중요하지만, 그 큰 청사진의 작은 부분인 과제 특징에 초점을 두었다.

우리의 연구는 그 연구 설계의 제한을 고려하여 평가되어야 한다. 우리 연구 설계와 자료분석은 작은 표본 크기의 질적 연구였다. 우리의 연구 결과는 교사교육자나 다른 맥락의 교사교육자 전체로 일반화될 수는 없다. 그러나 우리의 연구자료는 수학 교사교육자가 교사교육의 필수적인 도구인 수학 과제를 어떻게 생각하는지에 대한 통찰을 제공할 수 있다. 더욱이 우리는 연구 참여자에게 과제를 만들거나 스스로 찾도록 요구하지 않았으나 주어진 세트에서 찾도록 요청하였다. 우리는 이것이 합리적이고 실용적인 접근 방법이라고 생각함에도 불구하고 이 연구 방법은 예컨대 연구 참여자들이 과제를 직접 찾거나 설계하도록 요청받았을 때와 비교하면 수집된 연구자료에 대해 제한점을 가질 수 있다. 추후에 다른 대안적인 방법을 활용한 연구를 실행하는 것은 새로운 정보를 제공할 수 있을 것이라고 생각한다.

▍참고문헌

de Freitas, E., & Zolkower, B. (2009). Using social semiotics to prepare mathematics teachers to teach for social justice. *Journal of Mathematics Teacher Education, 12*, 187–203. https://doi.org/10.1007/s10857-009-9108-1

DeGraaf, E. B. (2015). What makes a good problem? Perspectives of students, teachers, and mathematicians. (Order Number 3706739) (Doctoral dissertation, Columbia University). *ProQuest Dissertations and Theses Global.*

Erbas, A. K., Cetinkaya, B., Alacaci, C., Cakiroglu, E., Aydogan-Yenmez, A., Zeytun, A. S., Korkmaz, H., Kertil, M., Didis, M. G., Bas, S., & Sahin, Z. (2016). Lise matematik konular ı için günlük hayattan modelleme sorular ı [Mathematical modelling tasks from real life for high school mathematics curriculum]. *Turkish Academy of Sciences.* https://www.tuba.gov.tr/files/yayinlar/ders-kitaplari/G%C3%BCnl%C3%BCk%20Hayattan%20Modelleme%20Sorular%C4%B1.pdf

Gueudet, G., & Trouche, L. (2009). Towards new documentation systems for mathematics teachers? *Educational Studies in Mathematics, 71*(3), 199–218. https://doi.org/10.1007/s10649-008-9159-8

Karp, A. (2008). Which problems do teachers consider beautiful? A comparative study. *For the Learning of Mathematics, 28*(1), 36–43.

Leavy, A., & Hourigan, M. (2022). The framework for posing elementary mathematics problems (F-PosE): Supporting teachers to evaluate and select problems for use in elementary mathematics. *Educational Studies in Mathematics, 111*, 147–176. https://doi.org/10.1007/s10649-022-10155-3

Leikin, R. (2021). Characterization of mathematics teacher educators' knowledge in terms of teachers' professional potential and challenging content for mathematics teachers. In M. Goose & K. Beswick (Eds.), *The learning and development of mathematics teacher educators: International perspectives and challenges* (pp. 109–122). Springer. https://doi.org/10.1007/978-3-030-62408-8_6

Mohr, D., Walcott, C., & Kloosterman, P. (Eds.). (2019). *Mathematical thinking: From assessment items to challenging tasks.* National Council of Teachers of Mathematics.

National Center for Education Statistics. (2003). *Teaching mathematics in seven countries: Results from the 1999 TIMSS video study.* U.S. Department of Education. https://nces.ed.gov/pubs2003/2003013.pdf

National Center for Educational Statistics. (1993). *NAEP 1992 mathematics state report for New York: The trial state assessment program.* U.S. Department of Education. https://fles.eric.ed.gov/fulltext/ED426891.pdf

National Council of Teachers of Mathematics. (1989). *Curriculum and evaluation standards for school mathematics.* National Council of Teachers of Mathematics.

National Council of Teachers of Mathematics. (2000). *Principles and standards for school mathematics.* National Council of Teachers of Mathematics.

National Governors Association Center for Best Practices, & Council of Chief State

School Offcers. (2010). *Common Core state standards for mathematics.* National Governors Association Center for Best Practices, & Council of Chief State School Offcers.

Pagni, D. L., & Shultz, H. S. (1999). Extending a (TIMSS) Japanese lesson using trigonometry. *The Mathematics Teacher, 92*(3), 189–191. https://doi.org/10.5951/MT.92.3.0189

Parveva, T., Noorani, S., Ranguelov, S., Motiejunaite, A., & Kerpanova, V. (2011). *Mathematics education in Europe: Common challenges and national policies. Education.* Audiovisual and Culture Executive Agency. https://doi.org/10.2797/72660

Pope, M., & Denicolo, P. (2016). From periphery to core: Personal construct psychology's permeation of education. In D. A. Winter & N. Reed (Eds.), *The Wiley handbook of personal construct psychology* (pp. 333–351). Wiley. https://doi.org/10.1002/9781118508275.ch27

Posamentier, A. S., & Krulik, S. (2009). *Problem solving in mathematics, grades 3–6: Powerful strategies to deepen understanding.* Corwin.

Reinholz, D., Slominski, T., French, T. A., Pazicni, S., Rasmussen, C., & McCoy, B. (2018). Good problems within and across disciplines. *Journal of Research in STEM Education, 4*(1), 37–53. https://doi.org/10.51355/jstem.2018.34

Rivera, F. D., & Becker, J. R. (2008). Middle school children's cognitive perceptions of constructive and deconstructive generalizations involving linear fgural patterns. *ZDM Mathematics Education, 40,* 65–82. https://doi.org/10.1007/s11858-007-0062-z

Silver, E. A., & Stein, M. K. (1996). The QUASAR project: The "revolution of the possible" in mathematics instructional reform in urban middle schools. *Urban Education, 30*(4), 476–521. https://doi.org/10.1177/0042085996030004006

Silver, E. A., & Zawojewski, J. S. (1997). *Benchmarks of students' understanding (BOSUN) project [technical guide].* Learning Research and Development Center, University of Pittsburgh.

Small, M. (2020). *Good questions: Great ways to differentiate mathematics instruction in the standards-based classroom* (4th ed.). Teachers College Press.

Smith, M. S., & Stein, M. K. (1998). Selecting and creating mathematical tasks: From research to practice. *Mathematics Teaching in the Middle School, 3*(5), 344–350. https://doi.org/10.5951/MTMS.3.5.0344

Stein, M. K., Grover, B. W., & Henningsen, M. (1996). Building student capacity for mathematical thinking and reasoning: An analysis of mathematical tasks used in reform classrooms. *American Educational Research Journal, 33,* 455–488. https://doi.org/10.3102/00028312033002455

Stein, M. K., Smith, M. S., Henningsen, M., & Silver, E. A. (2009). *Implementing standards-based mathematics instruction: A casebook for professional development* (2nd ed.). Teachers College Press.

Tekkumru-Kisa, M., Stein, M. K., & Doyle, W. (2020). Theory and research on tasks revisited: Task as a context for students' thinking in the era of ambitious reforms in mathematics and science. *Educational Researcher, 49*(8), 606–617. https://doi.org/10.3102/0013189X20932480

Utdannings-direktoratet. (2018). *Ny Læreplan 2020.* Retrieved from https://data.udir.no/kl06/v201906/laereplaner-lk20/MAT01-05.pdf?lang=eng

Zawojewski, J. (1996). Polishing a data task: Seeking better assessment. *Teaching Children Mathematics, 2*(6), 372–378. https://doi.org/10.5951/TCM.2.6.037

부록: 본 연구에 사용되었던 수학 과제

그룹 1

과제 1 패턴 완성하기(Rivera와 Becker (2008, p. 66)에서 변형)

아래의 패턴을 분석하여 표를 완성하고 규칙을 찾아 성냥의 수(m)가 정사각형의 수(s)에 따라 변화하는 것을 보이시오.

s	1	2	3	4	5	100
m	4	7	10			

규칙: $m =$ ________

과제 2 선(Posamentier와 Krulik (2009, p. 79)에서 변형)

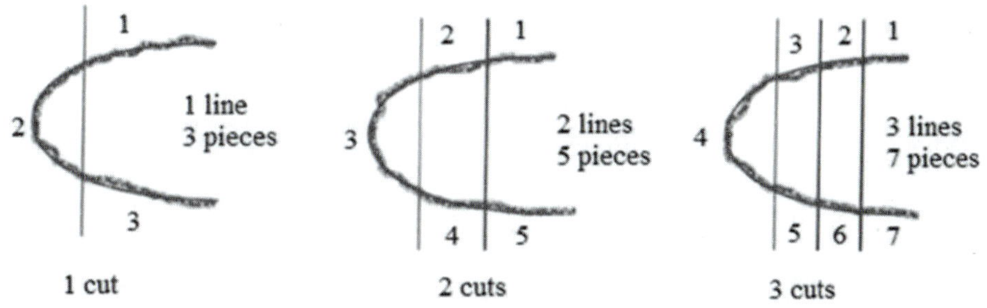

선 하나가 위와 같이 크게 C자 형태로 놓여있다. 수직 방향으로 한 번 잘라내면, 3개의 조각이 된다. 수직 방향으로 두 번 잘라내면, 5개의 조각이 된다. 수직 방향으로 세 번 잘라내면, 7개의 조각이 된다.
수직 방향으로 5번 잘라내면 몇 조각이 될까?
수직 방향으로 10번 잘라내면 몇 조각이 될까?
수직 방향으로 자르는 횟수가 10번이 될 때까지 만들어지는 조각의 수를 나타내는 표를 만드시오.
수직 방향으로 자르는 횟수와 만들어지는 조각의 수 사이의 관계를 일반화하시오.
C자가 아니라 S자 형태로 선을 놓으면 어떻게 될까?

과제 3 스모선수(https://www.khanacademy.org로부터 변형)

한 어린 스모선수가 고단백 식이요법을 해서 체중을 빠르게 증가시키려고 한다. 11개월 후 스모선수의 체중이 140킬로그램이었다고 한다. 스모선수는 한 달에 5.5킬로그램의 체중이 증가하였다고 한다.
x달 후의 스모선수의 체중(킬로그램 단위로)을 y라 하자.
체중과 달의 수의 관계를 나타내는 함수의 식을 써라.

(openclipart.org)

$y=$__________

그룹 2

과제 1 공평하게 나누어 주기(Pagni와 Shultz (1999, p. 189)에서 변형)

두 명의 농부 에다와 어주사는 고속도로와 강 사이에 인접한 땅을 가지고 있다. 땅 사이의 경계선이 구부러져 있다. 그들은 땅의 면적은 유지하면서 그 경계선을 직선이 되도록 바꾸고 싶어한다.
그들에게 어떻게 해야 할지 도와줄 수 있을까?

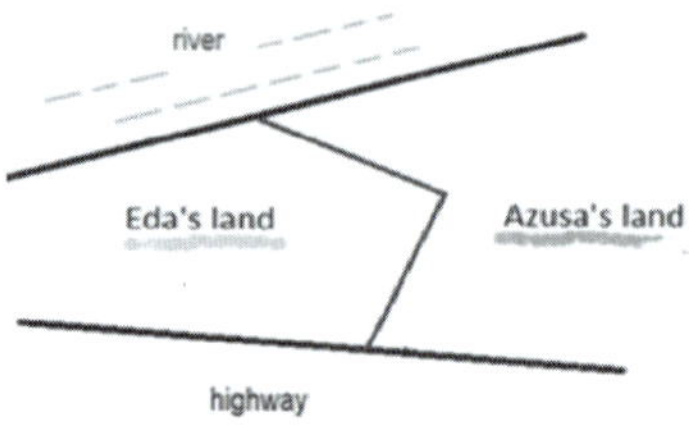

과제 2 짜깁기(Freitas와 Zolkower (2009, p. 198)에서 변형)

직사각형 ABCD가 반복되는 짜깁기의 부분이라고 한다. E, F, G, H, I가 모두 중점이라고 하면, 삼각형 IGH 면적의 직사각형 ABCD 전체 면적에 대한 비율은 무엇일까? 만약 드니스가 파란색 천을 60센티미터만큼 산다고 하면, 짜깁기를 완성하려면 삼각형 IGH 면적의 천을 얼마나 사야 할까?

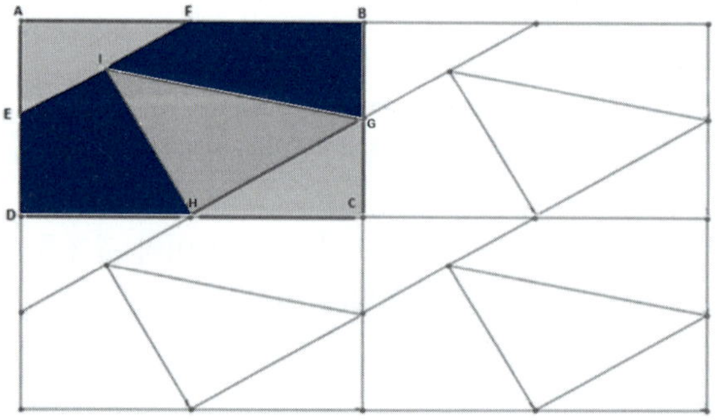

과제 3 삼각형 비교하기(Silver와 Zawojewski (1998)에서 인용)

선분 LD와 AB가 평행할 때, 다음의 삼각형들의 넓이를 비교하시오.

ABD와 ABC
ABE와 ABD
AFE와 BFD
AHC와 BHD
AHB와 BHD

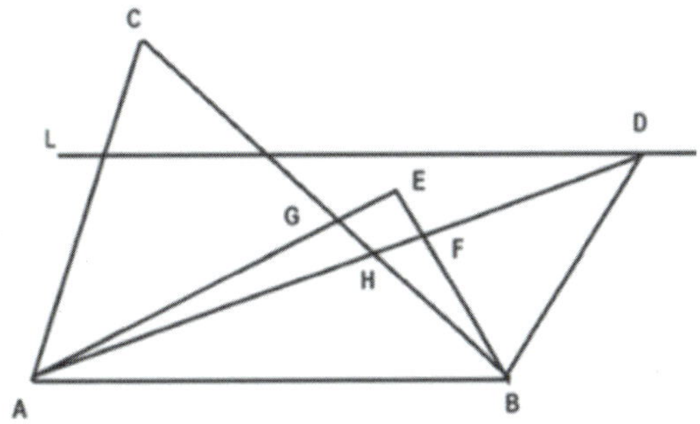

그룹 3

과제 1 팝콘(https://www.figurethis.org에서 인용)

A4용지로 가로 방향과 세로 방향으로 접어 만든 두 개의 원기둥 중에서 어떤 것이 팝콘을 더 많이 담을 수 있을까? 어떻게 알게 되었지?

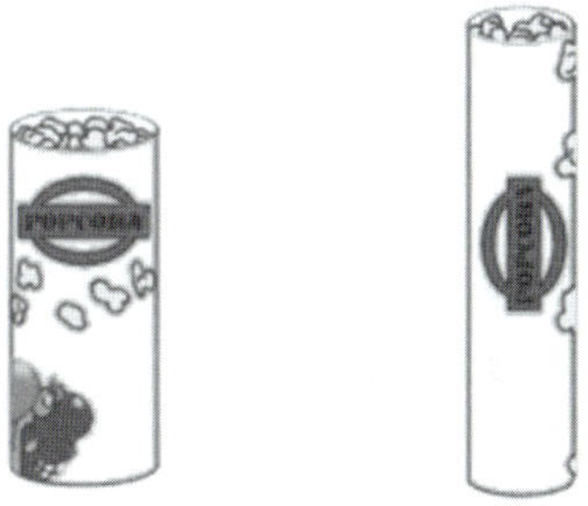

과제 2 어떤 캔의 부피가 더 클까?(Erbas 외(2016, p. 70)에서 변형)

토마토 페이스트 공장을 위해서 캔 포장재를 디자인한다고 가정하자. 같은 양의 양철을 사용한다면 원기둥 모양으로 만드는 것과 직사각기둥으로 만드는 것 중 어느 것이 더 경제적일까? 어떤 것이 더 많은 토마토 페이스트를 담을 수 있을까?

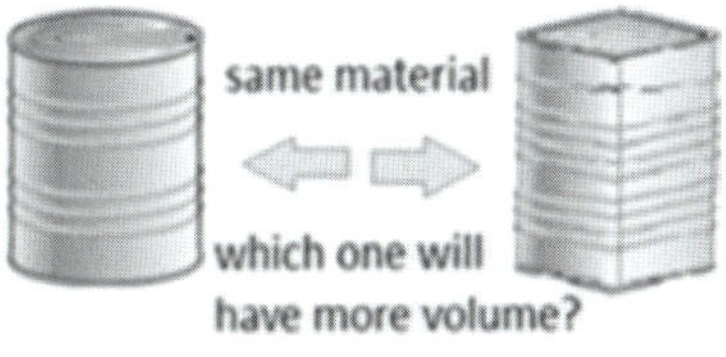

과제 3 이 문제를 뚫어봐(https://www.khanacademy.org에서 인용)

실린더 블럭에서 한 막대가 통과할 수 있도록 원기둥 모양으로 구멍을 뚫었다. 모든 단위가 밀리미터로 표현되어 있다. 남은 입체의 부피를 구하시오.

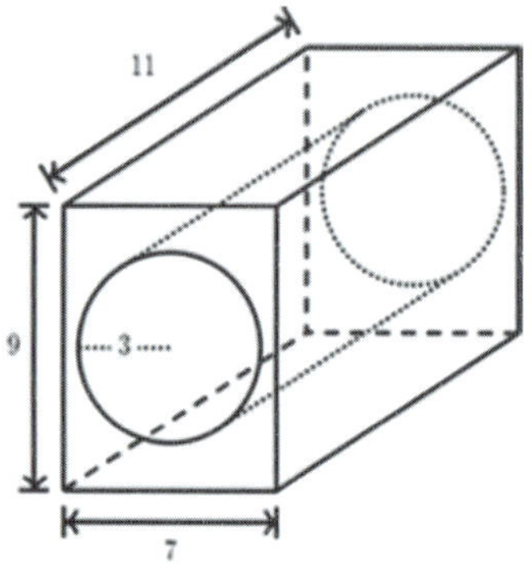

그룹 4

과제 1 주머니의 개수(NCES (1993, p. 126)에서 인용)

방 선생님의 학급은 각 학생이 입고 있는 옷의 주머니의 개수에 대한 정보를 수집했다. 방 선생님의 학급에는 20명의 학생이 있다. 화요일에는 대부분의 학생은 입은 옷에 주머니가 있다고 말했다.

어떤 그래프가 각 학생이 가지고 있는 주머니의 개수를 가장 잘 표현하는가?__________?
그 그래프를 선택한 이유를 설명하시오.
다른 그래프를 선택하지 않은 이유를 설명하시오.

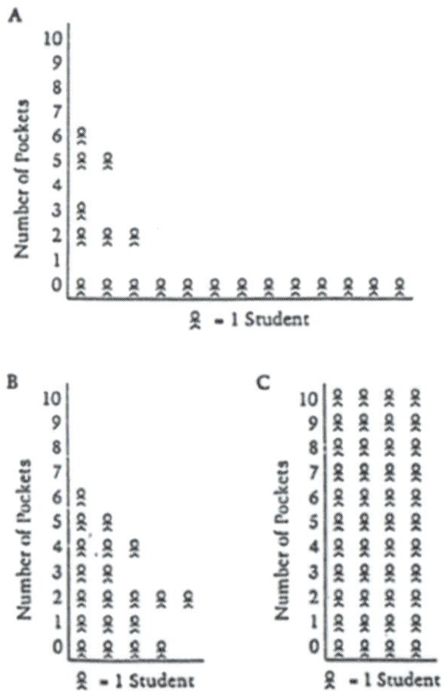

과제 2 형제들(Small(2020, p. 244)에서 인용)

선 그래프는 한 학급에서 서로 다른 수의 형제를 가진 학생의 수를 보여준다.
질문1. 형제의 수 하나를 선택하라. 몇 명의 학생이 그 수만큼의 형제를 갖고 있는가?
질문 2. 그 학급의 학생 수는 몇 명인가? 3명 미만의 형제들이 있는 학생들은 몇 명인가?

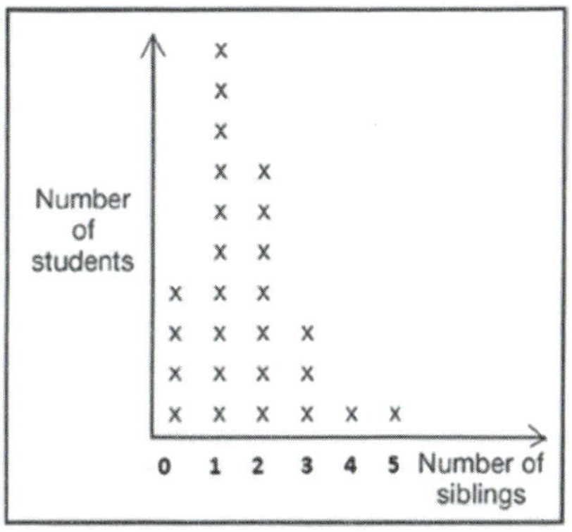

과제 3 미스테리 그래프(Zawojewski (1996, p. 376)에서 인용)

당신은 AI와 후아니따와 함께 내일 마감인 자료 프로젝트를 하고 있습니다. 당신의 조는 당신의 (유치원생부터 6학년까지 다니는)초등학교 학생의 키가 학년에 따라 어떻게 변화하는가에 대해 연구를 하는 중입니다. 후아니따와 AI가 자료를 수집하고 자료로 그래프를 만들었을 때 당신은 결석했고 그래서 그들은 당신에게 그래프의 제목을 붙여 달라는 부탁했습니다. 당신이 집에 도착했을 때, 당신은 어떤 그래프가 어떤 그룹의 학생을 대상으로 작성됐는지 묻지 않았던 것을 알게 되었습니다. 후아니따나 AI 모두 다 전화를 받지 않았고, 당신은 레니 이모 댁으로 가기 전 1시간 안에 이 작업을 마쳐야만 합니다.
후아니따와 AI는 네 개의 다른 상황에서 자료를 수집했습니다:
저번주 월요일 아침에 교사로 들어오는 모든 10번째 학생들의 키를 수집했습니다.
화요일에는 위크 선생님의 유치원 교실에 가서 모든 학생들의 키를 측정했습니다.
수요일에는 당신의 학급에 있는 4학년 학생의 키를 측정했습니다.
목요일에는 로빈슨 선생님의 학급에서 6학년 학생의 키를 측정했습니다.
당신이 해야 할 일은 각 그래프에 제목을 쓰고 단위를 표시하는 것입니다. 그런 후에 후아니따와 AI에게 당신이 어떻게 어떤 그래프가 어떤 것인지를 설명하는 편지를 써라, 그러면 당신이 그래프의 제목을 정확하게 붙였는지 설득이 될 것이다.

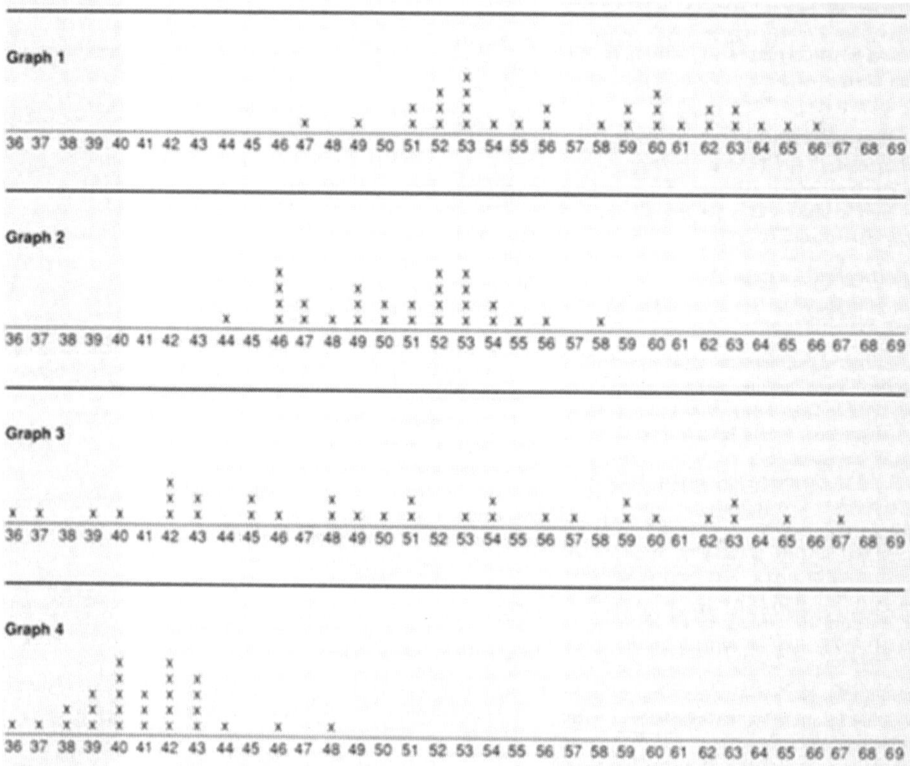
Graph 1
36 37 38 39 40 41 42 43 44 45 46 47 48 49 50 51 52 53 54 55 56 57 58 59 60 61 62 63 64 65 66 67 68 69
Graph 2
36 37 38 39 40 41 42 43 44 45 46 47 48 49 50 51 52 53 54 55 56 57 58 59 60 61 62 63 64 65 66 67 68 69
Graph 3
36 37 38 39 40 41 42 43 44 45 46 47 48 49 50 51 52 53 54 55 56 57 58 59 60 61 62 63 64 65 66 67 68 69
Graph 4
36 37 38 39 40 41 42 43 44 45 46 47 48 49 50 51 52 53 54 55 56 57 58 59 60 61 62 63 64 65 66 67 68 69

제8장 어린 아동의 수학 학습에서의 부모 참여: 가족 수학 과제 이야기

Shuk-kwan S. Leung

서론

부모는 자녀의 첫 번째 교사이다. 부모의 참여는 학생의 학업성취도, 행동, 정서적 발달과 밀접한 관련이 있는 것으로 밝혀졌다(Hoover-Dempsey & Sandler, 1995). 미국과 대만의 수학교육과정 기준 모두에서 부모의 역할과 참여가 강조되고 있다. 부모가 학교의 수학 프로그램을 지원할 때, 자녀는 수학을 진지하게 학습해야 할 필요성을 더욱 분명히 인식하게 된다(National Council of Teachers of Mathematics [NCTM], 2000; 대만 교육부 [MOE], 2003). 그렇다면, 단순히 자녀의 숙제를 감독하는 것 이외에 부모는 어떤 수학 활동을 할 수 있을까? 또한 교육자는 부모를 수학 학습 과제를 함께 수행하는 교육 자원의 동반자로 포함시킬 수 있을까? 기존 교육과정 개혁에서는 교사가 수업 중 수학 과제를 어떻게 활용하는지, 그리고 교사 연수에서 과제가 어떤 방식으로 다루어져야 하는지에 대한 논의가 활발히 이루어져 왔다(예: Stein, Smith, Henningsen, & Silver, 2000). 이에 상응하여, 부모 참여라는 맥락에서도 한 명의 교사교육자(본 연구자)는 부모가 자녀의 수학 학습에 동기를 부여하고 관찰·지원하기 위해 사용하는 과제인 '가족 수학 과제[family math tasks]'를 탐구하고자 하였다. 구체적인 연구 질문은 다음과 같다:

1. 부모와 자녀의 상호작용을 위해 개발된 가족 수학 과제는 어떤 특징을 갖는가?
2. 부모는 가족 수학 과제를 어떻게 활용하였으며, 어떤 전략들이 공유되었는가?
3. 가족 수학 과제를 실행한 이후, 어떠한 결과가 나타났는가?

문헌 검토

부모의 참여

부모의 참여는 자녀가 가정에 있을 때부터 시작되며, 초기 수학 학습은 아동이 학교에 입학하기 이전부터 이미 이루어지고 있다. 여러 연구에 따르면 가정에서의 맥락적 활동이 수학 학습을 촉진할 수 있다(Boaler, 2009; LeFevre et al., 2009; Perry et al., 2007). 예를 들어, 전자레인지의 숫자판을 관찰하는 활동은 거꾸로 수 세기backward counting 학습에 도움이 되며, 주방에서 젓가락을 짝지어 세는 활동은 2씩 세기를 학습하는 하나의 방법이 될 수 있다. 그러나 선행연구에 따르면, 수학 관련 및 비수학 활동을 모두 제공받았음에도 불구하고 가족 구성원들은 비수학 활동에 더 많이 참여하는 경향을 보였다. 또한 가정에서 수학 관련 활동이 일부 기록되긴 했지만, 대부분 단순한 수 세기에 국한되었고, 덧셈, 뺄셈 등으로 확장되는 활동은 거의 없었다(Tudge & Doucet, 2004).

Epstein(1995)은 부모 참여 프로그램을 여섯 가지 주요 범주로 나누었다. 양육Parenting, 의사소통Communicating, 자원봉사Volunteering, 가정에서의 학습Learning at Home, 의사결정Decision-making, 지역사회 협력Community Collaboration이 그것이다. 부모 참여는 크게 가정에서의 행동(예: 학교 준비물 준비, 숙제 감독), 학교에서의 활동(예: 교사와의 소통, 자원봉사 참여), 그리고 지역사회 내 참여(예: 도서관, 박물관 활동 보조)로 나눌 수 있다. 이 중에서도 '가정에서의 학습'이 학생의 학업성취에 가장 직접적인 영향을 주는 요소로 나타났으며, 다른 다섯 요소는 비교적 낮은 영향을 미치는 것으로 보고되었다(Epstein, 1995). 이와 같은 결과는 대만 남부에서 실시된 설문조사 연구(Leung & Chou, 2012)에서도 동일하게 나타났다. 즉, '가정에서의 학습'이 가장 중요하며, 그 안에서 수학의 비중은 높지 않았다(Leung & Chou, 2012). 이에 따라, 나는 '가정에서의 학습'에 초점을 맞추기 시작하였지만, 그 당시 연구 활동은 제한적이었다. 예를 들어, 교사가 주도하는 학부모 학습 모임에 참여한 부모들이 자녀의 수학 숙제를 돕는 과정에서 전략을 공유하는 것이 유익했다는 결과가 보고되었다(Leung et al., 2012). 또 다른 가능성으로는 학교에서 부모가 자녀와 수학 게임을 함께 하고, 다른 부모들이 이를 관찰하는 방식이 있다. 대만에서는 주 1회 담임 학급 시간에 부모가 수업을 대체 진행하는 관행(담임 교사가 정기 교사 회의에 참석하는 시간)이 존재해 왔다. 이러한 시간에 부모들은 아이들이 수학 게임을 통해 학습하는 모습을 관찰하며 큰 흥미를 느낀다. 나 역시 학부모 자격으로 두 아들의 학급에 방문하여 수학 게임을 진행한 바 있으며, 1~6학년을 대상으로 한 수업 사례집(Leung, 2008)에, 내가 개발한 과제(또는 게임) 및 교사가 가르친 내용을 보강하기 위한 간단한 교구 제작 사례를 소개하였다. 그 책에서는 교사나 학부모가 수학 개념을 중심으로 아이들과 어떻게 상호작용할 수 있는지를 보여주기 위해, 나 자신과 아이들의 목소리를 의도적으로 포함하였다.

수학 학습에서 부모의 참여를 위한 중재 프로젝트

전세계적으로 부모 참여의 중요성이 강조됨에 따라, 가정, 학교, 지역사회 간의 협력에 관한 대규모 연구 프로젝트들이 수행되어 왔다. 미국에서는 National Network of Partnership Schools(NNPS)가 연구 기반 접근법research-based approaches을 활용하여, 학교 교육자, 학부모, 지역사회 파트너들로 구성된 학교 팀을 이끌었다. 이 프로그램은 학교 환경의 질을 향상시키고, 가족을 강화하며, 학생의 학업성취를 높이는 것을 목표로 하였다. 뉴질랜드에서는 수리력 프로젝트Numeracy Project를 통해 유아기 아동을 위한 가정용 수학 활동을 중심으로 부모 참여를 활성화하였다. 실제로 이러한 활동을 집에서 활용한 부모들은 교사의 교육 자원 협력자resource partner로 기능하게 되었다. 미국에서도 부모가 단순한 조력자helper가 아니라, 지적 자원intellectual resources을 지닌 촉진자facilitator로서의 역할을 수행할 수 있도록 돕는 프로그램들이 도입되었으며, 이에 대한 연구 결과들도 보고되고 있다(Civil & Bernier, 2006; Jackson & Remillard, 2005).

부모를 지적 자원으로 전환하는 일은 복잡하며, 특히 그 초점이 수학교육에 한정될 경우 더욱 그렇다. 많은 부모는 자녀의 수학 숙제를 도우면서 스트레스를 느끼거나, 자신의 수학적 역량에 대한 위축감을 경험하기도 한다. 사실, 가정에서 가족이 함께 수학 활동에 참여하도록 하는 프로그램은 완전히 새로운 개념은 아니다. 다만, 상대적으로 드물게 다루어지는 것은 부모가(부모와 자녀가) 수학에 관해 이야기를 나눈다는 아이디어이며, 가정에서 한쪽 부모가 다른 쪽 부모와 수학에 대해 대화하는 것은 종종 연구에서 간과되고 있다.

교사교육자로서 내가 부모와 함께 작업한 첫 시도는, 한 대학원생의 석사 논문으로 이어졌다. 그 대학원생은 초등학교 1학년 담임 교사이기도 했다. 그는 내가 자녀의 학급에서 수업했던 경험을 담아 집필한 수업 사례집(Leung, 2008)을 활용하여 학부모 독서 모임을 운영하였다. 이 모임에서 학부모들은 책의 일부 장을 읽고, 매주 금요일 오후에 모여 자녀들이 담임 교사 및 다른 부모들과 어떻게 수학을 배우고 있는지에 대해 이야기 나누었다(Leung et al., 2012). 이 교사는 또한 부모가 자녀와 동일한 방식으로 수학을 배울 수 있는 세션도 함께 구성하였다. 한 학기 동안 진행되었던 이 학부모 모임은 부모의 수학 학습을 향상시키는 데 기여하였을 뿐만 아니라, 아동의 수학 학습, 수학에 대한 태도, 부모와의 상호작용, 부모-교사 간의 소통에도 긍정적인 효과가 나타난 것으로 확인되었다. 이러한 학부모 모임의 경험과 연구 결과는 향후 부모 대상 프로그램 연구를 위한 기반이 되었다. 이렇게 K-6(유치원생 및 초등학생)을 대상으로 한 이 프로그램에서 개발된 자료들은 필자의 웹사이트를 통해 장기간 제공되었고, 이후 정리되어 단행본으로 출간되었다(Leung, 2015; Leung, 2019 참조).

수학 과제와 실행

교육과정 기준에 따르면, 수학 과제는 학생들이 어떻게 배우는가에 영향을 미치고 '수학을 한다는 것이 무엇을 의미하는가'에 대한 메시지를 전달하는 데 중요한 역할을 한다(NCTM, 1991, p. 24). 중학교 수학교육 개혁 프로젝트에서 교사들은 신중하게 선정된 과제에 주목해 왔다(Stein et al., 2000 참조). 네 가지 유형의 수학 과제(암기 중심, 연결 없이 절차를 수행하는 과제, 연결이 있는 과제, 수학적 사고를 요구하는 과제) 중에서, 학생이 실제로 '수학을 수행하게' 만드는 과제는 높은 인지적 요구를 수반하는 과제이다. 좋은 과제를 제공하는 것은 학생들에게 수학을 하게 만드는 핵심적인 방법이며, 좋은 과제란 학생의 능력 수준에 적절하게 비례하는 것이다(Polya, 1945). 하지만 어떤 과제가 한 학생에게는 좋을 수 있어도, 다른 학생에게는 그렇지 않을 수 있다. 실제로 수학 문제해결 연구에서 **과제**[tasks]는 매우 중요한 변수이며(Kilpatrick, 1978), 또 다른 중요한 변수는 문제를 해결하는 **주체**[subject], 즉 사람이다. 마지막으로 동일한 과제를 동일한 사람이 수행하더라도, 수행되는 **상황**[situation]에 따라 결과는 달라질 수 있다. Kilpatrick(1978)은 이를 다음과 같이 설명하였다. "수학 문제해결에 관한 연구는 반드시 어떤 사람(주체)이 어떤 문제(과제)를 어떤 조건(상황)에서 해결하는지를 포함해야 한다"(p. 41).

Henningsen과 Stein(1997)은 수업 중 학생들의 수학 수행의 참여에 영향을 미치는 요인을 분석하였고, 이에 따라 수학 과제 틀(Math Task Framework, MTF)을 다음의 네 가지 요소로 구성하였다. (1) 과제 설계 개발자에 의한 의도된 과제, (2) 교사에 의해 수업에서 설정된 과제, (3) 교사와 학생에 의해 실제로 실행된 과제, (4) 학생의 학습 결과이다. MTF의 이러한 네 요소를 기반으로 연구들이 수행되었다. 예를 들어, Hsu와 Silver(2014)는 대만에서 교과서 개발자가 아닌 사람들이 개발한 과제가 교과서 과제보다 더 높은 인지적 요구 수준을 제공함을 밝혔다. 둘째, 또 다른 연구인 Boston과 Smith(2009)는 교사들이 과제를 선정하고 실행할 때 인지적 요구 수준을 어떻게 높일 수 있는지에 주목하였다. 세 번째, 실행 측면에서는 질문 방식이 학생들의 참여적 반응을 유도한다는 연구 결과도 있었다

(Ni et al., 2014). 하지만 부모가 (자녀와 함께) 사용하는 수학 과제나, 학습 결과의 정의적 측면(MTF의 네 번째 요소)에 주목한 연구는 매우 드물다.

앞서 살펴본 바와 같이, 부모가 자녀의 수학교육에 유용한 자원 협력자[resource partners] 역할을 할 수 있다는 연구 결과가 있음에도 불구하고, 부모의 참여와 가정에서의 수학 학습은 여전히 충분한 주목을 받지 못하고 있다. 따라서, 가족 수학 과제[family math tasks]의 개발과 부모가 가정에서 해당 과제를 어떻게 인지적·정의적으로 실행하는지, 그리고 그에 대한 학습 결과가 어떠한지를 탐색하는 것은 충분히 연구할 가치가 있다.

연구 방법

본 사례 연구에서는 가족 수학 과제에 대한 질문, 활용된 전략, 수학적 상호작용의 결과에 중점을 두었다. 본 연구는 기록 중심 기술이 아닌 Yin(1994)의 방법에 근거한 사례 연구를 연구 도구로 사용하였다.

연구의 배경 및 참여자

본 연구는 연구자의 대학교 근처에 위치한 초등학교(K-6 학년 대상)에서 이루어졌다. 각 학년은 두 개의 학급으로 구성되어 있었으며, 금요일마다 가족들은 음향 장비가 갖추어진 주 교실과 일반 교실 두 곳에서 만났다. 학생들의 절반 이상은 사회적 배려 대상 가정 출신이었고, 약 3분의 1은 한부모 가정이거나 조부모와 함께 거주하는 아동들이었다. 그럼에도 불구하고, 이 학교의 교사들은 독서와 수학에 대한 보충 수업을 통해 아동들의 학습 여건을 개선하고자 적극적인 노력을 기울이고 있었다. 이 학교의 학생들은 수학 게임, 수학 축제, 수학 캠프 등의 활동을 잘 알고 있었으며, 이 학교에 속한 아동과 학부모는 전체 참여자의 절반 이상을 차지하였다. 나머지 참여자는 인근 세 곳의 다른 학교에서 모집되었다.

참여자들은 격주로 학교에 모였다. 참여자는 교사 팀("교사")과 가족 수학 캠프 참가자("학습자")로 구성되었다. 교사 팀은 교사교육자(연구자 자신), 초등학교 교사 3명, 그리고 보조 교사 3명으로 이루어졌다. 캠프 참가자는 1학기에는 최대 16가정, 2학기에는 39가정이 참여하였다.

연구자인 나는 대학에서 예비 교사와 현직 교사를 가르치는 교사교육자이자, 초등학생 두 자녀를 둔 학부모이기도 했다. 나는 자녀가 다니는 학교에 직접 방문해, 자녀와 같은 반 학생들과 함께 수학 게임을 진행하였고, 다른 학부모들은 그 과정을 관찰하였다(Leung, 2008). 나는 교사와 학부모가 협력할 때 아동의 수학 학습에 가장 큰 효과가 있다고 믿었으며, 이 금요일 수학 캠프(학부모 워크숍)에 예비 교사들을 보조 교사로 참여시키고 수업을 관찰하도록 하여 예비 교사의 교육 경험을 확장시켰다.

초등학교 교사인 우[Wu] 교사는 1교시(연구자가 학부모와 만나는 시간)에 아동을 가르치는 역할로 참여하였다. 또 다른 교사는 전체 운영 및 공간 배치에 대한 행정 지원을 맡았다. 세 번째 교사는 퇴직한 교사로, 학부모 포커스 그룹과 아동 인터뷰를 도왔다. 또한 대학생 3명이 보조 교사로 팀에 합류하였다. 나는 팀원들과 격주로 회의를 진행했으며, 필요시 별도로 연락을 취해 조율하였다. 이 팀의 모든 구성원은 함께 일하고 함께 배우는 협력적 공동체를 이루고 있었다.

이 수학 캠프에 등록한 학부모들은 다양한 배경을 가지고 있었다. 참여자는 대부분 어머니였다(일부 아버지와 한 명의 할머니 포함), 두 가정에서는 부부가 번갈아가며 참석하기도 했다. 평균 연령은 약 30세였고, 최종 학력은 대부분 대학교 졸업 또는 고등학교 졸업이었다. 대부분의 학부모는 직장에서 휴가를 내고 캠프에 참여하였으며, 즉 꾸준히 참여하려는 의지가 있는 집단임을 보여주었다. 학부모들은 다양한 업종에 종사하고 있었으며, 소규모 가게에서 일을 돕거나 수산시장에서 점포를 운영하는 경우도 있었다. 나는 8년 동안 금요 수학 캠프를 운영(K-6 학년 대상)했으며, 이 장에서 다루는 데이터는 주로 초등학교 1~2학년 학생들을 대상으로 한 것이다. 1학년과 2학년 아동의 연령은 각각 6세와 7세 이상이었으며, 모든 아동은 반드시 보호자 한 명 이상과 함께 참여해야 했다.

자료 수집 및 분석

세 가지 연구 질문 각각을 탐색하기 위해, 일정 기간에 걸쳐 다양한 자료를 수집하고 여러 출처의 증거를 검증하였다. 자료 분석은 질적 방법으로 수행하였다. 자료 간 삼각검증[triangulation]을 통해 증거의 연결망[chains of evidence]을 구성하고자 하였다(Yin, 1994). 또한 기술통계를 통해 학부모 설문지를 분석하고, 그 결과를 바탕으로 수학 과제를 선정하였다.

1) 자료 수집

자료로는 포커스 그룹 인터뷰(FGI, 학부모 대상 5회, 수업 보조자 대상 1회), 학부모 설문지(QP), 활동 사진(PH), 수업 또는 가정에서 작성한 활동지(WS), 교사교육자의 일지(TJ), 비디오 클립(VC), 학부모와 아동의 일기(DP 및 DC)를 수집하였다. 참고로, 대만에서는 저

학년 아동이 아직 한자를 잘 쓰지 못할 경우, 1학년 수준에서 습득한 주음부호를 활용하여 글을 쓰기도 한다는 점에 유의할 필요가 있다.

학부모에게는 다음과 같이 안내하였다. “일기는 아이의 활동이나 과업을 기록하고 의사소통하거나 반성하며 결과나 감정, 질문을 나누거나 감사의 말을 전할 수 있는 도구입니다.” 나는 성인들에게 일기 쓰기의 일반적인 원칙과 절차를 다음과 같이 설명하였다.

1. 집에 가져갈 수학 활동이 끝난 후 부모는 아이와 대화를 나눕니다.
2. 아이가 일기를 쓸 때 독자를 염두에 두고 작성하며, 필요시 그 독자에게 무엇을 말해야 할지 큰 소리로 읽어 본 다음 일기를 씁니다.
3. 어른은 아이가 소리 내어 말한 내용을 바탕으로 일기를 쓰도록 도와주거나 아이에게 주음부호를 사용하여 쓰게 합니다.
4. 어른은 아이의 노력에 대해 말로(혹은 글로) 칭찬합니다.
5. 일기를 공유합니다(강제나 의무가 아닌 자발적 공유).

일기장 뒷면에는 부모와 아이가 함께 수학 놀이를 한 후의 소감을 표현할 수 있는 칸이 마련되어 있었으며, 부모가 아이에게 전하는 메모를 위한 칸과 아이가 부모에게 쓰는 메모 칸이 각각 하나씩 포함되어 있었다.

2) 자료 분석

자료는 질적 분석 방법으로 분석되었다. 교사 팀은 격주 금요일(가족 수학 캠프가 없는 금요일)에 회의를 열어 교실에서 수집된 자료를 함께 읽었다. 수업 지도안, 활동지, 아동의 과제 결과물, 사진 등 일부 선정된 자료는 웹사이트에 게시되어 학부모들, 특히 결석한 학부모들이 활용할 수 있도록 하였다. 나는 교사교육자이자 이 수학 캠프 프로그램의 주최자였다. 분석 결과는 참여자의 한 명으로 내가 작성하였다. 보고서는 초등 교사 대표 1명(우 교사), 학부모 2명, 보조 교사 3명에게 전달되었다.

이러한 과정은 다양한 참여자의 관점과 연구자의 보고서 간의 일치 여부를 점검하고자 하는 사례 연구 방법론(Creswell, 2007)에 따른 것이다. 학부모의 생각을 알기 위해 마지막 세션이 끝난 직후 여름 방학에 두 가정을 대상으로 반구조화된 인터뷰를 각각 다른 날에 두 차례 실시하였다. 마지막으로 연구조교 1명과 보조 교사 3명이 함께 포커스 그룹 인터뷰를 진행하였다. 이후 참여자들의 의견을 반영하여 최종 수정이 이루어졌다. 우 교사는 수정된 보고서를 읽고 분석 결과를 재확인하였다. 이후 보고서는 추가로 두 명의 다른 학부모에게 전달되었다. 이 과정은 참여자들이 게임의 특성에 대한 분석 결과에 동의할 때까지 반복되었고, 수업 중, 학교 행사(예: 수학 축제), 가정, 기타 장소(예: 기차 안, 조부모 댁) 등에서 학부모와 아동이 함께 수행한 과제물에 대해 분석이 수행되었다.

지면의 제약으로 인해, 가족 수학 과제의 개발 과정(유아-초등학교 6학년 대상 과제의 검토 및 수정) 및 학부모 활동에 대한 자료 분석(아동이 다른 교실에 있는 첫 번째 활동 시간 동안)은 별도의 논문에서 다루었다. 본 장에서는 1학년과 2학년 사례만을 예시로 제시한다.

결과 및 논의

다음에서는 설문조사 결과를 보고하고, 그 결과를 어떻게 금요일 수학 캠프 프로그램의 과제와 자료를 설계하는 데 활용했는지를 설명한다. 또한 세 가지 연구 질문을 참조하여 가족 수학 과제의 특성, 학부모들이 사용한 전략, 실행 이후의 결과에 대해 보고한다. 마지막으로, 이러한 결과가 갖는 시사점에 대해 마지막 절에서 논의한다.

1) 설문조사 결과

대다수의 가정은 가족 수학을 '아이와 함께 수학을 학습하는 것'으로 간주하였다(33명/총 39명). 또한 대부분의 응답자는 모든 수업에 참여할 의향이 있다고 응답하였다(31명/39명). 부모와 자녀의 관계에 대해 묻는 문항에서는, 대부분의 부모들이 관계가 화목하고 친밀하다고 응답하였다(25명/39명). 관심사와 관련하여 부모들은 수학 자체 또는 자녀의 수학 학습에 관심이 있다고 답하였으며(30명/39명), 부모-자녀 간 상호작용 기법(23명/39명), 가정 내 학습 환경 개선 방안(19명/39명)에 관심이 있다고 답하였다. 전체 학기에 걸친 캠프를 통해 부모들은 목표가 자녀가 수학 활동에 적극적으로 참여하도록 동기를 부여하는 것(19명/39명), 자녀의 수학 흥미를 증진시키는 것(11명/39명), 자녀에게 수학을 가르치는 방법을 배우는 것(7명/39명), 자녀가 수학 능력을 향상시킬 수 있도록 돕는 것(7명/39명)이라고 답하였다. 마지막으로 두 명을 제외한 모든 응답자는 자녀를 매우 잘 알고 있으며, 자녀가 집에서 게임(37명/39명)과 퍼즐(20명/39명)을 즐긴다고 응답하였다.

2) 금요일 수학 캠프 프로그램

가족들은 격주 금요일 오후마다 각각 40분으로 구성된 두 차시 수업(한 세션)에 참여하였으며, 한 학기에 총 8회의 세션이 진행되었다. 캠프 참가비는 없었다. 6회 이상 출석한 가족에게는 학기말 수료식에서 수료증이 수여되었다. 프로그램의 활동은 학부모 설문조사 결과와 각 학교의 교육과정을 참고하여 개발되었다. 가족 수학 과제는 지난 2주간(직전 모임 이후) 4개 학교 모두에서 다룬 공통 수학 주제 중 최대 두 가지와 연계되도록 구성되었다. 이 과제들은 부모와 자녀가 수학을 매개로 상호작용할 수 있도록 설계되었으며, 두 번째 수업 시간이나 가정에서 함께 수행할 수 있도록 하였다. 마지막 세션에는 학부모들이 과제 개발에 참여하였고, 이 과제들은 학교의 연례 수학 축제의 일부로 포함되었다.

전형적인 수업 구성은 [그림 1]에 제시되어 있다.

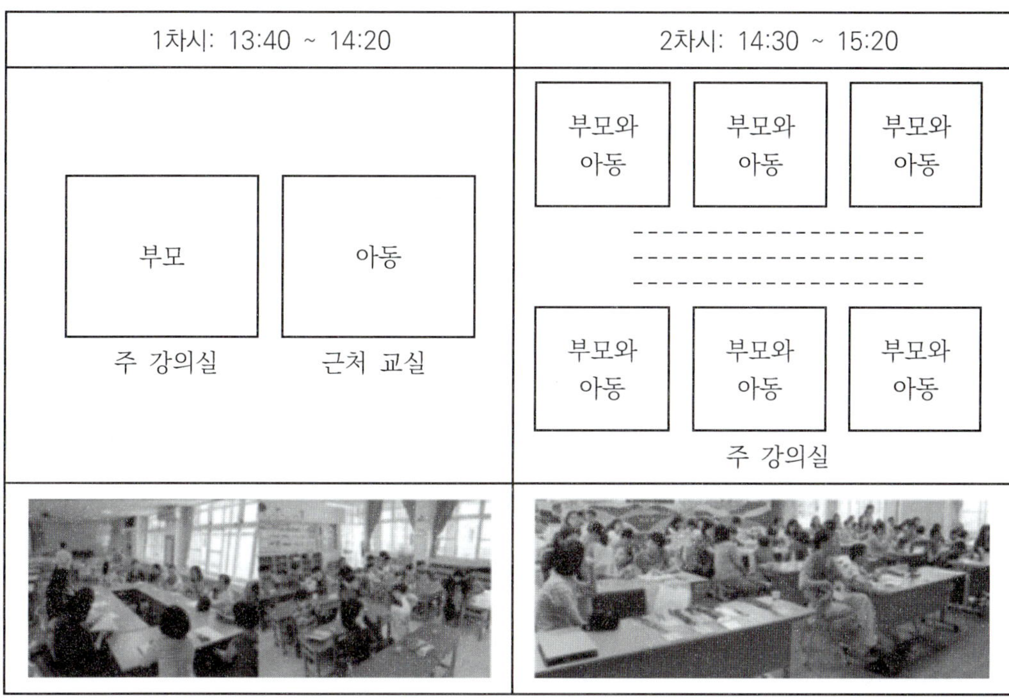

[그림 1] 전형적인 금요일 세션 구성(시간: 13:40 ~ 15:20)

첫 번째 수업 시간에 나는 (주 강의실에서) 부모들과 함께 '아이들이 수학을 어떻게 배우는가'에 대한 내용을 공유하였다. 우 교사와 아이들은 근처 아동 교실로 이동하여 주로 두 번째 수업 시간과 연계된 준비 활동을 하였다. 예를 들어, 우 교사는 아이들에게 두 번째 수업 시간이나 집에서 부모와 함께 수학 게임을 할 수 있는 교수 자료를 제작하는 방법을 안내하였다. 두 번째 수업 시간에는 아이들이 부모들과 합류하였다. 좌석 배치는 가족당 하나의 테이블로 구성되었으며(일부 부모는 두 명의 자녀를 동반하기도 함), 나는 가정에서 확장하여 활용할 수 있도록 고안된 가족 수학 과제(대부분 과제는 수학 게임으로 구성)를 소개하였다. 각 가족이 스스로 게임을 수행할 수 있도록 지도한 뒤, 모든 가족이 함께 모여 게임을 하였다. 가족별로 시도해 볼 수 있는 활동지가 배부되었고, 마지막에는 전체 학급 토론 시간이 마련되었다. 수업이 종료될 때, 가정에서 수행할 수 있는 과제를 배부하였고 다음 세션에서 다른 가족들과 공유할 수 있도록 하였다.

3) 가족 수학 과제의 특성은 무엇이었는가? (교사교육자와 학부모의 관점)

과제는 수학교육과정 기준을 참고하여 개발하였으며, 우 교사가 과제의 난이도와 시간 배분을 조정하였다. 마지막으로 자녀와의 상호작용 촉진 가능성을 탐색하고 가족 수학 캠프 프로그램을 더욱 보완하기 위하여, 학부모 설문조사 결과를 반영하여 과제를 수정하였다.

과제의 두 가지 주요 특성은 "가족"과 "수학" 부모-자녀 간 상호작용(가족)을 어떻게 증진할 것인가, 그리고 부모와 자녀가 수학 개념 학습(수학)에 어떻게 동기를 가질 수 있도록 할 것인가를 설명하기 위해, 나는 두 개의 예시 과제를 아래에 제시하였다(1—수와 연산, 2—도형). 과제는 반드시 가족 구성원(부모-자녀)의 상호작용을 촉진해야 하고, 교과서에 나오는 활동과 동일하지 않도록 구성했다. 수학 과제를 부모가 자녀와 함께 시도해보려는 형태로 변형시켰다. 이제 여기에 가족 요소를 더해본다(TEJ1010601).

첫 번째 예시 과제인 "함께 할수록 더 좋아요[The more we get together]"(배수 개념)는 수와 연산 영역에 해당한다. 어른은 "The more we get together"라는 노래를 틀어 준다. 집에 있는 단추(또는 다른 셈할 수 있는 물건)가 수 세기에 사용된다. 아동은 특정 개수의 단추를 선택한다(예: 2개). 부모는 아이가 선택한 수의 자연수 배에 해당하는 수의 단추를 선택하고(예: 10개) 아이에게 "네 것의 몇 배일까?"와 같은 문제를 제시한다. 아동은 문제를 풀고, 준비가 되면 정답(예: 5)을 소리 내어 말하는 대신, 손가락 끝으로 부모의 등에 숫자를 써서 표현한다([그림 2] 참조). 이 과제는 아이가 정답을 친밀한 방식으로 표현하도록 의도적으로 설계되었다. 아이가 정답을 맞히면, 부모는 자신만의 방식으로 칭찬을 해준다(예: 곰인형처럼 껴안기, 뽀뽀, 손뼉 치기 등). 만약 정답이 틀리면, 부모는 "다시 해보자"라고 말하며, 자신만의 방식으로 힌트를 주거나 아이와 함께 2씩 세어보며 돕는다. 두 사람은 다른 숫자를 사용하여 다시 게임을 반복한다. "우리가 함께 할수록 더 좋아요"(배수) 과제는 부모와 자녀가 정서적으로 친밀함을 나누도록 설계된 활동이며(가족 차원, 정의적 측면), 동시에 배수 개념에 대해 더 깊이 학습할 수 있도록 고안되었다(수학 차원, 인지적 측면). 이 과제에서

부모의 존재는 매우 중요하며, 부모는 합리적인 문제를 제시하는 역할(정답이 자연수가 되는 수 만들기)을 맡기 때문이다.

[그림 2] 부모의 등에 손가락으로 답을 쓰는 아동

두 번째 예시 과제인 "칠교 놀이로 이야기 만들기[Storying with Tangrams]"(평면도형)는 공간 영역에 해당하며, 수학 주제는 평면도형에 관한 것이다. 친숙한 전통 문화 활동인 칠교 놀이[Tangram]를 활용하여 이 과제를 개발하였다. 이 과제를 부모와 자녀가 함께 수행하는 가족 수학 과제로 구성하기 위해, 종이접기와 자르기 방법을 안내하고 두 종류의 칠교 놀이 도형(서로 다른 조각 수)을 만들도록 하였다. 먼저 정사각형 종이를 접고 잘라, 아이는 4조각 칠교 도형을, 부모는 일반적인 7조각 칠교 도형을 만들었다. 가족 구성원 각자는 자신에게 주어진 모든 조각(아이: 4조각, 부모: 7조각)을 사용하여 하나의 도형을 만들고, 그 도형에 이름을 붙였다(예: 나무, 연 등). 이후 부모와 자녀는 '나무'와 '연'을 활용하여 이야기를 만들고, 그 이야기를 일기에 기록하여 다른 가족들과 공유하였다. 이후 두 사람은 다른 도형을 만들어 두 번째 이야기를 작성하였다. "칠교 놀이로 이야기 만들기"(평면도형)는 부모와 자녀가 글쓰기와 그림을 통해 상호 소통하고 감정을 나눌 수 있도록 설계된 활동이다(가족 차원, 정의적 측면). 이후에도 칠교 조각을 떼어내 다른 모양을 만들고 가정에서 동화책에 이야기를 이어 쓸 수 있다. 이 활동은 공간 감각 또한 함양한다. 즉, 도형의 변의 길이와 넓이를 고려하여 평면도형을 구성하는 방법을 학습하게 되는 것이다(수학 차원, 인지적 측면). 이 과제에서 부모의 존재는 매우 중요하다. 부모는 아이가 가위를 안전하게 사용하도록 하고, 칠교 조각을 올바르게 자를 수 있도록 점검하는 역할을 맡는다.

위의 두 가지 가족 수학 과제는 부모가 자녀와 함께 수학을 학습할 수 있도록 하였으며, 그 '함께함'은 가족 간의 친밀감을 더해주었다. 한 아버지는 자녀와 함께 수학을 배운 경험이 특별했다고 감탄하였다. 그는 수학 캠프에 오기 전까지는 어떤 과제를 자녀와 함께 할 수 있을지 생각조차 하지 못했다. 하지만 캠프에 참석하여 여러 가족들 앞에서 딸과 함께 놀이를 하면서 그 의미를 체감하였다. 처음에 그는 캠프 참여 여부에 확신이 없었다. 그러던 어느 금요일, 아내가 일정 문제로 딸을 데려올 수 없게 되면서 그가 대신 참석하게 되었다. 첫 참여 이후, 그는 이후의 금요일에도 계속해서 참석하기로 마음먹었다. 학기 말이 되었을 때 그는 이렇게 말했다.

"금요일은 딸과의 데이트 날입니다. 오직 나와 내 딸, 제3자는 없어요." (FG0610)

학부모들은 가족 수학 과제를 '흥미롭다'고 표현함. 포커스 그룹 인터뷰를 통해, 학부모들이 선호한 과제의 특성을 알 수 있었다. 예를 들면, "게임이 흥미롭고 재미있었어요. 다른 사람들에게도 놀라움을 줄 수 있었죠." (FG0415, FG0610) "우리 아들은 배운 것을 여동생과 사촌에게 빨리 공유하고 싶어 했어요. 집에 오자마자 캠프에서 배운 게임을 바로 시작했답니다." (FG0610) 그들이 선호한 과제는 재미있고, 다른 사람과 함께 나누기 좋으며, 수학을 흥미롭고 창의적인 방식으로 풀어내는 것이었다. 그 대표적인 예가 마법사[MAGICIAN] 카드 게임이다. 이 게임은 가족 구성원이 수학적 사고를 다양한 표현 형태로 바꾸는 경험을 가능하게 했다([그림 3] 참조).

> "우리는 지난 일요일에 마법사 게임을 했어요. 한 명이 문제를 쓰면, 다른 한 명은 같은 내용을 다르게 말하는 식이었어요. 엄마는 '3 − 2=1'을 썼고, 나는 '1+2=3'이라고 말했어요. 내가 '20 − 10=10'을 쓰자, 엄마는 '10과 10을 더하면 20'이라고 말했죠." (DP10415, SHAN - MAGICIAN)

아이들이 부모와 함께 작성한 일기를 통해서도, 마법사 카드 게임이 재미있고 흥미로웠다는 점이 확인되었다. "주말에 기차 안에서 마법사 카드 게임을 하면서 우리 둘 다 이 아이디어가 정말 창의적이라고 느꼈어요." (FG0429) 수학 활동의 결과를 그림으로 함께 기록한 일기는 집에서 게임을 했을 때 어떤 일이 있었는지도 잘 보여준다. "우리는 지난 일요일에 마법사 게임을 했어요. 점 카드도 만들었죠. 마법사라는 뜻은 우리가 좋아하는 수 어느 것이 될 수 있다는 것을 의미해요. 엄마가 카드를 한 장 내고, 나도 한 장 냈어요. 그런 다음

우리는 그 숫자들에 대해 글을 썼죠." (DP10415, SHAN – MAGICIAN)

[그림 3] 마법사 카드

교사교육자로서 나는 각 가족이 활동하는 모습을 관찰하고, 공유된 일기와 이야기들을 읽고 들으면서 어떻게 하면 과제를 더 흥미롭게 만들 수 있는지에 대해 배울 수 있었다. 과제는 복잡하지 않아야 했고, 동시에 아이와 부모 모두의 흥미를 끌 수 있을 정도로 재미있어야 했다. 또한, 과제는 아이 둘이 하는 것이 아니라 반드시 부모가 참여하도록 의도적으로 설계되었다. 예를 들어, 부모는 활동 결과를 기록하거나 산출물의 질에 대해 의견을 적고, 과제를 완료한 후 점수를 매기는 등의 역할을 맡았다. 또한 가족 간의 신체적 접촉을 통한 친밀감 형성도 고려되었다. 예를 들어, 정답을 손끝으로 서로의 등에 써보는 활동, 공정한 교환이 이루어졌을 때 악수를 하는 활동(비교 게임 이후), 또는 경쟁을 유도하는 보드게임(예: 모노폴리) 등이 그러하다. 예를 들어,

> "금요일마다 가족들은 서로를 따뜻한 시선으로 바라보며, 함께 있다는 그 자체를 즐겼어요. 수학적으로 큰 성취가 없더라도, 그들은 함께 시간을 보내는 데 더 많은 노력을 기울였죠. 과제는 단지 목적이 아니라, 함께하는 수단이기도 했어요. 아이들은 부모와 함께하는 시간을 매우 즐거워했어요." (TEJ1010601)

4) 학부모들은 가족 수학 과제를 어떻게 활용했으며, 어떤 전략을 공유했는가?

실생활 상황의 활용. 아들(CY)이 기차 타는 것을 매우 좋아한다는 사실을 알게 된 한 어머니는, 기차 칸을 활용하여 수의 패턴을 보여주고, 숫자가 어떻게 배열되어 있는지에 대해 질문을 유도하였다. 어머니는 집에서 장난감 기차 칸을 사용하여 아들과 수학 게임을 함께 하였다.

> "Leung 선생님께, 저는 기차 칸에 1번부터 10번까지 번호를 붙였습니다. 앞 칸은 1번이에요. 그러자 CY는 다른 10개의 기차 칸을 가져와서 11번부터 20번까지 번호를 붙였습니다. 앞 칸은 11번이었죠. 두 대의 기차가 가지런히 줄지어 선 것을 보고, 저는 아들에게 숫자들을 유심히 살펴보라고 했어요. 그러자 CY는 말했어요. '엄마! 1 옆에는 11, 2 옆에는 12, 3 옆에는 13…' 마지막에는 기차를 보지 않고도, '…8 옆에는 18, 9 옆에는 19, 10 옆에는 20'이라고 외웠어요."
>
> 가족 수학 캠프에 다녀온 후마다 CY는 자랑스럽게 여동생과 사촌에게 수학 게임을 알려주었습니다. 캠프에서 배운 셈 놀이 이후, 그는 기차 칸을 활용한 셈 놀이를 즐겼고, 세 아이는 기차를 나란히 세운 뒤 수를 세며 매우 즐거운 시간을 보냈습니다(DP110318 — 기차 칸 숫자 놀이).

치과 방문도 수학 활동이 된다. 다음은 캠프에 참여한 한 학부모가 자녀와 함께 치과 방문 경험을 활용하여 '1분'을 수량화하는 활동을 한 사례를 보여주는 일기이다. 치과에서 양치용 용액을 1분간 물고 있으라는 말을 들었지만, 아이는 1분이 어느 정도인지 몰랐다. 이에 어머니는 아이에게 심장 박동을 세어보라고 제안하였다. 아이는 스스로 손을 가슴에 대고 1부터 60까지 셈을 하였고, "1에서 60까지 세면 1분이야."라고 말하였다. 어머니가 시계를 확인해 보니 실제로 거의 1분에 가까웠다. 실생활 상황을 활용한 활동은 아이가 수 세기와 같은 수학 활동에 몰입할 수 있도록 돕는 좋은 방법임이 분명하다(DP110318, 치과). [그림 4] 참조.

수학과 글쓰기, 그림 그리기의 결합. 학부모들은 자녀가 수학적 사실이나 규칙을 찾아내도록 도우면서, 글쓰기와 그림 그리기를 결합하여 과제를 확장하였다. 등호에 관한 수업 이후, 한 가족은 집에서의 경험을 공유하였다. 아버지는 딸에게 집 안에 있는 물건들을 관찰하고, 그에 해당하는 수를 그림으로 표현해보라고 하였다. 그는 딸이 쓴 일기를 보고 무척 기뻐하며, 다음 세션에서 반 전체에 공유하였다.

> "Leung 선생님께, 아빠는 우리 집에는 '등호[equality]'가 없다고 말씀하셨어요. 하지만 저는 그렇게 생각하지 않아요. 어제 저녁을 먹을 때, 우리는 4명이었어요. 식탁 위에는 그릇이 4개 있었어요. 오늘 점심을 먹을 때도 4명이었고, 젓가락도 4쌍 있었어요. 그러니까, 우리 집에도 등호가 있어요. 왜냐하면 4 = 4 이니까요." (WT, DC110401 — 등호)

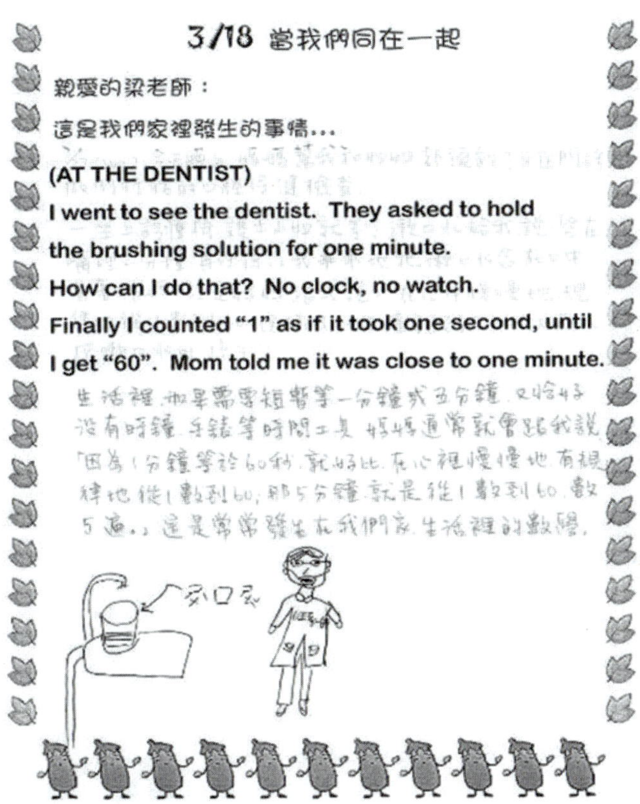

3월 18일 우리가 함께 있을 때
사랑하는 량 선생님께:
이건 우리 집에서 있었던 일이에요…
(치과에서)
저는 치과에 갔습니다. 치과에서 양치액을 1분 동안 입안에 머금으라고 했습니다.
그런데 어떻게 해야 할까요? 시계도, 손목시계도 없었습니다.
그래서 저는 "1"이라고 세면서, 그것이 1초라고 가정하며 계속 세어 나갔습니다.
"60"까지 세었을 때, 엄마가 말씀하시길 거의 1분에 가까웠다고 했습니다.

[그림 4] 수학과 글쓰기, 그림 그리기의 결합

모노폴리The Monopoly 활동은 참가자가 직접 거리의 이름과 가격을 써넣을 수 있는 빈칸으로 구성된 카드와 자신만의 기회와 운명을 작성할 수 있는 빈칸으로 구성된 기회/운명CHANCE/DESTINY 카드가 있었다. 아이들은 빈칸에 그리기, 규칙 정하기, 그리고 보상이나 벌칙에 해당하는 금액 정하기(예: 도시락을 안 가져왔을 경우 벌금 5달러)와 같은 활동을 무척 즐거워하였다.

또 다른 예인 칠교 놀이 활동에서는 참가자들이 도형을 이용해 이야기를 구성해야 했다. 아이들은 4조각 칠교를, 부모는 일반적인 7조각 칠교를 만들고, 그 도형을 이용해 이야기를 만들어내는 활동이었다. 다음 그림은 1학년 여아와 그녀의 어머니가 만든 칠교 도형과 함께 작성한 이야기이다(CW101217). "옛날 옛적에, 어떤 여자아이가 있었어요. 그녀는 연 날리기를 아주 좋아했어요. 바람이 불기만 하면 밖으로 나가 연을 날렸지요." ([그림 5])

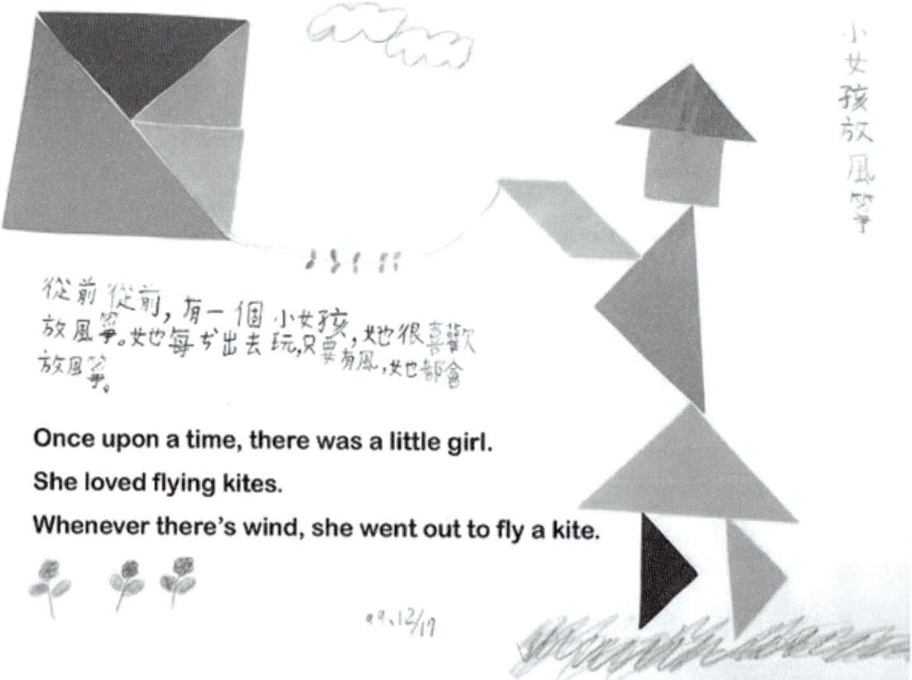

작은 소녀와 연 날리기
옛날 옛적에, 한 소녀가 있었습니다.
그녀는 연 날리기를 무척 좋아했습니다.
바람이 불 때마다 그녀는 밖에 나가 연을 날렸습니다.

[그림 5] 1학년 딸과 엄마가 만든 두 칠교 놀이 그림

형제자매 및 조부모와 함께한 수학 활동. 이러한 활동은 자연스럽게 학교에서 가정으로 확장되었다.

"저는 마법사 게임을 제일 좋아해요. 왜냐하면 다 맞혔거든요! 엄마랑 남동생이랑 같이 했어요. 그런데 남동생이 장난꾸러기라서 자꾸 엄마랑 저를 방해했어요. 그래서 제가 마법을 보여줬어요. 동생이 저를 쫓아오길래 엄청 빨리 뛰었고, 결국 방에서 나가버렸어요. 그 다음에 엄마랑 저만 계속 게임을 했죠. 숫자에는 마법이 있어요." (DP10415, MAGICIAN)

또한, 가정에서 조부모의 집으로 활동이 확장된 예시도 있었다.

"Leung 선생님께. 저희는 딸을 데리고 할머니 댁에 다녀왔습니다. 기차 안에서 지난 수업 시간에 만들었던 주사위를 가지고 숫자 비교 게임(두 개의 주사위와 등호 게임)을 했어요. 정말 재미있었고, 90분 동안의 기차 여행이 순식간에 지나갔어요. 처음에는 단순히 주사위를 굴리고 숫자를 비교하는 것이 그다지 재미있지 않을 줄 알았어요. 그런데 할머니와 할아버지가 우리 아이와 함께 게임에 참여하시는 걸 보고, 단순한 게임도 이렇게 즐거울 수 있다는 걸 알게 되었어요. 집에 돌아오는 길에 딸이 게임을 또 하자고 요청했을 때 정말 놀랐어요. 주말 동안 같은 게임을 해서 세 번째였거든요. 이 활동을 선생님이 주신 일기장에 기록할 수 있다는 것도 정말 멋집니다." (DP10401 — 두 개의 주사위와 등호^TWO DICE & EQUAL SIGN^)

5) 가족 구성원이 과제를 수행하면서 얻은 학습 성과는 무엇이었는가?

나는 하나의 예시인 '가짜 돈 없이 하는 모노폴리^The Monopoly without fake money^'를 활용하여 다음 네 가지 측면을 설명하고자 한다: (a) 교육과정 자료에서 제시된 과제의 모습, (b) 교사교육자가 과제를 어떻게 구성하였는지, (c) 학부모가 이를 어떻게 실행했는지, 그리고 (d) 그 학습 성과는 무엇이었는지를 중심으로 설명한다.

교육과정 자료에서 제시된 과제의 모습. 대만의 수학교육과정 기준에 따르면, 1학년 수준에서는 수의 합성^composition^과 분해^decomposition^를 10까지, 이후에 20까지 다루도록 되어 있다. 교과서에서 제시된 가르치는 순서는 다음과 같다. 첫째, 실물 또는 구체물(예: 달걀 두 개와 한 개가 3개의 달걀을 만드는 것을 보여주는 그림)을 사용하여 수 개념을 소개하고, 둘째,

수와 관련한 반구체적semi-concrete 표현(예: 점 두 개와 점 하나가 점 세 개가 됨)을 다룬 후, 아라비아 숫자가 도입된 이후에야 수식(예: 2+1=3)을 포함한 연습 문제가 제공된다.

이 가족 수학 과제는 "가짜 화폐 없이 하는 모노폴리"였다. 나는 아이들이 모노폴리 게임을 좋아한다는 설문조사 결과를 바탕으로 이 아이디어를 고안하였다(TEJ1010608). 나는 모노폴리 게임을 수학교육과정 내용에 맞도록 변형하여, 기초 연산number facts을 가로식으로 쓰는 활동을 포함시켰다. 첫째, 아이들과 부모는 일상생활 속에서 실제 돈을 사용하였다(구체물 혹은 실물 대상). 둘째, 상업용 모노폴리 게임에서는 아이들이 가짜 화폐 사용하였다(반구체물). 셋째, 나는 이 보드게임을 기초 연산을 활용하는 형태로 전환하였다. 이러한 변환은 의도적인 것이었다. 학부모와 교사들에 따르면, 아이들은 가로식(예: 2 + 1 = 3)을 쓰는 활동을 지루하고 단조로우며 흥미를 느끼지 못하는 활동으로 여겼다. "Leung 선생님, 이런 식 쓰는 건 정말 지루했어요." (DP10160, MONOPOLY) 일반적인 상업용 보드게임에서는 아이들은 가짜 화폐를 사용하기에 수식을 따로 쓸 필요가 없다. 그러나 이 과제에서는 '가짜 화폐가 없어진 상황'을 의도적으로 설정하였고, 아이들은 각 참가자의 소지 금액을 계산하여 기록해야 했다. '가짜 화폐 없이 하는 모노폴리'는 새로운 형태의 게임이었다. 아이들은 더 이상 가짜 화폐를 사용할 수 없었고, 대신 종이와 연필을 이용하여 자기 주머니에 남은 금액을 기록하고, 이를 서로 비교하면서 누가 승자인지를 확인하였다.

교사교육자가 구성한 과제의 형태. 모노폴리 게임(수와 연산 영역: 덧셈과 뺄셈)의 활동 지침은 상업용 게임과 유사하지만, 다음과 같은 점에서 차이가 있다.

1. 가짜 화폐가 없다. 따라서 필연적으로 기록의 필요성이 발생한다. 참가자들(1학년 또는 2학년)은 자신의 '주머니 속 금액'을 종이와 연필로 기록해야 한다. 이때 계산 방법은 세기counting, 누적 더해 가기add-on, 혹은 덧셈 및 뺄셈 연산을 활용한다.
2. 보드게임 판의 테두리에는 가로 또는 세로 방향으로 카드가 5장만 배치되어 있으며, 총 16장의 칸을 지나면 출발START 지점으로 되돌아간다.
3. 각 부동산의 가격은 1학년의 경우 두 자리 수, 2학년의 경우 세 자리 수로 설정되어 있다.

나는 수업에서 우 교사가 아이들과 이 게임을 어떻게 하는지 관찰하였으며([그림 6]), 이후 각 가정에서도 활동지를 활용하여 게임을 진행하였다. 관찰 기록(ON0429)에 나는 다음과 같은 메모를 남겼다.

"아이들이 교실에서 거래 활동에 몰입해 남은 금액을 덧셈과 뺄셈으로 줄줄이 기록하고 있다는 것이 믿기지 않았다. 시간이 다 되었을 때, 아이들은 집에 가고 싶지 않다고 말했다." (TEJ1010625)

[그림 6] 게임을 하는 우 교사와 아이들

또한 나는 아이들이 추가 활동지를 집에 가져가고 싶다고 요청했던 장면도 생생히 기억하고 있다([그림 7]).

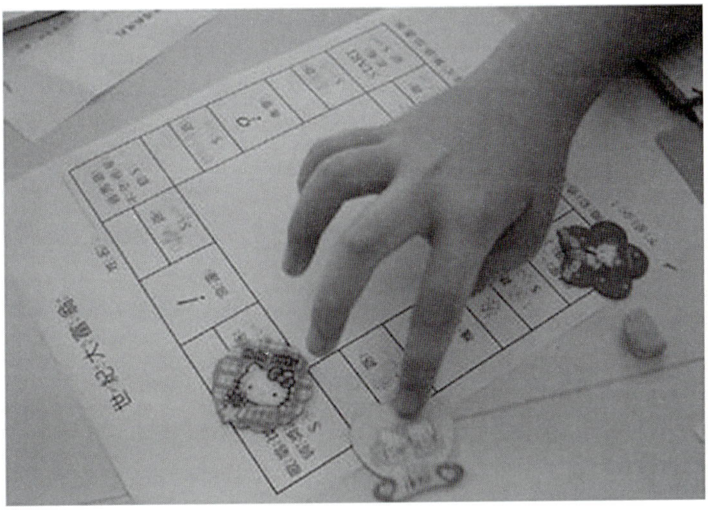

[그림 7] 각 가족은 게임을 위해 활동지를 활용함

학부모가 실제로 실행한 과제의 형태. 가정에서는 학부모들이 부동산의 가격이나 이름, 이익과 손해의 종류, 기회CHANCE나 운명DESTINY 카드의 금액 등을 자유롭게 변경하였다. 그들은 자신만의 버전의 모노폴리 게임을 만들어냈다. 한 어머니는 부동산 가격을 임의로 설정하였다. 그녀는 아이들과 함께 카드 수를 세었고, 큰딸은 카드의 절반은 돈을 버는 내용으로, 나머지 절반은 돈을 잃는 내용으로 구성하자고 제안하였다. 다음은 가정에서 만들어진 예시이다:

기회CHANCE 카드: 이 카드를 뽑은 사람은 복권에 당첨되어 200달러를 받는다.

운명DESTINY 카드: 애국가를 부르면 800달러를 받는다. ([그림 8 및 9] 참조)

[그림 8] 기회CHANCE 카드

[그림 9] 운명DESTINY 카드

과제와 그 성과. 부모와 자녀가 서로 상대편으로 게임에 참여했을 때의 활동지를 참조하였다. 모노폴리 게임의 규칙에 따르면, 한 플레이어가 다른 플레이어의 부동산(집이나 호텔)을 지나갈 경우, 통행료를 지불해야 한다. 이 과제에서도 아이들은 실제로 다른 플레이어의 부동산을 지나갈 때 요금을 지불해야 한다는 사실을 기억하고 있었다. 한 플레이어가 돈을 차감하면(손실), 다른 플레이어는 그만큼을 더했다(이익). 누군가 잊어버릴 경우, 다른 사람(대개 이익을 얻는 쪽)이 상기시켜주었다. 아이들은 또한 출발 지점(GO 또는 START)을 지나칠 때 일정 금액을 받는다는 규칙도 기억하고 있었다. 이처럼 규칙을 잘 기억해냈을 때, 아이들은 숫자와 기호(+, -, =)를 사용하여 기록을 작성하는 연습을 자연스럽게 하였다. 예를 들어, 한 학부모는 다음과 같이 말했다. "실제로 게임을 해보기 전까지는 1학년 아이들이 두 자리 수의 덧셈과 뺄셈을 할 수 있다는 걸 몰랐어요." (DP1203, MONOPOLY) 아이들은 또한 자신의 자산 상태를 주의 깊게 살피는 법, 즉 파산을 피하면서 잔액을 관리하는 전략도 익혔다. "일부러 하이 스트리트High Street는 안 샀어요. 기회/운명CHANCE/DESTINY 카드를 뽑으면 손해 볼 수도 있을 것 같아서요." (DC1203, MONOPOLY). 또한 어떤 아이는 작은 목소리로 혼잣말을 하며 이렇게 말하기도 했다: “괜찮아, 걱정하지 마. 이제 3칸만 가면 START 지점이라 돈을 받을 수 있어.” (TJ1203)

6) 결과에 대한 논의

공동의 노력을 엮어내는 일은 도전적이며, 함께 배우는 것이라는 개념 자체는 새로운 것이 아니다. 예를 들어, 교사교육자와 교사는 공동 학습자[co-learners]라는 개념은 이미 있지만(Jaworski, 2008), 본 연구에서는 교사교육자가 학부모들과 함께 배우는 존재인 것이다. 교사교육자는 자신의 아이디어만을 일방적으로 적용하지 않았다. 설문조사를 통해 드러난 가족의 흥미 수준을 고려하여 과제를 설계하였고, 최종적으로 구성된 과제는 퍼즐 맞추기, 그림책 읽기, 문제제기, 종이접기, 일기 쓰기, 수학 축제에서의 게임 활동 등의 형태였다. 이 연구는 교육과정 개혁이라는 시대적 흐름 속에서 수행되었으며, 연구자들은 가족 수학 캠프 프로그램을 통해 개발한 가족 수학 과제를 향후 교사교육(Stein, Smith, Henningsen & Silver, 2000 참조) 또는 가정 내 학습을 다루는 프로젝트에 적용할 수 있도록 설계하였다. 이는 부모 참여의 여섯 가지 유형 가운데 하나로 제시된 가정 학습과도 연결된다(Epstein, 1995).

다양한 관점에서 본 과제의 특성. 교사교육자(교사 팀을 대표하여)는 각 과제가 두 가지 차원의 특성을 지닌다고 보았다. 첫 번째는 가족 차원으로, 과제는 부모와 자녀가 함께 상호작용할 수 있는 기회를 제공하며, (형제자매끼리만 과제를 수행하는 것이 아니라) 가족 구성원 간의 친밀감(정의적 측면)을 증진시키도록 설계되었다. 두 번째는 수학 차원으로, 과제를 수행하면서 짝이 상호작용하고 수학적 아이디어에 대한 이해를 심화(인지적 측면)할 수 있도록 구성되었다. 그러나 부모들(아이들과 가족을 대표하여)은 과제에 담긴 이러한 의도된 수학적 및 가족적 요소를 명확히 인식하지는 못했다. 과제의 특성에 대해 질문을 받았을 때, 대부분의 부모들은 다음과 같이 응답하였다: “재미있었다.”, “함께 협력하게 만들었다.”, “우리가 해왔던 다른 수학 과제와는 달랐다.”, “멋지고 창의적이었다.”, “수학이 이렇게 재미있을 수 있다는 걸 몰랐다.” 이와 같이, 가족 구성원이 상호작용하며 수학을 배우게 만드는 활동이야말로 학부모들이 인식한 흥미로운 과제의 특성이었다.

부모들이 보고한 상황, 과제, 주제와 관련한 전략. 연구자들은 학부모들이 보고한 전략을 주의 깊게 관찰하였고, 이는 Leung 외(2012)에서와 유사한 방식으로 회의 중에 공유되었다.

부모들은 효과적이었던 전략뿐 아니라 효과적이지 않았던 전략도 함께 공유하였다. 첫째, 학부모들은 슈퍼마켓에서의 장보기, 치과 방문, 할머니 댁으로의 운전과 같은 실생활 상황을 적극적으로 활용하였다. 실제 상황은 아니지만 아이들의 흥미를 끌 수 있는 상상적 상황도 유용하게 작용하였다(예: 숫자처럼 줄지어 선 장난감 기차 칸을 상상하기). 둘째, 학부모들은 그림 그리기, 이야기 만들기, 줄넘기, 숨바꼭질과 같이 아이들이 좋아하는 활동과 수학을 결합하여 수학 활동을 자연스럽게 유도하였다. 셋째, 학부모들은 가족 구성원(형제자매, 사촌, 조부모)이나 친구들을 활동에 함께 초대하기도 하였다. 상황, 과제, 주제에 대한 예시는 Kilpatrick(1978)의 연구에서 제시된 것과 같이 문제해결 연구에서 세 가지 독립변수로 제시된 바 있다. 학부모들의 전략 역시 이 세 변수에 해당하는 것으로 나타났다.

가족 수학 캠프. 시간 운영 방식에 대한 평가가 이루어졌다. 금요일 수학 캠프 모임은 두 개의 세션으로 나뉘었으며, 이 중 하나의 세션에서는 자녀와 부모가 서로 다른 교실에서 활동하였다. 우 교사가 아이들을 지도하는 동안, 교사교육자는 부모의 필요(예: 어린 자녀와 어떻게 상호작용할 것인가)에 집중할 수 있는 시간을 가졌다. 부모는 아이들이 없는 자리에서 자녀에 대해 이야기 나누었다. 이와 같은 운영 방식은 여러 이유에서 효과적인 것으로 나타났다. 첫째, 아이들과 부모를 위한 자료가 분리되어, 각각의 참여자(성인 vs. 아동)의 필요에 보다 집중할 수 있었다. 둘째, 부모가 자녀의 행동에 대해 이야기할 때, 자녀가 자리에 없다는 점이 자유로운 의견 개진에 도움이 되었다. 셋째, 부모는 다른 부모들과 친분을 쌓을 수 있었고, 아이들은 또래 친구들과 새로운 관계를 형성할 수 있었다. 이러한 이유로, 두 세션(부모-자녀가 분리된 세션과 함께하는 세션)으로 나누어진 구조는 한 해 동안 그대로 유지되었다.

결론

앞서 논의한 바와 같이, 본 연구는 교사교육자의 관점을 바탕으로, 교사 팀의 시각과 가족 캠프 참가자의 목소리를 결합한 독창적인 기여와 시사점을 제공한다. 마지막으로 몇 가지 추가적인 언급과 주의 사항을 덧붙여 결론을 내리고자 한다.

첫째, 부모가 교육 자원으로 참여하는 것은 실제로 가능하다(Civil & Bernier, 2006 참조). 기존의 부모 대상 프로그램들이 교사교육자(또는 교사)로부터 일방적으로 배우는 방식이었다면, 본 연구에서는 부모가 과제를 직접 실행하고, 그 실행 경험과 노하우를 교사교육자 및 교사와 공유하도록 하였다. 본 사례는 교사교육자가 중재 프로그램의 일환으로 학부모가 수행할 가족 수학 과제를 개발하고 실행한 경험을 담고 있다. 연구에서 개발된 가족 수학 과제들은 학부모와 자녀가 수학 캠프에서뿐 아니라, 이후 주말 동안 가정이나 다른 장소에서 수학 활동을 수행하도록 유도할 수 있음이 확인되었다. 그 역할을 충분히 하지 못한 과제들은 수정되었으며, 그 개발 과정은 별도의 보고서에 정리되어 있다. 연구 결과에 따르면, 연구 기반의 과제와 적절한 지원이 의지가 있는 부모에게 제공될 경우, 아이들은 가정에서 부모와 상호작용하며 수학적 이해를 드러내는 방식으로 활동에 참여하게 된다. 학부모는 학습자, 교사, 촉진자로서 역할을 한다는 예비 결과는 선행연구에서도 보고된 바 있다(Leung, 2012). 본 연구에 참여한 학부모들은 이후 더 많은 과제를 함께 개발하고, 다른 프로그램의 운영에도 협력하였다. 이러한 사례들은 향후 학부모 대상 연구나 프로그램 개발을 위한 모범 사례로 정리될 수 있다.

비록 다수의 선행연구들이 과제가 교사의 전문성 개발(Leung, 2013), 아동의 학습 경로(Simon & Tzur, 2004), 평가 개혁(Parke et al., 2003)에 미치는 영향을 입증해 왔지만, 학부모 참여를 위한 과제에 주목한 연구는 거의 없었다. 본 연구에서는 교사 및 학부모와 함께 가족 수학 과제(수학 수행, 가족 상호작용이라는 두 가지 차원)로서 기능할 수 있는 잠재적 과제들을 개발하였다. 그리고 학부모가 이를 어떻게 실행했는지, 잘 기능하지 않았던 과제를 어떻게 실행 가능한 과제로 전환할 수 있었는지를 분석하였다. 향후 연구에서는 학부모의 과제 선택 기준이 교사교육자나 현장 교사와 동일한지를 살펴보는 것도 의미 있을 것이다. 학부모가 과제를 개발하는 과정 자체가, 성인 학습을 다루는 데 유망한 방향이 될 수도 있다.

아동의 수학 학습 향상은 국가 교육의 질을 증진시키는 한 방법이며, 이 과정에 학부모를 포함하는 것은 전략적으로 중요한 접근이라 할 수 있다. 그러나 학부모가 투자하는 시간과 노력은 반드시 자녀의 성장을 돕는 방향으로 향해야 한다(그 반대가 되어서는 안 된다). 선행연구들은 학부모의 요구로 인해 교사가 압박을 받고 좌절감을 느끼는 경우를 지적한 바 있다. 따라서 본 연구의 핵심적인 교수학적 시사점은 의사소통과 가정 학습을 위해 서로 협력한다는 점이다(Epstein, 1995). 본 연구에 참여한 학부모들은 자녀와 함께 수학을 하는 것에 대한 두려움을 극복하는 데 연구팀이 도움을 주었다고 표현하였다. 반대로 학부모들은 연구팀에게 어떤 과제가 효과가 있었는지, 그리고 그 과제를 가정에서 어떻게 활용할 수 있는지에 대해 중요한 통찰을 제공해 주었다. 참여자(교사와 학부모)가 공동 학습자로서, 자기 자신을 성장시키고 자녀의 학습을 돕는 공동의 목표를 지녔을 때, 그 노력은 하나의 벡터로 결합되어 같은 방향으로 나아가는 힘이 되었다. 끝으로 한 가지 주의 사항을 덧붙이고자 한다. 가족 수학 과제가 의도한 대로 잘 진행되지 않았던 순간들, 혹은 일부 학부모가 교사와 같은 방향으로 움직이지 않거나 자녀에게 만족하지 못했던 순간들도 존재했다. 이러한 제한점은 후속 연구를 통해 보다 확장된 형태로 보고될 예정이다.

▌참고문헌

Boaler, J. (2009). *What's math got to do with it: How parents and teachers can help children learn to love their least favorite subject.* Penguin Books.

Boston, M. D., & Smith, M. S. (2009). Transforming secondary mathematics teaching: Increasing the cognitive demands of instructional tasks used in teachers' classrooms. *Journal for Research in Mathematics Education, 40,* 119–156.

Civil, M., & Bernier, E. (2006). Exploring images of parental participation in mathematics education: Challenges and possibilities. *Mathematical Thinking and Learning, 8*(3), 309–330.

Creswell, J. W. (2007). Five qualitative approaches to inquiry. In J. W. Creswell (Ed.), *Qualitative inquiry and research design: Choosing among five approaches* (pp. 53–84). Sage Publications.

Epstein, J. L. (1995). School / family / community partnerships: Caring for the childrcn wc share. *Phi Delta Kappan, 77*(9), 701–712.

Henningsen, M., & Stein, M. K. (1997). Mathematical tasks and student cognition: Classroombased factors that support and inhibit high-level mathematical thinking and reasoning. *Journal for Research in Mathematics Education, 28*(5), 524–549.

Hoover-Dempsey, K. V., & Sandler, H. M. (1995). Parental involvement in children's education: Why does it make a difference? *Teachers College Record, 97,* 310–331.

Hsu, H.-Y., & Silver, E. (2014). Cognitive complexity of mathematics instructional tasks in a Taiwanese classroom: An examination of task sources. *Journal for Research in Mathematics Education, 45*(4), 460–496.

Jackson, K., & Remillard, J. T. (2005). Rethinking parent involvement: African American mothers construct their roles in the mathematics education of their children. *The School Community Journal, 15,* 51–73.

Jaworski, B. (2008). Mathematics teacher educator learning and development. In B.Jaworski and T. Wood (Eds.). *International Handbook of Mathematics Teacher Education, Volume 4: The mathematics teacher educator as a developing professional* (pp. 1–13). Rotterdam: Sense Publishers.

Kilpatrick, J. (1978). Variables and methodologies in research on problem solving. In L. L. Hatfeld (Ed.), *Mathematical problem solving* (pp. 7–20). ERIC/SMEAC.

LeFevre, J., Skwarchuk, S. L., Smith-Chant, B. L., Fast, L., Kamawar, D., & Bisanz, J. (2009). Home numeracy experiences and children's math performance in the early school years. *Canadian Journal of Behavioral Science, 41*(2), 55–66.

Leung, S. S. (2008). *"Teaching kit" wake up, sleeping bugs.* Outside Frame Press. 174 pages. (In Chinese).

Leung, S. S. (2012). Towards a model for parental involvement in enhancing children's mathematics learning. In *Proceedings of the 36th conference of the international group for the psychology of mathematics education* (Vol. 3-107). Taipei, Taiwan.

Leung, S. S. (2013). Teachers implementing mathematical problem posing in classroom: Challenges and strategies. *Educational Studies in Mathematics, 83*, 103. https://doi.org/10.1007/10649-12-9436-4

Leung, S. S. (2015). *Math after dinner: Enjoy family math time.* Out-Side The Box (OSB) Publishing Co., Ltd. (in Chinese).

Leung, S. S. (2019). *Hi! I am fun math game.* Hunan Scientifc Technology. (in simplifed Chinese).

Leung, S. S., & Chou, H. (2012). A survey study on parental involvement in mathematics learning for elementary school children. In *Proceedings of the 36th conference of the international group for the psychology of mathematics education* (Vol. 4-294). Taipei, Taiwan.

Leung, S. S., Wu, P.-J., & Chen, J.-H. (2012). A study on parents attending math study group designed by grade one elementary school class teacher. In *Proceedings of the 36th conference of the international group for the psychology of mathematics education.* PME.

Ministry of Education of Taiwan. (2003). *Curriculum standards for national elementary schools in Taiwan* (pp. 91–132).

National Council of Teachers of Mathematics. (1991). *Assessment standards for school mathematics.* Author.

National Council of Teachers of Mathematics. (2000). *The principles and standards for school mathematics.* Author.

Ni, Y., Zhou, D., Li, X., & Li, Q. (2014). Relations of instructional tasks to teacher-student discourse in mathematics classrooms of Chinese primary schools. *Cognition and Instruction, 32*(1), 2–43. https://doi.org/10.1080/07370008.2013.857319

Parke, C. S., Lane, S., Silver, E. A., & Magone, M. E. (2003). *Using assessment to improve middlegrades mathematics teaching and learning: Suggested activities using QUASAR tasks, scoring criteria, and student work.* National Council of Teachers of Mathematics.

Perry, B., Dockett, S., & Harley, E. (2007). Learning stories and children's powerful mathematics. *Early Childhood Research & Practice, 9*(2). Retrieved from http://ecrp.uiuc.edu/v9n2/perry.html

Polya, G. (1945). *How to solve it: A new aspect of mathematical method.* Princeton University Press.

Simon, M., & Tzur, R. (2004). Explicating the role of mathematical tasks in conceptual learning: An elaboration of the hypothetical learning trajectory. *Mathematical Thinking and Learning, 6*, 91–104.

Stein, M., Smith, M., Henningsen, M., & Silver, E. (2000). *Implementing standards-based mathematics instruction: A casebook for professional development.* New York:

Teachers Colleg.

Tudge, J. R. H., & Doucet, F. (2004). Early mathematical experiences: Observing young Black and White children's everyday activities. *Early Childhood Research Quarterly, 19*(1), 21-39. https://doi.org/10.1016/j.ecresq.2004.01.007

Yin, R. (1994). *Case study research: Design and methods* (2nd ed.). Sage.

제9장 "모든" 학생을 도전적인 수학 과제에 참여시키기: 수업 계획과 실행 단계 동안 인지적으로 도전적인 과제와 차별화의 교차점에서 가르치기

Charalambos Y. Charalambous, Sofia Agathangelou, Sean Delaney and Nicos Papadouris

수학 학습과 수학적 추론을 촉진하기 위해 학생을 인지적으로 도전적인[cognitively challenging] 과제에 참여시키는 것은 이전의 선행연구(Doyle, 1983; Henningsen & Stein, 1997; Stein & Lane, 1996)와 최근 연구(Baumert et al., 2010; Boston & Smith, 2011; Kunter et al., 2013; Organisation for Economic Co-operation and Development[OECD], 2020)에서 체계적으로 강조되었고 경험적으로 입증되었다. 그 중요성에도 불구하고, 인지적으로 도전적인 교수는 현대의[contemporary] 수학 교실에서는 거의 연구되지 않았다. 예컨대, 8개국의 대수 교수에 관한 연구인 세계적 교수 통찰 연구[Global Teaching InSights](OECD, 2020)에서 학생은 단지 때때로 도전적인 과제에 참여할 뿐이라고 보고한 바 있다. 1(최저점)부터 4(최고점)로 구성된 리커트 척도로 인지적으로 도전적인 교수에 대한 평균점은 칠레에서 1.36부터 일본에서 2.52까지 분포되었다. 이는 이전의 국제 비교 연구와 유사한 결과이다(예: Hiebert et al., 2003; Stigler & Hiebert, 1999). 요컨대, 이러한 결과는 인지적으로 도전적인 교수가 거의 우선시되지 않거나 실행하기에 어렵다는 점을 시사한다.

그러나 수학 교실에서 과제의 인지적 요구를 연구한 선구적인 한 프로젝트에서, Silver와 동료들은 도심의 소외된[disadvantaged] 지역 학생들을 인지적으로 도전적인 과제에 참여시킴으로써 **가능한 모든 것들을 혁신**[Revolutionize the possible]하기 위하여 시도하였다(Silver & Stein, 1996). 이러한 교수[teaching]는 도심의 부유한 지역뿐만 아니라 경제적으로 소외된 지역의 학생들에게도 도움이 될 것이라 확신했던 Silver와 그의 동료들은 소외된 배경의 학생들에게 양질의 인지적으로 까다로운 수학 교수에 참여할 기회를 제공하는 것을 목표로 하는 야심찬 프로젝트인 QUASAR(Quantitative Understanding: Amplifying Student Achievement and Reasoning)에 시작했다. 모든 우려를 떨치고, 이 프로젝트에서 수집된 자료는(Silver & Stein, 1996; Stein & Lane, 1996; Stein et al., 2007) 인지적으로 도전적인 교수가 실제로 실행 가능[feasible]하고 학생 학습에 도움이 됨을 확인하였다. 특히, 몇 가지 측정 지표에서 긍정적인 결과가 발견되었다: (a) 추론, 문제해결, 수학적 의사소통에 관한 도전적인 시험 결과; (b) 전형적인 표준화 시험(NAEP) 결과; (c) 학생의 후속적인 대수 수업 등록. 따라서, QUASAR 프로젝트는 "모든 학생에게, 특히 저소득층 가정의 학생들이나 수학 학습에 어려움을 겪는 학생들에게, 높은 수준의 수학적 목표와 수행을 기대하는 것은 적절하지 않다는 바람직하지 못한 신념"(Silver & Stein, 1996, p. 479)에 정면으로 도전하였다.

모든 학생이 중요한 수학적 아이디어를 배우고 수학적 개념과 과정에 관한 유창성을 얻도록 지원하는 것은 Silver와 그의 동료들에게 지속적인 관심사였다. 이에 대해서 Silver와 Kenney(2016)가 24편의 논문들을 현장 교사들과 중요한 연구 결과들을 쉬운 언어로 소통하고자 편집했던 《모든 학생에게 중요한 수학을 가르치는 것에 관한 유용한 연구Useful Research on Teaching Important Mathematics to All Students》에 잘 드러나 있다. 이렇게 하는 것이 "교육의 질을 높이는 중요한 전략"(Silver & Kenney, 2016, p. v)으로 여겨졌다.

실버와 동료들이 이 분야에서 실행했던 선구적인 연구에도 불구하고, 모든 학생에게 수학적으로 도전적인 과제를 장려하는 것에 대한 증거의 부족은 이러한 유형의 교수가 실제로 어떤 결과를 수반하는지에 대한 더 나아간 설명이 필요함을 시사한다. 이는 앞서 제시된 연구 결과와 현대 교실에서 학생 집단의 다양성이 증가하고 있다는 사실을 고려하면 특히 더 중요해진다. 즉, 모든 학생을 대상으로 이러한 교수를 실천하기 위해 수학교육자가 그 본질essence을 면밀히 해체unpack하고 체계적으로 정립map하여 교사가 이 복잡한 교수·학습의 장terrain을 효과적으로 탐색navigate할 수 있도록 지원할 필요가 있다. 이는 또한 전세계 교육체계에서 수월성excellence과 형평성equity에 관한 이중적인 강조점을 고려할 때 중요하다(Kyriakides et al., 2018; OECD, 2016).

이를 위해, 우리는 함께 연구되기보다는 독립적으로 연구되어온 두 가지 영역에서 수행된 연구를 함께 살펴보고자 한다: 수학적으로 도전적인 과제에 관한 연구(Kunter et al., 2013; Stein et al., 2007; Sullivan et al., 2015)와 차별화differentiation에 관한 연구(Tomlinson, 2014). 이 두 가지 연구 방향을 두 개의 중첩된 관점overlapping viewing lenses으로서 함께 다루는 것은 수업을 계획하고 실행할 때 학생을 인지적으로 도전적인 과제에 참여시키는 데에 수반되는 것을 드러낼 수 있다. 그러므로 이 연구는 연구와 실행의 측면에서 중요한 함의를 가질 수 있다.

연구의 관점에서, 교수teaching의 여러 차원을 개별적으로 다루기보다는 하나의 **체계**로서 고려하고자 하는 최근의 요구(참고. Hieber & Stigler, 2023)에 부합한다. 또한 이는 차별화와 적응adaptation을 다른 차원들과 연관된 것으로 간주하는 이론적인 모델들과도 일맥상통한다(예: MAIN-Teach model of Charalambous & Praetorius, 2020)에서, 적응을 도전적인 수학 과제를 해결하는 것으로 볼 때 차별화와 적응을 인지적 활성화의 측면과 연관된 것으로 간주한다). 이는 지난 수십 년간 진행되었던 방향과 비교할 때 정반대 방향으로의 움직임을 의미한다. 즉, 수년간 교수 차원들은 밧줄의 가닥들strands로 간주되었고 학문적 연구는 그 가닥들을 더 잘 이해하기 위한 해체decomposition에 초점을 두었다([그림 1]). 이러한 접근방식에서 얻어진 이점들을 과소평가하지 않으면서, 우리는 교수 차원들이 서로 연관되어 있다고 간주하고 그들 간의 상호작용에 초점을 둘 때가 되었음을 주장한다. 이렇게 하는 것은 교수에 내재된 복잡성(참고. Cohen, 2011)을 설명할 수 있을 것이다. 또한, 이는 과거 연구에서 시사했듯이 예상보다 낮았던 학생들의 학습에 대한 교수의 효과(참고. Lindorff et al., 2020; Muijs et al., 2014; Scheerens, 2016)를 설명할 수 있도록 도움을 줄 것이다. 이러한 측면에서, 이 장은 교수의 질과 학생 학습에 대한 교수의 효과를 이해하고 연구하는 학자들에게 흥미가 있을 것이다.

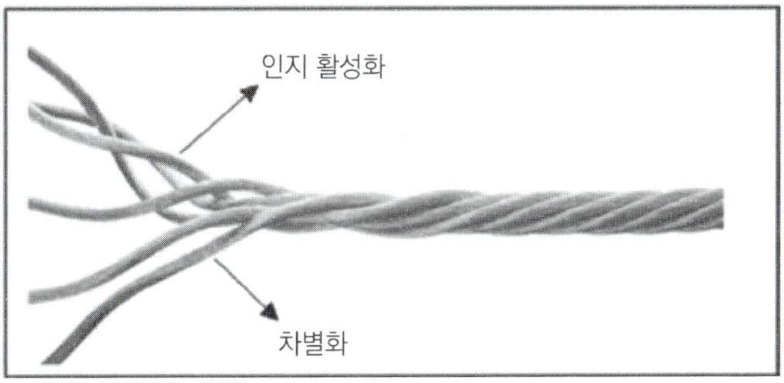

[그림 1] 다른 교수 측면들을 의미하는 가닥들로 이루어진 밧줄로서의 교수
(iStock.com의 허락하에 재사용)

실천의 측면에서 이 장은 수학적인 도전과 차별화가 수업의 여러 부분을 통해 어떻게 통합될 수 있는지를 명확하게 설명하는 한 예를 제공한다. 이러한 교수는 수업을 계획하는 것부터 각 수업 단계를 실행하는 것까지 이르는 의도적인 행동을 요구한다. 그래서 교사는 수업 전반에 걸쳐 헌신적이고 지속적이며 동시다발적으로 차별화와 도전에 대한 초점을 유지하여야 한다. 종종 야심찬 수학 교수ambitious mathematics teaching(Cohen, 2011; Lampert et al., 2010)로 구별되는 이러한 유형의 교수가 고경력 및 저경력 교수 모두에게 기대된다(Deunk et al., 2015)는 점을 고려할 때, 이러한 일에 뒤따르는 결과를 기록하는 것은 교사 양성 프로그램과 전문성 신장 프로그램에 관한 정보를 제공할 수 있을 것이다. 그러므로 이 장은 수학 교사교육자, 교사 전문성 신장 프로그램 운영자, 수학 교사에게 통찰을 제공한다.

모든 학생을 도전적인 활동에 참여시키기: 선행연구로부터의 통찰

이 절에서, 우리는 먼저 도전적인 수학 활동과 차별화에 관련된 주요 용어들을 정의한다. 이러한 두 연구 분야의 교차점에서 행해진 선행연구를 조사하고 연구의 간극[gap]과 열린 쟁점[issue]을 규명한다.

주요 용어 정의하기

도전적인 활동을 포착하기 위하여 서로 다른 용어들이 사용되고 있다. 이러한 용어들로는 QAUSAR 학자들이 사용했던 '높은 인지적 요구를 수반하는[cognitively demanding] 과제(Stein et al., 2000)', '도전적인 과제[challenging task](Sullivan et al., 2012)' 그리고 '인지적 활성화를 촉진하는 활동(Baumert et al., 2010; Kunter et al., 2013)'이 있다. 이 용어들의 의미가 동일하지 않음에도 불구하고 우리는 높은 수준의 사고와 추론을 요구하는 수학 과제를 다루는 활동의 의미로 이 용어들을 혼용한다. 이러한 이해는 다양한 정보 처리, 그 정보들을 연결하기, 어떤 전략을 적용할지 선택하기, 선택한 전략들을 설명하기, 수학적 논증을 구성하기, 다른 사람의 논증을 평가하기, 누군가의 사고를 교사나 학생에게 정당화 하는 것을 포함한다(National Council of Teachers of Mathematics [NCTM], 2000; Stein et al., 2000; Sullivan et al., 2012).

차별화[differentiation]는 교사가 학생 간의 차이를 수용하는 수업을 계획하고 실행할 때, 학생이 자신의 잠재력을 완전히 발휘할 수 있다는 전제에 토대를 둔다(Corno, 2008; Tomlinson, 2014)[1]. 이는 학생의 요구, 준비 수준, 학습 프로필 및 학습 속도에 학습 목표, 과제, 활동, 자원, 학습 지원을 맞추는 것을 요구한다(Beltramo, 2017; Stradling & Saunders, 1993). 교사는 4가지 수업 요소인 내용(무엇을 가르칠 것인가), 과정(어떻게 가르칠 것인가), 산출물(학생이 학습하고 있다는 증거), 학생의 학습 환경(어떻게 교실이 기능하고 느끼는가; Tomlinson, 1999)[2]을 달리할 수 있다. 교사가 모든 학생을 위해 개인별 과제나 수업 계획을 개발하는 개인화된 지도[individualized instruction]와 달리(참고. Slavin et al., 1984), 차별화 교수[differentiated instruction]에서 교사는 다양한 수준의 복잡성의 핵심 아이디어 및 다양한 지원 체계와 함께 활동하기 위하여 (여러 그룹의) 학생들 또는 학급 전체가 필요

1) 우리는 의도적으로 "적응" 대신에 "차별화"라는 용어를 사용하였는데 그 이유는 전자가 여기서 고려되었던 개별화된 지도[individualized instruction], 개인화된 학습[personalized learning], 열린 지도[open instruction]와 같은 차별화된 교수를 넘어서는 다양한 접근방식들을 포함하는 더 광의의 개념을 의미하기 때문이다.

2) 교사는 하나의 수업 내에서 네 가지의 모든 구성요소를 구별하지 않을 수 있다.

하다(Tomlinson, 2008). 따라서 이 개념화는 우리가 다음으로 살펴볼 인지적인 활성화와 차별화의 통합을 고려하는 것의 중요성을 시사한다.

인지 활성화와 차별화의 교차점에서 가르치기

최근 수십 년 동안 인지 활성화와 차별화에 관한 연구는 대체로 평행인(접점이 없는) 두 트랙으로 발전해 온 것으로 보인다. 인지 활성화에 초점을 둔 연구는 학생을 인지적으로 도전적인 활동에 참여시키는 것에 대한 중요성을 강조해오고 있으나, 이러한 연구에서 결여된 것은 전형적인 교실에 만연한 학생의 학습 준비 수준이 다양하다는 것과 이러한 다양함이 인지적인 참여를 촉진하는 진술된 목표와 어떻게 상호작용하는지에 관한 것이 있다(Tekkumru-Kisa et al., 2020). 차별화에 관한 연구는 차별화의 중요성, 차별화가 취하는 형식, 그 형식이 어떻게 교실에서 실현될 수 있는지를 이론적으로 상술하는 데 초점을 두었다(참고. Delaney, 2016; Tomlinson, 2014). 인지적으로 도전적인 과제를 모든 학생이 각자의 수준에서 참여할 수 있도록 교수가 차별화될 수 있는가에 관한 핵심적인 질문은 명백하고, 지속적인 관심을 받지는 못하였다. 이러한 두 부류의 접점이 없었던 연구에도 불구하고, 인지 활성화와 차별화의 교차점에서 가르치는 것의 중요성은 소수의 연구에서 강조된 바 있다. 이러한 연구의 대부분은 학생들의 서로 다른 요구를 학생 학습을 강화하는 핵심 요소로써 충족시키기 위하여 과제의 요구[demand]를 수정하는 결정적인 역할을 이론적으로 지지하거나 경험적으로 유효화했다.

서로 다른 학생들을 위하여 과제 요구를 수정하는 것의 중요성에 대해 분명히 했던 초기 참고문헌에서, Good과 Power(1976)는 “높은 과제 차별화[high task differentiation]”라는 용어를 학생 성취도를 최대화하기 위하여 요구되는 세 가지 일반적인 조건 중 한 가지를 구분하기 위하여 사용했다. 수업을 하나의 단위[single unit]로 간주하고 학생 학습에 대한 교수의 특정한 측면이 갖는 효과를 찾고자 하는 경향에 도전하면서, 저자들은 난도와 배부된 과제 요구를 다양한 집단의 학생을 위하여 조정하는 것을 지지하였다. 그 결과, 그들은 인지적 요구가 다른 질문을 제기하거나 교실에서 다양한 자료를 사용할 수 있게 하는 것을 포함하는 다양한 전략을 제안하였다. 후속 연구는 인지적 복잡성이 향상될 때 높은 성취도의 학생들이나(Diezmann & Watters, 2000) 인지적 복잡성이 감소되었을 때 낮은 성취도의 학생들에게(예: Boaler, 2008; Stein & Lane, 1996) 긍정적인 효과가 있음을 보이면서 학생 학습을 위해 과제 복잡성을 수정하는 것의 중요성을 경험적으로 입증하였다.

여러 학자들은 암묵적으로 인지적 활성화와 차별화를 결합하는 것의 중요성을 강조해왔다. 예컨대 Corno(2008)는 학생이 도전적인 내용을 다룰 때 필요로 하는 지원을 명확하게 하기 위하여 학생에 대한 계속적인 모니터링을 강조했다. 마찬가지로, Patrick 외(2012)는 학생의 서로 다른 요구를 지원하는 것은 학생이 깊이 있게 수학 내용을 탐구하는 것과 인지적으로 자극 받을 때 의미가 있다는 점을 강조하였으나, Dumont(2019)는 (더 폭넓게 적용되는) 차별화 교수는 개별 학생의 사고가 학습에 효과적일 수 있도록 학생의 사고에 도전해야함을 주장하였다. Kleickmann 외(2020)가 최근에 소개했던 인지적 지원cognitive support의 개념은 차별화가 학생의 향상과 학습을 지지하는 도전적인 활동에 관여하게 될 때 학생에게 제공하는 지원을 조정하는 것을 의미하기 때문에 인지적 활성화와 차별화의 교차점에 놓일 수 있다고 생각된다.

아마도 두 개념들을 명백하게 다루면서 교차점에 놓일 수 있게 특정한 도구를 제공하는 가장 체계적인 연구는 Sullivan과 그의 동료들에 의해 수행되었다.[3] 촉진적 발문enabling prompts과 확장적 발문extending prompts(또는 가능자와 확장자)라는 용어를 정의하면서, Sullivan 외(2006)는 교사가 학생으로 하여금 수학적으로 도전적인 과제에 접근하고, 이해하며, 해결하도록 교수할 수 있고 과제 복잡성의 측면을 수정함으로써 학생의 사고를 생산적으로 확장할 수 있도록 할 것을 제안하였다. 확장자는 더 나아가 과제를 해결한 학생의 도전과 사고를 더 확장할 수 있는 반면에, 가능자는 할당된 과제를 접근하는 데 어려움을 겪는 학생의 학습을 지지하는 도전을 조정한다(Sullivan et al., 2016). 초등학교 수준(Sullivan & Davidson, 2014; Sullivan et al., 2009, 2016), 중등학교 수준(Sullivan et al., 2012; Sullivan & Mornane, 2014), 두 수준 모두(Sullivan et al., 2015)에서 Sullivan과 그의 동료들이 수행했던 여러 연구는 인지적으로 도전적인 활동에 다양한 집단의 학생을 참여시키는 교사의 도전을 지지하는 접근의 잠재성을 강조한 바 있다; 이는 또한 학생의 성취도와 복잡한 수학적 활동에 대한 태도에 긍정적인 변화가 있음을 보였다.

요컨대, 일부 선행연구만이 인지적 활성화와 차별화에 대한 고려를 명백하게 통합했다. 그러나, 이러한 연구는 전형적으로—촉진자와 확장자의 연구가 시사하는 바처럼—이 두 가지의 교차점에서 교사 활동의 제한적인 측면에 초점을 두었거나 두 가지 목표를 동시에 이루고자 하는 시도가 무엇을 의미하는가에 대해 체계적으로 검토하지는 못하였다. 본 연구에서 두 가지 연구 갈래의 통합—우리는 학생 학습을 지지하는 데 있어서 도전적인 과제의 역할을 체계적으로 토의한 초기 학자 중 한 명인 Walter Doyle이 강조했던 필요성—에 기

3) 다른 학자들(Little et al., 2009)은 복잡성이 다양한 집단의 학생들에게 어떻게 적용될 수 있는지를 탐색하는 연구를 수행했다. 그러나 그들의 연구는 Sullivan과 동료들의 연구에 비하여 범위가 더 제한적이었다.

여하는 교차점에서의 가르침으로써 이 두 가지 갈래 사이의 경계들을 면밀하게 검토한다 (Doyle, 1983, 1988). 동료들과 함께 연구하면서, Doyle은 도전을 제거하지 않고 (Tekkumru-Kisa et al., 2020) 교사가 모든 학생이 접근할 수 있도록 하는 방식으로 도전적인 과제를 선택, 적용, 실행하는 방식에 관한 연구의 필요성을 강조했다. 도전적인 과제에 관한 거의 40년간의 연구 성과를 검토하면서 이 학자들은 그 분야에서 핵심적이고 열려 있는 쟁점으로서 그 필요성을 알아냈다. 바로 앞 절에서 시사하는 바처럼—그러나 두 연구 갈래를 통합하려는 명백한 시도 없이—과제 복잡성에 관한 고려 사항은 차별화에 관한 연구에서 확인되었다. 그래서 우리가 주장하듯 진정한 차별화는 학생을 적절하게 도전받게 하지 않고는 존재할 수 없고 모든 학생이 적절한 수준에서 도전받지 않는다면 인지적 활성화가 그 잠재력을 다 발휘할 수 없을 것인지를 고려한다면 인지 활성화와 차별화가 함께 엮일 수 있는지 탐색하는 것은 어떻게 도전적인 과제와 차별화가 상호호혜적인 방식으로 기능할 수 있는지에 대한 우리의 이해를 도울 수 있다.

이론적인 기여와 별개로, 이 연구는 가능자나 확장자를 사용하는 것과 같이(예: Charalambous et al., 2023; Hodgson, 2019; Minas, 2019; Sullivan et al., 2015) 도전적인 활동의 단 하나의 측면에 참여시키려고 시도할 때나 도전적인 과제로 활동할 때 낮은 성취 수준의 학생에게 비계 설정할 때(예: Pfister et al., 2015) 교사의 어려움을 입증하는 연구가 시사했던 것처럼 이 연구는 실천에 관한 시사점이 있다. 학생을 인지적으로 도전적인 활동과 차별화에 참여시키는 연구의 현재까지 제한된 초점을 고려하면 인지적 활성화와 차별화를 함께 고려함으로써 실천에 있어서 얻어지는 결과들을 체계적으로 밝히는 것은 적절하다. 이 연구의 결과를 면밀하게 해체하는 것은 우리가 이러한 연구의 복잡성을 더 잘 이해하고 교사교육자가 교사를 이러한 교수를 실행하는 것을 돕는 시도를 더 잘 이해할 수 있게 할 것이다.

목적

본 장은 수업 계획과 실행 과정에서 "모든" 학생이 도전적 과제에 참여한다는 것이 무엇을 수반하는지 이론적으로 상세히 기술하고 예증하고자 (실천의 기록으로 지지되는; Lampert & Ball, 1998) 교실 에피소드를 사용한다. 우리의 연구는 인지적 도전과 차별화가 함께 작동한다는 전제로부터 시작되었다. 그러나 위에서 주장했듯이, 도전과 차별화를 함께 다루고자 설계된 상황에서 도전과 차별화가 어떻게 실현될 지에 관한 (학문 공동체로서) 우리의 이해는 좋게 보더라도 불완전하다. 그래서 이들의 상호작용을 이론적으로 상술하는 것과 이중적인 도전[dual challenge]에 적절하게 대응하기 위한 교수 활동의 결과를 개관하는 것을 할 만한 가치가 있다. 이 장에서, 우리는, 어떻게 수업 계획과 실행 단계 동안 수학 수업에서 도전적인 과제와 차별화의 교차점에서 가르친다는 것이 어떤 모습일까?라고 질문한다. 다음 절에서, 우리는 이 질문에 관한 우리의 탐구 과정을 이끌었던 결정을 파악하고 설명하고자 한다.

실천에서 인지적 활성화와 차별화를 연구할 때의 결정

우리는 이 장의 구조에 결정적이었던 세 가지를 결정했다. 첫째, 본 장에서 사용된 연구자료는 교육 경험이 많은 초등학교 교사이자 교사교육자인 (가명인) Shea 교사가 가르쳤던 5학년 학생을 대상으로 한 일주일간의 여름 학교 수업 에피소드였다. 여름 학교는 인지적 활성화와 차별화를 위한 교수 방법을 묘사하기 위하여 설계되었다. 둘째, 핵심 분석 단위는 수업[a lesson]이었고 우리는 그 수업을 네 단계(수업 설계[lesson planning], 과제 실행하기[launching a task], 학생 자율 활동[student autonomous work], 전체 학급 토의[whole-class discussion])로 나누었다. 셋째, 수업의 각 단계에서 우리는 어떻게 인지적 활성화와 차별화에 대한 목표들에 대하여 기여할 수 있는지에 대한 근거와 함께 교사 실천[teacher practice]과 움직임[move]을 파악했다.

교실 에피소드

여름 학교에는 아일랜드의 더블린에 위치한 9개의 학교 출신인 25명의 5학년 학생들로 구성되어 있었다. 아일랜드의 대다수의 초등학교 학생들은 매일 교과서를 주된 수업 준비자료로(Eivers et al., 2010) 사용하는 교사들에게 배운다. 그러한 교과서들은 전형적으로 높은 인지적 요구[high cognitive demand]의 과제를 거의 포함하지 않고(Charalambous et al., 2010), 결과적으로 학생들은 여름 학교에서 사용되었던 과제와 같은 과제들을 이용한 폭넓은 활동에 참여한 경험이 거의 없었을 것이다. 여름 학교는 Deborah Loewenberg Ball의 초등학교 수학 실험실[elementary mathematics laboratory](Shaughnessy et al., 2017)을 모델로 하였고 4개국 출신의 수학교육자들이 관찰하였다.[4)] 여름 학교 교사는 교사이자 교사교육자로

4) 이 여름 학교는 인지적 활성화와 차별화에 명시적인 초점을 둔 유럽의 프로젝트인 EDUCATE(Enhancing Differentiated Instruction and Cognitive Activation in Mathematics Lessons by Supporting Teacher Learning, see https://ucyweb.ucy.ac.cy/educate/en)의 일부이다.

서 30년의 경력이 있었다. 그의 교수에 대한 접근은 학생이 스스로 개인의 학습과 경청, 질문하기, 반응하기, 그리고 아이디어, 혼란스러움, 해결 방법을 설명하는 것을 통해 자신의 학습을 공유하는 것에 대해 책임감을 갖도록 권장된다.

비디오, 학생 활동, 교사 면담의 형태로 수업 실천에 관한 광범위한 기록을 수집하였고 이 장에서 사용하는 교실 에피소드로 개발하기 위해 사용되었다. Blanton과 Kaput(2005)의 연구를 인용하여, 이 장에서 우리는 교실 에피소드를 인지적 활성화와 차별화를 촉진하는 수업 방식과 행동이 발생한 대화의 단위로 정의한다.

분석 단위와 수업 분석[Lesson parsing]

혁신적인 교수를 분석할 때, 누군가는 1년(예: Lampert, 2001), 한 수업[a lesson](예: Stigler & Hiebert, 1999) 또는 결정적인 사건[a critical incident](예: Griffin, 2003)과 같이 교수의 다양한 단위나 기간을 연구할 수 있다. 우리는 학교 교수의 조직에서의 폭넓은 사용과 교사 학습에 관한 잠재력을 고려하여 수업연구[Lesson study](Stigler & Hiebert, 1999)를 통해 자주 사용되는 수업을 핵심 분석 단위로 선택했다.

수업 구조에 관한 많은 모델이 파악되었다(Maulana et al., 2012). 수업 구조에 관한 아이디어는 Herbart와 그의 제자이자 수업을 준비[preparation], 발표[presentation], 연상[association], 일반화[generalization], 적용[application]의 5단계로 구별했던 Rein(Ivie, 2007)으로 거슬러 올라간다. 실제로 수업은 맥락에 따라 매우 다르게 보일 수 있음에도 불구하고, 대부분은 구별할 수 있는 도입, 전개, 정리의 단계를 갖는다(Stigler & Hiebert, 1999).

실제로 발생한 다양한 수업을 고려하고 수용하기 위해서, 우리는 연구를 위하여 4단계로 구별하였다. 또한, 수업 구조에 관한 다양한 대안적인 접근이 가능함에도 불구하고, 우리가 고려한 수업의 4단계의 변이들이 폭넓게 관찰되었다(예: Stigler & Hiebert, 1999, pp. 76-83). 이 구조는 Connected Mathematics Project(Martin et al., 2012)와 같은 미국의 규준 중심 교육과정에서 지지되었다.

첫 번째 단계인 수업 준비는 위에서 확인되었던 단계들을 선행하고 그 수업에서 행해질 활동과 과제에 대한 중요한 결정을 지칭한다(Yinger, 1980). 수업 계획은 1년 또는 활동의 한 단위가 될 수 있음에도 불구하고, 우리의 초점은 한 수업을 위한 계획에 있다.

두 번째 단계는 과제 실행이다. 이는 일반적으로 헤르바르트의 접근방식(Ivie, 2007)에서의 준비와 제시 단계에 대응한다. 먼저, 학생은 이전의 학습이나 전날에 배운 내용을 검토함으로써 그 수업의 학습 내용에 대해 준비한다. 새로운 수업의 발표가 뒤따른다. 우리는 이를 사전지식의 활성화, 또는 학생이 활동할 수학 과제를 시작하는 것으로 생각한다. 이 단계는 Stigler와 Hiebert(1999)의 수업 시작에 대응된다.

세 번째 단계는 학생 자율 활동이다. Herbart는 이를 학생들이 새로운 아이디어에 대한 이해를 공고히 하고자 새로운 아이디어를 군집으로 통합하는 단계로 간주했다. Lampert(2001)는 최소한이지만 전략적인 교사의 개입하에 학생이 혼자 또는 함께 학습할 때를 **학생이 스스로 활동할 때의 교수**teaching while students work independently라고 지칭했다. 교사는 이 시간을 네 번째이자 마지막 단계인 수업 단계를 위한 자료 수집에 사용할 수 있다. 세 번째는 Stigler와 Hiebert(1999)의 수업의 심장(전개)heart of the lesson에 대응한다.

네 번째 단계는 학생들이 일반적인 규칙과 원리를 찾아내고 이 규칙들을 자신의 이해를 강화하기 위하여(Ivie, 2007) 적용하는 시기이자 Herbart의 일반화와 적용의 단계에 대응하는 전체 학급 토의이다. Lampert(2001)에게는 이 단계에서 학생이 부여된 과제에 대한 해결 방법에 관하여 토의하고 추론하기 위하여 수학적인 규범을 적용하는 단계이다. 이 단계는 Stigler와 Hiebert(1999)의 전개와 정리에 걸친다.

수업 분석parsing lessons에 대한 우리의 접근방식은 문헌에 토대를 둠에도 불구하고, 사용되었던 단계들이 서로 다른 다양한 수업 접근방식을 수용할 수 있을 정도로 충분히 융통성이 있다. 그래서, 우리는 수업 단계의 순서가 우리가 설명한 것과 다른 수업들이 있을 것이라고 예상한다. 우리는 또한 주어진 수업에서 이 수업 단계들이 최소한으로 나타나거나 생략되는 경우 또는 같은 수업에서 반복이 되기도 하는 단계를 찾을 수 있을 것으로 생각한다.

실천practice과 움직임[5)]move 찾아내기

교수 움직임과 실천은 교사가 하는 것에 관한 분석의 기저에 있다. 움직임 또는 교수 움직임에 관한 아이디어는 기존 문헌에서는 어떤 목표를 이루기 위해 교사가 행하는 언어적인 행동verbal action인 상호작용의 의미로 사용되었다(예: Cooney et al., 1975; Moore, 1979; Smith et al., 1967). 교사-학생의 의사교환exchanges은 교수 움직임에 여전히 중요함에도 불구하고, 좀 더 최근 연구에서 몇몇 저자들은 이 아이디어를 좀 더 폭넓게 "목적에 관하여 일관성을 갖는 교수의 단위"(Banse et al., 2020; Jacobs & Empson, 2016, p. 186)로 개념화했다. 우리가 "움직임"이라는 용어를 사용하는 것은 이러한 폭넓은 의미에서이다. 우리가 묘사하는 움직임 중 많은 것들은 상호작용을 함의함에도 불구하고, 몇몇은 다른, 상호

5) Move는 발화와 행동을 모두 의미하여 역자에 따라서는 발화 및 행동으로 해석하는 경우도 있으나, 본 장의 역자는 원문의 표현을 살려 움직임으로 번역하였다.

작용적이지 않은 교수 행동이나 결정을 묘사한다.

집합적으로, 우리는 교수의 실천으로써 움직임의 집합을 범주화한다. 실천의 많은 개념들은 교수에서 비롯됨(Lampert, 2010)에도 불구하고, 여기서 관련성 있는 단 한 가지는 교사가 루틴과 같이 습관적으로 하는 활동의 일부로서의 전문적인 활동을 뜻한다. 이러한 실천은 존경받는 교사의 활동에서나 전문적인 규준에 제공될 수 있고, 이러한 실천은 하위 요소들을 포함한다(Lampert, 2010). 우리는 실천을 학생 학습을 촉진하기 위하여 교사가 사용하는 수학 학습에 토대를 둔 움직임의 집합으로서 정의한다(Grossman et al., 2018).

인지적 활성화와 차별화를 서로 연관된 것으로 고려하는 것에는 어떤 결과가 뒤따를까?

이 절에서는, 우리는 수업 계획, 과제 실행, 학생 자율 활동, 학급 전체 토의의 수업 네 단계를 위한 인지적 활성화와 차별화의 교차점에서 활동의 결과를 토의한다(결과의 요약은 [표 1]에 제시되어 있다). 각 단계에 대한 이론적인 분석에 집중하면서 먼저 이 결과들을 실행과 움직임으로 조직한다; 우리는 여름 학교의 자료로 활용하여 실행과 움직임을 설명한다. 인지 활성화와 차별화를 함께 다룰 때 수반되는 활동의 유효한 분해로서 실천과 움직임을 제시할 것임에도 불구하고, 분명히 할 필요가 있는 세 가지 핵심 사항이 있다. 첫째, 두 가지 중심이 되는 구성요소—인지 활성화와 차별화—는 어떠한 실천이나 움직임에서 같은 정도로 나타나지 않는다. 때때로, 어떤 것은 전면에 드러날 수 있고 다른 것은 교사가 모든 학생을 위한 학습 기회를 극대화 하려고 시도하면서 뒤로 밀려날 수도 있다. 둘째, 인지적 활성화와 차별화의 수준은 수업 단계에 따라 다를 수 있으며, 학생 자율 학습 단계가 과제 시작하기나 전체 학급 토의 단계보다 차별화에 더 적합할 수 있음에도 불구하고, 심지어 뒤의 두 수업 단계에서도 모든 학생은 수업 중 일어나는 상호작용으로부터—비록 그 정도는 다를지라도—도움을 받을 수 있다. 이에 대해서는 아래에서 더 상세히 설명한다. 교사가 모든 학생을 위한 학습 기회를 극대화하기 위해서 시도할 때, 때때로 한 가지가 더 전면에 제시되고 다른 한 가지는 배경에 드러나는 것처럼 다른 실행이나 움직임에서 똑같은 정도로 제시되지 않는다. 둘째, 학생 자율 활동은 과제 실행과 전체 학급 토의보다는 차별화하기에 더 낫 듯 인지적 활성화와 차별화의 수준은 수업 단계에 따라 달라짐에도 불구하고, 우리가 아래에서 더 설명할 부분으로 과제 실행과 학급 전체 토의에서 수업 중에 일어나는 의사소통에 의해 학생들이 더 도움을 받을 수 있다. 셋째, 수업 단계 내에서나 수업 단계 간 각 실천이나 움직임 사이에 가능한 중첩에도 불구하고, 우리는 각 실천과 움직임은 교수 접근 방법 자체로의 독립적인 이점이 있다는 것에 확신이 있다. 이는 또한 실천의 제안된 해체에 교수 방법을 포함시킨 우리의 선택을 정당화 한다. 이 핵심을 강화하기 위하여 우리는 [표 1]에 각 실천과 움직임의 포함에 대한 근거를 제공한다.

수업 계획하기

수업 계획하기는 양질의 교수에 핵심적인 요인이다(예: Nilsson, 2009; Reynolds, 1992). 교수에서의 역할을 고려할 때, 우리는 네 가지의 교사 수업 계획 단계 동안의 인지 활성화와 차별화에 관한 이중적인 초점을 실현하도록 연관된 움직임들을 고려한다.

실천과 움직임: 이론적인 분석

수업 계획 1 도전적인 과제 선택 및 분석하기

도전적인 과제를 선택하는 것은 인지적으로 모든 학생을 참여시키는 초석을 제공한다. 이론적으로 주장되었고(Doyle, 1983; Sullivan, 2017; Tekkumru-Kisa et al., 2020) 경험적으로(Kunter et al., 2013; Stein et al., 2007; OECD, 2020) 입증된 바와 같이, 도전적인 과제는 학생을 인지적으로 활성화하는 과제에 참여시킬 수 있고, 역으로, 학생의 깊이 있는 학습과 추론을 촉진할 수 있다. 어떤 과제의 적합성^{suitability}을 결정하기 위해서 교사는 주어진 과제가 어떻게 수업의 목표 달성하는지와 무엇이 그 과제를 도전적으로 만드는지를 분석한다. 이러한 분석은 그 과제가 서로 다른 준비도의 수준에 있는 학생들을 생산적으로 참여시키기 위하여 어떻게 수정될 수 있는가에 관한 통찰을 제공한다.

[표 1] 수업 계획과 실행 단계 동안 인지 활성화와 차별화의 교차점에서 가르치는 것에 수반되는 실천과 움직임의 요약

수업 단계	인지 활성화와 차별화를 촉진하는 방향으로의 실천	움직임	근거(인지 활성화와 차별화의 교차점에서 가르치는 것이 어떻게 촉진되는가)
A. 수업 계획	1. 인지적 요구 수준이 높은 과제를 선정하고 분석하기	(a) 인지적 요구 수준이 높은 과제 선정하기 (b) 선정된 과제 분석하기	도전 과제가 무엇인지에 대한 분석과 도전 과제 자체가 없다면, 다양한 역량과 필요를 가진 학생들에게 수학적 도전을 장려하는 것은 어렵다.
	2. 학생들의 수학적 학습 요구[needs]를 예상하기	학생들의 (a) 특성 (b) 사전지식 (c) 가능한 오개념 (d) 대안적 아이디어에 근거하여	서로 다른 (학생 집단의) 학생들에게 적절한 수준의 도전을 제공하기 위해서는, 교사가 수업 목표와 관련하여 학생들의 (수학적) 학습 요구를 파악하고 이를 고려해야 한다.
	3. 학생들의 서로 다른 요구에 대응하여 과제의 도전을 구성[framing]하고 적용하기[adapting]	(a) 모든 학생들의 과제에 대한 이해도 면밀하게 조사하기	교사는 모든 (다양한) 학생들이 과제에 접근할 수 있는지를 검토하여, 모든 학생이 도전감을 느끼되, 어떤 학생도 과제의 요구 때문에 압도되거나 좌절하지 않도록 한다.
		(b) 가능자와 확장자로 과제 복잡성 조절하기	교사는 학생들에게 주어질 과제의 수학적 도전 수준을 필요에 따라 완화하거나 높일 수 있는 방법을 미리 예상한다.
		(c) 학생의 과제에 대한 생산적 참여를 돕기 위한 질문 계획하기	교사는 모든 학생이 과제에 접근할 수 있도록 난이도가 다양한 질문들을 마련한다. 이러한 질문들은 전체 학급, 소그룹, 또는 개별 학생을 위해 계획될 수 있다.

A. 수업 계획	4. 조직적인 문제들 예견하기	(a) 서로 다른 수업 활동에 할애할 시간 정하기 및 학생들이 과제를 활동할 방식 결정하기(예: 비동시적 활동)	제한된 수업 시간 안에서, 교사는 과제의 도전 수준을 학생들의 준비도에 비추어 평가하고, 과제 도입, 과제에 대한 자율적 수행, 과제에 대한 토론에 각각 얼마만큼의 시간을 배정할지를 추정한다. 또한, 학생들이 과제의 도전에 어떻게 반응할지를 미리 예상하고, 중간 점검 기준을 설정할지, 전체 과제 수행을 기준으로 점검할지, 또는 이 둘을 병행할지를 결정한나.
		(b) 수업과 교실 준비 단계에 학생들의 조직(예: 유연적 모둠 구성) 결정하기	교사는 과제의 도전과 학생들의 준비도를 평가한 후, 학생들이 혼자, 2인 1조, 또는 그룹으로 작업할지 결정하고, 필요하다면 2인 1조나 그룹을 어떻게 구성할지도 정한다.
		(c) 수업 재료 분배 방식 결정하기	교사는 자원(예: 십진법 교구)이 일부 또는 모든 학생들에게 과제의 도전 수준을 높이거나 유지하거나 낮출 수 있는 방식을 미리 예상하고, 그에 따라 교구를 모든 학생에게 일괄 배포할지, 아니면 특정 학생 그룹이 사용할 수 있도록 제공할지를 결정한다.
B. 과제 착수 하기	1. 과제 제시하기	(a) 모든 학생들이 맥락을 이해할 수 있게 하기	교사는 학생들과 상호작용하는 과정에서 과제의 맥락이 학생 집단에 따라 수학적 도전 수준을 더 어렵게 만들거나 쉽게 만들 수 있는 정도를 평가하고, 그에 따라 과제를 어떻게 제시할지를 조정한다.

B. 과제 착수하기	1. 과제 제시하기	(b) 핵심적인 수학적 아이디어 학생의 사전지식 활성화하기	교사는 학생들과 상호작용하면서, 과제의 수학적 도전에 참여할 수 있도록 각기 다른 학생들에게 필요한 지식을 활성화시킨다.
		(c) 과제의 수학적 조건을 명료화하기	교사는 학생들과 상호작용하면서 과제에 필요한 수학적 조건에 대해 공통된 이해를 형성하여, 모든 학생이 과제의 도전을 생산적으로 수행할 수 있도록 한다.
		(d) 과제를 완수하고 토의하기 위한 공유된 수학적 언어 명료화하기	모든 학생에게 도전이 수학적인(예: 언어와 관련된 것이 아닌) 것이 되도록, 교사는 사용해야 할 수학적 언어를 명확하게 제시한다.
		(e) 특정한 학생을 위해 인지적 요구와 필요로 하는 지원을 확인하기	교사는 학생들과 상호작용하면서, 과제에 대한 학생들의 처음 반응을 바탕으로 그 과제의 내재하는 수학적 도전을 평가한다.
		(f) 과제가 요구하는 답변을 학생을 위해 명료화하기	학생들에게 비계를 제공하기 위해, 교사는 과제에 대한 응답 형식이 일부 또는 모든 학생들에게 명확히 안내되어야 하는지를 판단하고, 필요하다면 이를 명확히 설명하며, 그렇지 않다면 설명을 생략한다.
	2. 과제를 활동하는 방식에 관한 조직적인 결정을 실행/적용/내리기	자율 활동 단계에서 사용할 도구, 할애된 시간과 같은 과제 활동 방식에 관한 기대를 의사소통하기	기대에 대해 의사소통 할 때, 교사는 도움을 주기 위하여 학생들의 다양한 요구를(예: 시각적 도움, 구체물, 시간 배정) 고려하고, 과제의 도전을 유지하는 가장 좋은 방법을 판단한다.

C. 자율 활동	1. 복잡성-성취 일치 평가하기	(a) 학생들이 과제의 도전에 어떻게 반응하는지에 대한 정보를 수집하기 위해 의도적으로 학생들을 모니터링하고 의사소통하기	교사는 다른 (집단의) 학생들을 위해 도전을 조정하는 것에 대한 관점을 갖고 과제의 도전에 대한 학생 반응을 평가한다.
		(b) 과제에 대한 학생들의 추론과 이해에 대한 통찰을 얻기 위하여 질문하기	교사는 모든 학생들의 요구를 다룰 방법을 결정하기 위하여 과제의 도전에 대한 학생 반응을 깊이 있게 살펴본다.
	2. 다음 교수학적 움직임 결정하기	(a) 학생의 생산적인 고난을 적극적으로 관찰하기	교사는 학생 고난이 다른 수준(교실, 모둠, 개별 학생)에서 생산적인지 아닌지를 평가하고 그에 따라 반응한다.
		(b) 학생들이 생산적으로 과제를 다룰 수 있도록 과제에 유용한 수정사항을 만들기(예: 이끄는[guiding] 질문하기, 구조를 제공하기 위한 조직자[organizer]를 제안하기, 더 쉽지만 도전적인 과제로 전환하기, 계층적인[tiered] 활동을 활용하기, 핵심 과제를 단순화하기 및 구체물 사용하기)	도전의 수준에 대한 교사의 평가에 대응하여, 교사는 서로 다른 (집단의) 학생들을 위하여 필요시에 도전을 적절히 수정할 수 있도록 도구를 선택한다. 서로 다른 유형의 비계는 부여된 과제와 관련된 어려움을 겪을 수 있는 학생들을 위해 제공된다.
		(c) 과제가 충분히 도전을 제공하지 못한 학생들에 대한 도전을 확장하기	교사의 도전 수준에 대한 평가에 따라, 교사는 충분히 도전 받지 않은 (집단의) 학생들을 위해 도전을 확장한다.
		(d) 교실 환경[setting] 조정하기(예: 학생 소그룹 [재]구성하기, 모둠 활동에서 개별 활동으로 전환하기)	교사는 학생들이 현재 요구에 상응하는 수준에서 생산적으로 도전 받을 수 있도록 도전의 수준을 평가하고 일부, 몇몇, 또는 모든 학생들이 과제를 계속해서 활동할지를 결정한다.

D. 전체 학급 토의	1. 학생 해결 방법/아이디어 중 발표할 것을 선정하고 순서 정하기		학생들의 활동을 면밀하게 관찰하면서 교사는 과제 도전의 해결에 다른 학생들이 최대한 참여할 수 있도록 어떤 순서로 아이디어를 공유할지 정한다.
	2. 학생들이 학급 친구들의 아이디어에 주의를 기울이고 이해하는 것에 대해 책임감을 갖게 하기		교사는 모든 학생들이 최적으로 과제를 완수하기 위해 제안된 방향들을 이해하고(위해 노력하고) 평가하기를 희망하면서, 학생들이 자신과 다른 학생의 해결 방법을 설명하도록 요구한다.
	3. 학생 추론과 의미형성을 이끌어내기		교사는 학생들이 자신의 현재 수준[level]과 요구[needs]에 따라 추론과 의미형성(그래서 인지적으로 활성화되도록)에 참여하도록 독려한다.
	4. 학생들의 부정확하거나 불완전한 해결 방법들을 모든 학생의 학습의 자원으로 활용하기		교사는 모든 학생들이 동료 학생의 오류나 해결 방법에서 빠트린 부분들을 분석하는 것으로부터 학습 기회를 가질 수 있게 하기 위하여 어떤 해결 방법들이 과제의 조건을 만족시키지 않는 이유나 학생들이 잘못된 단계[misstep]를 진행한 방법을 학생들이 면담하거나 학생들이 면담하도록 독려한다.
	5. 학생들과 의사소통하면서 중요한 수학적 아이디어를 강조, 통합, 확장하기		교사는 학생들이 각자의 수준에서 인지적으로 도전받는데 필수적인 핵심적인 수학적 아이디어를 따라가고, 이해하고, 확장할 수 있도록 전체 학급 토의 단계에서 제시된 아이디어를 다양한 학생들이 통합[synthesize]하도록 독려하거나 교사가 통합한다.

D. 전체 학급 토의	6. 조직적인 문제들에 주의 기울이기	(a) 모든 학생들이 이해할 수 있고 가치 있다고 여길 수 있도록 수학적 아이디어를 공유하는 규범 설정하기	협동하여 과제의 수학적 도전을 해결하는 방향으로 서로 다른 학생 아이디어가 제시되고, 설명되며, 가치가 있는 것으로 여겨질 수 있게 하기 위하여 규범이 설정된다. 아이디어는 모든 학생들이 들을 수 있고 볼 수 있을 필요가 있고 모든 학생들은 자신있게 자신의 아이디어를 공유함으로써 이해를 발전시킨다.
		(b) 서로 다른 제안된 해결 방법들에 대해 시간 배정하기	교사는 학생들이 새로운 수학적 통찰을 성취해낼 수 있도록 과제의 수학적 도전에 참여하는 것을 관찰하고 서로 다른 학생들의 현재 이해 수준, 참여 및 필요한 예상 시간에 따라 수학 학습을 극대화maximize한다.

수업 계획 2 다양한 학생의 수학 학습 요구 예상하기

교사는 선택한 과제가 학생에게 적합하다는 사실을 확실히 하기 위하여 다양한 학생의 수학 학습 요구를 예상한다. 이는 학생 특성(예: 언어의 문제)이 어떻게 학생의 과제 참여를 지지하거나 방해할 것인지(Cocking & Mestre, 1988), 학생의 사전지식(Hailikari et al., 2007), 그리고 가능한 학생의 오개념이나 대안적인 아이디어(Doerr, 2006)에 대한 고려를 포함한다.

수업 계획 3 학생의 다양한 요구에 과제의 도전을 구성하고 적용하기

이 실행은 서로 연관된 세 가지의 움직임을 포함한다. 첫 번째 움직임은 모든 학생이 과제를 이해할 수 있는지 평가하는 것과 관련이 있다. 이를 위해서는 교사는 과제의 수학적인 특성(예: 표상, 수학적 어휘, 표기)과 비수학적인(예: 문맥적이고 언어적인) 특성이 어떤 학생들로 하여금 과제 이해(Njagi, 2015; Thomas et al., 2015)를 방해하는지 탐색해야 할 것이다. 교사는 과제가 여러 접근 방법entry point(예: 과제가 다양한 부분으로 구성되어 있거나 다양한 표상이나 구체물을 사용한다), 여러 과정(과제가 다양한 방법으로 해결될 수 있다)을 제공하거나 여러 결과[product](학생이 다양한 방법으로 활동을 발표할 수 있다; Tomlinson, 2014)를 가능케 하는지 탐색한다. 두 번째 움직임은 과제 복잡성[task complexity] 조절(Charalambous et al., 2023; Sullivan et al., 2006)을 위하여 가능자와 확장자를 사용하는 것과 관련이 있다. 세 번째 움직임은 과제 시작하기를 지지할 수 있는 질문을 계획하는 것이나 학생이 과제를 해결할 때 비계 설정하는 것과 관련된다. 교사는 모든 학생이 과제에 생산적으로 참여하는 것을 지지할 수 있도록 난이도가 다른 질문들을 찾아낸다.

수업 계획 4 조직적인 문제를 예견하기

교사는 학생이 과제를 해결하는 방식과 과제를 제시하는 것에 영향을 줄 수 있는 조직적인 문제를 예견한다. 이는 모든 학생이 그 과제나 그 부분에 각자의 속도로 참여할 수 있는 기회를 갖도록 다양한 수업 활동에 할당된 시간과 학생이 과제를 해결하는 방식(예: 비동시적인 활동: 학생이 동시에 과제의 다른 부분을 해결하는 것)에 관하여 고려하는 것을 포함한다; 수업과 교실 환경(예: 유연한 모둠 구성: 학생들의 과제에 대한 다양한 요구와 향상 정도에 따라 다양하게 모둠을 구성함; McKeen, 2019; Tomlinson, 2014)에 따른 학생들의 구성; 수업 중에 수업 자료를 분배하는 방법(예: 다양한 수업 자료나 구체물과 가능자와 확장자가 수업 중에 분배될 것인지와 그 범위에 대한 것을 결정하는 것이다).

맥락에서의 실천과 움직임

Shea 선생님의 의자 과제[Chairs task]([그림 2])에 관한 수업 계획과 수업 후 성찰을 고려함으로써 이 실천과 움직임이 어떻게 수업을 계획하는 단계에서 전개되는지를 설명하고자 한다. Shea 선생님이 패턴 알아차림과 대수에 초점을 두고 설명하듯이 의자 과제는 "학생들이 먼저 주어진 패턴을 연장하고 더 나아가 특정한 크기의 의자를 만들기 위하여 필요한 타일의 개수를 구하는 계산을 가능케 하는 대수적인 표현을 구성하도록 요구하기 때문에"[6] 의자 과제는 도전적인 과제를 대표한다. 그 과제는 학생들이 패턴 알아차림과 일반화(참고. Stein et al., 2000)를 따르면 **수학하기**[doing-mathematics] 과제에 참여하도록 하는 잠재력을 가지고 있다. 그 과제는 **주어진 패턴을 연장하기 위해서 규칙을 만드는 것에 관한 수학적 효율성을 알아차리는 것**과 **문장제**[word problem]**를 변수와 상수를 포함하는 대수적 표현으로 해석하는 것**을 포함하는 가치 있는 수학적인 학습 목표를 촉진한다. **수열에서 항간의 일정한 증가를 만들어내고 후속하는 항의 크기를 고려하여 수열을 확장하는 것, 일정한 값과 변수를 구별하는 것, 처음 규칙을 대수**

6) 이는 교사의 수업 계획 단계에서의 교사의 노트나 수업 중 교사-학생의 대화를 의미한다.

적인 표현으로 해석하는 것과 같은 측면들은 그 과제를 도전적인 것으로 만든다. 이러한 것은 과제를 사용하는 수업을 준비할 때(LP1a, b)[7] 고려할 필요가 있다.

Alex는 학교 미술 프로젝트를 위해 서로 다른 크기의 의자 디자인을 만드려고 똑같은 타일을 사용한다. 종이 위에 있는 그림들은 첫 세 개의 디자인을 나타낸다. Alex는 어떤 크기의 의자를 만드는데 필요한 타일의 개수를 구하는데 도움이 될 수 있는 규칙을 만들고 싶어한다.

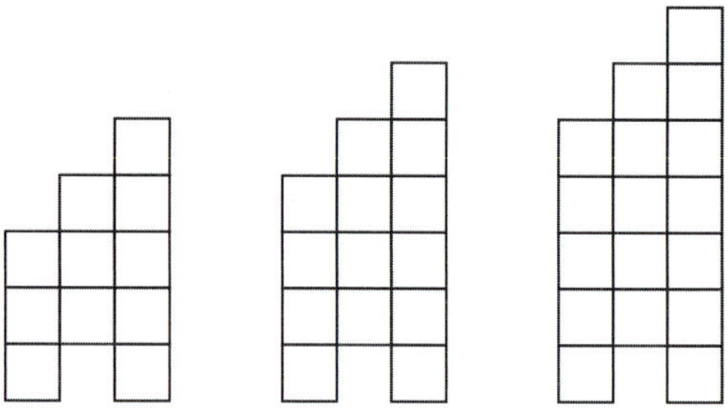

질문 1.

- Alex가 크기 5인 의자를 만들려고 한다면, 그 의자는 어떻게 생겼을까? 그 의자를 그려보거나 다른 물건들로 나타낼 수 있나요? 몇 개의 타일이 사용될 것 같나요?
- 크기 6, 7인 의자를 만드는 데 필요한 타일의 개수를 구해보세요. 어떻게 구했는지 설명해 보세요.
- 크기 1인 의자를 그리거나 만들어 보세요. 몇 개의 타일이 필요한가요?

질문 2.

- 의자 크기와 필요한 타일의 개수 사이의 어떤 패턴을 알아차렸나요? 짝(들)과 함께 패턴을 토의해보세요.

질문 3.

- Alex는 크기 20인 의자를 만들려고 해요. 짝(들)과 함께 Alex가 이 의자를 만들기 위해 필요한 타일의 개수를 찾는데 도움이 될 수 있는 규칙에 대해 이야기 해보세요.
- 이 규칙이 더 작은 크기의 의자에도 적용되나요?
- 그렇다면, 이 규칙을 말로 써보세요.
- 어떤 크기의 의자에도 그 규칙이 적용되는지 토의해보세요.

질문 4.

- 이 규칙을 기호/문자로 다시 써 볼 수 있나요?

질문 5.

- 크기 50이나 100인 의자를 만드는데 필요한 타일의 개수를 계산하기 위해 그 규칙을 사용해보세요.

[그림 2] 의자 과제

7) 문자와 수들은 [표 1]의 단계, 실천, 움직임에 대응한다.

과제(LP2)를 해결하기 위해서 필요한 학생의 선행지식을 고려하면서 Shea 선생님은 이 과제를 해결하는 것은 "수와 수가 아닌 패턴을 다루는 경험; 주어진 수열의 특정한 규칙을 연역하기(그리고 기록하기), 그리고 수열을 특정한 개수의 항들을 구하기 위해 연장하기"를 요구할 것이라고 생각했다. 그는 몇몇 학생들이 의자 그림으로 가르치는 것에 어려움을 겪어 더 구체적인 물건을 사용하고자 할 것이고 자료를 일반적인 규칙을 연역하기 위해 정리하는 것이나 출발점으로서의 크기 1인 의자의 중요성을 인식하는데 어려움을 겪을 것이라고 생각했다. 그는 이러한 어려움을 예견하고 학생의 요구(LP3b)에 부합하기 위해 과제를 수정하고자 시도하면서 "도전을 제거하지 않고 학생들을 위해 약간 수정할 수 있는" 가능자를 "모든 학생이 그 과제를 이해하고 생산적으로 활동할 수 있도록" 개발했다(수업 후 성찰, [그림 3]).

첫 번째 가능자[enabler]는 일반적인 규칙을 고안하기 위한 도전을 촉진할 수 있게 학생들이 표로 자신의 답을 정리할 수 있도록 도울 것이다. 더 많은 어려움을 겪는 학생에게는 교사가 그 패턴을 크기 1인 의자에 타일의 개수를 구하는 것으로 분해하고 매번 세 개의 일정한 타일이 더해지는 패턴을 찾을 수 있도록 도움으로써 더 많은 비계(두 번째 가능자)를 제공할 것이다. 세 번째 가능자는 몇몇 학생들을 혼란스럽게 할 것으로 예상되는 것으로서 학생들이 대수적 일반화를 제시할 수 있도록 돕기 위하여 설계되었다.

유사하게 Shea 선생님은 일부 학생이 모든 질문에 답하고도 일찍 마칠 수 있음을 예상했다. Shea 선생님은 이 학생들이 의자 과제에 대해 생각할 수 있는 여러 방법을 접해보길 희망하면서, 도전(LP3b)을 확장할 수 있는 두 종류의 확장자([표 4])를 설계했다. 확장자 1은 규칙을 고안하는 접근 방법 세 가지를 제시한다. 이 확장자를 할당받은 학생들은 접근 방법을 이해하고 상징적으로 표현해야 할 것이다. 확장자 2는 의자의 크기를 알려주고 그 크기의 의자를 만들기 위하여 필요한 타일의 개수를 묻는 것 대신에 주어진 타일의 개수로 만들 수 있는 의자의 크기를 생각하도록 하는 거꾸로 생각하는 방식을 요구한다.

그 과제를 제시하는 것에 대해 더 깊이 성찰하면서, Shea 선생님은 모든 학생이 수학적인 내용과 비수학적인 내용을 더 잘 이해할 수 있도록(LP3a) 할 수 있는 방법을 고려했다. 그 과제가 (**패턴**과 *규칙*을 제외한) 어떠한 어려운 용어를 포함하지 않음에도 불구하고, 교사는 먼저 학생들이 과제를 조용히 읽어보게 하고, 한 학생을 지목하여 소리 내어 읽게 하며, 그 후 다른 학생이 표현을 다르게 하는[paraphrase] 것을 생각했다. 모든 학생이 첫 번째 질문을 생산적으로 활동하면서 시작할 수 있도록 확실히 하기 위하여, 교사는 학생들이 활동 결과를 다양한 방법으로 제시할 기회를 부여하면서 그 과제([그림 2], 밑줄 친 글에서 수정 사항)를 수정하는 것을 생각했다.

과제 가능자 1

의자 크기와 필요한 타일의 개수 사이의 패턴을 찾기 위해서, 이 정보를 표에 정리하는 것이 유용합니다. 지금까지 모은 정보를 이용해서 다음 표를 완성하세요.

완성한 표에서 의자 크기와 필요한 타일의 개수 사이의 어떤 연결을 알아차렸나요?

의자 크기	필요한 카드/타일의 개수
1	
2	11
3	
4	
5	
6	
7	
8	
:	
:	

과제 가능자 2

의자 크기(S)	필요한 타일의 개수(T)	설명자
1	8	크기 1인 의자를 그린 후, 필요한 정사각형 카드의 개수를 세었다. 원래 셌을 때 8개였다.
2	11	원래 셌던 결과(8)+3
3	14	원래 셌던 결과(8)+3+3
4	17	원래 셌던 결과(8)+3+3+3
5	:	:
6	:	:
7	:	:
8	:	:
:	:	:
:	:	:

T가 필요한 타일의 개수를, S가 의자 크기를 의미한다면, 필요한 정사각형 카드의 개수를 구할 수 있는 규칙은 T = 8+…으로 시작할 것이다.

과제 가능자 3

기호/문자로 이 규칙을 다시 쓸 수 있나요? 다음 문장이 도움이 될 거에요. T가 필요한 타일의 개수를, S가 의자 크기를 의미한다면, 필요한 정사각형 카드의 개수를 구할 수 있는 규칙은 T = 8+…으로 시작할 것이다.

[그림 3] 의자 과제를 위해 설계된 가능자들

학생들에게 다수의 출발점entry points을 제공하기 위해서 교사는 정사각형 패턴의 블록을 필요한 학생들이 사용하게 했다. 그 과제가 다양한 풀이 방법을 허용한다는 사실은 그 과제가 모든 학생을 도전적인 활동에 참여할 수 있게 하는 추가적인 보증이었다. Shea 선생님은 학생들이 “좀 더 높은 단계에 도달하도록”(수업 후 성찰) 압박하기 위하여 (누구에게; LP3c) 어떤 질문을 할지 계획했다.

과제 확장자 1

표를 사용하지 않고도 필요한 정사각형 카드의 개수를 구하는데 도움이 될 규칙을 찾는 다양한 방법이 있어요. 세 친구 Anne, Ben, Dawn은 모두 아래와 같이 서로 다른 방법을 사용했어요. 이 방법들을 탐색해보세요.

Anne: 음, 이건 내가 풀이한 방법이야. 나는 가장 위의 카드를 다음 줄로 내려서 카드 두 장 위에 서 있는 직사각형 모양을 만들었어.

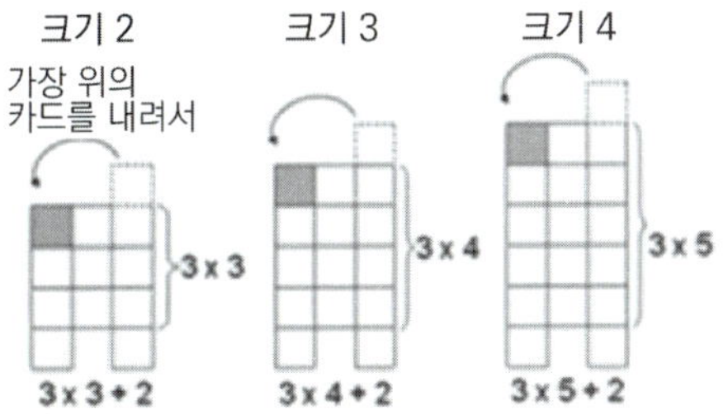

Ben: 쉬워. 나는 먼저 큰 직사각형의 부분으로 주어진 디자인을 상상하고 카드 4장을 빼서 규칙을 만들었어.

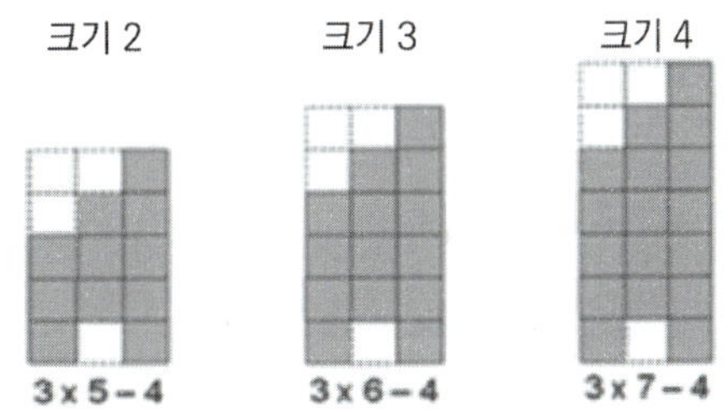

Dawn: 나는 디자인을 보이는 것처럼 세 부분들로 분리해서 규칙을 생각했어.

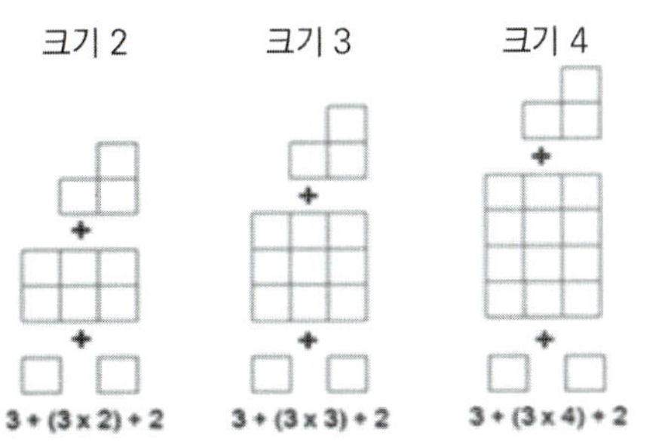

각각의 방법에 대한 기호/문자를 사용해서 어떤 크기의 의자를 만드는데 필요한 타일의 개수를 구하는데 도움이 될 수 있는 규칙을 쓸 수 있나요?

(a) 이 규칙들은 모두 똑같나요?

(b) 네가 전에 만든 규칙과 이 규칙들이 똑같나요?

(c) 위의 방법/규칙을 사용해서 크기 50인 의자를 만드는데 필요한 타일의 개수를 구해보세요.

과제 확장자 2

어떤 크기의 의자를 만드는데 230개의 타일이 필요할까요? 어떻게 결정했는지 설명해보세요.

[그림 4] 의자 과제를 위해 설계된 확장자들

좀 더 조직적인[organizational] 문제(LP4a, b)에 관하여 성찰하면서, 그는 학생들을 채근하지 않고 생산적인 참여를 유지할 수 있도록 각 수업 단계에 얼마나 시간을 할애할지를 생각했다. 그가 말하길 "학생들을 도전받게 한다면, 학생들에게 생각할 시간을 주어야 한다. … 시간을 준다면, 학생들이 다른 속도로 생각할 수 있게 허락해야 한다"(수업 후 성찰). 다른 조직적인 계획은 학생들이 구체물을 원할 때 사용할 수 있게 하는 것과 가능자와 확장자를 유인물로 인쇄하여 배부하는 것을 포함했다. 후자는 교사가 학생을 과제의 다른 부분을 해결할 수 있게 도울 것이다.

Shea 선생님의 계획하기는 모든 학생이 인지적 요구 수준이 높은 활동에 참여하는 것이 교실에 들어서기 전에 시작됨을 설명한다. 도전적인 과제를 선정하는 것은 모든 학생이 그 과제를 이해할 수 있도록 하고 서로 다른 요구와 준비도의 수준에 맞추어 필요한 도전을 조절하는 조치가 취해짐을 확실하게 하기 위한 일련의 결정 사항 중 한 가지에 지나지 않는다.

과제 실행하기[Launching a task]

과제를 선택하고 학생들이 과제에 어떻게 반응할지 예상한 후에 수업 실행 단계가 시작된다. 이 단계에서는 두 가지 실천이 명백히 드러난다. 두 가지 실천은 과제의 수학적 내용과 관련된 고려 사항에 초점을 두면서 모든 학생을 위해 복잡성을 유지하기 위한 과제 제시하는 것[presenting the task](Jackson et al., 2012)과 과제 실행하기의 조직적인 측면에 초점을 두는 조직적인 결정하는 것이다.

실행과 움직임: 이론적인 분석

과제 실행 1 과제 제시하기

첫째, 교사는 과제 맥락[task context]을 모든 학생이 이해할 수 있게 한다. 현실적인 맥락의 과제가 학생을 동기부여 할 수 있음에도 불구하고, 일부 학생들에게만 친숙한 맥락은 다른 학생들에게는 친숙하지 않을 수도 있고(Silver et al., 1995) 그러한 과제에 대한 충실함[fidelity]을 보장하고 수학을 전면에 위치시키기 위해서는 교사의 추가적인 노력이 요구된다(Stylianides & Stylianides, 2008). 맥락적이거나 언어 특성들은 종종 수학적이진 않지만, 과제 제시 단계에서 분명하게 다루어지지 않는다면 일부 학생들이 그 과제를 해결하지 못하고 수학에 집중하지 못하도록 주의를 분산시킬 수 있다.

다음으로, 교사는 과제에 적용된 핵심적인 수학적 아이디어에 관한 학생들의 사전지식[prior knowledge]을 활성화하는 것을 돕는다. 학생들은 관련된 큰 수학적인 아이디어을 상기한다

(예: Charles, 2005). 세 번째 움직임은 학생들이 과제의 수학적인 조건을 이해하는 것을 보장하는 것이다. 네 번째 움직임은 교사와 학생이 과제를 완수하고 토론하는 데 사용할 수학적인 언어mathematical language에 대해 동의하는 것과 관련이 있다.

다섯째, 도전challenge과 이해도accessibility가 과제 선택의 기준임에도 불구하고, 교사는 도전이 특정한 학생들에게 적절한 정도인지를 분명하게 하고 개별 학생이 과제를 자율적으로 해결할 때 필요한 맞춤 지원customized support을 파악하기 위하여 학생들의 참여도participation levels를 점검할 필요가 있다. 여섯째, 교사는 과제에 대한 답변으로 기대되는 형식format을 일부 학생이나 전체 학생과 함께 명확하게 할 필요가 있는지를 결정하고 그 결정에 따라 실행한다. 이러한 움직임들 모두는 학생들이 어느 정도 생산적으로 과제를 수행할 수 있음을 확실하게 하도록 의도된 것이다.

과제 실행 2 실행하기Implementing/적용하기Adapting, 과제로 활동하는 방식에 관한 조직적인Organizational 결정하기

과제 실행하기에 관여하는 두 번째 실천은 수업 계획하기 단계 동안에 내려지는 결정을 실행하거나 적용하는 것과 조직적인 문제에 관련된 부가적인 결정을 하는 것과 관련이 있다. 이는 교사가 학생에게 어떤 도구가 주어졌는지(Stein et al., 2008)와 같이 학생이 활동하는 방식에 대한 기대expectations를 소통하는 것이 관여된다. 학생들은 수학적 관습mathematical conventions과 가상이나 구체적인 조작물manipulatives에 관한 지식과 같은 다양한 도구를 사용할 수 있다.

조작물의 사용은 학생의 선택과 구체물에 대한 근접성proximity(Moyer & Jones, 2004)과 같은 물리적인 접근성accessibility에 영향을 받을 것이다. 학생들은 도움이 필요할 때 어떻게 도움을 받을 수 있는지와 다음 수업 단계 동안(자율 활동; Baxter & Williams, 2010)[8] 활동에 할애된 시간에 관하여 듣는다. 우리는 이제 Shea 선생님이 5학년 학생들과 함께 의자 과제를 실행하는 것을 살펴보고자 한다.

---

8) 이 실행은 다른 단계의 다른 실행들과 중첩되는 부분이 있어 보임에도 불구하고 이는 계획이나 학생의 자율 활동 동안의 학생들과 의사소통하면서 기대하는 바를 높이는 교사의 행동이라기보다는 기대하는 바에 관한 의사소통과 관련된다는 점에서 구별된다.

수업 첫 번째 부분

수업 단계	과제 실행 1	학생 자율 활동 1	과제 실행 2	학생 자율 활동 2	과제 실행 3	학생 자율 활동 3	과제 실행 4	학생 자율 활동 4	전체 학급 토의 중 과제 실행 5
시간 (분:초)	05:13	02:29	00:13	03:24	01:41	01:20	00:11	02:32	31:48

수업 두 번째 부분

수업 단계	과제 실행 6	학생 자율 활동 5	과제 실행 7	학생 자율 활동 6	전체 학급 토의 5
시간 (분:초)	05:05	14:51	01:04	06:39	18:01

[그림 5] 단계별 분석(과제 실행, 학생 자율 활동, 전체 학급 토의)

상황에서의 실천[practice]과 움직임[move]

과제 실행은 학생 자율 활동[student autonomous work]과 전체 학급 토의[whole-class discussion]를 선행함에도 불구하고, 과제 실행[task launching] 단계들은 Shea 선생님의 수업([그림 5])[9] 전반에 걸쳐서 분명하게 나타났다. 교사가 과제의 일부를 학생 자율 활동 중에 간헐적으로 시작하거나 명료화했기 때문에[10], 수업 시작의 한 부분과 좀 더 짧은 여러 부분으로 나뉜 여섯 부분에 걸쳐서 과제 실행하기의 측면이 나타났다.

주어진 과제의 각 그림은 의자로 명명되었지만, 그 그림은 단지 의자를 닮은 정도에 지나지 않았다. 그래서, 모든 학생은 이 과제의 맥락을 이해할 수 있었을 것이다(TL1a). Shea 선생님은 그 과제에 담긴 핵심적인 수학적 아이디어에 관한 선행지식(예: 패턴에 관해서나 3의 배수)을 활성화하려는 명백한 시도를 하지 않았지만, 다른 교사는 선행지식이 활용될

9) 이 수업은 여름 학교 기간 중 이틀 연속으로 진행되었다([그림 5]의 수업 파트 1과 2에서처럼).

10) 전체 학급에 이와 같은 명료화가 다루어진다면, 명료화 하는 것은 과제 (재)실행이다; 개별 학생이나 소집단의 학생들에게만 명료화가 다루어진다면, 명료화 하는 것은 학생 자율 활동이다.

수 있는 수업 전에 선행지식을 활성화하기 위해 시도할 수도 있을 것이다(TL1b).

학생들과 함께 과제에 주어진 정보, 묻는 것, 과제 조건task conditions(TL1c)에 대해 일치시키고자 노력하면서, Shea 선생님은 학생들에게 그 과제를 다른 표현으로 말해보게 하였고 과제의 주인공이 만들려고 하는 것을 명료화했다. 그는 학생들이 공책에 의자들을 그려보거나 플라스틱 타일로 패턴을 만들어 보면서 시작하도록 제안하였다. 교사나 학생의 행동을 통해 과제의 도전을 감소시키지 않으면서 과제를 이해할 수 있게 하는 것은 교사의 판단judgement을 필요로 한다. Shea 선생님이 Tim에게 과제를 다르게 표현하도록 요청하였을 때, Tim은 자신이 그 과제를 어떻게 해결할 것인지를 개관하는 것으로 시작했다. Shea 선생님은 다른 학생들에게 수학적 도전 수준이 감소하지 않도록 Tim이 문제해결 방법에 대해 개관하는 것을 중지시켰다. Tim이 시작부터 자신의 해결 전략을 공유했더라면, 몇몇 학생은 그 과제의 해결 방법을 스스로 **발견할** 기회를 빼앗기게 되었을 것이다.

Shea 선생님은 학생들이 그 과제의 질문 1의 첫 번째 부분(크기 5인 의자 만들기)을 먼저 스스로 활동해 보게 했다. 학생들이 질문 1의 두 부분을 해결하면서, 일부 학생은 패턴을 알아차렸다. 과제의 질문 3은 학생들이 더 큰 의자에 필요한 타일의 개수를 계산하는 규칙을 찾아보게 도전하였다. 현존하는 연구의 결과를 바탕으로, 몇몇 학생은 가법적인 접근방식additive approach(각 의자에 3개짜리 행을 추가하는 것)을 제시할 것으로 보였으나, 다른 학생들은 의자를 고정된 부분이나 변화하는 부분으로 분리함으로써 곱셈적multiplicative이거나 비례적인scaling 접근방식(Clark & Kamii, 1996)을 시도할 것으로 예상되었다. 최상단에 위치한 3개의 타일과 최하단의 2개의 타일은 모든 의자에 공통이고 최상단 3개와 최하단 2개의 타일 사이의 타일들은 의자의 크기의 3배인 타일의 개수라는 점에서 상수와 변수 용어는 의자와 연결될 수 있다. 전체 학급과 상호작용하면서 Shea 선생님은 학생들로부터 상수와 변수 용어를 이끌어 내었고 이 용어들에 대한 임시적인 정의working definitions를 협의하였다. 이 용어들에 대해 의식하는 것은 학생들이 각각의 개념을 강화하고 의자 패턴에 관한 제안된 규칙들을 분석하는 것을 대비해준다(TL1d).

Shea 선생님은 모든 학생이 그 과제를 조용히 읽게 하고 한 학생에게 그 과제를 소리 내어 읽게 하며 또 다른 학생이 다르게 표현하게 함으로써 과제를 완수하기 위한 준비도를 추정했다. 학생이 과제를 다르게 표현하지 못할 때, Shea 선생님은 그 학생이 과제를 다르게 표현하기 전에 소리 내어 읽어보게 하였다. 그래서 학생들이 과제의 결과에 대해 토의하기 전에 과제를 직접 읽게 하거나 다른 학생이 읽는 것을 세 번 듣게 하고 다르게 표현하는 것을 두 번 듣게끔 했다. Shea 선생님은 모든 학생이 그 과제와 과제의 요구 사항에 친숙해지게 하면서도 자율적으로 활동할 때 어떤 학생이 좀 더 빠른 지원이 필요할 것인지를 고려했다(TL1a). 차별화[Differentiation]는 학생들이 과제를 읽거나 읽는 것을 듣고, 다르게 표현되거나 과제가 요구하는 것에 관하여 설명할 때 수차례에 걸쳐 명백하게 나타났다. 이는 모든 학생이 그 과제와 친숙하게 되고 각자 수준에 맞게 과제에 관하여 생각할 시간을 제공했다. 학급 친구들이 과제를 읽거나 다르게 표현하는 것에 경청하는 것은 그 과제를 읽기 어렵거나 과제 요구[task demands]에 집중하기 어려운 학생들이 더 이해하기에 쉬웠을 것이다. 어떤 과제를 다르게 표현, 설명하거나 해결 전략을 비교하는 것은 성취도가 높은 학생들을 그 과제에 관한 이해를 명확하게 표현하도록 요구함으로써 인지적으로 더 잘 활성화시킬 것이다(Nemeth et al., 2019). 그러나, 모든 학생이 하나의 큰 스크린에 집중하게 요구하는 것은 시각 장애나 읽기에 어려움이 있거나 글을 읽을 때 짚어가며 읽어야 하는 학생들에게는 어려웠을지도 모른다. 이를 해결하기 위해서 각 학생은 그 과제의 사본을 하나씩 제공받았다.

Shea 선생님은 학생들에게 그 과제의 인물[character]이 만들고 싶어하는 것에 대해 질문했다. 한 학생이 규칙[a rule]이 필요하다고 말했을 때, Shea 선생님은 그 답변을 확언하였다. 이 움직임은 학생들이 그 과제를 시작[embark]하기 전에 공동의 목표를 설정한다(TL1f).

조직적인 관점에서 보면 어떻게 활동하고 어떤 도구들이 제공되는지에 관하여 학생들에게 기대하는 바를 의사소통하기 위해서 Shea 선생님은 학생들이 그 과제의 질문 1을 독립적으로 해보도록 요청했다(TL2). 상대적으로 쉬운 이 질문을 해결하는 것은 아마도 몇몇 낮은 성취 수준의 학생들이 그 과제에 참여하고 들어가는 것을 도왔을 것이다. 전체 과제를 읽었던 더 높은 성취 수준의 학생들은 질문 1로 시작하여 모든 크기의 의자를 찾을 수 있는 규칙을 만들기 시작하는 것으로 진행했다.

질문 2에는 파트너와의 협업이 필요했다. 모든 의자의 크기를 찾는 규칙을 쓰는 것(질문 3)은 같은 파트너와 하게 될 것이다. 파트너 활동은 학생들이 규칙을 협동하여 전체 학급 토의 단계에 발표하도록 요청 받을 때 이어서 강화된다. 학생들이 혼자 또는 짝과 활동한 결과 발표에 책임감을 갖게 하는 데(과제 자체가 학생들이 질문 2와 3을 하게 요구하기 때문에; [그림 2]), 다른 단계에서 Shea 선생님은 과제의 도전을 모든 학생들에게 유지하였다(TL2).

Shea 선생님은 U-자형 교실 공간 중앙에 타일들을 위치시켰다. 과제를 해결할 때 플라스틱 타일을 사용하는 것은 일부 학생들에게 도움이 될 것이다(TL2). 학생들에게 수학적인 아이디어들을 발전시킬 때 타일을 사용할지와 어떻게 사용하는 것에 대한 자율권[agency]을 부여하면서, 학생은 타일을 사용할지를 선택할 수 있다(Moyer & Jones, 2004).

수업 말미에는 Shea 선생님이 문자를 사용해서 미지의 양을 표현하는 대수적인 관행에 대해 개관하였다. 사회적[social]-관습적인[conventional] 지식(Kamii, 2014)으로써, 이러한 방식으로 문자를 사용하는 것은 학생들이 교사의 지도[intervention] 없이는 반드시 연역할 수 있는 것은 아니다. 이 도구를 도입하는 것은 도전을 감소시키지 않지만, 학생에게 수학적인 아이디어를 간결하게 표현하는 더 큰 수학적인 힘을 제공한다.

요컨대, Shea 선생님은 과제 실행을 학생들이 해결 방법을 생각하고 토의하는 시간을 최대로 확보했던 수업 과정 전반에 짜임새 있게 구성했다. 첫 번째 실행은 5분간 진행되었다. 8분간 각자 활동한 후에, 학생들은 과제의 질문 2를 읽었고 바로 옆에 앉은 학생과 함께 그 과제를 해결했다. 과제 실행의 또 다른 단계에서 Shea 선생님은 학생들이 규칙을 생각해 냈을 때 공책에 그 규칙을 기록하도록 요청했다. 그 수업 말미에 Shea 선생님은 그 과제의 질문 3을 실행하기 시작했다. Oscar는 그 부분을 소리 내어 읽었고 Maggie는 그 과제를 다르게 표현했다. 그러나, Shea 선생님이 의도한대로 학생들이 짝과 함께 자율적으로 활동하기 전에, Tim은 크기 20인 의자를 만들 때 필요한 타일의 개수를 어떻게 알아내었는지를 설명하고자 끼어들었다. Shea 선생님은 이를 허용하였고 그래서 그 과제의 다른 부분을 실행하는 것으로 의도되었던 단계는 (아래에서 분석할) 해결 방법 한 가지에 대한 전체 학급 토의가 되었다.

과제에 내재한 도전은 학생들이 그 과제를 읽고 다르게 표현했기 때문에 과제 실행 단계에서 유지되었다. 과제 실행 단계의 어떠한 단계에서도 Shea 선생님이나 학생들은 그 과제에 내재한 수학적인 도전을 약화하지 않았다.

자율 활동[Autonomous Work]

자율 활동 동안의 모든 학생과 함께 도전적인 과제를 해결하는 것은 학생에게 적절한 도전 수준을 목표로 하는 학습 환경 유지 목적의 두 가지의 주된 실천을 포함한다. 우리는 이 두 가지 실천을 구별되는 것으로 제시할 것임에도 불구하고 그 실천은 일관된 전체[a coherent whole]를 이루면서 함께 작동한다.

실천과 움직임: 이론적인 분석

자율 활동 1 복잡성-성취 일관성[alignment] 평가하기

첫 번째 실천[practice]은 학생의 성취 수준과 과제 복잡성[task complextity]의 수준의 일치에 관한 정보를 수집하기 위하여 목적성을 가지고 학생들을 모니터링하고 학생들과 소통하는 것 (Lampert, 2001; Nelson, 2001; Schoenfeld, 1998; Shifter, 2001)을 수반한다. 그 결과, 이는 교사들이 학생들을 적절한 도전 수준에서 활동하게 하고 도전이 학생들에게 높거나 낮은 사례를 알아차리는 것을 돕는다. 학생들에게 도전이 높거나 낮음을 탐지하는 것은 교사가 전체 학급 토의를 준비하는 것을 도우면서(Bendehur & Frykholm, 2000; Lampert, 2001), 복잡성을 높이거나 낮추는 관점을 가지고 교사 개입[intervention]의 필요성을 강조한다.

때때로, 학생들이 과제와 상호작용하는 것은 복잡성-성취 일관성에 관련하여 자명하고 이 상호작용을 단순히 관찰하는 것을 통해 평가는 유용하게 실행될 수 있다(AW1a; Baxter & Williams, 2010). 그러나, 종종 단순한 관찰은 불충분하고 교사는 학생들이 직면하는 도전 수준에 관한 이해를 보강하기 위하여 더 많은 정보를 이끌어내야 한다(Nelson, 2001; Shifter, 2001). 이러한 경우에서 교사는 개방형 질문들(예: 설명해 보겠니? 무슨 의미지?)을 학생의 추론에 관한 정보를 더 알아내기 위하여(AW1b; Stein et al., 2008) 제기할 수 있다.

자율 활동 2 다음 지도 움직임[instructional move]을 결정하고 실행하기

복잡성-성취 일관성을 평가하는 것으로부터 얻어진 정보는 후속하는 과제 복잡성과 학생 성취를 일치시키는 목적의 지도 움직임을 결정하고 실행하는 것을 돕는다. 굉장히 빈번하게 즉각적으로[spontaneously] 결정이 내려지고 그 결정은 자율적으로 그 순간에 대응하는 지도 움직임의 실행으로 이어진다. 복잡성-성취 일관성에 따라서 교사는 이전 수업 계획을 부정하지 않는 다른 움직임을 취할 것이다. 그러나, 인지 활성화와 차별화의 교차점에서 가르치는 것의 복잡성 때문에 그리고 교사가 수업을 얼마나 까다롭게[meticulously] 준비하는 것과 무관하게, 추가적인 결정은 즉각적으로 내려질 필요가 있을 가능성이 여전히 있다. 즉각적으로 내려진 결정과 사전에 계획된 결정은 교수의 복잡성을 (부분적으로) 줄여 줄 수 있기 때문에, 의도치 않게 수업 전체나 특정 집단의 학생들에게 인지적 도전 수준을 낮추는 결정을 내리게 될 가능성을 최소화함으로써 의도했던 수준의 인지적 도전을 유지하는 데 기여한다.

어떤 경우에, 도전은 어떤 학생들에게 높은 것처럼 보이지만, 교사는 적극적인 감독[active surveillance]을 제한하고 생산적인 고난[productive struggle]을 위한 시간을 허용하면서 스스로 즉각적인 행동을 삼갈 수 있다. 어떤 경우에, 교사의 개입 없이도 어려움을 해결할 수도 있다(AW2a).

그러나, 도전은 종종 지속적이고 비생산적으로 여전히 높게 유지된다. 이러한 경우들은 교사가 학생들이 그 과제를 해결하는 시도를 촉진하면서 그 과제를 수정하도록 유도한다

(AW2b; Sullivan et al., 2015; Tomlinson, 2014). 이러한 수정은 다음과 같은 다양한 형태를 취할 수 있다.

- 어려움을 겪는 학생들이 걸림돌stumbling block에 대해 인식하고 학습 목표를 향해 나아갈 수 있는 생산적인 방법들을 찾을 수 있도록 돕는 주요한 질문들을 제공하기
- 구조(예: 표)를 부여할 수 있는 조직자organizer를 사용하기
- 학생들이 과제의 다양한 부분과 상호작용 할 수 있는 속도를 조절할 수 있고 서로 다른 학생에게 특정한 부분이 적절할 것이라는 결정을 내릴 수 있는 융통성을 갖는 위계가 있는 활동Tiered activities(Tomlinson, 1999)의 이점을 활용하기
- 핵심 과제에 대한 접근을 돕는 선행지식을 다루는 과제로 전환하기
- 표상의 형태, 숫자의 크기나 단계의 수와 같은 몇몇 측면에서 원래 과제에서 벗어난 핵심적인 과제의 좀 더 간단한 버전(예: 가능자)을 활용하기
- 학생들이 일반화된 해결책을 유도할 수 있는 특정한 사례를 만들 수 있도록 조작물 사용하기

학생들에게 주어진 과제가 띄는 복잡성보다 상당히 더 높은 인지적 수준에서 가르치는 것으로 보이는 학생들에게는 교사가 도전을 더 확장할 수 있다(AW2c; Sullivan et al., 2015). 이러한 경우에는 교사가 현재 과제에 높은 도전을 유지하는 인지적 요구 수준이 더 높은 세부 과제로 보충할 수 있다(예: 확장자). 이러한 수정은 다음과 같은 것들을 포함한다.

- 학생의 사고를 깊이 있게 하는 표상들을 연결하도록 요구하는 과제나 질문prompt을 활용하기
- 어떤 아이디어(예: 수학적 규칙)의 유효성을 검토하거나 아이디어들 간의 관계를 이끌어냄으로써 더 높은 정교화sophistication의 수준에서 학생들이 활동하게끔 하는 과제나 질문을 활용하기
- 학생이 다루고 있는 과제에 관여하는 핵심적인 아이디어들에 관한 상위 수준meta-level의 반영적 추론reflective reasoning에 학생들이 활동하게 하는 과제나 질문 활용하기

적절한 수준의 도전에서 가르치는 것으로 보이는 학생들에게는 교사가 계속적으로 복잡성-성취 일치를 평가하기 위하여 학생들의 활동에 대해 적극적인 모니터링을 지속할 수 있다.

어떤 경우에도, 교사는 추가적인 조직적인 움직임을 행할 수 있다. 교사는 융통성 있는 모둠 구성(Tomlinson, 2014; Tomlinson et al., 2003)을 함으로써 교실 환경(AW2d)을

수정할 수 있다. 이 움직임의 기저에는 모든 학생을 동시에 참여시키는 동시에 인지적 도전을 유지하는 것에 대해 어떠한 교실 환경도 항상 잘 작동지 않는다는 전제가 있다. 그래서, 교사는 유사한 어려움을 마주한 학생들이 어려움을 극복하기 위한 시도에 비계를 제공할 수 있는 특정한 가능자를 가지고 함께 활동할 수 있도록 모둠을 (재)구성하는 것이 유용하다고 생각할 수 있다. 다른 경우에는, 아주 잠시라도 학습에 도움이 된다면 공동체[collective] 수준에서 개인적[individual] 수준으로 전환함으로써, 학습 과정은 향상될 수 있다.

맥락에서의 실천과 움직임

우리는 의자 과제([그림 2])의 지도에서 Shea 선생님의 수업 계획과 수업 후 성찰을 고려함으로써 위에서 제시된 교수 실천과 움직임이 어떻게 전개되는지 설명하고자 한다.

질문 3에 이어 부분 2([그림 5])를 시작할 즈음에 학생들은 2명씩 활동했다. Shea 선생님은 교실을 순회했고 면밀하게 학생 활동(AW1a)을 관찰했다. 그 과제를 해결할 시간을 준 후에 Shea 선생님은 Tim과 짝이 "이웃하는 의자에 3을 더한다"는 규칙을 쉽게 알아차렸음에도 불구하고 이 규칙으로부터 어떤 크기의 의자에도 적용할 수 있는 일반적인 규칙을 유도하는 데 어려움을 겪고 있었음을 알아차렸다. Shea 선생님은 그 문제를 특정한 크기의 의자(예: 크기 1-7)로 고정하면서 그 과제의 앞부분을 활용하고 그 부분 사이의 일반화된 패턴을 찾기 위한 틀[frame]로써 사용하고자 했다(AW2a). 여기서 더 나아가 교사는 다음과 같은 발문을 했다:

교사: 이것[특정한 예시]의 크기는?

Tim: 크기 3

교사: 그럼, 크기와 타일의 개수를 관련지을 수 있을까? [일반화된 패턴 찾기]

동시에, 모든 크기의 의자를 만드는 데 필요한 타일의 개수에 관한 일반적인 규칙을 찾았다고 주정했던 Lucas와 Abby는 교사를 불렀다. 교사는 학생들에게 그 규칙을 써보도록 요청했다. "그것을 적었어? 그것이 어떻게 쓰였는지 알아보는 것은 굉장히 중요해." 그 후 교사는 그 학생들의 규칙을 읽었고 그 학생들은 즉시 스스로 이해하지 못하는 무언가를 적었음을 알게 되었다. 그 학생들의 이해를 높이고자 Shea 선생님은 "어떻게 구했니?"라는 질문을 했다. 학생들이 교사에게 여전히 모호한 설명을 한 후, 교사는 그 학생들의 추론에 관한 통찰을 얻고자 추가적이고 중립적으로 "왜 그렇게 말할 수 있을까?"라고 질문했다(AW1b). 학생들이 좀 더 정돈[refining]이 필요한 규칙을 떠올렸음을 알게 되면서, 교사는 "모든 크기의 의자에 관한 규칙은 어떤 것일까? 그 규칙은 항상 옳을까? 너의 규칙을 크기 1-7(과제의 이전 부분들)인 의자에서 성립하는지 알아봐. 만약 성립한다면, 다음 질문으로 넘어가"(AW2a).

얼마 후, 교사는 Tim과 짝에게 돌아갔고 두 학생 모두 [그림 6]의 첫 번째 부분에 제시된 표를 만들고 채우면서 구조화된 방식으로 활동하고 있음을 알게 되었다. 학생의 전략에서의 제한점을 강조하고자 시도하면서, Shea 선생님은 그 학생들에게 50번째 의자에 필요한 타일의 개수를 알아내는데 그들이 만든 표를 사용해 보도록 요청했다(AW2b). Tim은 그들이 아직 그만큼까지는 진행하지 못했다고 말했다. 그 즉시, Shea 선생님은 Tim과 짝이 특정한 크기 의자까지 적용할 수 있는 한 체계를 고안해냈다는 점을 인정했고 그 학생들이 더 일반적인 체계로 관심을 옮겨가도록 했다. 그리고 교사는 "이제 너희가 그것을 해보도록 해. 내 생각에는 너희가 타당한 무언가를 찾은 것 같아." Shea 선생님이 그 학생들을 도전받게 하려고 시도했음에도 불구하고, Tim과 짝은 명백히 "더하기 3" 규칙([그림 6]의 하단)을 따라 그 과제를 계속해서 해결하고 있었다.

Shea 선생님은 그 과제를 거의 해결하지 못하고 있는 Daniel과 Amaan을 발견했다. 그는 "이것이 너희가 좀 더 다르게 볼 수 있게 도와줄거야. 표가 도움이 되는지 한번 보렴"이라고 말하며 가능자 1([그림 3], AW2b)을 제공했다. 이 가능자를 가지고 학생들이 활동할 시간을 준 후, 교사는 그 학생들이 여전히 추가적인 지원이 필요함을 알게 되었다. 그는 가능자 2([그림 3], AW2b)를 제공했다.

Lilly라는 학생은 모든 크기의 의자에 관한 규칙을 만들어내는 한 방법을 제안하였다. 교사는 "방법을 찾았으면, 먼저 짝을 설득해 보렴"이라고 말함으로써 Lilly의 접근 방법을 지지할 수 있는 일관성 있는 논증을 만드는 과정에 참여시켰다. 그 학생과 짝이 그 규칙을 설명할 수 있게 한 후에 교사는 그 학생들이 "수학에서 문자를 사용해 본 적이 있니? 문자를 사용해 보고 짝에게 설명해 봐"에 관해 생각해 보게 했다. 이후 Lilly와 짝이 기호를 사용한 규칙을 올바르게 적고 난 후([그림 7]), 교사는 "이건 다른 학생들이 문제를 푼 방법이야. 다시 한번 읽어보고 질문에 답해보렴"(AW2c)이라고 말하며 확장자 1을 제공했다. 학생들이 그 과제를 해결하는 것을 순회하며 관찰한 후에 교사는 질문 4를 해결한 Lucas와 Abby에게 Lilly와 짝과 함께 더 큰 모둠을 만들고 확장자 1(AW2d, 융통적 모둠 구성)을 활동하도록 요청했다.

위에 제시된 발췌문은 Shea 선생님이 자율 활동 단계 동안 인지적 도전과 차별화에 동시에 주의를 기울이고자 했던 시도를 보여준다. 교사는 적절히 개선하고 확장하는 행동을 통해 *반응적*이면서 생산적인 복잡성-성취 균형으로 여겨지는 것으로부터 이탈하는 것에 주의를 기울일 필요가 있다. 이러한 역할을 수행하면서, 교사는 학생들이 요구와 준비도 수준에 따라 비동시적으로[asynchronously] 활동할 수 있도록 허용했다.

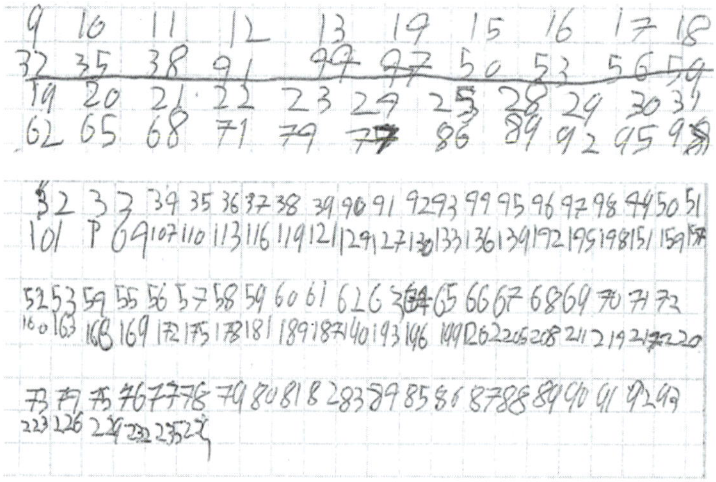

[그림 6] Tim과 짝의 의자 과제 질문 3에 대한 자율 활동

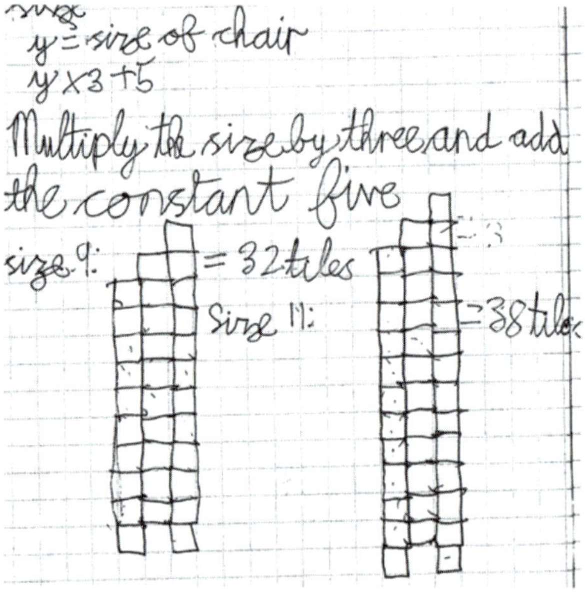

[그림 7] Lilly의 의자 과제 질문 4에 대한 활동

학급 전체 토의Whole-Class Discussion

학급 전체 토의 동안 교사는 동시에 전체 학급을 면밀히 살펴볼 것으로 기대된다. 그래서 이 수업 단계는 다른 학생들에게 요구를 다르게 하고자 할 때 이전 수업 단계에서 수반되었던 요구와 다른 요구를 필요로 한다. 특정하게 정해진 순서대로 일어난다고 가정하지 않은 여섯 가지 실천—첫 번째를 제외한 —은 교사가 이렇게 할 수 있도록 도움을 줄 수 있다.

실행과 움직임: 이론적인 분석Theoretical Analysis

첫 번째 전체 학급 토의 실천(WCD1)은 학생들의 이해를 도울 수 있을 것으로 예상되는 수업 진행으로 학생의 아이디어를 선택하는 것과 발표 순서를 정하는 것과 관련이 있다(M. S. Smith & Stein, 2011). 이러한 결정(즉 누가, 무엇을, 어떤 순서로 발표할지)이 대개 직전 수업 단계에서 결정됨에도 불구하고, 의도적인 순서로 학생들의 해결 방법을 제시하는 것은 여러 집단의 학생들이 인지적으로 활성화될 수 있는 토대를 제공할 수 있다(Stein et al., 2008).

두 번째 실천(WCD2)은 학생들이 전체 회의에서 아이디어를 공유할 때 다른 학급 학생들의 아이디어에 주의를 기울이고 이해하는 것에 대해 책임을 갖게 하는 것과 관련이 있다. 학생들이 다른 학생들의 아이디어를 다시 소리 내어 말하게revoice 하거나 다시 표현하게rephrase 요청하거나 다른 학생들의 아이디어와 자신의 생각을 비교하게 함으로써 이를 행할 수 있다(Chapin et al., 2003).

WCD3은 교사가 학생들에게—깊이 있는 학습deep learning을 촉진하는 것으로 알려진(Baumert et al., 2010; NCTM, 2014; Silver et al., 2005)—자신의 생각을 발표하고 패턴을 인식, 확장하며 다른 접근방식을 비교, 평가하는 것이나 가설을 검증, 정답을 정당화할 기회를 제공함으로써 학생 추론과 의미형성meaning-making을 이끌어 내는 것과 관련이 있다. 다음 두 실천은 교사가 학생들을 인지적으로 참여하도록 하는 학생들의 기여를 어떻게 강조하는지와 관련이 있다.

학생의 부분적인partial 이해를 강조하는 것이 학생의 학습을 지지할 수 있다는 점을 시사하는 선행연구(Kazemi & Stipek, 2001; Santagata & Bray, 2016)를 고려하면, WCD4는 모든 학생의 학습을 촉진하기 위해서 학생의 부정확하거나 불완전한 해결 방법을 수업 자료로써 포착하는 것과 관련이 있다. WCD5는 학생으로부터 아이디어를—단순히 이끌어 내는 것과 달리—더 많은 학생이 명확하게 이해하도록 하기 위해서 교사가 (학생들과 의사소통하면서) 중요한 아이디어를 강조highlighting, 통합synthesizing, 확장extending하는 것에 관여한다

(Chapin et al., 2003; Smith & Stein, 2011).

WCD6은 구성적인 문제에 관여한다. 이는 규범을 모든 학생이 이해할 수 있고 가치 있는 것으로 여겨질 수 있도록(WCD6a)[11] 하기 위해서 수학적인 아이디어를 공유하고 토의하는 규범과 학생의 요구와 현재 이해 수준(WCD6b)을 토대로 다른 해결 방법을 토의할 할당된 시간과 관련된 결정을 정립하고 유지시키는 것과 같은 움직임을 포함한다. 이러한 움직임은 모든 학생이 핵심적인 수학적 아이디어에 접근할 수 있도록 보장하는 토대를 제공할 수 있다(NCTM, 2014).

맥락에서의 실천과 움직임

이러한 실천이 아주 새롭지는 않지만, 우리는 아래에서 이 실천이 한 교사가 모든 학생이 인지적으로 활성화된 채로 유지할 수 있게 돕는지를 설명한다. Shea 선생님의 교실에서 학생들이 의자 과제의 질문 3에 대한 답을 공유할 때([그림 5]에서 두 번째 전체 학급 토의)를 살펴보며 설명하고자 한다.

이 질문—다른 학생들의 사고를 지지할 수 있으리라 예상되는 것, WCD1—을 해결하면서 Tim과 짝이 체계적으로 활동하고 있고 Tim이 그의 아이디어를 더 명확하게 설명하고 일반적인 규칙을 발전시킬 필요를 느낄 수 있게(WCD6b) 할 권유[push]가 필요하다는 사실을 알아차리면서, Shea 선생님은 Tim이 먼저 발표하게 했다. 그러나, 그는 먼저 학급에 특정한 규범(다른 친구가 아이디어를 공유하는 것에 면밀하게 주의를 기울일 것, 자신의 활동 결과물과 비교해볼 것, 이해가 되지 않을 수 있는 아이디어에 관한 질문을 생각할 것, WCD2)을 상기시켰다. 그는 이렇게 하는 것을 더 정교한 아이디어를 갖고 있던 Lucas, Abby, Lilly와 같은 학생들과 다른 학생들의 설명을 잘 이해 못 할 수 있고 동기를 잃고[demotivated] 과제를 포기하게 되는[going off] (WCD6a) Ruth와 같은 학생들 모두에게 중요하다고 여겼다.

---

11) 우리는 첫 번째 움직임이 모든 학생의 기여가 중요하게 다루어지고 교수를 위한 자료로서 사용될 수 있는 교실 환경을 조성하는 것을 의미하지만, 두 번째 움직임은 학생들이 다른 아이디어를 이해하는 것과 이 과정에 기여하는 학생들이 존중받으면서 이러한 아이디어들을 명료화하고 면밀하게 검증하는 것을 돕는 것에 대한 책임을 중요하게 여기게 하기 위해서 결정적인 기대를 하는 것과 관련이 있기 때문에 학생들이 다른 동료의 아이디어에 주의를 기울이고 이해하는 것에 대해 책임감을 갖도록 하는 것(WCD2)과 구별되는 것으로 간주한다.

Tim은 칠판에 다음과 같이 쓰면서 자신의 사고를 공유하기 시작했다:

1	2
8	11

교사는 Tim에게 교실 뒤편에 있는 학생들이 듣고 볼 수 있도록(WCD6a) 더 크게 말하고 "좀 더 크게" 써서 요청하면서 즉시 중지시켰다. 그러면서 Tim은 자신의 패턴을 계속해서 공유했다:

1	2	3	4
8	11	14	17

그러나, 교사는 Tim의 설명을 중지시키고 전체 학급이 이해할 수 있도록 그 숫자들이 무엇을 나타내는지(WCD5)를 명확하게 설명하게 했다. 몇몇 학생들은 정답을 가리켰고 교사는 그 학생들이 정확한 용어를 사용하도록 요구하였다. 학급 전체가 첫 행이 의자의 크기와 대응한다는 것에 대해 명확해졌을 때, 교사는 공개적으로 혼란스럽다고 인정했던 Ruth를 호명하면서 아래 행에 대해 질문했다. 교사는 Ruth가 Tim에게 헷갈린다[puzzling]고 하는 것에 대해 질문을 하거나 이제까지 그녀가 이해했던 것을 명확하게 말하도록(WCD2와 WCD3) 격려하면서 "혼란스러운 것은 괜찮아"라고 말했다. Ruth가 "매번 3씩 더하기"라는 패턴을 알아차렸으나 교사가 Ruth를 비롯한 다른 학생들과 상호작용할 때 분명히 했었던 아래 행의 숫자들이 설명하는 것에 대해 불확신[unsure]했다. Tim의 규칙을 따르도록 요청받았을 때, 그 수업은 Tim이 실수를 할 때까지 표를 채워가며 계속되었다:

크기	1	2	3	4	5	6	7	8
타일	8	11	14	17	20	23	26	28

과제에서 손을 놓은 것[be off task]처럼 보이는 Lucas, Lilly와 같은 학생들을 참여시키는 교수 가능한 순간[teachable moment]을 포착하면서, 교사는 "이 접근 방법의 문제는 무엇이 있을까? 왜 네가 생각했던 다른 접근 방법들이 더 적합할까?"라고 질문했다(WCD4). 후속되는 토의를 통해서 교사가 학생들이 "더하기 3" 규칙의 제한점을 생각해보게 했다. 이렇게 생각해보게 하는 것은 두 가지 제한점(즉, 이전 항을 항상 찾아야 할 필요와 실수를 하면, 그 이후 항들이 틀린다)을 드러나게 했으나 교사의 노력에도 불구하고 잘 집중하지 못하는 다른 학생들을 인지적으로 활성화시켰다.

교사는 Lilly의 해결 방법이 더 추상적이었을 것이라는 점과 먼저 발표되었더라면 몇몇 학생들을 혼란스럽게 했을지 모를 그녀의 해결 방법을 다음으로 공유하게 했다. 그는 Lilly의 해결 방법이 Tim의 방법과 다르다는 점을 상기하면서 학생들에게 Lilly의 해결 방법을 경청하게 했다(WCD2, WCD3). Lilly는 공유하기 시작했다. "기본적으로 너는 4 같은 크기를 나타내는 숫자[size number]가 필요해. 4 곱하기 3은 12, 더하기 5는 17." Lilly가 자신의 사고를 좀 더 드러내보이게 하면서—그래서 Lilly에게 도전을 높이고 다른 학생의 사고를 돕기 위한 목적으로, 교사는 "이 세 숫자들이 무엇을 나타내는 것이죠?"라고 질문했다. Lilly는 5가 "제일 위의 5개 타일과 맨 밑의 3개 타일, 그러니까 고정인 것"을 나타낸다고 설명했으나 자신의 사고를 명확하게 설명하면서 어려움을 마주하게 되었다. Shea 선생님은 다른 학생들이 함께 하게 했다. "누가 Lilly의 규칙을 자기 말[own words]로 해볼 수 있을까?" 몇몇 학생이 아이디어를 제공했지만, 교사는 숫자들이 명백하게 각각의 도식[diagram]으로 확실하게 연결되어 있도록 했다. 다른 학생들은 질문을 하거나 그들이 어떻게 Lilly의 규칙을 이해했는지를 설명하게 되었다(WCD2, WCD3). Shea 선생님은 전체 학급에게 질문을 제기하고 어떤 수학 용어(예: 상수와 변수)들이 함께 구성[co-construct]되었고 사용되는 것을 확실히 하면서 필요한 만큼 끼어들었다[interject].

학생들이 공책에 Tim과 Lilly의 규칙 사이의 공통점이나 차이점을 적어도 한 가지 작성하게 하면서 교사가 학생들을 한 단계 더 나아가도록 하는 것으로 수업이 끝났다. 그렇게 하면서 교사는 모든 학생이 똑같은 과제를 해결하게 했지만 학생들이 원하는 만큼 다른 정답을 생각해서 만들어 낼 수 있을 것이기 때문에 예상되는 결과물을 달리하였다.

전체 학급 토의 단계 동안에 학급을 인지적으로 활성화 하려고 시도할 때, 상기된 여섯 가지의 실천은 서로 고립되기[in isolation]보다는 연합하여[in unison] 기능한다. 이 아이디어를 명확하게 하기 위하여 이 실천은 교사가 다른 학생들(더 심화된 학생들, 상대적으로 잘 하는 학생들, 어려움을 겪는 학생들)을 대할 때 지원할 수 있는 방식을 고려하는 것으로 충분하다. 과제를 보통 일찍 끝내고 도전적인 과제들을 접근하는 더 복잡한 방법들을 생각하며 다른 학생들이 공유하는 것으로부터 얻을 것이 없다고 믿으며 전체 토의 시간에 흥미를 잃곤 하는 Lilly, Abby, Lucas와 같은 학생들을 예로 들어보자. 다른 학생들의 해결 방법을 이해하고 자신의 해결 방법과 비교하도록 요청받을 때 인지적인 도전은 이 학생들에게는 유지되거나 심지어 높아질 수도 있다(Lampert, 1990; Silver et al., 2005). 학생들이 그들의 사고를 발표하도록 요구받는 것은 한 사람이 자신의 생각을 명료하게 하여 이해할 수 있게 설명하는 것에 어려움을 겪는다는 선행연구를 고려하면 그 학생들이 도전받게 할 수 있다(National Research Council, 2000). 상대적으로 도전적인 과제를 잘 해결하지만 특정한 접근방식을 고수하는 Tim과 같은 학생들은 자신의 해결 방법을 발표하거나 다른 학생들의 해결 방법을 이해해야 한다는 책임감을 갖게 함으로써 인지적으로 활성화된 채로 유지될 수 있다. 심지어 해결 방안을 공유하는 것이 오개념을 포함하거나 학생의 수준을 넘어서는 해결 방법부터 시작되더라도, 공유되는 내용을 이해하려고 하거나 질문을 하도록 하는 요구사항은 이러한 학생들을 인지적으로 활성화 된 채로 유지할 수 있다. 한편, Ruth와 같은 학생들은 도전적인 과제를 해결하는 것뿐만 아니라 다른 학생들이 공유하는 것을 이해하기에도 어려움을 겪을지 모른다. 이러한 학생들이 자신의 어려움을 인정하고 명료화를 요구할 수 있도록 허용하는 교실 문화를 조성하는 것은 그들이 인지적으로 참여할 수 있게 할 토대를 제공한다. (이 학생들이 이해할 수 있도록) 의도적으로 해결 방법의 발표 순서를 정하는 것과 중요한 수학적 아이디어를 명확하게 하는 것에 교사가 지속적인 관심을 가짐으로써 교사는 이러한 학생들을 그들의 잠재적 발달 영역[Zone of Proximal Development](Vygotsky, 1978) 내에서 인지적으로 도전받는 교실 학습 환경을 조성할 수 있다.

결론

교수 차원들을 고립된 요소가 아니라 체계로서 다루는 것의 중요성을 인지하면서(참조. Hiebert & Stigler, 2023), 본 장에서는 중요한 교수 측면인 인지적 활성화와 차별화에 초점을 두었다. 우리는 단순히 두 측면을 병치[juxtaposing]시키기보다 이들을 서로 연관되어 있고 지속적으로 상호작용하는 것으로 간주했다. 인지적 활성화와 차별화의 교차점에서 가르치는 것의 결과를 더 잘 이해하는 것을 목표로 우리는 이 복잡하고 중요한 작업을 수업 계획, 과제 실천, 학생 자율 활동, 전체 학급 토의의 상호 관련된 단계들로 구분하였다. 우리는 한 경력 교사이자 교사교육자가 여름 학교에서의 교수 사례로 인지적 활성화와 차별화의 교차점에서 가르치는 것이 가능하다는 점을 시사하는 실천과 움직임을 설명했다. 이 분해[decomposition]는 교수에 내재하는 복잡성을 명백하게 설명하고 교사는 물론 연구자와 교사교육자에게 중요한 함의를 가질 수 있다.

교수의 질이 학생의 학습과 관련이 있는지를 조사할 때, 연구자들은 본 장에서 취했던 개념적으로 인지적 활성화와 차별화를 서로 연관된 것으로 간주하는 접근방식이 유용할 것이라고 생각한다. 이 상호작용을 탐색하는 다른 접근방식들은 조작화[operationalization](예: 위에 제시된 한 차원으로 척도를 개발하는 것)의 측정[measurement](예: 조절 효과[moderation effects]를 사용하는 것)의 수준에서 두 차원의 상호작용을 고려하는 것과 관련이 있을 수 있다. 모든 학생의 성취도를 향상시키는 데에 폭넓은 동의가 있는 것으로 보임에도 불구하고(Kyriakides et al., 2018; Schleicher, 2014), 교사들이 이 목표를 달성할 수 있는 정도와 이것이 학생의 학습에 어떻게 영향을 미치는지 연구하는 것은 여전히 경험적으로 열린 질문이다. 위에서 소개한 세 가지 접근방식은 이 중요한 토의에 기여할 수 있는 가능한 방안을 제공한다. 이 질문에 관하여 이 접근방식들을 서로 비교할 수 있는 방법을 분석하는 경험적인 후속 연구가 필요하다.

본 장에서 맡았던 실천practice의 분해decomposition는 교사들에게 유용한 비계를 제공할 수 있다. 우리의 분해가 시사하는 것처럼 교사들은 학생에게 제공된 도전의 수준이 학생들의 잠재적 발달 영역과 일치할 수 있도록 하면서 도전적인 과제들을 선택하고 수정할 뿐만 아니라 지속적으로 학생들의 필요와 준비도를 평가해야 하고 그에 따라 수업을 수정해야 할 것이다. 높은 수준의 성취를 보이는 학생들이 적절하게 도전적으로 활동할 수 있게 하면서도 어려움을 겪을 수 있는 학생들에게 적절한 수준의 비계와 (Kleickmann et al., 2020의 용어를 사용하면) 인지적 지원cognitive support을 제공함으로써, 교사는 학생의 요구에 맞춰 도전적인 학습 환경을 조성할 수 있을 것이다. 이러한 활동은 학생 인구에 있어 증가된 다양성diversity(OECD, 2012)과 교사에게 부여된 높아지고 있는 책임감과 기대(예: European Commission/EACEA/Eurydice, 2021)를 고려하면 현재의 교실에서는 훨씬 더 도전적일 것이다.

이러한 교수의 어려움은 수업 계획으로부터 시작되는 모든 수업 단계에서 헌신적인 교사 초점dedicated teacher focus을 필요로 한다. 수업을 시작하기 전에 교사는 과제를 선택하고 분석하며 여러 학생의 요구를 예측하고 요구와 도전을 관련지어 도전과 차별화differentiation에 영향을 끼칠 수 있는 구성적인 문제를 예견할 필요가 있다. 과제는 이해할 수 있는 방식으로 제시되어 분해될 필요가 있고, 조직은 차별화와 도전을 지지할 필요가 있다. 학생 자율 활동 단계에서는 교사가 후속되는 지도의 움직임에 관한 관점을 유지하면서 과제 도전과 도전에 대한 학생의 능력이 얼마나 잘 일치하는지를 평가한다. 학급 전체 토의 단계에서 교사는 학생의 아이디어 공유 순서를 정하고 학생들이 학급 친구의 발표에 집중하는 것에 대한 책임감을 갖도록 하며, 전체 학급의 학습 자원learning resources으로서 오류와 잘못된 이해를 사용하면서 학생의 추론을 이끌어 낸다. 또한, 교사는 교실 조직이 활동에 용이한지 예의주시하면서 핵심 아이디어들이 강조, 통합, 확장되도록 확실하게 한다.

마지막으로 이 실천의 분해는 교사교육자들에게 중요한 함의를 가질 수 있다. 위에서 소개했던 도전에도 불구하고, 야심찬 교수ambitious teaching(Cohen, 2011; Lampert et al., 2010)와 수학을 지도할 때 접근access과 형평성equity의 문제(Ball, 2021; NCTM, 2014)에 대한 우선순위를 고려하면 인지적 도전과 차별화의 교차점에서 가르치는 것은 현대의 교실에서 교사들에게 의미 있는 비전을 제공한다. 그러나, 이 비전을 실현하기 위해서 교사는 교육 경력 중 다양한 시점에서 이러한 활동을 실험하고 성찰할 수 있는 체계적이고 지속적인 학습 기회를 필요로 한다. 교사교육 프로그램으로 시작해서 예비 교사들은 "느린 유속에서 카약을 배우는learn to kayak on calm waters" 기회를 제공할 수 있는 교수 기회에 근접한 경험이나 대학 튜터로부터 피드백을 받으면서 실제 교실 환경에서 안내된 실험guided experimentation과 이러한 교수에 대한 성찰을 필요로 한다. 이러한 기회는 미래 교사들이 이러한 교수가 어려울지라도 추구할 가치가 있다는 자신감을 갖도록 도울 것이다. 사실, 최근 두 연구(Charalambous et al., 2022, 2023)는 교사에게 실천에 대한 실험과 성찰할 기회를 제공하는 것이 가능하고 그렇게 할 책임이 있다는 것과 예비 교사도 어느 정도는 교육 실습 기간 동안에 이러한 교수의 측면을 적용할 수 있다는 사실을 뒷받침한다. 그러나, 이러한 기회는 교사교육 초기에만 국한되어서는 안 된다. 현장 교사가 이와 같은 교수(Lampert et al., 2010)를 관찰하고 참여할 구체적인 청사진을 거의 가지지 못할 것이라는 점을 고려할 때, 이러한 기회들은 현장 교사의 교육 경력에 걸쳐서 주어질 필요가 있다.

동시에 도전적이면서 차별화하는 지도가 가능하다는 것을 시사하고 경험적으로 입증됨에도 불구하고, 이 영역에서 후속 연구가 필요하다. 예컨대, 본 장에서의 인지적 활성화와 차별화의 상호작용의 이해에 관한 초기 개념적 연구에 더불어 미래에 그러한 교수의 실천과 이론 사이의 반복적 연구를 통해 여기서 제시된(필연적으로 범위가 제한된) 결과를 확장할 필요가 있다. 두 번째 방향은 이 교수가 학생에 대해 갖는 효과에 대한 더 세밀한 물음과 관련이 있다. 학생이 수업 과제와 과제 진술에 대한 생각과 글로 쓴 답변에 대한 통찰과 질문을 구두로 공유하면서 수업에 참여하지만, 학생 학습을 위해 잘 짜여진 기회에 집중될 수 있도록 의도적인 결정이 내려졌다. 학생들이 실제로 이러한 기회를 사용하는 방법이 또 다른 중요하고 유의미한 탐구의 영역을 나타낸다(Fend, 1981에서의 기회와 사용에 대해, 좀 더 최근 연구인 Charalambous & Praetorious, 2020과 Vieluf et al., 2020을 참고하기 바란다).

20년 이상 전에, 학생들을 인지적으로 도전적인 활동에 참여시키기 위해서 소외된disadvantaged 지역에서 일하는 교사들을 지원하면서 Silver와 Stein(1996)은 중학교 수학 교수를 개혁함에 있어 "가능한 모든 것들의 혁명revolution of the possible"의 결과를 기록한 바 있다. 수많은 제약에도 불구하고 이 학생들이 중요한 수학 학습은 물론 도전적인 과제에 집중할 가능성을 의심하는 상황에서, Silver와 동료들은 소외된 배경의 학생들을 도전적인 활동에 몰두시키는 것이 어려울지라도 가능하고, 책임이 있으며, 도움이 되는 활동임을 입증하였다. 오늘날에도 우리가 **모든** 학생을 인지적으로 활성화할 수 있는 활동에 참여시키고자 한다면 이 과감한 비전bold vision이 필요하다. 그러나, 현재 교실에서 실현할 도구나 전략을 고안하는 데 실패한다면 비전 그 자체로는 특별히 도움이 되지 않는다. 본 장에서 행했던 실천의 분해와 Shea 선생님의 활동에서 보이는 이미지가 교사교육자들, 전문성 신장 강사들에게 예비 및 현직 교사들이 이러한 교수를 실험하고 성찰할 수 있을지에 대해 어떻게 비계를 제공할 수 있을 지에 대한 아이디어를 줌으로써 어느 정도 기여하기를 바란다.

사사

본 연구는 ERASMUS+Key Action 2—혁신을 위한 협력과 좋은 실천의 교환(분야: 학교교육) "교사 학습을 지원함으로써 수학 수업에서 차별화된 지도와 인지적 활성화를 향상시키기(Enhancing Differentiated Instruction and Cognitive Activation in Mathematics Lessons by Supporting Teacher Learning)"(EDUCATE, 2017-1-CY01-KA201-026749)로 명명된 프로젝트로 유럽 연합 지원을 받았다. 저자들은 본 장에서 제시된 분해에 관한 우리의 생각에 좋은 영향을 끼친 ERASMUS+KA 2 프로젝트의 파트너들에게 감사를 표한다.

▌참고문헌

Ball, D. L. (2021, July). *Understanding the power of teaching and its role (in)justice*. Felix Klein Award Lecture at the 14th International Congress on Mathematical Education. Shanghai, China.

Banse, H. W., Clements, D. H., Day-Hess, C., Sarama, J., Simoni, M., & Ratchford, J. (2020). Teaching moves and preschoolers' arithmetical accuracy. *The Journal of Educational Research, 113*(6), 418-430. https://doi.org/10.1080/00220671.2020.1846484

Baumert, J., Kunter, M., Blum, W., Brunner, M., Voss, T., Jordan, A., Klusmann, U., Krauss, S., Neubrand, M., & Tsai, Y.-M. (2010). Teachers' mathematical knowledge, cognitive activation in the classroom, and student progress. *American Educational Research Journal, 47*(1), 133-180. https://doi.org/10.3102/0002831209345157

Baxter, J. A., & Williams, S. (2010). Social and analytic scaffolding in middle school mathematics: Managing the dilemma of telling. *Journal of Mathematics Teacher Education, 13*(1), 7-26. https://doi.org/10.1007/s10857-009-9121-4

Beltramo, J. (2017). Developing adaptive teaching practices through participation in cogenerative dialogues. *Teaching and Teacher Education, 63*, 326-337. https://doi.org/10.1016/j.tate.2017.01.007

Blanton, M., & Kaput, J. (2005). Characterizing a classroom practice that promotes algebraic reasoning. *Journal for Research in Mathematics Education, 36*(5), 412-446. https://doi.org/10.2307/30034944

Boaler, J. (2008). Promoting 'relational equity' and high mathematics achievement through an innovative mixed-ability approach. *British Educational Research Journal, 34*(2), 167-194. https://doi.org/10.1080/01411920701532145

Boston, M. D., & Smith, M. S. (2011). A task-centric approach to professional development: Enhancing and sustaining mathematics teachers' ability to implement cognitively challenging mathematical tasks. *ZDM Mathematics Education, 43*(6-7), 965-977. https://doi.org/10.1007/s11858-011-0353-2

Brendehur, J., & Frykholm, J. (2000). Prompting mathematical communication in the classroom: Two preservice teachers' conceptions and practices. *Journal of Mathematics Teacher Education, 3*, 125-153. https://doi.org/10.1023/A:1009947032694

Chapin, S. H., O'Connor, K., & Anderson, N. C. (2003). *Classroom discussions using math to help student learn*. Math Solutions Publications.

Charalambous, C. Y., Agathangelou, S., Kasapi, E., & Christofidou, E. (2023). Learning to teach ambitiously: A multiple case-study of practicing teachers' experimentation with enablers and extenders. *Journal of Mathematics Teacher Education, 26*, 363-394. https://doi.org/10.1007/s10857-022-09532-9

Charalambous, C. Y., Delaney, S., Yu-Hsu, H., & Mesa, V. (2010). A comparative analysis of the addition and subtraction of fractions in textbooks from three countries.

Mathematical Thinking and Learning, 12(2), 117–151. https://doi.org/10.1080/10986060903460070

Charalambous, C. Y., Philippou, S., Olympiou, G., & Georgiou, K. (2022). Experimenting with enablers and extenders to support ambitious teaching in mathematics: A video-club case study of student teachers during their field placement. *Teaching and Teacher Education, 119*, 103874. https://doi.org/10.1016/j.tate.2022.103874

Charalambous, C. Y., & Praetorius, A. K. (2020). Creating a forum for researching teaching and its quality more synergistically. *Studies in Educational Evaluation, 67*, 100894. https://doi.org/10.1016/j.stueduc.2020.100894

Charles, R. I. (2005). Big ideas and understandings as the foundation for elementary and middle school mathematics. *Journal of Mathematics Education Leadership, 8*(1), 9–24.

Clark, F. B., & Kamii, C. (1996). Identification of multiplicative thinking in children in grades 1-5. *Journal for Research in Mathematics Education, 27*(1), 41–51. https://doi.org/10.5951/jresematheduc.27.1.0041

Cocking, R. R., & Mestre, J. P. (Eds.). (1988). *Linguistics and cultural influences on learning mathematics*. Routledge.

Cohen, D. (2011). *Teaching and its predicaments*. Harvard University Press.

Cooney, T. J., Kansky, R., & Retzer, K. A. (1975). *Protocol materials in mathematics education: Selection of concepts*. Report No. 1. National Center for the Development of Training Materials in Teacher Education.

Corno, L. Y. N. (2008). On teaching adaptively. *Educational Psychologist, 43*(3), 161–173. https://doi.org/10.1080/00461520802178466

제10장 수학 과제 분석틀과 인지적 요구 수준에 대한 검토

Hui-Yu Hsu and Chen-Yu Yao

Edward Silver는 수학 문제해결에 관한 연구와 수업에 수십 년간 헌신해 온 수학교육 분야의 저명한 학자이자 교육자이다. Silver가 초기 연구에서 집중했던 분야는 (a) 문제해결에서 인지적 특징과 메커니즘에 관한 탐색(예: Silver, 1981, 1985, 1987; Silver & Marshall, 1990; Silver et al., 1993), (b) 문제해결 전문가와 비전문가 사이의 인지적 행동에서의 차이 규명(예: Silver, 1981, 1987; Silver & Metzer, 1989; Stylianou & Silver, 2004), (c) 국가 간 문제해결 학업성취도 차이에 관한 비교(예: Cai & Silver, 1995; Silver, Leung, & Cai, 1995a), (d) 문제제기에 관한 분석(예: Silver, 1994, 1997; Silver & Cai, 1996). Silver와 동료 연구자의 노력은 문제해결에 관한 연구와 문제해결을 통한 수학 지도의 다양한 측면을 구체화하는(Stein et al., 2003) 혁신적인 수학교육과정의 발달을 성숙하게 하였다.

후에 Edward Silver와 피츠버그 대학교University of Pittsburgh의 연구자들은 양적 이해: 학생 성취도와 추론 증폭하기Quantitative Understanding: Amplifying Student Achievement and Reasoning(QUASAR: Silver & Jane, 1995; Silver, Smith, & Nelson, 1995b; Silver & Stein, 1996)라 명명된 잘 알려진 개혁 기반 프로젝트에 착수하였다. QUASAR 프로젝트는 경제적으로 소외된 도심 지역의 중학교에서 학습하는 학생들의 수학 지도의 질을 높이기 위하여 포드 재단(Silver & Stein, 1996)의 지원을 받아 수행되었다. 좋은 수학 지도는 학생들에게 추론, 비정형화된 문제해결, 의사소통과 개념적 이해를 포함하는 다양한 수학적 역량을 발달시킬 기회를 제공하는 지도를 뜻한다. 이러한 지도 유형은 학생에게 단지 사실적 지식을 회상하거나 잘 정돈된 절차들을 적용하고 정형화된 문제해결을 위한 지식에 초점을 두는 기술을 가르치는 것과는 다르다. QUASAR 지도는 여러 해결 전략을 만들고 정당화할 수 있도록 표상 사용하기를 포함하는 여러 특징을 갖고 학생이 의사소통하고 협동할 기회를 제공하는 동시에 다양한 수학적 주제를 포함한다(Silver, 1996; Silver & Stein, 1996).

이 장에서 우리는 먼저 수학 과제 분석틀Mathematical Tasks Framework(MTF)과 인지적 요구 수준levels of cognitive demand을 상술하고자 한다. 우리는 그 후 수학 과제 분석틀과 인지적 요구 수준이 수학교육연구와 실천의 발전에 어떻게 기여했는지 설명하기 위해 관련 문헌들을 검토한다.

수학 과제 분석틀 Mathematical Tasks Framework

QUASAR 프로젝트의 개시는 교수학적 과제의 구인에 토대를 두는 이론적인 분석틀의 발전을 촉진하였다. Doyle(1983, 1988)은 교수학적 과제가 한 사람의 주의를 내용의 특정한 측면에 향하게 하고 특정한 인지적 절차를 수행하도록 요구하는 것을 교수학적 과제의 힘이라고 지칭했다. 수학에 맞게 Henningsen과 Stein(1997)은 수학 과제를 "교실 활동, 그 목적은 학생의 주의를 특정한 수학적 개념, 아이디어, 기술에 초점을 두게 하는 것"(p. 528)이라고 정의했다. Henningsen과 Stein(1997)은 수학 과제가 수학 지도의 핵심이어야만 한다고 주장했다. 수학 과제를 선택하고 실행할 때, 교사는 학생의 선행지식과 학습 경험, 수학적 개념을 발달시킬 수 있도록 비계를 설정하는 방법, 학생이 수학적으로 사고하고 추론할 기회를 제공하는 것을 고려해야 한다.

QUASAR 자료를 토대로 Stein 외(1996)는 과제 특성, 수학 교수학적 과제의 진화, 학생 학습에 과제의 영향력을 설명하기 위하여 수학 과제 분석틀(MTF; Mathematical Tasks Framework)을 제안하였다. 과제 특성들에 대해 Stein 외(1996)는 과제의 측면이 학생들로 하여금 생각, 추론, 수학을 이해하는 것을 격려할 수 있어야 함을 중요시했다. 이러한 측면에서 다양한 해결 전략을 형성할 가능성, 다양한 표상의 사용, 학생의 설명과 정당화를 요구하는 것이 교사가 초점을 두어야 할 중요한 특징이다.

이러한 세 단계에 따른 수학 과제의 진화는 교과서나 다른 교수 자료(예: 시험)에서 존재하는 것으로부터 시작해서, 학생에 맞게 수정된 형태, 교실 수업 동안 실제로 실행된 과제의 최종적인 형태로 [그림 1]에서 볼 수 있다. 과제 진화는 결과적으로 학생 학습 결과에 영향을 끼친다. 특별히 Stein 외(1996)는 과제 설정 task setup 을 활동에 대한 설명, 과제 수행에 필요한 재료와 도구의 분배와 같이 교사에 의하여 사전에 준비된 학습 활동을 구성하는 것으로 지칭했다. 과제 특성에 관해서 Stein 외는 과제 특징과 학생 사이의 상호작용의 핵심에 집중했다. 과제 설정 단계에서의 과제 특징은 그 과제가 교사에 의하여 공개될 때 과제가 특성의 사용을 통합하거나 촉진하는 정도와 관계된다. 과제 실행 단계에 과제 특성은 학생이 실제로 과제를 수행할 때 학생에게 발현된 과제 특성을 의미한다.

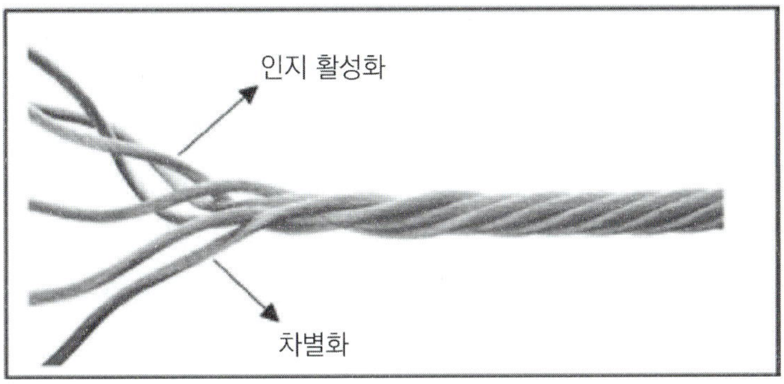

[그림 1] 교수Teaching를 서로 다른 교수 차원을 의미하는 가닥들strands로 이루어진 밧줄(iStock.com의 허락을 받아 재배포)

MTF를 이론적인 도구로 사용하고 QUASAR 프로젝트의 자료를 통합하면서, 수학 교실에서 과제를 설정하고 실행하는 장점, 어려움, 교실 수업, 학생 학습 간의 관계를 규명할 수 있다. Stein 외(1996)는 [그림 1]에서 상자로 제시된 단계들 사이의 이행에 영향을 끼치는 특정한 요인들을 연구했다. 단계 1과 단계 2 사이의 이행에 규명된 요인들로는 교사가 설정하는 지도 목표, 교사가 가지고 있는 과목에 관한 지식, 학생과 교사가 가지고 있는 지식을 포함한다. 이러한 요인들은 교사가 어떤 과제를 교실 수업을 위해 선정할 지에 영향을 끼친다. 단계 2와 단계 3 사이의 이행에 대해 Stein과 동료들은 교실 규범, 과제 조건task conditions, 교사의 교수학적 태도instructional dispositions와 학생의 학습 태도와 같은 요인들이 수학 과제가 어떻게 교실 수업에서 실행implemented되고 실현enacted되는지에 영향을 주기 때문에 이러한 요인들에 초점을 두었다.

인지적 요구 수준Level of Cognitive Demand

QUASAR 프로젝트는 서로 다른 교수 단계과 그 단계들의 학생 학습에 대한 영향력을 통해 수학 과제를 개발하는 것과 관련이 있음에도 불구하고, 수학 과제의 인지적 측면에 특별히 주의를 기울였다. Silver와 Stein(1996)은 미국의 관습적인 수학 수업은 사고, 추론, 수학의 적용과 같은 높은 수준의 인지적 활동이 아닌 암기와 정형화된 문제와 같은 낮은 수준의 인지적 목표에 종종 초점을 둔다는 점을 알아내었다. Stein 외(1996)는 인지적 요구를 수학 과제 분석틀의 과제 설정과 실행 단계 사이에 관계를 분석할 핵심적인 측면

중 한 가지로 제안했다.

수학 과제 분석틀에서 인지적 요구 수준의 발달을 더 잘 이해하기 위해서 우리는 먼저 인지적 요구가 심리학 분야에서 수년간 제안되어 왔고 분석되었기 때문에 인지적 요구의 구인을 토의해야 한다. 심리학적인 관점에서 인지적 요구는 동전의 한 면으로 보여지는 반면에 인지적 작업량Cognitive Workload은 다른 한 면이다. 인지적 작업량은 어떤 과제를 행하기 위해 요구되는 정신적 노력(예: 주의 자원attentional resources)으로 정의한다(Ahlstrom & Friedman-Berg, 2006; Guastello et al., 2015; Yong & Stanton, 2001). 개인이 가진 과거의 경험뿐만 아니라 과제의 요구와 외부 환경으로부터의 지원은 인지적인 작업량을 결정할 수 있다. 그래서 인지적 요구는 작업자 노력 또는 과제에 수반되는 활동 성과를 의미한다(Gartner & Murphy, 1970; Mehler et al., 2012).

인지적인 능력에 초점을 두면서 Edwards와 Dall'Alba(1981)는 인지적 요구를 네 개의 서로 연관된 측면인 복잡성, 개방성, 간접성과 추상화의 수준으로 정의했다. 복잡성은 과제에 요구되는 행동의 순서를 의미한다. 개방성은 과제가 아이디어를 생성하도록 필요로 하는 정도를 뜻한다. 간접성implicitness은 학습자가 접근할 수 있는 자료를 넘어서 얼마나 더 나아가야 할 지를 의미한다. 마지막으로 추상화의 수준level of abstraction은 과제가 구체물이나 현상이 아니라 아이디어를 다루는 정도를 의미한다. Edwards와 Dall'Alba에 따르면, 추상화 측면은 인지적 요구 수준을 결정하는 핵심인 반면에 나머지 세 측면은 인지적 요구 수준의 증가 또는 감소에 있어 보조적인 역할을 수행한다고 한다.

암기와 추론의 인지적 과정들에 초점을 두면서, Doyle(1983)은 교수학적 과제의 인지적 요구 수준을 기억 과제memory taks, 절차적procedural 또는 정형화된 과제, 이해comprehension 또는 과제 이해하기로 분류하였다. Doyle은 다른 인지적 과정을 요구하는 과제는 다른 종류의 학습으로 귀결될 수 있다는 점을 시사한 바 있다. 그러나 학생이 과제 해결을 위해 정확히 어떤 과정(예: 지각 처리perception precessing)을 수행하는지 결정하는 것은 그 과정이 종종 관찰하기 어렵기 때문에(Marx & Walsh, 1988) 까다롭다.

후에 Stein과 피츠버그 대학 소속 연구원들은(Stein et al., 1996; Stein & Smith, 1998) 4수준 모델을 수학 과제에 의해 수반되는 인지적 요구 사항을 설명하는데 유용할 것이라고 여겼기 때문에 이 모델을 인지적 요구의 구인을 토대로 개발하고자 시도했다. 게다가 Stein 외는 그 모델이 수학의 교수와 학습의 간극을 좁힐 수 있을 것이라고 생각했다. 그 4수준 모델은 다음과 같이 설명할 수 있다.

1수준: **기억**Memorization은 이전에 학습했었던 사실, 규칙, 공식이나 정의를 상기하거나 과제 진술에 명백히 제시된 정보를 식별하는 것을 필요로 하는 과제를 의미한다.

2수준: **연결성 없는 절차**Procedure without connetion는 내재된 수학의 의미와 연결하지 않거나 이미 학습한 알고리즘적 과정에 기초한 전형적인 방식으로 해결해서 정확한 답을 구하도록 요청하는 과제를 의미한다.

3수준: **연결성 있는 절차**Procedure with connetion는 내재된 수학적 내용을 발견, 수학적 이해를 얻고 전형적이지 않은 알고리즘적 과정을 수행하도록 요구하는 과제를 의미한다.

4수준: **수학하기**Doing mathematics는 복잡하고 비알고리즘적 사고를 하고 내재된 수학적 내용을 이해하며 그 내용 간의 관계를 탐색하기를 요청하는 과제를 의미한다.

수학 과제 4수준 모델은 수학 지도, 교사교육을 위한 전문성 신장 연수의 설계, 교과서 분석 연구에 상당히 큰 영향을 끼쳤다. 4수준 모델은 또한 수학 과제의 잠재성과 실행을 결정할 수 있는 수학 루브릭을 개발하는데 이용되기도 했다(Boston & Wolf, 2006).

인지적 요구 구인과 함께 Glaser(1990)가 인지적 중요성으로 명명했던 것과 유사한 인지적 복잡성은 높은 인지적 요구 수준에 관여하는 것과 같은 평가 목적의 과제 특성을 평가하기 위하여 제안되기도 했었다. 인지적 복잡성과 관련된 과제 특성의 분석은 과제를 복잡하게 하는 전략을 의미하고 그 과제에 대한 실제 학생들의 반응을 수반해야 하는데 이는 그 과제의 수행 예시가 예상되는 복잡성을 드러내는지 보기 위함이다. Lane(1993)은 인지적 과정, 수학적 내용, 표상의 형태가 인지적 복잡성을 결정할 수 있을 것이라고 암시했다. Magone 외(1994)는 수학적 사고와 논리적 추론을 요구하는 개방형 과제는 종종 인지적 복잡성을 수반한다고 주장한 바 있다.

수학 지도에 관련하여 양질의 지도는 수학 과제를 실행할 때 인지적 요구 수준을 높게 유지하고, 학생 사고에 주의를 기울이고 수학적 추론에서 지적 권위를 강조하며, 학생의 전략, 표상, 사고에 관한 지식에 기반한 개념적인 이해를 지지하는 것을 수반한다(Stein & Kaufman, 2010). Henningsen과 Stein(1997)은 또한 다른 단계를 거치는 동안 과제의 인지적 요구 수준을 유지하는 것은 성공적인 학생 학습 결과의 핵심 중 하나라고 주장했다. 수업 동안 과제의 인지적 요구를 유지한다는 것은 비계 설정, 학생 학습 향상을 모니터링하기, 높은 인지적 요구 수준의 질문하기, 학생으로부터 정당화와 설명을 이끌어내기, 학생에게 적절한 의견과 환류를 제공하기를 지칭한다. Henningsen과 Stein(1997)은 또한 인지적 요구 수준의 감소를 야기할 수 있는 과제의 도전적인 측면을 축소하기, 과하게 많이 또는 아주 적은 시간을 과제 실행에 할애하기, 수학적 개념 발달보다는 답의 정확성으로 초점이 이동하는 것, 특정 집단의 학생에게 부적절한 과제, 책임의 부재, 교실 관리 문제 등의 요인을 나열했다.

문헌에 대한 비판적 검토

비판적 검토 과정

우리는 MTF의 개발과 인지적 요구 수준에 관하여 상술하였다. 뒤따르는 절에서는 우리는 MTF와 인지적 요구 수준과 관련 있는 문헌에 대한 비판적인 검토를 실시한다. Carnwell과 Daly(2001)는 비판적 검토의 목적이 "새로운 연구가 다루고자 하는 지식의 괴리를 파악하고자 하는 수단으로서 검토하고자 하는 주제에 관련된 지식의 현재 수준을 비판적으로 검토하고 종합하는 것"(p. 57)이라고 하였다. 그래서 본 검토의 목적은 수학 교수·학습에 관한 연구를 발전시키고 관행을 이해하기 위해 이론적인 시각으로 사용되었던 MTF와 인지적 요구 수준에 관한 통찰을 얻기 위함이다.

우리는 Google Scholar를 검토의 범위로 결정했고 "수학 과제 분석틀"과 "인지적 요구"를 관련 정보의 원천을 식별하기 위한 핵심어로 사용했다. 검색을 통해 138개의 연구가 식별되었다. 우리는 138개의 연구를 검토하여 후속 검토를 위한 결정적인 참고문헌을 선정하였다. 결정적인 관련 문헌이 확인이 되면 저자명이 2단계 검색을 위해 사용되었다. 우리는 또한 추가적인 관련 문헌을 찾기 위하여 Google Scholar를 분석하고자 "수학 지도", "수학 수업", "교과서 분석", "교사 학습"과 "인지적 요구", "수학 과제 분석틀"과 같은 핵심어를 사용하였다. Google Scholar에서 연구의 관련 원천들을 식별한 후에 우리는 문헌을 읽기 시작했다. 문헌 읽기는 귀납적인 방식으로 (a) 지도에 관한 연구, (b) 교사 학습에 관한 연구, (c) 교과서 분석에 관한 연구의 세 가지 주된 연구 경향이 확인되었다. 각 연구 측면은 다음과 같이 상술한다.

지도에 관한 연구

수학 지도에 관한 문헌 검토는 지도의 질에 영향을 주는 요인, 특정한 수학 내용에 집중하는 지도의 질, 공학 기반 수업, 타교과 영역으로의 인지적 요구 확장, 수학 과제의 인지적 요구와 학생 학습 결과의 관계에 관한 연구를 아우르는 이미 연구된 여러 측면을 드러냈다.

지도의 질에 영향을 주는 요인

몇몇 연구자는 인지적 요구 수준과 MTF를 수용하여 지도의 질을 연구하였다. 한 연구 주제는 지도의 질에 영향을 주는 요인의 식별을 수반한다. 교육자와 교사의 면담을 바탕으로 McGraw 외(2002, 2007)는 선택, 설정, 실행 사이에 과제 선택, 과제 설정, 과제 실행,

변형에 관한 측면에 대해 보고했다. 전체적으로 McGraw 외(2007)는 교육자와 교사가 과제 설정과 학생 학습 결과보다는 과제 실행을 좀 더 중시했다.

과제 선택에 관하여, McGraw 외(2007)는 개방형 과제의 계획과 실행을 위한 시간, 학생들의 수학적 사고를 촉진하기, 개념적인 이해나 절차적 이해, 높은 수준의 수학을 한다는 것의 의미, 인지적으로 도전적이지만 학생들이 기꺼이 풀어보고자 할 정도로 어렵지는 않은 과제를 찾는 어려움과 같은 교사와 교육자가 우려하는 문제를 나열했다. 과제 설정에 관해서는 McGraw 외는 얼마나 과제가 미리 잘 계획이 되는지, 과제 설정의 길이, 과제 설정 동안의 수학에 관한 초점의 수준과 같은 문제를 보고했다. 과제 실행과 관련해서는 지식에 대한 교사의 태도, 학생이 과제를 해결할 때 취할 수 있는 전략, 다양한 전략들과 해결책에 대한 개방성, 관행에 대한 숙고, 발견 수업이나 협력적 그룹에 대한 믿음, 절차를 사용하도록 배운 학생에게 개념이나 추론을 가르치는 것의 어려움과 같은 학생 태도와 같은 문제를 식별했다. 요인과 관련해서는 학생이 소그룹이나 전체 학습 토의로 해결하면서 과제에 영향을 주는 것은 학생의 도구 사용, 교사와 학생 간의 상호작용(예: 학생의 아이디어를 경청하거나 반응하기), 학생의 과제 해결을 위한 노력에 대한 교사의 태도, 기다리는 시간, 학생의 사고를 방해하지 않으면서 학생을 도울 수 있는 방법, 중요한 수학과의 관여가 발생할 정도와 같은 것을 포함한다.

Arbaugh 외(2006)는 학생이 문제를 해결할 수 있는 능력에 대한 교사의 신념은 과제 실행 단계에서 인지적 요구 수준과 상호연관이 있음을 지적했다. Estrella 외(2020)는 교사의 질문과 환류, 학생 추론에 제공하는 비계, 높은 수준의 수행에 대한 모델링과 같은 인지적 요구 수준의 유지에 영향을 주는 요인을 식별했다. Candela(2016)는 학생을 정답으로 이끌기, 과제 실행 단계에서 인지적 요구를 유지할 충분한 시간을 갖지 않는 것을 포함하는 전문성 신장에 참여할 때 현직 교사의 과제에 관한 관점과 높은 학생 참여도와 과제에 관한 학생 토의가 성공적인 과제 실행 중 인지적 요구 수준을 유지하는데 얼마나 기여하는지에 대해 보고하였다.

연구자들은 또한 MTF의 세 단계를 거쳐 인지적 요구 수준의 감소가 낮은 질의 지도로 이어지는 방식에 대해 시사한 바 있다. 미국에서 Silver(2010)는 미국 교사는 학생이 수학에 대한 깊은 이해를 발달시킬 수 있도록 거의 돕지 않는다는 점을 지적했다. Silver와 Morris 외(2009b)는 국가 전문적 교사 수준 위원회(NBPTS)의 인증을 준비하는 교사 후보생이 제출한 포트폴리오 제출물의 분석을 제시했다. 그 분석은 교원 후보생이 제출한 수학 수업 자료가 구체적 활동이나 실세계 맥락과 공학적 도구를 포함하기 때문에 핵심적인 교수학적 특징을 갖고 있다는 점을 밝혔다. 그러나 Silver와 Morris 외(2009b)는 그 수업 자료가 거의 학생에게 설명하거나 수학적 추론을 묘사하도록 요구하지 않는다는 점을 시사했다. 이 분석은 교사가 최고의 수업 예시라고 선택했던 수업에서 조차 체계적으로 학생들을 참여시키고자 의도하지 않았다는 점을 시사했다.

Silver와 Mesa(2011)는 더 나아가 미국의 NBPTS가 정의한 수학에 대한 "높은 성취 지도"의 조작적 정의, 수학 교실에서 인지적으로 까다로운 과제의 효과적 사용, 혁신적인 교수학적 접근 방법을 포함하는 우수한 수학 지도에 관한 세 가지 다른 관점 간의 관계를 명료하게 설명했다. 그들의 분석은 NBPTS의 성취 지도의 관점과 인지적으로 까다로운 과제와 관련 있는 효과적 수학 지도의 관점 간의 상호작용을 설명했다. Boston과 Wilhelm(2017)은 또한 미국의 도시 지역에서 관찰했던 수업 중 대다수는 교사가 인지적으로 까다로운 과제를 선택하지만 인지적 요구 수준을 감소시키면서 실행한다는 경향이 있음을 보였다.

교사의 지도를 위한 수학적 지식(MKT; Ball et al., 2008)과 수학 교수의 질 간의 관계는 연구의 초점이 되어오고 있다. Engelhard Jr.와 Sullivan(2007), Charalambous(2010), Coskun과 Bostan(2019)은 다른 수학적 지식을 가진 수학 교사가 교실 수업 동안 과제를 전개하는지에 대해 조사하기 위하여 MTF와 인지적 요구 수준을 채택하였다. 해당 연구의 분석은 교사의 MKT와 교실 수업 동안에 실행된 과제의 인지적 수준 간에 양의 상관관계가 있다는 결과를 도출하였다. 수학 교사의 MKT가 더 높을수록 교실 수업 동안의 과제의 인지적 요구를 유지하는 역량이 더 좋아졌다. Charalambous(2010)는 더 나아가 이 양의 상관관계를 설명할 수 있을 이유를 상술하였다. 이에 대한 이유로는 수학적 절차에 의미를 부여하기 위한 표상의 사용, 수학적 절차의 의미를 설명하고 함께 설명을 만드는 것, 의미 형성을 촉진하는 방식으로 학생의 기여에 반응하고 더 발전시키기가 있다. Chapman(2013)은 지도를 위한 수학 과제 지식[mathematical task knowledge for teaching]을 명명하고 학생의 수학에 대한 개념적인 이해를 촉진하고, 수학적 사고 발달을 도울 수 있으며, 흥미와 호기심을 이끌 수 있는 과제의 학습 잠재력을 최적화 할 수 있도록 과제를 선택하고 발전시키는 것을 포함해야 함을 주장했다. 교사는 과제의 특성과 그 과제가 수반하는 인지적 요구를 이해할 필요가 있다.

몇몇 연구자는 과제를 실행하는 동안 교사와 학생 간의 상호작용을 탐색했다. Warshauer(2015)는 학생이 즉각적으로 명백하지 않은 수학을 이해하기 위해 노력하면서 교실 상호작용을 하는 동안 생산적인 고난을 경험할 기회를 제공하는 것의 중요성을 강조했다. 교사의 지도를 면밀하게 검토하는 것을 통한 생산적인 고난 주기는 과제의 인지적 요구를 유지할 수 있다. Krussel 외(2004), Yabas와 Altun(2016)은 교사와 학생 간 담화 움직임[discourse moves]은 수학 과제의 인지적 요구를 고려해야 한다고 지적했다. Yabas와 Altun(2016)은 그러한 움직임을 학생이 사고를 명료화하고 대화를 통해 다른 이들로부터 배울 수 있도록 허용하는, 존경을 표하지만 집중된 대화로서 정의했다. Jackson 외(2013)는 높은 인지적 요구의 과제 설정은 학생이 양질의 학습 기회로 귀결될 과제의 맥락적 특성과 수학적 관계를 설명할 수 있는 공통의 언어를 개발하는 것을 돕는다는 점을 시사했다.

연구자들은 또한 다양한 수학적 능력을 가진 학생과 관련하여 과제의 인지적 요구 수준에 대한 연구를 확장했다. Allen(2003)은 한 수학 교사를 대상으로 한 사례 연구를 통해 인지적으로 까다로운 과제와 사회 정의와 평등에 관한 교실 담화를 균형적으로 운영하고자 시도하면서 사회 정의와 평등 문제의 통합을 계획, 실행, 숙고할 수 있었음을 설명했다. Lepak(2013)은 충분한 시간이 주어질 때 낮은 성취도로 분류되는 대수학 수강생 조차도 높은 수준의 인지적 요구를 보이는 활동으로 간주되는 설득력 있는 논증을 작성하는 방법을 학습할 수 있다고 주장했다. Delaney와 Gurhy(2019)는 다양한 학습자를 가르치고 참여시키는 교수학적 어려움을 인지했다. 그들은 활동적으로 학습을 지도하기, 교실 규범 정하기, 모든 학생이 서로의 학습을 위한 자원으로서 활동하도록 돕기를 포함하는 지도를 위한 핵심 전략들을 제공했다. Akcil-Okan과 Tekkeumru-Kisa(2021)는 지적인 참여의 중요성을 강조했고 인지적으로 까다로운 과제의 성공적인 실행을 위한 핵심으로 협동적인 활동을 통해 학생이 어떤 현상이 어떻게, 왜 일어나는지 설명하는 것에 책임감을 갖도록 하는 것, 학생의 사고를 발전시키기 위하여 학생의 아이디어를 영향력 있게 하기, 학생의 지적 참여에 문제를 제기할 수 있도록 즉각적인 자원과 질문을 시작하기가 있음을 보고했다.

Schoenfeld(2018)는 인지적 요구를 양질의 수학 수업을 위한 핵심적인 측면 중 하나로 간주했고 건장한[Robust] 이해를 위한 분석틀(TRU Framework)을 제안했다. TRU에서 정의된 것처럼 인지적 요구는 학생이 중요한 수학적 아이디어나 그 아이디어의 사용을 고심하고 이해할 수 있도록 갖는 기회들을 지칭한다. Schoenfeld는 또한 학습의 질은 학생이 중간 수준에서 도전적인 수준을 아우르는 과제를 해결할 때 도전받고 지지되는 방식에 영향을 받는다고 주장했다. 도전의 수준은 "생산적 고난"으로 불리우는 것에 도움이 된다.

인지적 요구 수준은 교수학적 평가와 시험의 설계에 채택되어오고 있다. 시험과 평가는 교사뿐만 아니라 학교 행정 직원과 교육정책가와도 연관되어 있다. Glaser와 Silver(1994)는 학생 평가의 특성과 형식에 높아지는 관심과 대중에 의하여 사용되는 시험과 평가의 결과와 관련하여 높아지는 염려에 집중했다. 구체적으로 개혁이 교육체계를 향상시켜 더 나은 학습 결과를 성취하도록 요구될 때, 평가와 시험은 종종 핵심적인 해결책의 일부로서 고려되곤 했다. 평가는 학생 성취의 높은 준거, 평등한 교육적 풍토 정착과 결과와 밀접하게 관련이 있다. Silver(2009)는 대표적 매체, 정책가, 정치가 교육자가 액면 그대로의 국가 간 비교 연구 결과를 연구대상 국가들에 관한 확실한 과학적 증거를 제공하는 것으로 보는 방식을 고려하여 국가 간 비교 연구에 대한 대중적 관심에 집중했다. Silver는 수학 지도에서 인지적 요구 수준 유지처럼 교육과정과 과제의 중심성은 양질의 수학 지도의 핵심을 이룬다고 주장했다. 특히 그는 국가 간 비교의 결과들의 해석은 피상적이고 일반적으로 도움이 되지 않는다고 주장했다. 학자로서 우리는 인지적 요구와 함께 수학 과제에 집중하는 비교의 편향된 복잡성을 설명해야 할 책임이 있다.

평가와 시험은 종종 지도의 필요에 반응해야 한다. Kenney와 Silver(1999)는 시험은 기술적, 내용, 인지적의 세 가지 관점에서 구성되고 평가되어야 한다고 제안했다. 인지적 관점은 시험이 학생을 다양한 인지적 과정에 참여시킬 수 있는 정도를 지칭한다. 예컨대 한 시험은 학생이 사실적 지식과 정의를 상기, 수를 계산, 개념적 이해를 설명, 다양한 수학적 상황들을 통한 추론에 참여하도록 할 수 있다. Kotsopoulos 외(2011)는 교실에서 실행했던 수학 과제의 인지적 요구 수준과 대응하는 숙제로 배정된 수학 과제를 비교했다. 그들은 교실과 숙제 과제의 인지적 요구 수준의 평균값은 같다는 점을 발견했다. 그러나 약 $\frac{2}{3}$의 숙제 과제는 교실 수업 동안 실행된 짝을 이루는 과제와 비교했을 때 인지적 요구 수준과의 간극이 있었다.

요컨대 수학교육연구자는 지속적으로 양질의 수학 지도를 촉진하는 방법을 더 잘 이해해 보고자 헌신하고 있다. 문헌 검토는 과제 선택, 과제 설정, 과제 실행, 단계 간 이동에 관련된 요인을 보여준다. 연구자는 또한 교사의 지도를 위한 수학적 지식은 교실 수업을 위한 서로 다른 인지적 요구 수준의 과제들을 선택하는 것과 관련이 있다. 교실 수업을 위한 과제의 사용은 또한 TRU 분석틀의 한 측면으로서 간주된다. 마지막으로 인지적 요구 수준은 또한 학생 성취 평가 기준과 평등한 교육 풍토 정착과 결과의 기준에 결정적으로 영향을 미치는 교수학적 평가와 시험을 설계하는데 사용된다.

특정한 수학적 내용에 초점을 두는 지도의 질

문헌 검토는 또한 연구자가 특정한 수학적 내용을 다루는 지도를 분석하고자 시도해온 바를 드러냈다. 예컨대 Hanson 외(2014)는 질문 생성하기, 자료 수집하기, 자료 분석하기, 결과 해석하기를 포함하는 통계적인 문제해결을 설명하고자 인지적 요구 개념을 적용했다. Seker와 Ader(2017)는 인지적 요구는 학생이 통계적 개념과 관련된 지식을 얻도록 보장하기 위하여 통계 과제를 선택하는 중요한 요인이라고 주장한 바 있다. Sears와 Chávez(2014)는 교과서의 증명 과제와 교실에서의 과제 실행을 분석하기 위해서 인지적 요구 수준을 사용했다. 그들은 교과서가 높은 인지적 요구 수준의 증명 과제를 포함함에도 쓰여있는[written] 교육과정과 실행된[implemented] 교육과정 간의 불일치함을 발견했다. 이러한 불일치함은 교사의 신념들, 학생 태도와 평가와 같은 요인으로 인한 것일 수도 있다.

Chamberlin 외(2020)는 모델링 과제에 특별한 특징을 포착하기 위하여 인지적 요구 수준 일부를 변화시켰다. 가장 낮은 수준부터 가장 높은 수준은 사실을 떠올리거나 극단적으로 입문 단계의 계산을 수반하는 문제를 해결하기, 맥락이 포함된 계산 수행하기, 인지적 도전의 다양한 형태를 포함하는 기본 수학 문제해결하기, 상당히 실제에 가까운 상황을 수반하고 높은 수준의 복잡성을 갖는 수학적 모델링 문제해결하기의 순이다. Mali 외(2019)는 커뮤니티 칼리지 수준의 대수학 문제를 중심으로 강사들이 대개 낮은 인지적 요구 수준의 질문들과 학생과 관련이 있는 예시를 사용하고 문제들을 더 작은 과제들로 나누는 방식과 같은 다양한 문제해결 접근 방법들을 사용한다는 사실을 발견했다.

Coskun과 Bostan(2019)은 교사들이 길이가 긴 수치나 길이를 가르칠 때 대개 낮은 수준의 과제들을 선택한다는 점을 알아차렸다. 수학자들은 학생들이 더 많은 규칙, 공식, 절차를 더 알아야 하고 도전적인 과제를 해결할 시간이 없다는 점을 믿고 있기 때문에 낮은 인지적 요구 수준의 과제를 사용해서 학생들을 가르치는 경향이 있다(Hong & Choi, 2019).

결과적으로 몇몇 연구자들은 서로 다른 수학 내용의 특정한 인지적 특징들을 더 잘 포착하기 위해서 인지적 요구 수준을 정련하고자 시도했다.

공학을 활용한 수업

MTF와 인지적 요구 수준은 공학적 도구를 활용한 수학 수업을 탐구하기 위해 사용되어오고 있다. Sherman(2011)은 공학이 학생의 수학적 사고를 어떻게 지지하는지 알아보고자 탐구했고 공학을 과제에 단순히 포함하는 것은 MTF의 세 단계의 어느 단계에서도 인지적 요구와 관련되지 않음을 알게 되었다. 그녀는 더 나아가 공학의 역할을 과제의 사고 요구 사항의 중심적인 재조직자 또는 사고 요구 사항들과 전혀 관련이 없는 증폭자[amplifier]로서의 역할을 구별하였다. 공학이 증폭자로서 사용될 때, 과제의 인지적 요구 수준은 종종 과제 실행 단계에서 감소한다. Sherman(2014)은 공학의 사용은 일반적으로 교사의 교수학적 관행과 낮거나 높은 인지적 요구의 과제의 설정과 실행과 관련하여 일치한다고 시사했다. 그러나 이는 교사가 재조직자로서 공학을 사용하면 학생을 인지적 요구가 높은 수준의 과제에 참여시키고자 시도하는 경우에 종종 해당하는 경우이다. Sherman과 Cayton(2015)은 더 나아가 수학 지도를 위한 공학 사용을 지도할 때 적용될 수 있는 3차원 분석틀을 제안했다. 3차원 분석틀은 불변의 수학적 관계에 대한 의미 있는 관찰, 전략적으로 적절한 도구를 사용함으로써 행하는 수학적 탐색, 그리고 사고를 수정하고 호기심을 불러일으키기 위한 추측을 만들고 시험하는 것으로 이루어져 있다.

연구자들은 교사들이 교실 수업이 진행될 때 인지적 요구를 유지하면서 지도할 수 있도록 이끄는 돕는 도구로서 공학이 사용될 수 있음을 보였다. Cayton(2012)은 미리 구성된 동적 기하 과제는 교사의 발문과 담화 진술을 방해할 가능성이 있다는 점을 보고했다. Polly(2014)는 초등학교 교사가 공학을 학생 중심 수업에 어떻게 통합하는지를 분석했고 교사는 공학적 도구를 활용하여 수업할 때 더 높은 인지적 요구 수준의 과제를 점차적으로 더 포함한다는 결과를 발견했다. Cayton 외(2017)는 더 나아가 "교사-도구 관계"라는 용어를 교사의 담화 움직임, 도구, 인지적 요구 간의 상호작용을 설명하기 위해 사용했다. Bowers 외(2015)는 인지적 요구가 온라인 학습의 결과를 향상시킬 수 있도록 하는 과제를 설계하는 데 핵심적인 요인이 될 수 있다고 시사한 바 있다. Kessler 외(2015)는 교사가 일대일 지도의 핵심적인 요소를 모방하는 데 사용되는 공학적 도구를 활용한 수학 수업을 설계하기 위하여 인지적 요구 수준과 MTF를 사용했다. 그들은 인지적 요구 수준이 학생이 과제를 어떻게 실행하는지를 예측했다는 점을 발견했다. 그러나 학생의 과제 실행은 학생의 책임감과 과제 환류라는 두 가지 원인 때문에 종종 설계된 것보다 낮은 인지적 요구 수준에 머물렀다.

Akcay(2016)는 예비 수학 교사가 높은 인지적 요구 수준의 공학 기반 과제를 선택할 수 있다는 점을 암시했다. Akcay와 Boston(2018)은 더 나아가 예비 교사에게 높은 인지적 요구 수준의 공학 기반 교수학적 활동들을 설계하고 실행할 기회를 제공함으로써 학생 수학 학습을 향상시킬 수 있도록 공학을 통합할 수 있는 방법을 배운다는 점을 보였다.

상기 문헌은 수학 지도를 할 때 공학의 서로 다른 역할을 보여준다. 연구자들은 인지적 요구를 공학을 활용한 교수학적 설계를 평가할 핵심적인 기준이라고 간주한다. 그들은 또한 과제 선택, 과제 설정, 과제 실행의 단계를 교실 수업을 위한 교사의 공학 사용을 분석하는 데 사용했다.

인지적 요구를 다른 교과 영역에 확장

몇몇 연구자들은 인지적 요구 수준을 다른 교과 영역으로 확장하여 사용해오고 있다. Tekkumru-Kisa 외(2015)는 인지적 요구 수준을 암기 과제, 대본을 포함한 과제, 이해를 위한 지도를 포함하는 과제, 과학 과제 수행하기를 포함하는 과학 수업에 맞게 수정하였다.

과학 과제에 맞게 인지적 요구 수준을 수정할 때, 과학 내용과 관행들의 통합을 검토했다. Zahner 외(2018)는 중등 수학 교사들이 교실 수업을 위한 교수학적 과제의 복잡성 측면을 어떻게 연결하는지 분석하고자 인지적 요구의 구인과 언어적 복잡성을 조합하였다. 여기서 언어적 복잡성은 사용된 문법적 구조, 진술의 길이, 익숙하지 않은 비수학적 단어의 존재 또는 부재, 문제 맥락과 학생의 친밀감, 글쓰기의 포함과 같은 문제 진술에서의 텍스트 특성을 의미한다. 그들은 교사가 수학 과제의 인지적 요구 근원을 평가할 때는 상대적으로 일관되어 있으나 언어적 복잡성을 평가할 때는 큰 차이를 보였음을 발견하였다.

Matsumura 외(2008)는 인지적 요구의 구인을 양적으로 수학 수업과 독해의 질을 평가하고자 적용했다. 그들은 과제의 인지적 요구 수준, 교실 대화, 학생과 의사소통되는 기대라는 수업의 질을 결정하기 위한 세 가지 측면으로 식별하였다. 그들은 인지적 요구를 교사가 학생 과제로 배정하는 것을 평가할 신뢰할 만한 평가표가 될 수 있을 것임을 시사했고 교실 수업 동안 상호작용을 관찰하였다. Graeber 외(2012)는 인지적 요구의 관점에서 4학년과 5학년 교실에서의 수학과 독해의 지도를 분석했다. 그들은 교사가 제시한 과제를 통해 드러난 인지적 요구 수준, 반응, 학생의 활동은 수학과 독해에서 유사했음을 발견했다. 그러나 내용과 연관된 인지적 요구는 수학보다는 독해에서 더 높았다.

위의 검토는 인지적 요구 수준의 영향력을 드러내고 인지적 요구 수준이 수학 학습뿐만 아니라 다른 교과의 학습에서도 핵심으로 간주되어야 함을 드러낸다.

인지적 요구와 학생 학습 결과 간의 관계에 관한 분석

MTF와 인지적 요구와 관련된 결정적인 관심은 수학 과제의 인지적 요구와 학생 학습 결과 간의 인과관계이다. Hiebert와 Wearne(1993)은 교실 수업을 관찰하였고 교수학적 과제와 교실 담화에서의 변화가 학생의 성취도 결과에 상당한 영향을 끼쳤다는 점을 보였다. Stein과 Lane(1996)은 교수학적 특징과 학생 학습 간의 연결에 초점을 두었고 중등 교사가 높은 인지적 요구 수준의 과제를 설정하고 실행했을 때 더 높은 평가 점수를 획득함을 발견했다. Desimone 외(2013)는 종단적인 연구를 바탕으로 초등 교사가 더 발전된 수학 과제(예: 거리 문제)를 더 강조할 때, 학생의 성취는 더 빠르게 성장했음을 발견했다. Hadar(2017)는 수학 교과서의 다른 인지적 요구 수준의 과제와 학생 성취가 상호연관이 있는지 분석했다. 이스라엘의 아랍 공동체의 학생이 사용하는 8학년 수학 교과서에 관한 분석은 더 높은 인지적 요구 수준의 과제에 참여할 기회가 주어진다면 더 높은 성취를 보인다는 것을 보여주었다.

반면 Otten 외(2017)는 교수학적 과제의 인지적 요구 수준과 학생 학습 결과 간 인과관계의 아이디어에 도전했다. 문헌 연구를 통해 그들은 선행연구 중 상당수의 주장이 해당 연구의 설계가 허용하는 것 이상으로 확신을 갖거나 주장을 후속적인 경험적 검증 없이 인과관계로 서술하면서 Stein과 Lane(1996)을 바탕으로 보증된 것을 넘어선다고 하였다. Otten 외(2017)에 따르면, 과제의 인지적 요구와 학생 학습 결과 간의 관계를 총체적으로 이해할 수 있도록 더 체계적이고 잘 설계된 연구가 필요하다.

게다가 Gilbert(2016)는 수학에 대한 주별 공통 핵심 규준(CCSS-M)의 기대를 충족하기 위해서 학생 동기와 수학 과제에 대한 성취, 다른 인지적 요구 수준 간의 관계를 분석했다. 그녀는 절차 수행하기와 동료의 결과물에 대한 글로 환류하기를 통한 이해 표현하기의 두 가지 수학적 역량의 측면에 집중했다. 동료의 결과물에 대한 글로 환류하기는 더 인지적으로 까다로운 측면을 뜻한다. 결과는 수학에 대한 더 높은 흥미와 효능감, 낮은 성취 회피 동기와 부정적 감정에 대한 더 적은 경험이 두 가지 측면의 성취 수준과 관계가 있었으나, 반면에 유용성과 숙달 접근 목표(수학을 이해하는 것에 초점을 두는)는 더 인지적으로 까다로운 측면과만 관련이 있었다. Ni 외(2018)는 인지적 측면(예: 인지적 요구와 표상)과 학생 학습 결과의 관계를 분석했고 다양한 표상을 관여시키는 수학 과제의 빈도는 복잡한 질문을 해결하는데 학생들의 향상을 예측했다. 그러나 높은 인지적 요구의 수학 과제의 빈도는 학생 학습 결과를 예측하지 못했다.

이 문헌 검토는 세 단계를 아울러 수학 과제에 대한 염려와 학생 학습 결과와의 관계를 드러낸다. Stein과 Lane(1996)의 연구는 수학 과제와 학생 학습 간의 인과관계를 암시하는 반면에 다른 연구자들은 그 결과에 대해 의구심을 보였고 그 관계에 대한 체계적이고 잘 설계된 연구가 필요하다고 하였다. 연구자들은 수학 과제와 학생 학습 결과 간의 관계를 결정할 수 있는 중재자가 될 수 있을 다른 인지적 특징(예: 표상representation)의 문제를 다루었다.

교사 학습에 관한 연구

인지적 요구 수준과 MTF는 수학 지도에 관한 연구에 크게 기여했을 뿐만 아니라 전문성 신장 워크샵과 교사교육 프로그램을 통해서 교사 학습에 관한 연구에도 크게 기여했다. QUASAR 프로젝트에서의 경험을 바탕으로 Stein 외(2000)는 현직 교사들을 위한 전문성 신장 프로그램을 설계하고 실행하는 데 공통적으로 사용되는 "교과서"가 된 보라색 책을 작성했다. 이 책은 연구로부터 나타난 이야기 사례narrative cases를 포함하고 과제 설정과 실행과 관련한 교수학적 패턴을 설명한다. 이 책에는 두 가지 핵심적인 특징이 발견된다. Stein

외에 따르면 다른 과제는 다른 수준과 일반적으로 다른 인지적 요구 수준으로 분류될 수 있는 학생의 사고 종류를 필요로 한다. 또 다른 것은 한 과제에서 수반되는 인지적 요구의 수준은 교실 수업 동안에 변화할 수 있다는 것이다.

Niss(2011)는 보라색 책이 실행을 향해있고 이야기 사례에서 연구 결과를 토의하는 방식을 고려하면 교사와 현직 교사교육자에게 유용하고 실용적인 도구임을 시사했다. 이러한 방식으로 교사들은 쉽게 전문성 신장에 참여할 수 있고 개정된 NCTM의 규준 중심 교육과정과 친숙해질 수 있다.

QUASAR 프로젝트를 바탕으로 개발된 두 가지 주된 연구 프로젝트인 미시간 대학교에서 실행된 "실행을 넘어서: 어려움과 학습을 중심으로(BI:FOCAL: the Beyond Implementation: Focusing on Challenge and Learning)"와 서부 펜실베이니아에서의 "중등 수학 교사 준비 향상시키기(ESP: the Enhancing Secondary Mathematics Teacher Preparation)"를 뒤따라 시작되었다. 아래에서 우리는 이 두 프로젝트와 인지적 요구와 MTF와 관련된 후속 프로젝트의 결과를 보고한다.

BI:FOCAL 프로젝트는 사례 분석과 수업연구라는 두 가지 전문성 신장 접근방식을 통합함으로써 교사의 실행에 관한 학습의 향상을 돕기 위한 목적이었다(Silver, Mills, et al., 2006b). 규준 중심 수학교육과정을 이미 경험했던 12명의 교사의 첫 번째 해 자료를 바탕으로 Silver 외(2005)는 두 가지 주된 측면으로 분류될 수 있는 몇몇 방해요소에 대해 보고했다. 첫 번째 측면은 인지와 수업의 시간과 학생의 능력, 학생의 해결책 중 선택하기, 학생의 해결 방법의 순서를 정하기, 오류 나열하기, 정의적 문제를 포함하는 교수법이다. Silver 외(2005)는 교사에게 교수학적 도전 중 한 가지는 교실 학생들과 함께 다양한 해결 방법을 실제 실행하는 것의 이점을 받아들이는 것이다.

Silver와 Charalambous 외(2006a)는 몇몇 교사들이 수학 문제에 대한 다양한 해결 방법 자체가 거의 관찰되지 않기 때문에 높이 평가하지 않는다는 점을 다루었다. 그들은 수학 교사의 전문적인 성장 사이클을 제안하였다. 첫 번째 단계는 교사가 단순하지 않은 수학 문제를 해결하도록 요청받는 시작하는 활동으로 구성된다. 두 번째 단계는 교사가 개별적으로 보라색 책에 수록된 것과 같은 이야기 사례를 추론하고 분석할 기회를 만들어 내는 것과 관계된다. 세 번째 단계는 토의와 교사가 개념을 명확히 하여 새로운 아이디어를 학습하고, 수학 내용, 교수법, 학생 학습과 관련한 문제를 식별할 수 있는 이야기 사례에 관한 전체 모둠 토의로 구성된다. 네 번째 단계는 교사가 수업 목표를 식별해내고 동료와 수업을 계획하며 교실에서 수업을 실행하고 다른 교사와 함께 스스로 가르친 경험을 토의하는 방법을 알 수 있도록 그 이야기 사례와 자신의 수업 관행 간의 연결을 돕는 것과 관계된다. 이야기 사례를 교수·학습에 대한 질문을 불러일으키기 위한 더 일반적인 원리는 Silver 외(2008)에 의해 제안된 바 있다. 그 원리는 교사의 주의를 의미 가치가 있는 수학 과제로 이끌 수 있는 이야기 사례를 선택하기, 이야기 사례에 내재된 중요한 수학적 아이디어에 집중하기, 한 수업의 흐름을 퍼실리테이터가 이야기 사례로부터 나타나는 수용할 수 있도록 할 수 있고 교사가 수학 수업의 복잡성을 탐색할 수 있도록 조절하기를 포함한다.

Silver와 Ghousseini 외(2009a)는 더 나아가 MTF와 교수학적 삼각형(Cohen et al., 2003)을 조합함으로써 전문성 신장 연수 실행 고원[plateau]을 제안하였다. Silver와 Ghousseini 외(2009a)는 교육과정 실행 고원이 교사가 학생과 수학 내용 간의 상호작용을 중재하는 적극적인 대리인으로서의 역할을 과소평가할 수 있음을 인식하도록 허용한다는 사실을 발견했다. 교사는 아마도 또한 상호작용을 효과적으로 중재할 수 있을 교수학적 전략의 덜 발전된 전체 목록을 가지고 있을지 모른다.

ESP 프로젝트와 관련하여 BI:FOCAL 프로젝트와 유사하게 연구자들은 또한 인지적 요구 수준, MTF, Stein 외(2000)의 보라색 책을 전문성 신장 설계와 실행을 위하여 채택하였다. 그 전문성 신장은 교사가 새로운 아이디어를 고심하고 아이디어에 동의하지 않음을 표현하며 그들이 변화시키고 싶어하는 지도의 실행 측면을 식별하도록 요청받아 지지해주고 협동적인 환경으로서 설계된 것이었다. Boston과 Smith(2009)는 교사가 더 빈번하게 높은 수준의 과제를 선택하고 과제 실행 중에 높은 인지적 요구 수준을 더 잘 유지할 수 있는 것처럼 ESP 전문성 신장 연수에서 전문적인 신장의 증거를 발견했다. 사회적 구성주의를 바탕으로 Boston과 Smith(2009)는 전문성 신장의 실행에 대한 핵심으로써 교사의 신념과 사전지식을 바탕으로 연수 설정하기, 교사의 사전지식과 신념, 수학 지도에 대한 새로운 지식, 교사의 사회적 상호작용을 최대한 활용하기라는 세 가지 요소를 인지적 갈등을 자극하고 유지하기 위하여 다루었다.

Boston과 Smith(2011)는 교사들이 과제 실행을 향상시킴으로써 인지적 요구 수준이 높은 과제를 선택하는 것을 촉진할 수 있을 때 교사 학습이 일어나는 방식을 강조하는 과제 중심 전문성 신장 접근방식[task-centric professional development approach]의 용어를 사용했다. 그들은 또한 교사들이 높은 수준의 인지적으로 까다로운 과제들을 선택하지 않는다면 그들은 과제 실행을 통해 그들의 지도를 향상시킬 기회를 잃는다. Boston과 Smith(2011)는 교사 학습에서의 차이점을 인식하면서 교사가 전문성 신장에 참여하는 방식으로 교실 수업에 관한 연수로부터 배운 아이디어로 고심하고 적용하는 정도를 예측할 수 있음을 알게 되었다. Boston(2013)은 과제 중심 전문성 신장 접근방식은 수학 과제가 학생 학습에 갖는 영향력에 대한 교사의 아이디어를 발달시킬 수 있음을 보고했다. 이는 학생 학습에 관한 교사의 지식이 학습자, 동료 교사, 퍼실리테이터와 토의함으로써 도전적인 수학 과제를 해결하는 경험과 밀접하게 관련이 있기 때문이다.

Stein, Smith와 동료들(Smith & Stein, 2011; Stein et al., 2008)은 인지적 요구의 구인과 MTF를 바탕으로 수학 수업을 효과적으로 지휘할 수 있는 다섯 가지 핵심적인 관행을 제안하였다. 학생의 다양한 수학적인 아이디어와 학습 경로를 예측하기 위해서 교사는 학생이 과제의 뜻을 어떻게 알아듣는지 이해하고 학생의 수학에 대한 이질적인 아이디어와 접근방식을 일치하도록 노력해야 한다. 다섯 가지 핵심적인 관행은 높은 수준의 인지적으로 까다로운 과제에 대한 학생의 다양한 답변을 예견하기, 탐색 단계에서 인지적으로 까다로운 과제에 대한 학생들의 답변을 모니터링하기, 토의-종합 단계 동안 학생들의 수학적 답변을 제시할 수 있도록 선택하기, 학생 답변을 의도적으로 순서를 정하여 제시하기, 다른 학생의 답변과 핵심 아이디어 간의 수학적으로 연결할 수 있는 비계 설정하기를 포함한다. 다섯 가지 관행은 높은 인지적 요구 수준의 교수학적 과제를 설계하고 실행하는 공통된 분석틀이 되었다.

ESP 프로젝트의 이점과 이론적인 토대는 채택되었고 과학교육에 특히 과학 교사를 대상으로 한 전문성 신장의 설정과 실행에 이르게 되었다. Tekkumru-Kisa와 Stein(2014)은 과학 교사의 행위가 학생이 인지적으로 까다로운 과제를 해결할 때 사고하고 추론할 기회를 어떤 형태가 되게 할지를 식별하는 것과 관련하여 과학 교사의 학습을 지지할 수 있는 대조되는 수업 영상을 사용했다. Tekkumru-Kisa와 Stein(2015), Teccumru-Kisa 외(2018)는 영상 기반 전문성 신장의 효과성을 입증하였다. 그들은 영상 자료가 교사에게 학생의 과학적 사고에 주의를 기울이고 향상시키며 과학 지도에 관한 그들의 관점을 변화시킬 기회를 준다는 사실을 보고했다. Tekkumru-Kisa와 Stein(2017)은 또한 Stein 외(2008)가 과학 교사를 대상으로 한 전문성 신장의 설계에서 제안한 다섯 가지 핵심적인 관행을 채택하였다. 그들은 다섯 가지 핵심적인 관행에 더불어 교실 수업을 위한 목표 설정하기와 교수학적 과제의 선택하기라는 두 가지 관행을 추가하였다. 이러한 일곱 가지 관행은 교사가 복잡한 교실 상호작용을 이해할 수 있도록 성공적으로 지지할 수 있는 목표가 이끌고 이론 기반 전문성 신장을 설계하는 핵심이 되었다.

이 연구와 관행은 Tekkumru-Kisa 외(2020)가 이 구인이 연구에서 어떻게 사용되었고 확장되었는지와 관련하여 Walter Doyle의 교수학적 과제들에 관한 이론과 연구를 재음미하게끔 하였다. 그들은 그 구인이 교육체계가 직면한 동시대의 어려움에 적용 가능성이 있고 후속 연구를 위한 제안을 제공할 수 있음을 주장하였다. Borko 외(2021)는 교사의 과학 담화 관행에 집중했고 교사가 전문성 신장에 참여한 후 상호작용적인 대화 구조의 사용과 대화 움직임에서의 인지적 요구를 높였다는 점을 보고하였다. Borko 외는 교실 수업에 관한 교사 학습에서의 상당한 다양성을 발견했다.

인지적으로 까다로운 과제에 초점을 둔 전문성 신장에서의 또 다른 주된 연구 경향은 다른 문화적 배경의 교사의 유사점과 차이점을 연구하는 것이다. Heyd-Metzuyanim 외(2016)는 이스라엘 교사의 수학화와 교수학적 대화를 구별하기 위하여 먼저 Sfard(2007)의 의사소통적인지[commognitive] 분석틀을 처음으로 사용했다. 그들은 인지적으로 까다롭고 개념적으로 지향되어 있고 학생 중심적인 점을 강조하면서 수학 지도가 "탐험적"이라고 명명됨에도 불구하고 종종 피상적인 수준에 머무르고 있다는 점을 보고했다. 그 기저의 이유는 교사는 종종 수학에 대한 것보다는 사람에 대한 담화에 더 관심이 었었다는 것이었다. 미국에서의 대화적인 지도를 위한 전문성 신장의 맥락 안에서의 수업 계획 시간에 Heyd-Metzuyanim 외(2018)는 전문성 신장 연수 참여자가 수학 수업을 어떻게 구조화하는지와 서로 다른 구조가 계획된 수업과 그 결과 간의 이질성을 설명할 수 있을지에 관한 이해를 얻기 위해서 수업의 계획과 실행을 면밀하게 분석하고자 목표했다. 그들은 교사들이 "하는" 구조에서 "탐색하는" 구조로 변화하도록 지지하는 것의 어려움과 복잡성을 강조했다. Heyd-Metzuyanim 외(2018)는 또한 수업 계획 시간 동안에 교사교육자와 교사의 대화에 의해 암시된 상위 규칙의 집합과 수업에서 교사의 교수학적 대화에서 발견된 것이 불규칙적인 것 그 이상이였음을 발견했다. 대신에 수학적 의미형성의 상위 규칙과 다르고 잘 일치되지 않은 구조와 관련된 수학 수업의 상위 규칙 간 상호보강[mutual reinforcement]의 관계가 있었다. 그들은 또한 교사가 또 다른 교사를 토론이 풍부하고 탐험적인 수업을 향해 이끌려고 노력할 때 교사교육자와 교사 간의 더 심화되고 잘못된 의사소통이 있음을 식별해냈다. 이러한 잘못된 의사소통은 사실상 교수학적 담화가 잘못 부합할 때, 좋은 수업에 관한 똑같은 담화를 받아들이는 두 집단 때문에 거의 알아차리지 못했다.

Baor와 Heyd-Metzuyanim(2019)는 의사소통적 접근 방법에 기초한 분석은 교수학적 과정들이 일어나는 동안 **인지적 요구의 하락**[lowering of cognitive demand](Stein & Smith, 1998)의 의미를 설명할 수 있을 것이라고 주장했다. Stein과 Smith는 필요한 탐험으로부터 의례적으로 제공되는 탐험으로 전환하는 학습 기회를 지칭하는 학습할 기회의 의식화[ritualization]로서 교수학적 과제의 인지적 요구 하락을 개념화하였다. 그들은 전문성 신장이 교사의 "의식화"(즉, 필요한 탐험으로부터 가능케 하는 의식으로의 전환)의 패턴에서의 양적인 변화를 촉진할 수 있다고 시사했다.

Heyd-Metzuyanim 외(2019)는 더 나아가 생산적인 토의와 책임감 있는 대화를 지휘하는 다섯 가지 핵심 관행에 기초하여 설계된 전문성 신장 연수에 참석했던 두 명의 중학교 교사들의 학습 경로를 이론화하기도 했다. 그들은 탐험적인 참여[explorative engagement]를 융통성과 맥락과 학생 요구에 따라 관행을 더 세밀하게 조정하는 것으로 특성화 했던 반면에, 지도 관행에서 의례적인 참여[ritual engagement in the teaching practices]를 전문성 신장 수업에서 관찰했던 관행의 엄격한 모방[rigid imitation], 교수 행동과 그 기저의 목표 간의 불일치[incoherence]로 조작화[operationalize]하였다. Heyd-Metzuyanim 외(2019)는 의식적 참여로부터 탐험적 참여로의 발전은 과제 선택 관행과 수학적 토론 지휘의 관행에서 관찰될 수 있다고 주장했다. Heyd-Metzuyanim과 Shabtay(2019)는 또한 어떻게, 무엇을, 언제, 누구에게 가르칠 것인가에 관한 상위 규칙[meta-rule]과 내러티브[narrative]를 특정한 교수학적 담화로서 조작화[operationalized]하였다. 이러한 조작화는 교사 간의 섬세한 차이점을 구분하는데 성과가 있었다.

아래에서는 Heyd-Metzuyanim 외(2020)는 철학적, 명제적, 절차적의 세 수준에 따라 전문성 신장 교수 처치에 관한 문화적인 적응을 설명하기 위해 생산적인 토의와 책임감 있는 대화를 지휘하는 다섯 가지 관행을 사용했다. 개인 성장 곡선 분석은 다섯 가지 매개변수인 지적 권위, 교실 담화, 학생 사고의 노출, 과제 실행, 통합을 따라 상당한 성장이 있음을 의미했다. Heyd-Metzuyanim 외(2020)는 전문성 신장의 효과성은 상대적으로 잘 정의된 핵심 관행을 토대로 결정될 수 있음을 주장했다. 기본 수준에서는 누군가 자연이나 현실을 바라보는 방식인 기초를 이루는 철학적인 가정이 있다. 마지막으로 명제적인 모델로부터 유래한 것으로 교수학적 처치를 실행할 때 필요한 정확한 행동의 순서를 결정하는 절차적 모델이 있다.

Nachlieli와 Heyd-Metzuyanim(2021)은 과제 중심 전문성 신장 접근 방법과 결을 같이 하며 전문성 향상은 교사의 교수학적 담화가 전달기반[delivery-based] 교수학적 담화에 탐험기반[explorative-based] 교수학적 담화에 조정으로의 변화로 볼 수 있다고 주장했다. 그들은 두 유형의 담화와 같이 의사소통적 갈등이 핵심이라고 주장했고 갈등은 네 가지 주제로 정리할 수 있었는데 그중 학생의 능력과 수업과의 관계가 가장 흔한 주제였다. 그 외의 주제는 교실에서 수학적 지식을 구성할 책임이 있는 이들을 식별하기, 탐험적인 교수학적 담화의 제한적인 관점과 보통 수업의 관점으로 이루어져 있다. 갈등의 수준은 참여자에게 암시적인 의사소통적인지[commognitive] 갈등으로부터 명백하고 성찰된 갈등에 이르렀다.

이미 언급했던 연구 흐름 중 일부와 더불어 몇몇 연구자들은 또한 인지적 요구 수준과 MTF를 전문성 신장을 설계하거나 전문성 신장에 참여한 교사의 학습을 평가하려는 목적으로 채택했다. 연구자들은 수업연구[lesson study], 과제 중심, 영상 기반, 교사가 인지적 요구 수준에 따라 토의할 수 있도록 하는 학교 기반 관점에서 설계된 전문성 신장은 교사의 전문성 신장 연수 참여, 지도 관행, 학생 학습에 관한 이해, 표준 교육과정에 관한 지식을 향상시킬 수 있음을 시사했다(Arbaugh, 2003; Candela, 2017; Codreau et al., 2020; Foley et al., 2012; Georgius, 2013; Johnson et al., 2004; Johnson et al., 2016).

Schoenfeld 외(2019)는 TRU 분석틀과 수업연구를 합성하여 그들이 TRU-수업연구로 특성화했던 전문성 신장 프로그램의 힘을 강조했다. 교실 관행의 필수적인 측면 중 하나는 인지적 요구이다. TRU-기반 전문성 신장에서는 교사 학습 공동체는 TRU 분석틀을 사용한 관행의 결과물을 숙고함으로써 협동하여 지도와 학습에 관한 그들의 비전을 조정한다. TRU-수업연구에서 교사는 핵심적인 수학적 문제와 학생의 참여에 초점을 두는 수업을 설계하고, 가르치며, 생각해보기 위하여 함께 활동한다.

Codreanu 외(2020)는 실제성과 인지적 요구를 바탕으로 개발된 영상 기반 시뮬레이션은 예비 교사가 교실 수업을 인식하고 학생들의 수학적 아이디어에 따라 서열을 매김으로써 실습 기반 지식을 발달시킬 수 있다고 주장했다. Amador 외(2021)는 수업연구의 요소와 교사 학습을 위한 스튜디오 모델을 통합하는 온라인 지도 실험 모델을 묘사했다. 그들은 교사가 더 빈번하게 참여와 과제의 인지적 요구에 관련된 교사 담화 움직임을 식별해냈고 교사 교수법, 학생 전략, 그리고 수학적 목표 간의 연결을 파악하였다.

전문성 신장이 교사 지식, 교수학적 관행, 궁극적으로는 학생 학습을 향상시킬 수 있는 유망한 교수 처치라는 점을 인식하면서, Liu와 Phelps(2020)는 교사가 연수 과정을 마친 후에 연수를 통해 얻은 평균적인 득점 향상이 37일 후에 사라진다는 점을 시사하면서 교사 내용 지식에서의 음의 변화율을 발견했다.

요컨대 MTF와 인지적 요구 수준은 수학 지도에 관한 연구뿐만 아니라 전문성 신장 연수의 실행과 교사교육 프로그램을 통한 교사 학습에 관한 연구에도 상당한 기여를 했다. 미시간에서의 BI:FOCAL과 서부 펜실베니아의 ESP 프로젝트는 교실 수업 중 교사가 인지적으로 까다로운 과제를 선택, 설정, 실행할 때 겪는 어려움을 찾아내었다. 두 연구 프로젝트에서 연구자들은 또한 교실 수업을 위한 인지적으로 까다로운 과제의 사용에 대해서 교사 학습을 촉진할 수 있는 전략을 제안하였다. 두 프로젝트에 관여했던 연구자들은 더 나아가 수학 지도를 지휘하기 위한 다섯 가지 핵심적인 관행을 제안하였다. 게다가 ESP 프로젝트의 강점과 이론적인 토대는 채택되어 과학 교사들을 위한 과학교육에서 전문성 신장의 설정과 실행으로 확장되었다.

미국에서의 두 프로젝트 외에도 연구자들은 또한 인지적으로 까다로운 과제의 초점을 사용하면서 교사의 학습 경로를 이해하고자 시도하였다. 과제는 전문성 신장에서의 중심에 있다고 간주되고 있다. 연구자들은 또한 서로 다른 문화적 맥락 간의 교사 학습에서의 유사점과 차이점을 연구하고자 시도했다.

교과서 분석에 관한 연구

더 많은 연구자들이 교과서의 중심적인 역할을 인식하고 교과서와 수학의 지도, 학습 간의 관계를 연구해오고 있다. 관련된 저널의 논문과 북챕터에서 인지적 요구 수준과 MTF는 교과서나 교육과정 자료(예: 시험)에 수록된 수학 과제를 연구하는 이론적인 시각으로서 폭넓게 사용되어오고 있다.

연구들은 한 국가 내의 다른 교과서 출판물이나 교육과정 자료에 대한 인지적 요구의 분석(Dogbey & Dogbey, 2018; Hadar & Ruby, 2019; Hsu & Silver, 2014; Jones & Tarr, 2007; Sears & Chávez, 2014; Son & Kim, 2015; Wijaya et al., 2015)이나 교과서가 학생에게 제공하는 수학 학습 기회의 질과 양을 이해하고자 국가 간 교과서 분석(Charalambous et al., 2010; Ponte & Marques, 2011; Sianturi et al., 2021)을 제시했다. 가장 빈번하게 분석된 교과서의 학년 수준은 초등이었고 뒤이어 중학교, 고등학교 순이었다(Son & Diletti, 2017). 인지적 요구 수준을 바탕으로 분석되었던 교과서의 수학 주제로는 분수, 수에 대한 연산, 대수, 함수, 연립방정식, 기하, 삼각법, 추상화, 확률, 비례추론과 같은 것이 있다. 연구 결과는 인지적 요구 수준이 효과적으로 다양한 수학 주제 간의 과제 복잡성을 포착한다는 것을 시사했다.

이러한 연구 중에서 몇몇 연구자들은 직접적으로 인지적 요구 수준을 루브릭으로 변화가 전혀 없는 교과서를 분석하기 위하여 적용했다(Arbaugh & Brown, 2005; Jones & Tarr, 2007). 인지적 요구 수준을 교과서 분석에 사용했던 이유는 교과서에 포함된 수학 과제의 인지적 요구 수준이 더 높을수록 그 교과서가 학생에게 제공할 학습 기회의 질이 더 좋다는 것이었다. 다른 과제 평가 루브릭(예: 정답의 유형; Charalambous et al., 2010)과 함께 인지적 요구 수준의 사용은 한 국가 또는 국가 간 수학교육과정의 중재자로서 교과서가 학생에게 수학 학습의 기회를 어떻게 제공하는지를 탐색할 수 있게 하였다. 이 분석 결과는 더 나아가 교육체계의 발전과 국가 간 수학 평가(Mullis et al., 2012; Organisation for Economic Co-operation and Development [OECD], 2014)에서 학생 성취도를 설명하는 토대에 대한 이유를 더 잘 이해할 수 있게 하고, 수학교육과정과 교과서의 개선에 대한 함의를 제공한다.

몇몇 연구자들은 인지적 요구 수준을 특정한 수학 내용이나 과제의 구체적인 특징을 식별하기 위하여 일부 수정하였다. 이미 다루어졌던 연구 관심 주제로는 **연결성 있는 절차**와 **연결성 없는 절차** 간의 구분을 포함한다. Stein 외(2000)에 따르면 연결성 없는 절차로 식별되는 과제는 잘 정립된 절차를 수반하는 과제를 의미한다. Charalambous 외(2010)는 이

정의를 키프로스, 아일랜드, 대만의 교과서에 포함된 분수 과제를 분석하기 위하여 적용했다. 그러나 그들은 어떻게 한 절차가 특정한 집단의 학생을 위해 정립되었는지를 결정하는 데에 있어 어려움에 봉착하였다. 이 문제를 해결하기 위해서 인지적 요구 수준을 결정할 때 그들은 수학적 의미의 중요성을 강조했다. 이를 위해서 그들은 의미에 대한 연결성 없는 절차와 의미에 대한 연결성이 있는 절차를 분류했다. 전자는 대개 알고리즘적이고 사용되는 절차의 토대를 이루는 개념이나 의미와 전혀 연결되지 않는 것이다. 후자는 학생의 주의를 과제를 해결하기 위해 필요한 절차의 토대가 되는 수학적 의미나 개념으로 이끈다. 이러한 관점에서 학생은 무감각하게 학습된 절차를 과제 해결을 위해 적용할 수 없다.

교육과정 자료의 발전에 대한 역사적인 관점으로 Baker 외(2010)는 교과서에서 상당한 변화가 있음을 입증하기 위하여 1990년에서 2000년 사이에 출판된 초등학교 수학 교과서를 분석했다. 그들은 학년도 간 교과서에 포함된 문제의 수학적 추론에 관하여 인지적 요구를 분석하고자 시도했다. 이 목표를 성취하기 위하여 그들은 다른 수학 주제에 걸쳐서 1학년부터 6학년까지의 인지적 요구 수준을 재구성하였다. 그들은 산술적인 문제해결에 대해 구체적이고 단순 반복적인 것을 낮은 수준의 인지적 요구로 더 추상화되고 개념적인 것을 높은 수준의 인지적 요구인 것으로 간주하였다. 더 상세하게 수준은 (0수준) 개념적이지 않은 전략(예: 덧셈표 암기하기), (1수준) 구체적인 표상과 세기(예: 통계적이거나 역동적으로 그림이나 물체로 세기), (2수준) 꽤 구체적인 차트나 상징과 같은 표상(예: 자리값 차트로 여러 자리 수를 더하거나 빼기), (3수준) 중간 정도의 추상화된 표상(예: 수직선 사용하기), (4수준) 더 쉬운 암산을 위한 개념적인 토대가 있는 지름길(예: 더 어려운 문제를 해결하기 위해서 더 쉽거나 친숙한 사실 사용하기), (5수준) 연산 성질의 개념적인 사용과 계산을 돕는 숫자의 사용(예: 덧셈이나 곱셈에서 교환법칙 사용하기. 한 가지 사실을 배웠다면 그 반대도 안다.)의 순으로 이루어진다. 이러한 인지적 요구 분석틀을 초등학교 수준의 산술에 맞추어 수정한 것은 저자들이 10년간 교과서에서 문제해결 전략의 수, 추상화, 인지적 요구 수준의 증가가 있었다는 주장을 할 수 있게 하였다.

O'Connor 외(2019)는 또한 2010년에 아일랜드 중·고등학교에서 새로운 프로젝트인 수학교육과정의 단계적 도입이 시작되었음을 보고했다. 그들의 연구는 수학 인증시험[Leaving Certifcate Higher-level mathematics examination]에서 과제를 완수하기 위해 필요한 인지적 요구 수준이 2007년에서 2017년에 걸쳐 교육과정 개정의 결과로서 변화 여부를 조사하는 데 목적이 있었다. 그 결과는 교육과정 개정에 따라 높은 인지적 요구 수준의 과제의 통계적으로 유의미한 증가가 있음을 보였다.

Hsu와 Silver(2014)는 인지적 요구 수준을 기하 문제해결로 확장하였다. 그들은 Stein

외(2000)에 의해 다루어졌던 어려움인 학생(예: 그들의 사전지식과 경험을 통해)이 상당히 과제의 인지적 요구 수준에 영향을 끼친다는 사실을 인정하였다. 수학 과제의 유형화에 관한 동의를 얻고 기하 문제해결에 적합한 미묘한 인지적 활동을 포착하기 위하여 Hsu와 Silver(2014)는 기하 과제에 내재된 인지적 활동의 종류를 식별했다. 그들의 연구는 도식 복잡성과 문제해결 복잡성을 구별했다. 도식 복잡성은 대응하는 기하 성질과 그 하위 도식을 구별하기 위하여 도식 구성을 시각화 할 때 생성되는 인지적 요구를 뜻한다. 문제해결 복잡성은 성공적으로 해결 방법을 만들기 위해서 도식에 보조선을 작성하기, 해결책을 만들기 위한 추론 단계의 개수, 그 추론을 지지할 수 있는 필요한 기하적 성질, 주어진 도식과 대응하는 기하학적 성질을 연결하는데 필요한 변형하는 행동으로 인하여 야기되는 인지적 요구를 고려한다.

교육과정과 규준 간의 일치와 관련하여 Polikoff(2015)는 교육과정(즉, 공통적인 핵심에 맞춰진 교육과정 자료)과 주별 공통 핵심 규준(CCSS: Common Core State Standards)의 일치를 분석했다. 여기서 일치는 주제와 인지적 요구 모두에서의 일치로 정의되었다. 이 정의에 따라 교과서가 CCSS 규준의 대상 학년 수준에 명세화된 모든 내용을 다루고 규준의 범위 밖의 어떠한 내용도 다루지 않을 때 일치한다고 했다. Polikoff(2015)는 상당한 영역에서 불일치를 발견했다. 구체적으로 교과서는 체계적으로 절차들과 암기를 규준에 비하여 상대적으로 지나치게 강조한 경향이 있었다.

요컨대 인지적 요구 수준은 한 국가 내에서나 여러 국가 간의 교육과정 자료와 교과서에 내재된 학습 기회의 질을 분석하는데 폭넓게 사용되어 오고 있다. 몇몇 연구자들은 인지적 요구 수준을 수정하지 않은 채로 측정 도구로서 직접적으로 교과서를 분석했고, 다른 연구자들은 특정한 수학 내용이나 수학 과제에 맞는 특성을 더 잘 식별하고자 인지적 요구 수준을 조금 수정하였다.

토의

이번 장에서는 우리는 MTF와 피츠버그 대학의 Edward Silver를 포함하는 한 집단의 연구자들이 개발했던 인지적 요구 수준을 설명하였다. MTF는 수학 과제가 수학 수업의 여러 단계에 걸쳐서 필수적인 역할을 하는 정도와 방법과 과제가 학생 학습 결과를 결정하는지를 면밀하게 검토하였다. 수학교육 분야 연구자와 교육자가 심리학적 관점을 수학 과제의 지도와 학습에서의 미묘함을 분석가능케 함으로써, 인지적 요구 수준의 분류는 심리학과 수학교육 간의 괴리를 연결한다. 이 비판적인 검토는 MTF와 인지적 요구 수준에 토대를 둔 연구의 세 가지 주된 경향(수업에 관한 연구, 교사 학습에 관한 연구, 교과서 분석에 관한 연구)을 드러냈다.

수업에 관한 연구와 관련하여 수업의 질에 영향을 주는 요인, 특정한 수학 내용에 초점을 두는 수업의 질, 공학적 도구를 활용한 수업, 인지적 요구의 다른 교과 영역으로의 확장, 인지적 요구와 학생 학습 결과라는 여섯 가지 연구 주제를 향하였다. 수업의 질에 관한 누적된 연구는 과제 설정과 실행 단계에서 인지적 요구 수준에 영향을 끼칠 수 있을 요인과 측면을 제시한다. 연구자들은 특히 수학 과제와 관련된 미국 교사의 교수학적 문제에 주목하였다. 교사 인증을 준비하는지, 도시 지역에서 일하는지와 관계없이 미국 교사는 거의 학생이 수학에 대한 깊은 이해를 발전시키도록 돕지 않으면서 수학 과제의 인지적 요구를 무시하는 가능성이 있었다.

교사의 지도를 위한 수학적 지식과 수학 수업의 질의 관계는 입증되었다. 교사가 가지고 있는 지도를 위한 수학적 지식이 더 높을수록 교실 수업 동안의 과제의 인지적 요구 수준을 유지할 역량이 더 좋았다. 연구자들은 또한 담화 움직임과 인지적 요구 수준을 유지할 때 학생의 생산적 고난의 중요성을 다루었다. 더 낮은 능력 수준의 학생일지라도 교사가 충분한 비계 설정을 해줄 때에는 요구 과제를 해결할 수 있다. 인지적 요구의 구인은 또한 교육 체계와 수학 수업을 향상시키는 핵심적인 방법 중 하나인 평가와 시험을 평가할 때 채택되었다.

특정한 수학 내용에 초점을 둔 수업의 질에 관한 연구와 관련하여 본 문헌 검토는 어떻게 다양한 수학 주제(통계 과제, 증명 과제, 모델링 과제, 대수 문제, 기하 문제, 심화된 수학 내용)가 명확하게 진술되고 인지적 요구 수준을 바탕으로 분석될 수 있는지를 보여주었다. 수학 수업에서 공학적 도구의 활용에 초점을 둔 연구를 위하여 연구자는 수학 수업에서 공학의 역할을 구별했을 뿐만 아니라 수학 과제의 인지적 요구 수준을 성공적으로 유지할 수 있는 수학 수업을 위한 공학의 사용을 안내하는데 사용될 수 있을 분석틀을 제안했다. 인지적 요구 수준은 또한 다른 교과 영역(예: 과학교육과 독해)에 확장되었다. 인지적 요구와 학생 학습 결과 간의 관계에 대한 분석과 관련하여 연구는 서로 다른 경험적인 결과를 보고한 바 있다. 몇몇 연구에서 과제의 인지적 요구 수준이 학생의 학습 결과에 상당한 영향을 끼쳤음을 확인했던 반면에 다른 연구에서는 인과관계와 관련한 관심사를 다루었다.

교사 학습에 관한 연구에 대한 검토는 교사가 전문성 신장 연수와 교사교육 프로그램을 통해 자신의 지도를 향상시키도록 돕는 것의 실효성을 설명하였다. 미국과 다른 국가(예:

이스라엘)에서 수행된 연구는 전문성 신장과 교사교육 프로그램의 효과성과 교사 학습에 영향을 끼칠 수 있을 요인(예: 교사들의 신념)을 확인하였다. 교과서 분석에 관한 연구와 관련하여 인지적 요구 수준들은 국가 간 다양한 수학 주제들의 교과서를 분석하기 위하여 넓게 채택되었다. 인지적 요구 수준의 개선은 수학 주제와 맥락에 맞춘 특성에 더 부합하게 하기 위하여 제안된 바 있다.

본 비판적인 검토를 토대로 MTF와 인지적 요구 수준은 수학교육에서의 연구와 관행에 상당한 기여를 했다. 미국교육학회(AERA: the American Educational Research Association, 2006)는 인지적 요구 수준과 MTF의 창시는 수학 학습에서 학생에 대한 높은 기대를 암시하고 심지어 혜택을 잘 받지 못한 학생에게조차 믿음을 암시하기 때문에 수학교육에서 큰 차이를 만들었다는 점을 시사했다. 그들은 또한 구인과 분석틀이 미국 수학교육을 1960년대의 운동과 다른 방식에서 크게 향상시켰다는 점을 지적했다. 1960년대의 운동은 과학교육에서의 수월성[Excellence](특히 대학에 입학 가능한 학생을 위한 교육)이 강력한 경제와 국방을 위한 핵심이라는 주장을 기반으로 했다. 그러나 인지적 요구 수준과 MTF는 어떤 학생도 교사가 적절한 비계 설정을 제공하면 도전적인 수학을 학습할 수 있다는 점을 암시한다. AERA(2006)는 입법가가 수학에서 모든 학생에게 높은 기대치를 가져야 하고 전통적으로 잘 대우받지 못했던 학생에게 수업 선택권을 넓혀줘야 한다고 했다. 이는 학생의 배울 기회를 제한하고 대학 준비 수학 과정들을 지연시키는 학생 추적 체계를 지양하는 것을 포함한다.

이 MTF와 인지적 요구 수준과 관련한 비판적인 문헌 검토는 아래에서 설명할 후속 연구와 실행의 가능한 방향을 숙고할 수 있게 한다.

첫 번째, 세 단계와 학생 학습 결과에 상당한 영향을 끼칠 요인을 포괄적으로 분석할 필요가 있다. MTF는 학생 학습 결과에 영향을 줄 수 있는 세 단계(교육과정적이나 교수학적 자료에 포함된 과제, 교사에 의해 설정된 과제, 학생에 의해 실행된 과제)를 제안했다. 그 분석틀은 또한 과제 설정에 영향을 줄 수 있는 요인(예: 교사의 목표), 학생의 실행에 영향을 주는 요인(예: 교실 규범)을 시사했다. 이러한 세 단계에 대한 분석은 완전하지 않고 그것에 영향을 주는 영향에 대한 분석도 아니다. 예를 들어, 선행연구에서 어떠한 연구도 포괄적으로 세 단계를 통해 수학 과제의 생성 과정과 학생 학습 결과에 대한 영향력을 분석하고자 시도하지 않았다. 지도는 교사-학생 간과 학생 사이의 복잡하고 사회적인 상호작용 과정으로서 이 단계에 대한 포괄적인 분석은 서로 다른 인지적 요구 수준의 과제가 학생이 효과적으로 수학을 학습할 수 있게 하는 방식과 그 정도에 관한 깊은 이해를 가능케 할 것이다. 이러한 세 단계에 관한 포괄적인 분석은 수학 과제와 학생 학습 간의 인과관계의 확인을 가능케 할 것이다.

게다가 개별 단계에 특정한 요인과 각 단계 간의 이행은 체계적이고 엄격한 분석을 필요로 한다. 예를 들어, 아주 적은 수의 연구에서도 교사의 수업 목표와 학생 학습 결과에 대한 영향에 초점을 두지 않았다. 교사의 교수학적 태도와 학생의 학습 태도가 학습 결과를 결정하는데 있어서 어떠한 방식으로 어떠한 정도로 영향을 끼치는지는 여전히 수학교육연구자들이 완전히 이해한 것은 아니다.

두 번째, 인지적 요구의 분류는 다양한 수학 주제들 간의 차이에 대한 고려를 필요로 한다. 인지적 요구를 4개 수준으로 분류하는 것은 수학교육연구를 수학 교수 학급 과정에 발생하는 인지적 과정의 미묘함에 대한 연구로 이끌었다. 인지적 요구의 수준은 수학 학습에서 중심이 되어야 할 인지적 과정으로써 수학교육과 심리학 사이의 괴리를 메워준다. 그러나 특정한 수학 주제에 맞는 다른 인지적 과정은 인지적 요구의 분류를 수정하는 토대가 되어야 할 문헌에서 토의된 바 있다. 예를 들어, Duval(1998)은 시각화가 기하 문제의 인지적 요구를 결정할 때 시각화가 고려되어야 함을 함의하는 기하 활동에서의 핵심적인 인지적 과정 중 한 가지라고 주장했다.

세 번째, 교사 학습에 대한 검토는 교사가 전문성 신장 연수와 교사교육 프로그램을 통해서 지도의 향상을 촉진하는 것의 실효성을 보여주었다. 연구자들은 또한 수학과 과학 지도를 지휘하는데 쓰일 수 있는 다섯 가지 핵심 관행을 제안했다. 여기서 우리는 후속 연구의 토대가 될 수 있을 몇 가지 쟁점을 제안한다. 첫 번째 관련된 질문은 지도가 문화적인 대본(Stigler & Hiebert, 1998)으로서 간주될 때, 다른 국가에서의 과제 중심 전문성 신장을 실행할 때 교사 학습에서의 공통점과 차이점들은 무엇인가?이다. 게다가, 교사들이 과제 중심 전문성 신장 연수에 참여할 때 어떤 긴장과 제한들과 마주하는가?

네 번째, 공학은 수학 지도에서 대단한 영향력(Bray & Tangney, 2017; Hoyles & Noss, 2003)을 갖는다는 점이 인정된다. 체계적인 문헌 검토를 토대로, Bray와 Tangney(2018)는 인지적 요구를 공학의 핵심 중 일부를 구성하는 것으로서 선행연구에서 상대적으로 거의 연구가 되지 않았거나 토의되지 않았다고 시사했다. 공학의 다른 유형은 교실 수업에서 교사들이 높은 질의 학습 기회를 제공하기 위해서 인지적 요구를 유지하거나 높일 수 있도록 통합될 특별한 방식을 가질 수 밖에 없을 것이다. 인지적 요구 관점에서 다른 유형의 공학을 교실 수업에 통합시키는 것과 학생 학습에 대한 그들의 영향력은 추후 잘 설계된 분석을 요구한다.

▌참고문헌

Ahlstrom, U., & Friedman-Berg, F. J. (2006). Using eye movement activity as a correlate of cognitive workload. *International Journal of Industrial Ergonomics, 36*(7), 623-636. https://doi.org/10.1016/j.ergon.2006.04.002

Akcay, A. O. (2016). *An examination of pre-service mathematics teachers' integration of technology into instructional activities using a cognitive demand perspective and levels of technology implementation* [Doctoral dissertation, Duquesne University].

Akcay, A. O., & Boston, M. D. (2018). Preservice mathematics teachers' effective use of technology: Analyzing the cognitive demands of technology-based instructional activities. In M. E. Strutchens, R. Huang, D. Potari, & L. Losano (Eds.), *Educating prospective secondary mathematics teachers: Knowledge, identity, and pedagogical practices* (pp. 143-166). Springer International. https://doi.org/10.1007/978-3-319-91059-8_9

Akcil-Okan, O., & Tekkumru-Kisa, M. (2021). *Enacting rigorous lessons: Leveraging students' ideas for enhancing demand on student thinking.* Presented at the National Association for Research in Science Teaching Annual Meeting.

Allen, A. F. (2003). *Integrating themes of social justice and equity into a middle school mathematics classroom.* Indiana University.

Amador, J. M., Gillespie, R., Carson, C., & Kruger, J. (2021). Online teaching labs: Changes in design and facilitation for teacher learning in synchronous professional development. *Professional Development in Education*, 1-17. https://doi.org/10.1080/1941525 7.2021.2013929

American Educational Research Association. (2006). *Do the math: Cognitive demand makes a difference.* Research Points: Essential Information for Educational Policy.

Arbaugh, F. (2003). Study groups as a form of professional development for secondary mathematics teachers. *Journal of Mathematics Teacher Education, 6*, 139-163. https://doi.org/10.102 3/A:1023928410992

Arbaugh, F., & Brown, C. A. (2005). Analyzing mathematical tasks: A catalyst for change? *Journal of Mathematics Teacher Education, 8*, 499-536. https://doi.org/10.1007/s10857-006-6585-3

Arbaugh, F., Lannin, J., Jones, D. L., & Park-Rogers, M. (2006). Examining instructional practices in Core-Plus lessons: Implications for professional development. *Journal of Mathematics Teacher Education, 9*, 517-550. https://doi.org/10.1007/s10857-006-9019-3

Baker, D., Knipe, H., Collins, J., Leon, J., Cummings, E., Blair, C., & Gamson, D. (2010). One hundred years of elementary school mathematics in the United States: A content analysis and cognitive assessment of textbooks from 1900 to 2000. *Journal for Research in Mathematics Education, 41*(4), 383-423. https://doi.org/10.5951/jresematheduc.41.4.0383

Ball, D. L., Thames, M. H., & Phelps, G. (2008). Content knowledge for teaching: What makes it special? *Journal of Teacher Education, 59*(5), 389–407. https://doi.org/10.1177/0022487108324554

Baor, R., & Heyd-Metzuyanim, E. (2019). Change in posing opportunities to learn in the context of professional development. In H. V. M. Graven, A. Essien, & P. Vale (Eds.), *Proceedings of the 43rd conference of the international group for the psychology of mathematics education.* Pretoria, South Africa.

Borko, H., Gomez, F. Z., Reigh, E., & Osborne, J. (2021). Teacher facilitation of elementary science discourse after a professional development initiative. *The Elementary School Journal, 121*(4), 561–585. https://doi.org/10.1086/714082

Boston, M. D. (2013). Connecting changes in secondary mathematics teachers' knowledge to their experiences in a professional development workshop. *Journal of Mathematics Teacher Education, 16*, 7–31. https://doi.org/10.1007/s10857-012-9211-6

Boston, M. D., & Smith, M. S. (2009). Transforming secondary mathematics teaching: Increasing the cognitive demands of instructional tasks used in teachers' classrooms. *Journal for Research in Mathematics Education, 40*(2), 119–156. https://www.jstor.org/stable/40539329

Boston, M. D., & Smith, M. S. (2011). A 'task-centric approach' to professional development: Enhancing and sustaining mathematics teachers' ability to implement cognitively challenging mathematical tasks. *ZDM: The International Journal on Mathematics Education, 43*, 965–977. https://doi.org/10.1007/s11858-011-0353-2

Boston, M. D., & Wilhelm, A. G. (2017). Middle school mathematics instruction in instructionally focused urban districts. *Urban Education, 52*(7), 829–861. https://doi.org/10.1177/0042085915574528

Boston, M. D., & Wolf, M. K. (2006). *Assessing academic rigor in mathematics instruction: The development of the Instructional Quality Assessment toolkit.* National Center for Research on Evaluation, Standards, and Student Testing.

Bowers, J., Bezuk, N., & Aguilar, K. (2011). Adapting the mathematical task framework to design online didactic objects. *International Journal of Mathematical Education in Science and Technology, 42*(4), 481–495. https://doi.org/10.1080/0020739X.2010.550941

Bray, A., & Tangney, B. (2017). Technology usage in mathematics education research – A systematic review of recent trends. *Computers & Education, 114*, 255–273. https://doi.org/10.1016/j. compedu.2017.07.004

Cai, J., & Silver, E. A. (1995). Solution processes and interpretations of solutions in solving a division-with-remainder story problem: Do Chinese and U. S. students have similar diffculties? *Journal for Research in Mathematics Education, 26*(5), 491–497. https://doi.org/10.2307/749435

Candela, A. G. (2016). Mathematics teachers' perspectives on factors affecting the implementation of high cognitive demand tasks. In M. B. Wood, E. E. Turner, M.

Civil, & J. A. Eli (Eds.), *Proceedings of the 38th annual meeting of the North American Chapter of the International Group for the Psychology of Mathematics Education*. Tucson, AZ.

Candela, A. G. (2017). Mathematics teachers' perspectives on professional development around implementing high cognitive demand tasks. In C. Martin & D. Polly (Eds.), *Handbook of research on teacher education and professional development* (pp. 538–560). IGI Global. https://doi.org/10.4018/978-1-5225-1067-3.ch030

Carnwell, R., & Daly, W. (2001). Strategies for the construction of a critical review of the literature. *Nurse Education in Practice, 1*(2), 57–63. https://doi.org/10.1054/nepr.2001.0008

Cayton, C. S.-A. (2012). *Teachers' implementation of pre-constructed dynamic geometry tasks in technology-intensive Algebra 1 classrooms*. North Carolina State University.

Cayton, C., Hollebrands, K., Okumuş, S., & Boehm, E. (2017). Pivotal teaching moments in technology-intensive secondary geometry classrooms. *Journal of Mathematics Teacher Education, 20*(1), 75–100. https://doi.org/10.1007/s10857-015-9314-y

Chamberlin, S., Payne, A. M., & Kettler, T. (2020). Mathematical modeling: A positive learning approach to facilitate student sense making in mathematics. *International Journal of Mathematical Education in Science and Technology*, 1–14. https://doi.org/10.108 0/0020739X.2020.1788185

Chapman, O. (2013). Mathematical-task knowledge for teaching. *Journal of Mathematics Teacher Education, 16*(1), 1–6. https://doi.org/10.1007/s10857-013-9234-7

Charalambous, C. (2010). Mathematical knowledge for teaching and task unfolding: An exploratory study. *The Elementary School Journal, 110*(3), 247–278. https://doi.org/10.1086/648978

Charalambous, C., Delaney, S., Hsu, H.-Y., & Mesa, V. (2010). A comparative analysis of the addition and subtraction of fractions in textbooks from three countries. *Mathematical Thinking and Learning, 12*(2), 117–151. https://doi.org/10.1080/10986060903460070

Codreanu, E., Sommerhoff, D., Huber, S., Ufer, S., & Seidel, T. (2020). Between authenticity and cognitive demand: Finding a balance in designing a video-based simulation in the context of mathematics teacher education. *Teaching and Teacher Education, 95*, 103146. https://doi.org/10.1016/j.tate.2020.103146

Cohen, D. K., Raudenbush, S. W., & Ball, D. L. (2003). Resources, instruction, and research. *Educational Evaluation and Policy Analysis, 25*(2), 119–142. https://doi.org/10.3102/01623737025002119

Coskun, S. D., & Bostan, M. I. (2019). An in-service primary teacher's implementation of mathematical tasks: The case of length measurement and perimeter instruction. *International Journal of Mathematical Education in Science and Technology, 50*(4), 486–505. https://doi.org/10.108 0/0020739X.2018.1522675

Delaney, S., & Gurhy, A. M. (2019). Combining differentiation and challenge in mathematics instruction: A case from practice. In U. T. Jankvist, M. Van den

Heuvel-Panhuizen, & M. Veldhuis (Eds.), *Proceedings of the eleventh congress of the European Society for Research in mathematics education*. Utrecht, the Netherlands.

Desimone, L., Smith, T. A., & Phillips, K. (2013). Linking student achievement growth to professional development participation and changes in instruction: A longitudinal study of elementary students and teachers in Title I schools. *Teachers College Record, 111*(5), 1-46.

Dogbey, J., & Dogbey, J. (2018). Depth of knowledge and context characteristics of the West African Examination Council's Core Mathematics assessment-the case of Ghana from 1993-2013. *Assessment in Education: Principles, Policy & Practice, 25*(4), 376-398. https://doi.org/10.1080/0969594X.2016.1192524

Doyle, W. (1983). Academic work. *Review of Educational Research, 53*(2), 159-199.

Doyle, W. (1988). Work in mathematics classes: The context of students' thinking during instruction. *Educational Psychologist, 23*(2), 167-180. https://doi.org/10.1207/s15326985ep2302_6

Duval, R. (1998). Geometry from cognitive point of view. In C. Mammana & V. Villani (Eds.), *Perspectives on the teaching of geometry for 21st century* (pp. 37-52).

Kluwer. Edwards, J., & Dall'Alba, G. (1981). Development of a scale of cognitive demand for analysis of printed secondary science materials. *Research in Science Education, 11*, 158-170. https://doi.org/10.1007/BF02356779

Engelhard, G., Jr., & Sullivan, R. K. (2007). Re-conceptualizing validity within the context of a new measure of mathematical knowledge for teaching. *Measurement: Interdisciplinary Research and Perspectives, 5*(2), 142-156. https://doi.org/10.1080/15366360701487468

Estrella, S., Zakaryan, D., Olfos, R., & Espinoza, G. (2020). How teachers learn to maintain the cognitive demand of tasks through Lesson Study. *Journal of Mathematics Teacher Education, 23*, 293-310. https://doi.org/10.1007/s10857-018-09423-y

Foley, G. D., Khoshaim, H. B., Alsaeed, M., & Nihan Er, S. (2012). Professional development in statistics, technology, and cognitively demanding tasks: Classroom implementation and obstacles. *International Journal of Mathematical Education in Science and Technology, 43*(2), 177-196. https://doi.org/10.1080/0020739X.2011.592616

Gartner, W. B., & Murphy, M. R. (1979). Concepts of workload. In B. O. Harman & R. E. McKenzie (Eds.), *Survey of methods to assess workload* (pp. 1-2). AGARD Aerospace Medical Panel.

Georgius, K. (2013). *Planning and enacting mathematical tasks of high cognitive demand in the primary classroom* [Doctoral dissertation, The University of Nebraska-Lincoln]. http://digitalcommons.unl.edu/teachlearnstudent/41

Gilbert, M. C. (2016). Relating aspects of motivation to facets of mathematical competence varying in cognitive demand. *The Journal of Educational Research, 109*(6), 647-

657. https://doi.org/10.1080/00220671.2015.1020912

Glaser, R. (1990). The reemergence of learning theory within instructional research. *American Psychologist, 45*(1), 29. https://doi.org/10.1037/0003-066X.45.1.29

Glaser, R., & Silver, E. A. (1994). Assessment, testing, and instruction: Retrospect and prospect. *Review of Research in Education, 20*, 393–419. https://doi.org/10.2307/1167389

Graeber, A. O., Newton, K. J., & Chambliss, M. J. (2012). Crossing the borders again: Challenges in comparing quality instruction in mathematics and reading. *Teachers College Record, 114*(4), 1–30. https://doi.org/10.1177/016146811211400402

Guastello, S. J., Shircel, A., Malon, M., & Timm, P. (2015). Individual differences in the experience of cognitive workload. *Theoretical Issues in Ergonomics Science, 16*(1), 20–52. https://doi.org/10.1080/1463922X.2013.869371

Hadar, L. L. (2017). Opportunities to learn: Mathematics textbooks and students' achievements. *Studies in Educational Evaluation, 55*, 153–166. https://doi.org/10.1016/j.stueduc.2017.10.002

Hadar, L. L., & Ruby, T. L. (2019). Cognitive opportunities in textbooks: The cases of grade four and eight textbooks in Israel. *Mathematical Thinking and Learning, 21*(1), 54–77. https://doi.org/10.1080/10986065.2019.1564968

Hanson, B. R., Strayer, J. F., Mangione, K. A., Brown, J. J., & Pair, J. D. (2014). Implementing GAISE recommendations through "doing statistics" tasks. In B. d. S. K. Makar & R. Gould (Eds.), *Proceedings of the ninth international conference on teaching statistics*. Flagstaff, Arizona, USA.

Henningsen, M., & Stein, M. K. (1997). Mathematical tasks and student cognition: Classroombased factors that support and inhibit high-level mathematical thinking and reasoning. *Journal for Research in Mathematics Education, 28*(5), 524–549. https://www.jstor.org/stable/749690

Heyd-Metzuyanim, E., & Shabtay, G. (2019). Narratives of 'good' instruction: Teachers' identities as drawing on exploration vs. acquisition pedagogical discourses. *ZDM: The International Journal on Mathematics Education, 51*, 541–554. https://doi.org/10.1007/s11858-018-01019-3

Heyd-Metzuyanim, E., Tabach, M., & Nachlieli, T. (2016). Opportunities for learning given to prospective mathematics teachers: Between ritual and explorative instruction. *Journal of Mathematics Teacher Education, 19*, 547–574. https://doi.org/10.1007/s10857-015-9311-1

Heyd-Metzuyanim, E., Munter, C., & Greeno, J. (2018). Conficting frames: A case of misalignment between professional development efforts and a teacher's practice in a high school mathematics classroom. *Educational Studies in Mathematics, 97*, 21–37. https://doi.org/10.1007/s10649-017-9777-0

Heyd-Metzuyanim, E., Smith, M., Bill, V., & Resnick, L. B. (2019). From ritual to explorative participation in discourse-rich instructional practices: A case study of teacher learning through professional development. *Educational Studies in Mathematics, 101*, 273–289. https://doi.org/10.1007/s10649-018-9849-9

Heyd-Metzuyanim, E., Nachlieli, T., Weingarden, M., & Baor, R. (2020). Adapting a professional development program for cognitively demanding instruction across shifting contexts. *Educational Studies in Mathematics, 104*(3), 385–403. https://doi.org/10.1007/s10649-020-09967-y

Hiebert, J., & Wearne, D. (1993). Instructional tasks, classroom discourse, and students' learning in second-grade arithmetic. *American Educational Research Journal, 30*(2), 393–425. https://doi.org/10.3102/00028312030002393

Hong, D. S., & Choi, K. M. (2019). Challenges of maintaining cognitive demand during the limit lessons: Understanding one mathematician's class practices. *International Journal of Mathematical Education in Science and Technology, 50*(6), 856–882. https://doi.org/10.108 0/0020739X.2018.1543811

Hoyles, C., & Noss, R. (2003). What can digital technologies take from and bring to research in mathematics education? In A. J. Bishop, M. A. Clements, C. Keitel, J. Kilpatrick, & F. K. S. Leung (Eds.), *Second international handbook of mathematics education* (pp. 323–349). Springer Netherlands. https://doi.org/10.1007/978-94-010-0273-8_11

Hsu, H.-Y., & Silver, E. A. (2014). Cognitive complexity of mathematics instructional tasks in a Taiwanese classroom: An examination of task sources. *Journal for Research in Mathematics Education, 45*(4), 460–496. https://doi.org/10.5951/jresematheduc.45.4.0460

Jackson, K., Garrison, A., Wilson, J., Gibbons, L., & Shahan, E. (2013). Exploring relationships between setting up complex tasks and opportunities to learn in concluding whole-class discussions in middle-grades mathematics instruction. *Journal for Research in Mathematics Education, 44*(4), 646–682. https://doi.org/10.5951/jresematheduc.44.4.0646

Johnson, D. C., Hodgen, J., & Adhami, M. (2004). Professional development from a cognitive and social standpoint. In A. Millett, M. Brown, & M. Askew (Eds.), *Primary mathematics and the developing professional* (pp. 185–217). Springer International. https://doi.org/10.1007/1-4020-1915-7_7

Johnson, R., Severance, S., Penuel, W. R., & Leary, H. (2016). Teachers, tasks, and tensions: Lessons from a research–practice partnership. *Journal of Mathematics Teacher Education, 19*, 169–185. https://doi.org/10.1007/s10857-015-9338-3

Jones, D., & Tarr, J. E. (2007). An examination of the levels of cognitive demand required by probability tasks in middle grades mathematics textbooks. *Statistics Education Research Journal, 6*(2), 4–27.

Kenney, P. A., & Silver, E. A. (1999). *Design features for the content analysis of a state assessment and NAEP.* Paper presented at the Annual Meeting of the American Educational Research Association, Montreal, Quebec, Canada.

Kessler, A. M., Stein, M. K., & Schunn, C. D. (2015). Cognitive demand of model tracing tutor tasks: Conceptualizing and predicting how deeply students engage. *Technology, Knowledge and Learning, 20,* 317–337. https://doi.org/10.1007/s10758-015-9248-6

Kotsopoulos, D., Lee, J., & Heide, D. (2011). A pair-wise analysis of the cognitive demand levels of mathematical tasks used during classroom instruction and those assigned for homework. *Canadian Journal of Science, Mathematics and Technology Education, 11*(4), 348–364. https://doi.org/10.1080/14926156.2011.624819

Krussel, L., Edwards, B., & Springer, G. T. (2004). The teacher's discourse moves: A framework for analyzing discourse in mathematics classrooms. *School Science and Mathematics, 104*(7), 307–312. https://doi.org/10.1111/j.1949-8594.2004.tb18249.x

Lane, S. (1993). The conceptual framework for the development of a mathematics performance assessment instrument. *Educational Measurement: Issues and Practice, 12*(2), 16–23. https://doi.org/10.1111/j.1745-3992.1993.tb00529.x

Lepak, J. (2013). *Supporting low-tracked algebra students' written arguments* [Doctoral dissertation, Michigan State University].

Liu, S., & Phelps, G. (2020). Does teacher learning last? Understanding how much teachers retain their knowledge after professional development. *Journal of Teacher Education, 71*(5), 537–550. https://doi.org/10.1177/0022487119886290

Magone, M. E., Cai, J., Silver, E. A., & Wang, N. (1994). Validating the cognitive complexity and content quality of a mathematics performance assessment. *International Journal of Educational Research, 21*(3), 317–340. https://doi.org/10.1016/S0883-0355(06)80022-4

Mali, A., Gerami, S., Ullah, A., & Mesa, V. (2019). Teacher questioning in problem solving in community college algebra classrooms. In P. Felmer, P. Liljedahl, & B. Koichu (Eds.), *Problem solving in mathematics instruction and teacher professional development* (pp. 317–335). Springer International. https://doi.org/10.1007/978-3-030-29215-7_17

Marx, R. W., & Walsh, J. (1988). Learning from academic tasks. *The Elementary School Journal, 88*(3), 207–219. https://doi.org/10.1086/461534

Matsumura, L. C., Garnier, H. E., Slater, S. C., & Boston, M. D. (2008). Toward measuring instructional interactions "at-scale.". *Educational Assessment, 13*(4), 267–300.

McGraw, R., Lynch, K., Koc, Y., Budak, A., & Brown, C. A. (2002). *Talking about mathematics teaching: An examination of the use of a multimedia case to stimulate the conversation.* Paper presented at the Annual Meeting of the American Educational Research Association, New Orleans.

McGraw, R., Lynch, K., Koc, Y., Budak, A., & Brown, C. A. (2007). The multimedia case as a tool for professional development: An analysis of online and face-to-face interaction among mathematics pre-service teachers, in-service teachers, mathematicians, and mathematics teacher educators. *Journal of Mathematics Teacher Education, 10*, 95–121. https://doi.org/10.1007/s10857-007-9030-3

Mehler, B., Reimer, B., & Coughlin, J. F. (2012). Sensitivity of physiological measures for detecting systematic variations in cognitive demand from a working memory task: An on-road study across three age groups. *Human Factors and Ergonomics Society, 54*(3), 396–412. https://doi.org/10.1177/0018720812442086

Mullis, I. V. S., Martin, M. O., Foy, P., & Arora, A. (2012). *TIMSS 2011 international results in mathematics*. TIMSS & PIRLS International Study Center.

Nachlieli, T., & Heyd-Metzuyanim, E. (2021). Commognitive conficts as a learning mechanism towards explorative pedagogical discourse. *Journal of Mathematics Teacher Education, 25*, 347–369. https://doi.org/10.1007/s10857-021-09495-3

Ni, Y., Zhou, D.-H. R., Cai, J., Li, X., Li, Q., & Sun, I. X. (2018). Improving cognitive and affective learning outcomes of students through mathematics instructional tasks of high cognitive demand. *The Journal of Educational Research, 111*(6), 704–719. https://doi.org/10.108 0/00220671.2017.1402748

Niss, M. (2011). The Danish KOM project and possible consequences for teacher education. *Cuadernos de Investigación y Formación en Educación Matemática, 9*, 13–24.

O'Connor, R., Shúilleabháin, A. N., & Meehan, M. (2019). Investigating cognitive demand of higher-level leaving certifcate mathematics examination tasks pre- and post- curriculum reform. In L. Harbison & A. Twohill (Eds.), *Proceedings of the seventh conference on research in mathematics education in Ireland*.

Organisation for Economic Co-operation and Development. (2014). *PISA 2012 results: What students know and can do-student performance in mathematics, reading and science* (Vol. 1). Author.

Otten, S., Webel, C., & de Araujo, Z. (2017). Inspecting the foundations of claims about cognitive demand and student learning: A citation analysis of Stein and Lane (1996). *The Journal of Mathematical Behavior, 45*, 111–120. https://doi.org/10.1016/j.jmathb.2016.12.008

Polikoff, M. S. (2015). How well aligned are textbooks to the Common Core Standards in mathematics? *American Educational Research Journal, 52*(6), 1185–1211. https://doi.org/10.3102/0002831215584435

Polly, D. (2014). Elementary school teachers' use of technology during mathematics teaching. *Computers in the Schools, 31*(4), 271–292. https://doi.org/10.1080/07380569.2014.969079

Ponte, J. P. d., & Marques, S. (2011). Proportion in school mathematics textbooks: A comparative study. In D. Pitta-Pantazi & G. Philippou (Eds.), *Proceedings of the 5th congress of the European Society for Research in mathematics education*. Larnaca, Cyprus.

Schoenfeld, A. H. (2018). Video analyses for research and professional development: The Teaching for Robust Understanding (TRU) framework. *ZDM: The International*

Journal on Mathematics Education, 50, 491–506. https://doi.org/10.1007/s11858-017-0908-y

Schoenfeld, A., Dosalmas, A., Fink, H., Sayavedra, A., Tran, K., Weltman, A., Zarkh, A., & ZunigaRuiz, S. (2019). Teaching for robust understanding with lesson study. In R. Huang, A. Takahashi, & J. P. Ponte (Eds.), *Theory and practice of lesson study in mathematics: An international perspective* (pp. 136–162). Springer International. https://doi.org/10.1007/978-3-030-04031-4_7

Sears, R., & Chávez, O. (2014). Opportunities to engage with proof: The nature of proof tasks in two geometry textbooks and its infuence on enacted lessons. *ZDM: The International Journal on Mathematics Education, 46*, 767–780. https://doi.org/10.1007/s11858-014-0596-9

Şeker, V., & Ader, E. (2017, February 1). *A case study of a frst-grade teacher's quality of implementation of mathematical tasks*. CERME 10, Dublin, Ireland. https://hal.archives-ouvertes.fr/ hal-01949087

Sfard, A. (2007). When the rules of discourse change, but nobody tells you: Making sense of mathematics learning from a commognitive standpoint. *The Journal of the Learning Sciences, 16*(4), 565–613. https://doi.org/10.1080/10508400701525253

Sherman, M. (2011). *An examination of the role of technological tools in relation to the cognitive demand of mathematical tasks in secondary classrooms* [Doctoral dissertation, University of Pittsburgh].

Sherman, M. (2014). The role of technology in supporting students' mathematical thinking: Extending the metaphors of amplifer and reorganizer. *Contemporary Issues in Technology and Teacher Education, 14*(3), 220–246.

Sherman, M., & Cayton, C. (2015). Using appropriate tools strategically for instruction. *The Mathematics Teacher, 109*(4), 306–310. https://doi.org/10.5951/mathteacher.109.4.0306

Sianturi, I. A. J., Ismail, Z., & Yang, D.-C. (2021). A cross-national comparison of mathematical problems on numbers and operations-related topics in five countries. *School Science and Mathematics, 121*(2), 72–84. https://doi.org/10.1111/ssm.12451

Silver, E. A. (1981). Recall of mathematical problem information solving related problems. *Journal for Research in Mathematics Education, 12*(1), 54–64. https://doi.org/10.2307/748658

Silver, E. A. (1985). *Teaching and learning mathematical problem solving: Multiple research perspectives*. Lawrence Erlbaum Associates.

Silver, E. A. (1987). Foundations of cognitive theory and research for mathematics problemsolving instruction. In A. H. Schoenfeld (Ed.), *Cognitive science and mathematics education* (pp. 33–60). Lawrence Erlbaum Associates.

Silver, E. A. (1994). On mathematical problem posing. *For the Learning of Mathematics, 14*(1), 19–28. https://www.jstor.org/stable/40248099

Silver, E. A. (1996). Moving beyond learning alone and in silence: Observations from the QUASAR project concerning communication in mathematics classroom. In L. Schauble & R. Glaser (Eds.), *Innovations in learning, new environments for education* (pp. 127–159). Lawrence Erlbaum Associates. https://doi.org/10.4324/9780203053515-13

Silver, E. A. (1997). Fostering creativity through instruction rich in mathematical problem solving and problem posing. *ZDM: The International Journal on Mathematics Education, 29*(3), 75–80. https://doi.org/10.1007/s11858-997-0003-x

Silver, E. A. (2009). Cross-national comparisons of mathematics curriculum materials: What might we learn? *ZDM: The International Journal on Mathematics Education, 41*, 827–832. https://doi.org/10.1007/s11858-009-0209-1

Silver, E. A. (2010). Examining what teachers do when they display their best practice: Teaching mathematics for understanding. *Journal of Mathematics Education at Teachers College, 1*(1), 1–6.

Silver, E. A., & Cai, J. (1996). An analysis of arithmetic problem posing by middle school students. *Journal for Research in Mathematics Education, 27*(5), 521–539. https://doi.org/10.2307/749846

Silver, E. A., & Jane, S. (1995). Can instructional reform in urban middle schools help students narrow the mathematics performance gap? Some evidence from the QUASAR project. *Research in Middle Level Education, 18*(2), 49–70. https://doi.org/10.1080/10825541.1995.11670046

Silver, E. A., & Marshall, S. P. (1990). Mathematical and scientifc problem solving: Findings, issues and instructional implications. In B. F. Jones & L. Idol (Eds.), *Dimensions of thinking and cognitive instruction* (pp. 265–290). Lawrence Erlbaum Associates.

Silver, E. A., & Mesa, V. (2011). Coordinating characterizations of high quality mathematics teaching: Probing the intersection. In Y. Li & G. Kaiser (Eds.), *Expertise in mathematics instruction: An international perspective* (pp. 63–84). Springer International. https://doi.org/10.1007/978-1-4419-7707-6_4

Silver, E. A., & Metzger, W. (1989). Aesthetic infuences on expert mathematical problem solving. In D. B. McLeod & V. M. Adams (Eds.), *Affect and mathematical problem solving: A new perspective* (pp. 59–74). Springer International. https://doi.org/10.1007/978-1-4612-3614-6_5

Silver, E. A., & Stein, M. K. (1996). The QUASAR project: The "revolution of the possible" in mathematics instructional reform in urban middle schools. *Urban Education, 30*(4), 476–521. https://doi.org/10.1177/0042085996030004006

Silver, E. A., Shapiro, L. J., & Deutsch, A. (1993). Sense making and the solution of division problems involving remainders: An examination of middle school students' solution processes and their interpretations of solutions. *Journal for Research in Mathematics Education, 24*(2), 117–135. https://doi.org/10.2307/749216

Silver, E. A., Leung, S. S., & Cai, J. (1995a). Generating multiple solutions for a problem: A comparison of the responses of U.S. and Japanese students. *Educational Studies in Mathematics, 28*, 35–54. https://doi.org/10.1007/BF01273855

Silver, E. A., Smith, M. S., & Nelson, B. S. (1995b). The QUASAR project: Equity concerns meet mathematics education reform in the middle school. In W. G. Secada, E. Fennema, & L. B. Adajian (Eds.), *New directions for equity in mathematics education* (pp. 9–56). Cambridge University Press.

Silver, E. A., Ghousseini, H., Gosen, D., Charalambous, C., & Strawhun, B. (2005). Moving from rhetoric to praxis: Issues faced by teachers in having students consider multiple solutions for problems in the mathematics classroom. *The Journal of Mathematical Behavior, 24*(3), 287–301. https://doi.org/10.1016/j.jmathb.2005.09.009

Silver, E. A., Charalambous, C., Strawhun, B., & Stylianides, G. J. (2006a). Focusing on teacher learning: Revisiting the issue of having students consider multiple solutions for mathematics problems. In S. Alatorre, J. L. Cortina, M. Sáiz, & A. Méndez (Eds.), *Proceedings of the 28th annual meeting of the north American chapter of the international group for the psychology of mathematics education.* Mérida, Mexico.

Silver, E. A., Mills, V., Castro, A., & Ghousseini, H. (2006b). Blending elements of lesson study with case analysis and discussion: A promising professional development synergy. In K. Lynch-Davis & R. L. Rider (Eds.), *The work of mathematics teacher educators: Continuing the conversation* (pp. 117–132). Association of Mathematics Teacher Educators.

Silver, E. A., Clark, L. M., Ghousseini, H. N., Charalambous, C., & Sealy, J. T. (2007). Where is the mathematics? Examining teachers' mathematical learning opportunities in practice-based professional learning tasks. *Journal of Mathematics Teacher Education, 10*, 261–277. https://doi.org/10.1007/s10857-007-9039-7

Silver, E. A., Clark, L. M., Gosen, D. L., & Mills, V. (2008). Using narrative cases in mathematics teacher professional development: Strategic selection and facilitation issues. In M. S. Smith & S. N. Friel (Eds.), *Cases in mathematics teacher education: Tools for developing knowledge needed for teaching* (pp. 89–102).

Silver, E. A., Ghousseini, H., Charalambous, C., & Mills, V. (2009a). Exploring the curriculum implementation plateau. In J. T. Remillard, B. A. Herbel-Eisenmann, & G. M. Lloyd (Eds.), *Mathematics teachers at work: Connecting curriculum materials and classroom instruction* (pp. 245–265). Routledge. https://doi.org/10.4324/9780203884645

Silver, E. A., Mesa, V., Morris, K. A., Star, J. R., & Benken, B. M. (2009b). Teaching mathematics for understanding: An analysis of lessons submitted by teachers seeking NBPTS certifcation. *American Educational Research Journal, 46*(2), 501–531.

Smith, M. S., & Stein, M. K. (2011). *Five practices for orchestrating productive mathematics discussions*. National Council of Teachers of Mathematics.

Son, J.-W., & Diletti, J. (2017). What can we learn from textbook analysis? In J.-W. Son, T. Watanabe, & J.-J. Lo (Eds.), *What matters? Research trends in international comparative studies in mathematics education* (pp. 3–32). Springer International. https://doi.org/10.1007/978-3-319-51187-0_1

Son, J.-W., & Kim, O.-K. (2015). Teachers' selection and enactment of mathematical problems from textbooks. *Mathematics Education Research Journal, 27*, 491–518. https://doi.org/10.1007/s13394-015-0148-9

Stein, M. K., & Kaufman, J. (2010). Selecting and supporting the use of mathematics curricula at scale. *American Educational Research Journal, 47*(3), 663–693. https://doi.org/10.3102/0002831209361210

Stein, M. K., & Lane, S. (1996). Instructional tasks and the development of student capacity to think and reason: An analysis of the relationship between teaching and learning in a reform mathematics project. *Educational Research and Evaluation, 2*(1), 50–80. https://doi.org/10.1080/1380361960020103

Stein, M. K., & Smith, M. S. (1998). Mathematical tasks as a framework for refection: From research to practice. *Mathematics Teaching in the Middle School, 3*(4), 268–275. https://doi.org/10.5951/MTMS.3.4.0268

Stein, M. K., Grover, B., & Henningsen, M. (1996). Building student capacity for mathematical thinking and reasoning: An analysis of mathematical tasks used in reform classrooms. *American Educational Research Journal, 33*(2), 455–488. https://doi.org/10.2307/1163292

Stein, M. K., Smith, M. S., Henningsen, M., & Silver, E. A. (2000). *Implementing standards-based math instruction: A casebook for professional development.* Teachers College Press.

Stein, M. K., Boaler, J., & Silver, E. A. (2003). Teaching mathematics through problem solving: Research perspectives. In H. L. Schoen & R. I. Charles (Eds.), *Teaching mathematics through problem solving: Grade 6–12* (pp. 245–256). National Council of Teachers of Mathematics.

Stein, M. K., Engle, R. A., Smith, M. S., & Hughes, E. K. (2008). Orchestrating productive mathematical discussions: Five practices for helping teachers move beyond show and tell. *Mathematical Thinking and Learning, 10*(4), 313–340. https://doi.org/10.1080/10986060802229675

Stigler, J. W., & Hiebert, J. (1998). Teaching is a cultural activity. *American Educator, 22*(4), 4–11.

Stylianou, D. A., & Silver, E. A. (2004). The role of visual representations in advanced mathematical problem solving: An examination of expert-novice similarities and differences. *Mathematical Thinking and Learning, 6*(4), 353–387. https://doi.org/10.1207/s15327833mtl0604_1

Tekkumru-Kisa, M., & Stein, M. K. (2014). Using contrasting video cases of the enactment of cognitively demanding science tasks in professional development.

In J. L. Polman, E. A. Kyza, D. V. O'Neill, I. Tabak, W. R. Penuel, A. S. Jurow, K. OConnor, T. Lee, & L. D'Amico (Eds.), *Proceedings of the 11th international conference of the learning sciences.*

Tekkumru-Kisa, M., & Stein, M. K. (2015). Learning to see teaching in new ways: A foundation for maintaining cognitive demand. *American Educational Research Journal, 52*(1), 105–136. https://doi.org/10.3102/0002831214549452

Tekkumru-Kisa, M., & Stein, M. K. (2017). A framework for planning and facilitating videobased professional development. *International Journal of STEM Education, 4,* 28. https://doi.org/10.1186/s40594-017-0086-z

Tekkumru-Kisa, M., Stein, M. K., & Schunn, C. (2015). A framework for analyzing cognitive demand and content-practices integration: Task analysis guide in science. *Journal of Research in Science Teaching, 52*(5), 659–685. https://doi.org/10.1002/tea.21208

Tekkumru-Kisa, M., Stein, M. K., & Coker, R. (2018). Teachers' learning to facilitate high-level student thinking: Impact of a video-based professional development. *Journal of Research in Science Teaching, 55*(4), 479–502. https://doi.org/10.1002/tea.21427

Tekkumru-Kisa, M., Stein, M. K., & Doyle, W. (2020). Theory and research on tasks revisited: Task as a context for students' thinking in the era of ambitious reforms in mathematics and science. *Educational Researcher, 49*(8), 606–617. https://doi.org/10.3102/0013189x20932480

Warshauer, H. K. (2015). Productive struggle in middle school mathematics classrooms. *Journal of Mathematics Teacher Education, 18,* 375–400. https://doi.org/10.1007/s10857-014-9286-3

Wijaya, A., van den Heuvel-Panhuizen, M., & Doorman, M. (2015). Opportunity-to-learn contextbased tasks provided by mathematics textbooks. *Educational Studies in Mathematics, 89,* 41–65. https://doi.org/10.1007/s10649-015-9595-1

Yabaş, D., & Altun, S. (2016). Fostering mathematical communication in primary mathematics classroom: A study on classroom teachers. *Boğaziçi Üniversitesi Eğitim Dergisi, 33*(1), 51–62.

Yong, M. S., & Stanton, N. A. (2001). Mental workload: Theory, measurement, and application. In W. Karwowski (Ed.), *International encyclopedia of ergonomics and human factors* (*Vol. 1,* pp. 507–509). Tylor & Francis.

Zahner, W., Milbourne, H., & Wynn, L. (2018). Developing and refning a framework for mathematical and linguistic complexity in tasks related to rates of change. *The Journal of Mathematical Behavior, 52,* 21–36. https://doi.org/10.1016/j.jmathb.2018.04.003

제11장 예비 초등 교사용 수학 교과서가 촉진하는 수학적 관점 분석을 위한 비판적 담론 분석틀

Leah N. Shilling-Stouffer and Gabriel J. Stylianides

최근 연구 결과에 따르면, 교사의 수학의 본질에 대한 관점은 수학을 하는 것에 대한 의미와 수학 교수·학습 신념을 포함하며, 이는 “교실에서 무엇을 가르치고, 어떻게 가르치며, 무엇을 배우는지 결정하는 데 중요한 요인”이다(Wilson & Cooney, 2002, p. 128). 비슷한 맥락으로 Hersh(1986)는 “한 사람의 수학의 본질에 대한 이해는 그 사람이 교실에서 어떻게 수업을 하는지 결정한다.”라고 주장했다(p. 13).

수학의 본질에 대한 교사의 관점은 시간이 지나면서 발전하며, 학생 시절 수학을 배웠던 경험이나 교사교육에서의 경험 등 다양한 영향을 받는다. 전세계적으로 교과서가 수학교육 실천의 중요한 요소인 것이 입증되었으며(예: Kaur, 2014; Pepin, 2009; Pepin et al., 2013; Rezat, 2012; Schmidt, 2012; Stein et al., 2007; Stylianides, 2016; Tarr et al., 2006), 특히 교사교육과정에서 사용되는 교과서는 교사의 수학적 관점에 큰 영향을 미친다. 사실 교과서가 학교 수학 교실에서 가르치는 내용과 학습에 영향을 미치는 것처럼, 교과서는 “예비 초등 교사 과정에서도 교육 내용과 접근방식에 중요한 영향을 미친다”(McCrory et al., 2007, p. 5)라고 할 수 있으며 매년 미국 교사교육 프로그램에 참여하는 학생 수는 8만 명에 달한다.

교과서가 수학 교실에서 무엇을, 어떻게 가르칠지에 대한 교사의 결정에 중요한 역할을 한다는 것이 잘 알려졌지만, 교사교육 프로그램에서 사용되는 교과서에서 나타나는 수학의 본질에 대해 알려진 바는 상당히 적다. 우리는 수학자, 수학교육자와 마찬가지로, 교과서가 수학의 본질에 대한 기본적인 관점을 (명시적이든 암묵적이든) 반영할 것으로 생각한다.

본 장에서는 예비 초등 교사 대상 수학 과목에서 사용되는 교과서에서 내포된 수학에 대한 관점이 촉진되는지와 관련된 핵심 질문들을 다룸으로써 이 주제에 대한 연구의 출발점을 마련하고자 한다. 구체적으로 다음의 연구 문제에 대해 다룬다. **어떻게 예비 초등 교사용 수학 교과서의 저자들이 선택한 언어가 수학의 본질에 대한 서로 다른 관점을 촉진할 수 있는가?**

이를 위해 우리가 개발한 분석틀을 제시한다. 이 분석틀은 체계적 기능 언어학[Systemic Functional Linguistics](Halliday, 1973, 1985)에 기초한 Morgan(1996)의 연구를 기반으로 하며,

기능 언어학의 도구와 수학의 본질에 대한 세 가지 다른 관점—플라톤주의 관점, 도구주의 관점, 문제해결 관점—간 예상되는 상호작용[1]을 제시한다(Ernest, 1988). 이 분석틀의 적용 가능성을 입증하기 위해 예비 초등 교사 수학 교과서 3권에 나타난 수학적 정의를 분석한 결과를 예로 들어 설명한다.

연구 배경

Ernest(1988)는 신념에 관한 실증적 연구를 검토하며 세 가지 상이한 수학적 관점을 상세하게 제시했다. 플라톤주의 관점, 도구주의 관점, 그리고 문제해결 관점이 그것이다. 수학의 본질에 대한 이러한 다른 관점들(다음 절에서 설명)은 교수·학습 실천에 영향을 미칠 수 있다. 많은 연구자는 예비 교사가 학생일 때 접했던 수학적 관점이 그들의 수학에 관한 생각을 형성하며(Brown et al., 1990) 교실에서 수학에 접근하는 방식에도 영향을 준다고 본다(Cooney, 1985). Ernest(1999)는 "교사, 교육과정 개발자, 혹은 학교가 지니고 있는 가치 지향value-position은 개인의 수학에 대한 철학과 교실에서 전달되는 수학 이미지 사이를 매개하는데 핵심적인 역할을 한다."라고 주장했다(p. 13). 예비 교사들이 가지는 수학적 관점의 기원과 영향을 더 잘 이해하려면 다양한 요소를 고려해야 하지만, 본 장은 의도적으로 교사교육 프로그램 내 한 가지 특정한 측면, 즉 예비 교사의 수학 내용학 과목에서 사용되는 교과서에 초점을 둔다.

이 장에서는 **교과서**를 학생과 교사가 수업 중 사용할 수 있도록 만들어진 교육과정 자료curriculum materials를 지칭하는 용어로 사용하며, 우리 연구에서는 예비 초등 교사를 대상으로 수학 내용학 교과목에서 사용되는 교육과정 자료를 의미한다. 수학교육에서 교과서는 교수·학습 모두에 중요한 역할을 하기에 중요한 연구 주제였다. Pepin과 Haggarty(2001)는 교과서에 무엇이 담겨있고 어떻게 구성되어 있는지, 즉 내용과 구조에 초점을 맞추어 왔다고 지적하였다.

McCrory 외(2007)는 당시 예비 초등 교사 수학 과목에 사용하는 모든 교과서를 분석하고 교과서의 전반적인 내용과 세 가지 특정 내용 영역에서 교과서 간의 유사점과 차이점을 비교했다. 연구자들은 교과서의 내용이 전반적으로 일관성이 있지만, 장 제목과 각 장에 포함된 주제에서 알 수 있듯이 "교과서의 세부 수준, 접근 방법의 깊이와 폭, 자료의 제시,

1) 이 장에서 사용하는 상호작용이라는 개념은 통계적 의미가 아님을 알린다.

교과서의 기능성functionality은 크게 다르다."라고 주장했다(McCrory et al., 2007, p. 1). 이 분석에서 얻은 중요한 결과 중 하나는 다양한 교과서 간의 수학 개념 제시 방식에 차이가 있으며, 이 차이는 "중요하고 수학적으로 상충될 수 있다는 것이다"(p. 29). 더 나아가 McCrory와 동료들은 교사교육자와 교과서 저자 모두가 관심을 기울여야 할 지속적인 문제는 예비 교사들이 교과서를 사용하면서 구성하는 수학적인 의미와 관련이 있다고 주장했다.

이 분야를 더 발전시키기 위해 이 장에서는 교과서가 촉진하는 수학의 본질 탐구에 사용할 수 있는 분석틀을 제안한다. 이 분석틀은 이 틀은 더 다양한 맥락에서 사용할 수 있지만 여기서는 예비 초등 교사 수학 교과서의 맥락에서 예시를 들어 설명하겠다. 이때 교과서에는 여러 관점이 포함되어 있다는 것을 인정하는 것이 중요하다. 또한 교과서의 텍스트만으로 저자의 의도를 직접적으로 완전히 추론하는 것은 불가능하며, 다만 텍스트의 특성이 저자, 독자, 그리고 주제 사이의 특정한 관계를 시사한다고 말할 수 있을 뿐이다. 그러나 텍스트를 통해 특정 관점이 독자에게 전달된다고 말할 수 있으며, 동시에 독자 개개인이 그러한 입장을 걸러내거나 거부하거나, 혹은 다른 방식으로 텍스트를 해석할 수도 있다.

분석틀

이 분석틀은 교과서 저자들의 언어적 선택이 수학의 본질에 대한 서로 다른 관점을 촉진하는 방식을 분석하기 위해 개발되었다. Sfard(2001)의 논문 제목을 빌리자면, "담론에는 귀로 듣는 것 이상의 것이 있다."(p. 13). 수학적 담론에 관한 연구는 대부분 담론의 언어적 측면과 관련된 연구로, 교실 토론의 사회적 활동과 그것이 수학 학습 및 교수에 미치는 영향에 중점을 두고 있다(Cobb et al., 2000; Lerman, 2001; Pimm, 1987). 그러나 본 장의 초점은 여기에 있지 않다. 오히려 우리가 주목하는 것은 귀가 아니라 **눈**으로 만나는 수학적 담론이다. 즉, 예비 초등 교사용 수학 교과서가 형성하는 담론에 중점을 둔다.

일반적으로 담론 분석discourse analysis은 학제 간 탐구 방법으로, 텍스트의 구조를 연구하고 그 언어적·사회문화적 차원을 고려한다. 이 장에서 분석을 위해 개발된 비판적 담론 분석틀은 [그림 1]에 요약되어 있다. 이 분석틀은 Morgan(1996)의 초기 연구를 기반으로 하며, 언어학자 Norman Fairclough(1992)의 아이디어를 반영한다. Morgan의 연구는 모든 텍스트가 어떠한 방식으로든 문화 내에서 개인의 정체성에 기여한다는 Fairclough의 가정에 근거한다. Morgan과 Fairclough의 아이디어는 모두 체계적 기능 언어학으로 대표되는

Halliday(1985)의 다기능 언어 이론에 근거하고 있으며. 이는 언어가 의미를 창출하는 자원으로 기능하는 기호 체계라는 개념에 기초한다.

첫 번째 차원

두 번째 차원

			수학의 본질에 대한 관점											
			플라톤주의 관점				도구주의 관점				문제해결 관점			
언어 분석의 구성요소		주체	We	You	3인칭 인간	비인간	We	You	3인칭 인간	비인간	We	You	3인칭 인간	비인간
	과정	물질적 (자기 외면에 존재)				④	⑤	⑥	⑦		⑧	⑨		
		정신적 (자기 내면에 존재)	①	②										
		관계적 (관계를 나타냄)				③					⑩	⑪		⑫

[그림 1] 분석틀

교과서의 기호와 그림은 독자가 교과서를 이해하고 상호작용하는 방식에 영향을 미칠 수 있지만, 본 분석틀의 구조는 이러한 종류의 상호작용을 포착하지 않으며 이를 목적으로 하지도 않는다. 오히려 교과서 저자가 선택한 언어가 수학에 대한 세 가지 상이한 인식을 어떻게 촉진할 수 있는지를 탐색하는 것이 본 분석의 목표이다. 구체적으로 이 분석틀은 수학의 본질에 대한 세 가지 다른 관점과 언어학적 분석의 구성요소라는 두 가지 차원으로 구성되어 있다. 분석틀에 제시된 숫자는 각기 다른 수학적 관점에서 나타날 것으로 예상되는 언어학적 구성요소들 간의 가장 빈번한 상호작용을 나타낸다. 이러한 숫자 배치의 근거를 다음 절에서 설명한다.

첫 번째 차원: 수학의 본질에 대한 세 가지 관점

우리는 Ernest(1988)의 교사에 중점을 둔 실증적 연구에 제시된 세 가지 관점—플라톤주의 관점, 도구주의 관점, 문제해결 관점—을 채택했다. 다른 연구자들도 수학의 본질에 대해 다양한 특성을 제안했으나, 수학 교수에서 가장 자주 관찰되는 것(Thompson, 1984)을 선택하였다.

플라톤주의 관점은 플라톤적 사고에서 비롯되었으며, 수학을 "논리와 의미라는 가느다란 실로 엮여 있는 정적인 지식체"로 본다(Ernest, 1988, p. 10). 수학적 대상은 추상적이며, "수학자와 그들의 마음, 언어 등과 독립적으로 존재한다."(Shapiro, 1997, p. 37). Halverscheid와 Rolka(2006)는 학생의 수학에 대한 관점을 분석할 때, 플라톤주의 관점의 전형적인 특징인 수학의 본질에 대한 역사적 관점, 수학적 활동이 드러나지 않는 점, 주제가 구체적 형태로 제시되는 점 등을 추가적인 기준으로 제시했다. 따라서 플라톤주의 관점에 따르면 수학은 창조되는 것이 아니라 미리 정해진 역사적 발전 과정에서 개인에 의해 발견되는 것으로 간주된다.

도구주의 관점은 수학을 "관련성은 없지만 유용한"(Ernest, 1988, p. 10) 사실과 절차의 집합으로 보는 관점을 뒷받침한다. 즉 특정 목적을 달성하기 위해, 해당 도구를 다루도록 훈련받은 사람들이 활용하는 지식 체계를 의미한다. 수학 활동은 기술과 절차가 주도하며, 이러한 메커니즘은 서로 다른 대상을 활용한 다른 계산을 수행하는 데 필요한 메커니즘과는 독립적으로 존재한다. 이 관점에서는 수학을 특정 목적을 달성하기 위한 도구로 여기기 때문에 개인은 도구를 창조하는 창조자가 아니라, 단지 이미 주어진 도구를 활용하는 존재로 간주된다. 적극적인 참여가 암묵적으로 요구되지만, 이는 개별적이고 독창적인 경로를 만드는 것이 아니라 정해진 지침을 따르는 것에 그친다. Mellin-Olsen(1981)은 도구주의 관점이 관계적 이해가 아닌 도구적 이해를 낳는다고 지적했는데, 이때 도구적 이해란 "지식의 더욱 심층적인 구조, 즉 수학의 구조 자체라기보다는 실용적 활용과 주로 관련된 이해"(p. 351)를 의미한다.

문제해결 관점은 새로운 수학이 역동적인 탐구 과정을 통해 끊임없이 발명되고, 수학은 서로 연결되어 있으며 개정될 수 있다는 생각을 뒷받침한다. 이 관점은 수학을 하나의 활동으로 보고, 문제는 다양한 방식으로 접근 및 해결할 수 있으며, 그 과정에서 "패턴이 만들어져 지식으로 형성된다."(Koshy et al., 2000, p. 9)는 점을 강조한다. Lakatos(1976), Polya(1957)와 같은 수학 철학자들이 이 관점을 지지하는 이유는 이 관점이 답의 정확성보다 탐구 과정, 개념 간의 연결성, 수학의 구조에 중점을 두기 때문이다. Halverscheid와 Rolka(2006)는 문제해결 관점이 수학을 유일한 해답 경로를 가진 것이 아닌 역동적인 활동으로 보고, 개인이 수학 창조 과정에 적극적으로 참여한다는 인식을 뒷받침한다고 제안하였다.

두 번째 차원: 언어 분석의 구성요소

분석틀의 두 번째 차원은 **주체**와 **과정**이라는 두 가지 언어적 구성요소로 이루어져 있다. 분석틀에서는 이 둘을 별개의 개체로 취급하지만, 주체와 과정을 완전히 분리해서 논의하기는 어렵다. 아래에서는 두 구성요소를 각각 개별적으로 설명하고, 동시에 이 둘이 상호작용하는 방식도 함께 다룬다.

주체와 과정

주체와 **과정**이라는 언어 구성요소는 "관념적 기능", 즉 언어가 인간의 경험을 구성하는 방식과 관련이 있다. Halliday(1985)는 개인이 세상을 경험하는 방식을 글이나 다른 표현을 통해 설명할 때, 주로 "행동, 사건, 감정, 존재"에 의해 그 경험이 형성된다고 보았다(p. 101). 수학 교과서에 나타나는 언어적 함의를 논의하기 위해서는 먼저 **과정**에 관여하거나 그 영향을 받는 **주체**를 고려해야 한다.

주체 교과서에서 표현되는 수학의 본질과 관련하여, 주체에는 인간 주체와 비인간 주체 모두 존재할 것으로 본다. 교과서에서 인간 주체는 **we**, **you**, 그리고 **3인칭 참여자**("하나" 또는 "학생")로 표현된다. 반면 **비인간** 주체는 수학적 대상으로 표현된다(예: "그래프" 또는 "도표"). 인칭대명사를 분석하면 교과서 저자가 수학 활동에서 주체를 어떻게 인식하고, 그 주체를 해당 활동과 어떤 관계 속에 위치시키는지를 분석하는 데 도움이 된다.

행위주체성[Agency]은 특정 시간과 장소에서 특정 목표를 달성하기 위해 권한을 행사하는 사람이나 사물과 관련이 있다. 이 맥락에서 행위주체성은 수학적 내용과 권한을 설정하는 주체(인간 또는 비인간)와 관련이 있다. **you**나 **we** 같은 대명사(또는 명령문 동사)는 교과서 속 대화에서 인간 주체와 행위주체성을 나타낼 수 있지만, 이것이 유일한 방식은 아니다. 함수나 그래프와 같은 수학적 대상이 강조될 경우, 담론 속에 다른 형태의(비인간) 주체가 개입할 가능성도 있다. Morgan(1996)에 따르면 "명사화[nominalization]"라는 언어학적 용어는 과정과 행동을 대상으로 변환하는 것을 의미한다. 예를 들어, "곱하기"라는 동작을 "곱셈"으로, "나열하다"를 "순열"이라는 대상으로 변환하는 것이 이에 해당한다. 이러한 명사화는 텍스트에서 주체의 역할을 수행하는 동시에, 수학적 대상이 인간의 활동을 수행하는 것처럼 표현되어 인간의 주체성을 흐리기도 한다. 이런 경우 "과정을 대상으로 전환하면 그 과정에서 주체를 문법적으로 명시할 필요가 없어진다."(Morgan, 1996, p. 4).

과정 분석틀의 구성요소인 과정은 "모든 현상, 즉 동사로 표현될 수 있는 모든 것—물리적이든 아니든, 상태나 관계까지—(Halliday, 1985, p. 159)"를 의미한다. Halliday는 여섯 가지 주요 과정 유형을 정의했지만, 이 분석틀에서는 물질적, 정신적, 관계적 과정의 세 가지만을 다룬다. 나머지 세 가지 과정 유형은 행동, 언어, 존재로, 그 의미가 상대적으로 덜 일반적이며, 교과서에서 나타나는 주체들은 그러한 행동을 할 수 없는 비생명 주체이기 때문에 본 연구에서 제외하였다.

물질적 과정은 활동에 참여하는 주체의 내면이 아닌 외면에서(물리적 세계에서) 다른 주체를 포함하는 것과 관련이 있는 것이다. 물질적 과정은 "쓰다", "그리다", "계산하다"와 같은 동사와 관련이 있으며, 이러한 활동에 참여하는 주체는 자신 외부에 있는 다른 주체와 상호작용해야 한다. **정신적 과정**은 참여자 내면의 경험과 관련이 있으며, "생각하다", "관찰하다", "상기하다"와 같이 인식, 욕구 및 감정을 나타내는 동사와 관련이 있다. 정신적 과정은 감정이나 사고를 부호화하며, 구체적이고 물리적인 행위를 표현하는 물질적 과정과는 다르다. 정신적 과정은 자기 내부에서 발생하는 내면화된 과정으로, 자기 외부에서 발생하는 행동 및 말하기라는 외재화된 과정과 대조적이다. 마지막으로 **관계적 과정**은 하나의 경험을 다른 경험과 구분하거나 연관시키는 것으로, "이다", "연결하다", "관련되다"와 같은 동사를 사용하여 다양한 방법으로 표현된다.

주체와 과정 간 상호작용 이 분석틀은 주체와 과정을 각각 독립적으로 관찰하는 것뿐만 아니라, 수학적 지식 발달의 맥락에서 두 구성요소가 서로 어떻게 상호작용 하는지도 제안한다. 이러한 분석은 일반적으로 (a) 인칭대명사와 (b) 명령문의 두 가지 언어 형식에 의존한다. 인칭대명사와 명령문은 모두 주체와 과정이라는 두 언어적 구성요소에 포함되기 때문에, 분석틀에서는 명시적으로 이 대인^interpersonal 측면을 별도의 구성요소로 다루지 않는다. 그러나 서로 다른 주체와 과정 간의 상호작용은 분석틀에서 포착된다. 다음으로 이를 명확히 설명하기 위한 예시를 제시한다.

1인칭 대명사 **we**(분석틀의 주체)는 텍스트에 묘사된 활동에 대한 저자의 "개인적 참여"를 나타낸다(Morgan, 1996, p. 5). 이는 교과서에서 중요한 정보를 제공하지만, 이 주체가 어떤 유형의 과정에 참여하는지를 분석하면 더 많은 정보를 파악할 수 있다. Rotman (1988)은 "포괄적" 명령문^imperative 과정(분석틀의 세 가지 과정 유형 중 어떤 것이든 될 수 있음)은 주체를 지식의 구조자로 개념화한다고 주장했다. 반면 "배타적" 명령문 과정은 주체를 단순히 명령을 따르는 사람으로 만들어, 그 역할을 정해진 행동 수행으로 한정한다. 이 간단한 예시에서 볼 수 있듯이, 주체와 그 주체가 참여하는 과정 간의 상호작용을 살펴보고 분석하는 것(분석틀의 [그림 1]에서 원으로 나타남)은 구성요소를 개별적으로 보는 것보다 훨씬 풍부한 결과를 도출한다.

몇몇 연구자들은 텍스트에서 인간 주체를 나타내는 인칭대명사를 대인 관계 기능과 관련된 관계를 탐구하는 수단으로 활용해 왔다(Fairclough, 1992; Pimm, 1987). 실제로 **we**와 같은 1인칭 대명사는 인간 주체, 즉 텍스트 안에서 이루어지는 담론에 개인적으로 관여하는 저자의 존재를 나타낸다. 표면적으로 **we**는 저자가 독자를 집단의 일원으로서 활동에 적극적으로 참여시키려는 의도를 내포한다. 그러나 일부 연구자들은 **we**가 정확히 누구를 가리키는지가 모호할 수 있다는 우려를 제기했다(예: Pimm, 1987). **we**는 독자를 지식의 개발과 이해 모두에 적극적으로 참여하도록 초대하는 의미로 쓰일 가능성도 있지만, 수학 텍스트에서 항상 그런 것은 아니다. Morgan(1996)이 더 자세히 설명하였듯이, 보다 학술적인 수학 글에서는 단독 저자가 수동적인 독자에게 말하고 있음에도 "우리는 이를 증명할 것이다"나 "우리가 보았듯이"와 같은 표현을 1인칭 복수형으로 쓰는 관행이 있다. 이러한 "배타적" **we**는 "저자가 혼자 말하는 것이 아니라 수학자 공동체의 권위를 빌려 말하고 있다"(Morgan, 1996, p. 4)는 의미를 암시한다. 수학의 창조에 독자가 전혀 관여하지 않을 수도 있지만, 저자는 독자가 수학을 이해하는 데 책임을 지기를 기대하는 듯 보인다. 또한 인칭대명사 **you**의 존재 역시 독자가 현재 이루어지고 있는 수학 활동과 어떻게 연결되는지를 보여준다. 이 경우 저자가 독자에게 직접 말하는 것처럼 보이지만, 특정한 개인을 지칭하지 않고 일반적인 의미로 사용될 수 있다(Rowland, 2000).

과정이 "동사로 표현될 수 있는 모든 현상"(Halliday, 1985, p. 159)을 의미한다는 점을 상기하면, Herbel-Eisenmann과 Wagner(2005)는 주체와 과정 간 상호작용에 대한 더 많은 통찰을 제공했다. 그들은 교과서에서 **you**가 가장 많이 사용된 두 가지 형태를 다음과 같이 발견했다. (a) "**you**+(동사)" 및 (b) "(무생물 주체)+(동사)+**you**." 두 번째 형태인 "(무생물 주체)+(동사)+**you**." 형태는 앞서 설명한 명사화가 나타나며, 수학적 대상이 과정에서 만들어질 뿐만 아니라, 보통 인간에게만 해당하는 행동도 수행하는 것으로 나타난다. 명사화는 저자, 독자, 수학 간의 관계에 영향을 미칠 수 있다. 물론 Herbel-Eisenmann과 Wagner의 두 번째 형태 (b)에서 주체가 되는 무생물 대상은 반드시 명사화된 것일 필요는 없고, 다른 비인간 주체(대명사뿐만 아니라)일 수 있으며 Morgan(1996)이 "관계적" 또는 "표상적" 대상으로 분류한 것일 수 있다. 이러한 대상은 그래프, 표, 함수 및 행렬과 같은 수학적 대상으로, 비인간 객체이지만 텍스트에서 주체 역할을 할 수 있다. 예를 들어, "표가 나타낸다."와 같은 문구는 무생물인 표에 권한을 부여한다. 이런 경우 수학적 활동은 학생의 참여 없이 수학적 대상 자체에 의해 이루어진다. Herbel-Eisenmann과 Wagner(2005)에 따르면 "**you**+(동사)" 형태가 가장 일반적이며, "you find", "you recall", "you calculate"와 같이 나타난다. 이러한 표현은 저자가 독자에게 직접 말하는 것처럼 보이지만, 저자는 여전히 학생들이 수학과 상호작용하고 수학을 구성하는 방식을 통제하고 있다. 텍스트는 you를 명시적으로 사용하지 않더라도 명령형 동사 형태를 통해 학생에게 동일한 역할을 요구할 수 있다. 이는 you를 앞세운 경우처럼 저자의 "텍스트에 묘사된 활동에 대한 개인적인 참여"를 나타낼 수 있지만(Morgan, 1996, p. 5), Rotman(1988)은 저자-독자 간의 관계가 어떻게 형성되는지 설명하기 위해 "포괄적" 동사와 "배타적" 동사를 구별해야 한다고 제안했다. "설명하라"나 "서술하라"와 같은 "포괄적" 명령어는 독자를 지식의 구성자로 만드는 반면, "찾아라"나 "계산하라"와 같은 "배타적" 명령어는 독자를 명령을 따르는 사람으로 만든다. 이름에서 알 수 있듯이 "포괄적" 명령어는 독자를 더 큰 수학 공동체에 기여하는 구성원으로 포함하지만, "배타적" 명령어는 학생이 그 공동체와 독립적으로 제한된 행동만 수행하도록 한다.

실제로 "포괄적" 및 "배타적" 명령은 학생들이 수학적 활동에서 자신의 역할을 어떻게 인식하는지에 큰 차이를 만든다. we 주체를 명령형과 함께 사용하는 경우, 그 의미는 모호해지기도 하며 "저자가 전문적 언어를 사용하는 수학 공동체의 일원임을 주장하고, 따라서 수학 주제에 대해 권위 있는 목소리로 말할 수 있다는 것"을 나타낸다(Morgan, 1996). 이는 독자를 수학 공동체의 활동적인 구성원으로 위치시킨다. 이러한 경험의 균형은 학문적 글쓰기의 저자-독자 관계에 내포되어 있지만, 수학 텍스트에서는 그렇지 않다. 학생들이 수학적 언어와 기호에 익숙해지는 중이기 때문이다. 저자의 의도는 독자를 동등한 수학 공동체 구성원으로 여기고자 하는 것일 수 있지만, 이러한 관습에 익숙하지 않은 독자는 수학적 활동에서 자신의 역할에 대해 매우 다른 메시지를 받아들일 수 있다. "찾다", "나열하다", "설명한다"와 같은 명령을 수학적 관습으로 이해하는 대신, 수학을 절차 중심의 학문으로 보고, 자신의 역할은 단순히 규칙을 따르는 것으로 여길 수 있다.

두 차원 간의 연결 만들기

분석틀은 주체와 과정의 언어적 구성요소와 그 상호작용이 수학의 본질에 대한 다양한 관점(플라톤주의, 도구주의, 문제해결 관점)과 어떻게 연결될 수 있는지 제안한다. 앞서 분석틀의 두 차원을 설명했으므로, [그림 1]의 12개의 원으로 나타낸 두 차원 간의 연결점에 대해 논의할 것이다. 이 원들은 우리의 논의에서 참조하기 위해 분석틀의 특정 부분을 표현할 수 있도록 번호가 매겨져 있다. 예를 들어, 원 4는 플라톤주의 관점이 물질적 과정에 참여하는 비인간 주체의 상호작용을 지지하는 것을 나타내는 반면, 원 10은 문제해결 관점이 관계적인 과정에 참여하는 주체 "we"의 상호작용을 지지하는 것을 나타낸다.

분석틀이 특정 주체-과정 간의 상호작용이 수학에 대한 하나 이상의 관점과 관련될 수 있음을 보여준다는 점이 중요하다. 예를 들어, 원 5는 텍스트에서 주체 **we**-물질적 과정 상호작용이 도구주의 관점을 지지한다는 것을 나타낸다. 그러나 원 8은 동일한 상호작용이 문제해결 관점을 촉진하는 텍스트에서도 예상될 수 있음을 시사한다. 특정 상호작용이 수학의 특정 관점에 대한 두 가지 다른 해석으로 이어질 수 있지만, 분석틀은 각 관점과 관련된 다양한 상호작용의 집합을 제시한다(즉, 각 관점은 여러 원과 연관되어 있음). 따라서 특정 교과서에서 발견되는 (가장 큰 비중을 차지하는 상호작용 하나뿐만 아니라) 모든 상호작용을 고려해야 한다.

플라톤주의 관점을 강조하는 교과서는 수학을 사실적인 방식으로 표현하고, 새로운 개념은 이전 개념에서 선형적, 논리적으로 파생된다. 이러한 교과서는 주로 **you**와 **we**와 같은 인칭대명사를 사용하여 독자를 담론에 참여하는 주체로 나타내며, "you find" 또는 "we see"와 같은 표현을 통해 수학을 보고 이해하는 방식을 통제한다(분석틀의 원 1, 2 참조). 이러한 주체는 주로 정신적 과정에 참여한다. 예를 들어, 텍스트에서 "you notice"와 같은 표현을 사용할 수 있으며, 이때 수학은 독자에 의해 창조되는 것이 아니라, 독자와 독립적으로 존재하는 개념으로 묘사된다. 플라톤주의 관점은 텍스트 내에서 명사화를 자주 사용하는 것으로도 알 수 있는데, 그러면 수학적 대상을 이해의 (비인간) 주체로 간주하고, 인간 주체는 지식의 수동적 수용자로 위치하게 된다. 비인간 주체는 매우 추상적인 방식으로 다른 대상과 연결될 수 있으며(원 4 참조), 인간 활동이나 영향과는 무관하다. 존재하는 과정에 대한 관점에서 Morgan(1996)은 "정신적 과정(예: 보는 것, 생각하는 것)이 주를 이룬다면, 수학을 수학이 발견되기 이전부터 이미 존재해 왔던 독립적 대상으로 해석할 수 있다."라고 시사했다(p. 4). 이는 플라톤주의 입장과 일치한다.

도구주의 관점을 강조하는 교과서는 수학을 특정 목적을 달성하기 위해 도구를 다루도록 훈련된 사람들이 사용하는 "서로 관련이 없지만[unrelated] 실용적인[utilitarian]"(Ernest, 1988, p. 10) 사실과 절차의 집합으로 묘사할 가능성이 높다. 절차에 대한 강조는 이러한 절차를 수행하기 위해 인간 주체(**we**, **you**와 같은 대명사 및 3인칭 주체)를 반드시 필요로 하지만, 이들은 개발 중인 지식을 창출하는 과정에서 매우 제한적인 역할을 한다. 주체의 행동은 주로 도구의 정확성과 숙련도를 높이기 위해 체계적이고 기계적인[rote] 연습을 강조하는 데 중점을 둔다. 도구주의 관점을 촉진하는 교과서는 "you calculate", "you find"와 같은 "**you**+(동사)" 형태의 표현을 사용할 가능성이 높다. 또한 이러한 표현들은 일반적으로 "먼저", “다음에", “마지막으로”와 같은 시간 순서와 함께 제시되어 독자의 활동을 제한하고, 독립적인 탐구를 장려하기보다는 절차를 따르도록 만든다. 이러한 체계적 절차에 대한 초점은 물질적 과정(원 5, 6, 7 참조)이 많은 비중을 차지하고 있음을 나타내며, 이는 수학을 “행위를 통해 구성되는 것으로 해석할 수 있다”(Morgan, 1996, p. 3). 독자는 수학과 능동적인 관계를 맺지만, 독자가 참여하는 과정은 전적으로 물질적 과정에 해당하며, 절차적으로 수행되는 실용적인 활동을 통해 수학을 구성하는 것이다.

문제해결 관점을 강조하는 교과서는 수학을 탐구 과정을 통해 끊임없이 발명되고 수정될 수 있다고 간주할 가능성이 높다. 독자가 지식 창출 과정에서 능동적인 참여자라는 점을 강조하기 때문에, 인칭대명사 **we**와 **you**를 사용해 인간 주체의 존재를 나타내는 동시에, 독자를 그 활동에서 의사결정자로서 적극적으로 참여하도록 포함할 것을 제안한다. 다른 두 관점과 마찬가지로 주체가 참여하는 과정은 촉진되는 수학의 본질을 나타내는 강력한 지표이다. Morgan(1996)은 “[a] 물질적 과정이 주를 이룬다면, 수학이 행위를 통해 구성되는 것으로 해석될 수 있다”(p. 4)라고 지적했다. 이는 문제해결 관점에서 촉진하는 수학에 대한 관점이다(원 8과 9 참조). 또한 이 관점을 기반으로 수학에 참여하면 독자가 개념 간 연결을 통해 관계적 과정에 참여할 가능성이 높다(원 10과 11 참조). 또한 수학적 대상과 같은 비인간 주체가 다른 객체와 연결되는 관계적 과정에 참여할 가능성도 있다(원 12 참조). “표는 그래프의 순서쌍을 나타낸다.”와 같은 표현이 이에 해당한다.

분석틀의 제한점

분석틀에는 몇 가지 제한점이 있음을 인정한다. 첫째, 교과서는 수학 교실 실천에서 단 하나의 구성요소일 뿐이므로, 이 분석틀을 사용하여 분석된 교과서가 수학 내용 과목에서 어떻게 구현할지에 대해 주장하는 것 불가능하다.

둘째, 이 분석틀은 수학의 세 가지 관점에서 상호작용 할 수 있는 모든 언어 구성요소를 포착하지 못한다. 분석틀을 너무 복잡하거나 비실용적으로 만들지 않기 위해 포함할 내용을 두고 일정한 결정을 내려 선별적으로 포함해야 했다. 이 점을 보여주는 예시는 앞서 논의되었는데, Halliday의 여섯 가지 과정 유형 중 세 가지(물질적, 정신적, 관계적)만 활용하기로 한 경우가 그 예이다. 제외된 나머지 유형(발화, 행동, 존재)은 덜 일반적이며, 교과서와 같은 무생물 대상은 이러한 활동을 수행할 수 없으므로 분석에 유용하지 않았다.

셋째, 분석틀의 두 차원은 선행연구에 근거를 두고 있지만 차원 간의 상호작용 방식(즉, 언어 구성요소 간의 특정 상호작용이 수학의 세 관점과 어떻게 일치하는지)은 분석틀 안에서 원의 위치를 어디에 둘 것인지에 대해 일부 가치 판단이 필요했다. 우리는 분석틀을 제시한 이전 절에서 서로 다른 수학적 관점과 관련된 여러 출처에서 찾은 설명을 비교한 것과 체계적 기능문법 전문가들과의 논의 결과를 바탕으로 결정의 근거를 명확히 하려고 노력했다. 그러나 이러한 해석이 유일한 해석은 아니며 일부에서는 이에 동의하지 않을 수도 있음을 인정한다. 우리의 결정 근거를 투명하게 공개함으로써, 이 작업을 기반으로 토론과 향후 연구로 발전할 수 있다.

교과서 분석에서 분석틀 적용하기

이 절에서는 예비 교사를 위한 수학 과목에서 사용되는 교과서에 제시된 정의를 분석하는 데 분석틀을 어떻게 적용했는지를 설명한다. 그리고 독자가 코드 빈도를 사용하여 교과서가 한 관점을 다른 관점보다 촉진하는 방법에 대한 결론을 도출할 수 있도록 몇 가지 요약 결과를 제시한다.

예시

본 연구에 포함한 교과서는 연구 대상 집단을 대상으로 수학 과목에 사용되는 14종의 교과서 내용을 조사하고 비교한 McCrory 외(2007)의 연구를 바탕으로 선정하였다. 이 분석에 따르면 실제로 서로 다른 교과서에 따라 예비 교사들이 수학의 본질에 대한 다양한 관점을 접할 기회가 달라질 수 있음이 드러났다. 보다 구체적으로 McCrory 외(2007)의 교과서 연구에서 논의된 차원 중 하나는 교과서의 **수학적 입장**으로, "책이 제시하는 수학의 개념-무엇이 중요한가? 수학의 본질은 무엇인가? 수학은 학문으로서 어떻게 작용하는가?"(p. 13)로 나타났다. 흥미롭게도 이 차원은 분석에서 가장 가변적인 것으로 밝혀졌다. McCrory 외는 정의의 역할 등을 설명하는 수학적 입장을 텍스트에 **명시적**, **암시적**, 또는 **부재**한 것으로 분류했다. 이러한 구분을 설명하기 위해, McCrory 외는 정의를 사용하여, 책 전체에서 정의가 일관되게 사용되고 그 사용에 대해 수학이라는 학문 내에서 논의한 경우 명시적 입장을 가진 책으로 분류했다. 정의가 일관되게 사용되지만, 학문에서 그 역할이 언급되지 않은 경우에는 암시적인 수학적 입장을 가진 것으로 간주했다. 이러한 방식으로 정의를 일관되게 사용하거나 논의하지 않은 경우, 해당 입장은 부재로 분류했다.

우리의 목표 중 하나는 교과서 정의에 제시된 수학의 관점(들)을 분석하는 것이었기 때문에, McCrory 외에 의해 명시적인 수학적 입장을 가진 것으로 밝혀진 4권의 교과서 중 3권에 집중하여 탐구했다. 실제로 이러한 명시적 교과서는 이미 책 전반에 걸쳐 정의를 일관되게 사용하고 있는 것으로 밝혀졌고, 따라서 우리가 개발한 분석틀의 적용 가능성을 구현하고 테스트하기에 최적의 기회를 제공했다는 점에서 이는 전략적 선택이었다.

이 장에서 초점을 맞추고 있는 연구 질문과의 관련성 외에도, 선택한 교과서 분석은 McCrory 외(2007)의 연구에 기여하기 위한 목적도 있다. 선정된 세 교과서는 수학적 아이디어의 일반적인 기능과 중요성을 일관되게 명시적으로 기술하고 있는 것으로 나타났지만, McCrory와 동료들의 분석은 명시적인 교과서 저자가 수학 개념의 일반적인 기능과 중요성에 대해 정확하게 어떤 입장을 취하는지 구체적으로 설명하지 못했다. 저자들이 제안한 개념의 기능과 중요성은 수학의 본질에 대한 견해를 나타내는 지표로 작용하며, 우리의 연구가 이러한 지표에 대한 이해를 높이는 데 기여하기를 바란다.

Darken(2003), Parker와 Baldridge(2004), Wu[2)]가 저술한 세 권의 교과서는 이 시점부터 저자명으로만 지칭한다. McCrory 외(2007)에 의해 명시적으로 분류된 네 번째 교과서는 분석에 포함하기에 사본을 연구 당시에 확보할 수 없었다.

분석 단위

이 장에서는 세 교과서에서 강조하는 정의의 생성, 진술 및 그와 관련된 논의를 조사하기로 결정했다. 이러한 정의 부분은 대부분 여러 문장으로 구성되어 있었다. 우리는 "정의"라는 표시가 붙은 상자나 본문에서 용어를 굵게 표시하는 방식처럼, 해당 용어가 다른 텍스트와 명확히 구분되도록 의도된 경우를 정의된 용어로 간주하였다. 굵게 표시된 용어 중에서도 새로 도입된 용어에 대한 명확한 설명이 함께 제시된 경우에만 분석에서 정의로 포함했다. 단순히 이전에 논의된 용어를 독자에게 상기시키기 위한 굵은 글씨로 표시된 용어와 언급만 되고 더 이상 명시적으로 논의되지 않은 용어들은 제외했다. 정의의 진술로 이어지는 소개 텍스트와 탐구 활동도 정의의 일부로 코딩하였으며, 정의의 진술 직후에 이어지는 정의와 관련된 텍스트(대체 정의, 설명 등)도 정의의 일부로 코딩하였다. 이 자료는 교과서 저자가 소개하는 수학적 개념에 독자를 참여시키는 방식에 대한 통찰을 추가로 제공하고

2) 이 책은 2011년에 출판되었지만, 이 장에서 서술하는 분석은 출판 전 원고를 기반으로 하였으므로, 출판된 최종본을 정확히 반영하지 못할 수도 있다.

분석할 주체와 과정을 더 풍부하게 제공하기 때문에 정의 자체와 마찬가지로 중요하다고 간주했다. 코딩하지 않은 텍스트에는 정의된 용어와 관련된 정리, 보조 정리, 구체적인 예가 포함되었으며, 이러한 텍스트가 분석된 텍스트 부분 사이에 삽입되어 있더라도 마찬가지였다. 아래 [그림 2]는 최종 분석에서 정의로 간주된 예시이다.

Definition of a Factor

Let A and B be whole numbers with $A \neq 0$. We say A is a factor of B written $A \mid B$, if and only if there is a whole number m such that $m \cdot A = B$.

The notation –A|B‖ can be read as –A divides B‖ or –A is a factor of B‖ or –A is a divisor of B.‖ These synonyms result from the fact that division is the inverse operation of multiplication. Although the focus in this chapter is on multiplicative relationships, it is useful at times that you notice the connection between the factors of a number and the basic meaning of multiplication as repeated addition.

[그림 2] Darken(2003, p. 477) 정의 예시

정의를 식별한 후, 분석 대상 부분의 각 문장을 코딩하여 문장에 나타나는 주체와 사용된 과정 유형을 파악했다. 텍스트의 한 문장 내에 두 개 이상의 주체와 하나의 과정이 존재하는 것이 일반적이었으며, 각 사례는 고유한 주체 코드와 과정 코드가 부여되었다. 이는 아래에서 자세히 설명한다.

코딩 및 예시

[표 1]에 나타난 대로, 주체는 사용된 인칭대명사(you, we)에 따라 코딩되었고, 3인칭 참여자(예: 학생, 누군가) 및 비인간 주체(예: 수학적 대상)도 그에 따라 코딩되었다. 텍스트에 등장하는 각 주체는 특정 과정에 참여하였으며, 이러한 과정은 모두 이 장의 앞부분에서 설명한 범주 중 하나에 속했다. 따라서 각 상호작용은 (1) 주체를 설명하는 코드(W, Y, T 또는 N, 각각 we, you, 3인칭 및 비인간 주체) 및 (2) 과정을 설명하는 코드(M, N 또는 R, 각각 물질, 정신 또는 관계적 과정)의 두 가지 코드로 할당되었다. 이 두 가지 코드 조합을 이중 코드라고 지칭한다.

[표 1] 분석에 사용된 최종 코드

언어적 구성요소	유형	관련 코드/지표
(1) 주체	We	W
	You	Y
	3인칭 인간	T
	비인간	N
(2) 과정	물질적	M
	정신적	N
	관계적	R

[그림 3]은 텍스트에서 식별한 정의와 이에 대응하는 이중 코드를 보여준다. 독자에게 정의가 다루어지고 있음을 알려주는 명확한 표시가 있는 상자 외에도, 개념과 직접적으로 관련되어 있다는 점을 고려하여 정의된 개념을 더 자세히 설명하기 위한 정의 직후의 텍스트 부분도 분석에 포함했다. 텍스트 안에 삽입된 예시는 정의나 관련 논의의 일부로 코딩하지 않았다. [그림 3]은 하나의 정의가 여러 문장으로 구성될 수 있으며, 각 문장은 잠재적으로 여러 주체-과정 상호작용이 포함될 수 있다는 것을 보여준다. 따라서 하나의 정의와 관련된 이중 코드가 여러 개 있는 것이 일반적이었다.

Definition of a Factor

Let A and B be whole numbers with $A \neq 0$**[CODED: N-R]**. We say **[CODED: W-M]** A is a factor of B **[CODED: N-R]**, written $A \mid B$, if and only if there is a whole number m such that $m \cdot A = B$.

The notation –A|B‖ can be read **[CODED: N-M]** as –A divides B‖ **[CODED: N-M]** or –A is a factor of B‖**[CODED: N-M]**, or –A is a divisor of B‖**[CODED: N-M]**. These synonyms result from the fact **[CODED: N-R]** that division is the inverse operation of multiplication. **[CODED: N-R].**

Although the focus in this chapter is on multiplicative relationships **[CODED: N-R]**, it is useful at times that you notice **[CODED: Y-N]** the connection between the factors of a number and the basic meaning of multiplication as repeated addition.

[그림 3] Darken(2003, p. 477) 정의 코딩 예시

평가자 간 일치도 코드 목록을 사용하여 각 교과서의 정수론 영역에서 정의를 선택하였다. 구체적으로 세 개의 교과서에서 인수, 약수, 짝수와 홀수, 소수, 최소공배수(LCM), 최대공

약수(GCD)에 대한 정의를 선택하여, 제1저자가 연구와 무관한 동료와 함께 이를 코딩하였다. 분석된 부분의 각 문장은 이중으로 코딩되었는데, 하나는 나타난 주체이고 다른 하나는 사용된 과정 유형이다. 하나의 문장 내에서 두 개 이상의 주체와 하나의 과정이 상호작용하는 경우, 각 사례는 고유한 주체와 과정 코드가 부여되었다([그림 4] 참조).

(FINAL CODING) The notation —A|B| can be read **[CODED: N-M]** as —A divides B| **[CODED: N-M]** or —A is a factor of B|**[CODED: N-M]**, or —A is a divisor of B|**[CODED: N-M]**. These synonyms result from the fact **[CODED: N-R]** that division is the inverse operation of multiplication. **[CODED: N-R]**.

[그림 4] Darken(2003, p. 477) 정의 코딩 예시

코드가 명확해진 후, 평가자 간 일치도 확인을 위한 분석을 수행했다. 코딩한 주체 및 과정 사이의 일치 수준을 확인하기 위해 연구원 두 명이 모두 코딩한 경우만 고려했다. 앞 문단에서 설명한 사례를 예로 들면, “We ask that you read [CODE: YM] the selection below, consider [CODE: YN] each pair of numbers, and find [CODE: YM] all the prime factors.”에서 두 번째 주체(you)와 관련된 코드는 세 가지이다. 이때 두 번째 평가자는 첫 번째 상호작용만 코딩했다. 그 결과 첫 번째 상호작용 이후 주체가 동일하게 유지된 과정에 부여한 코드는 일치도 분석에서 제외했다. 그 후 두 평가자의 공통 정의 및 과제와 관련된 코드의 수가 동일해졌고, 이러한 데이터를 사용하여 코딩된 주체 및 과정과 관련된 평가자 간 일치도를 계산했다.

이 분석 결과는 거의 만장일치로 동의하는 것으로 나타났다. 평가자 간 합의를 계산하기 위해 총 합의 건수를 총 합의 건수와 합의하지 않은 건수의 합으로 나눴다. 분석 대상인 15개의 정의(각 교과서에서 5개씩)와 관련된 186개의 공통 이중 코드 중 주체에 대한 일치도는 90%, 과정에 대한 일치도는 93%였다. 이 수치는 코딩 방법이 신뢰할 만하다는 확신을 주었고, 제1저자는 전체 표본의 분석을 진행했다.

결과

이제 표본인 세 교과서에서 정수론 영역의 정의를 분석한 결과를 제시한다. 각 교과서의 주체와 과정 간 상호작용에 해당하는 데이터는 [그림 5, 6, 7]에서 저자명(Parker and

Baldridge, Wu 및 Darken) 아래에 있는 3×4개 숫자 배열에서 찾을 수 있다. 이 배열의 각 숫자는 전체 코드에서 차지하는 백분율을 나타낸다. 각 교과서 저자의 이름 아래에 있는 3×4 배열의 3개 행은 각각 다른 과정에 대응한다. 각 교과서 저자 이름 아래에 있는 3×4 배열의 4개 열은 각각 다른 주체에 대응한다.

[그림 5, 6, 7]의 각 교과서 저자 아래 3×4표에서 각 과정 행과 주체 열이 교차하는 위치를 찾으면 서로 다른 주체와 과정 간의 다양한 상호작용과 관련된 코드의 백분율을 확인할 수 있다. 예를 들어, 주체 "we"가 정신적 과정에 참여하는 코드의 백분율을 확인하려면 주체 "we"열(첫 번째 열)이 정신적 과정 행(두 번째 행)과 교차하는 위치를 찾으면 된다. 또한, [그림 5]는 이 특정 유형의 상호작용과 관련된 코드가 3%를 차지한다는 것을 나타낸다. 각 교과서에 해당하는 3×4표의 항목들은 분석에 포함된 모든 코드를 합산하여 100%가 된다.

		교과서				교과서에 나타나는 수학의 본질에 대한 관점							
		Parker와 Baldridge				도구주의 관점				문제해결 관점			
	주체	We	You	3인칭 인간	비인간	We	You	3인칭 인간	비인간	We	You	3인칭 인간	비인간
과정	물질적 (자기 외면에 존재)	14	12	16	20	⑤	⑥	⑦		⑧	⑨		
	정신적 (자기 내면에 존재)	3	6	6	1								
	관계적 (관계를 나타냄)	0	0	2	20					⑩	⑪		⑫

[그림 5] Parker와 Baldridge 교과서의 정의 및 수학에 대한 관점

		교과서에 나타나는 수학의 본질에 대한 관점								교과서			
		플라톤주의 관점				도구주의 관점				Wu			
	주체	We	You	3인칭 인간	비인간	We	You	3인칭 인간	비인간	We	You	3인칭 인간	비인간
과정	물질적 (자기 외면에 존재)				④	⑤	⑥	⑦		33	2	4	9
	정신적 (자기 내면에 존재)	①	②							15	12	2	1
	관계적 (관계를 나타냄)				③					1	1	0	20

[그림 6] Wu 교과서의 정의 및 수학에 대한 관점

		교과서				교과서에 나타나는 수학의 본질에 대한 관점							
		Darken				도구주의 관점				문제해결 관점			
	주체	We	You	3인칭 인간	비인간	We	You	3인칭 인간	비인간	We	You	3인칭 인간	비인간
과정	물질적 (자기 외면에 존재)	13	21	8	11	⑤	⑥	⑦		⑧	⑨		
	정신적 (자기 내면에 존재)	5	5	2	0								
	관계적 (관계를 나타냄)	0	5	0	30					⑩	⑪		⑫

[그림 7] Darken 교과서의 정의 및 수학에 대한 관점

세 교과서 각각에서 얻은 결과를 논의할 때, 우리는 주체-과정 상호작용 중 **가장 높은 4가지 백분율**만 고려하기로 결정했다(그림에서 더 어두운 음영으로 표시됨). 이 수치는 [그림 1]의 분석틀에서 설명한 수학의 본질에 대한 다양한 관점과 우리의 연구 결과의 연결을 가능케 했다.

음영은 독자가 네 가지 최고 백분율이 분석틀의 관련 관점에서 어떤 원에 대응하는지 더 잘 확인할 수 있도록 사용되었다. **교과서와 가장 관련성이 높은 두 관점**은 분석틀에서 원래의 위치에 제시하고, 교과서의 데이터는 세 번째(가장 관련성이 낮은) 관점의 위치에 제시하였다. 이는 분석틀의 제시 방식과 본 분석 결과와의 관련성을 일관되게 유지하기 위한 것이다. 예를 들어, Parker와 Baldridge 교과서에서 가장 높은 백분율을 보인 상호작용은 [그림 5]의 분석틀에 도구주의 관점과 문제해결 관점을 포함하게 했다. 이 두 관점은 [그림 1]의 분석틀에서 플라톤주의 관점(Parker와 Baldridge 교과서와 가장 관련성이 낮은 관점)이 제시된 위치에 나타나 있다. 도구주의 관점에서는 원 5, 6, 7과 관련된 상호작용의 비율이 가장 높고, 문제해결 관점에서는 원 8, 9, 12과 관련된 상호작용의 비율이 가장 높기 때문에 이러한 결정을 내렸다.

Parker와 Baldridge: 도구주의 관점과 문제해결 관점

[그림 5]의 어둡게 음영 처리된 항목에서 나타나듯이, Parker와 Baldridge 교과서에서 가장 높은 백분율을 보인 상호작용은 다음과 같다. (1) **we**/물질적, (2) **3인칭 인간**/물질적, (3) **비인간**/관계적, (4) **비인간**/물질적. 이 교과서는 물질적 과정에 관여하는 서로 다른 주체의 비율이 높았는데, 이는 이 텍스트가 수학에 관한 두 가지 이상 관점의 요소를 포함하고 있음을 시사한다. 실제로 표본에 포함된 세 교과서 중 수학의 본질에 대한 단일 관점만을

촉진하는 교과서는 없었다.

가장 높은 상호작용 비율을 기준으로 볼 때, 이 분석틀은 Parker와 Baldridge 교과서가 도구주의와 문제해결 관점 모두와 관련될 가능성을 시사한다. 비인간 주체와 물질적·정신적 과정 사이의 상호작용([그림 5]의 20%)은 분석틀에 따르면 플라톤주의 관점을 시사할 수 있지만, 다른 상호작용들은 이 관점과 강한 일치를 나타내지 않는다. 플라톤주의 관점에서는 주체가 주로 정신적인 과정에 참여하지만, 여기서는 그 비율이 눈에 띄게 적다. 첫 번째 행에 표시된 바와 같이 물질적 과정에 참여하는 세 주체의 높은 비율은 분석틀에서 도구주의 관점을 설명하는 원 5, 6, 7에 해당한다. 그러나 전체 코드의 20%가 관계적 과정을 수행하는 비인간 주체의 존재감을 두드러지게 드러내는 점을 고려할 때, 이 텍스트가 도구주의 관점만을 촉진한다고 해석하는 것은 정확하지 않다. 실제로 이러한 상호작용은 분석틀이 제시하는 도구주의 관점 설명에는 포함되지 않는다. 플라톤주의 관점과 문제해결 관점 모두 이러한 상호작용을 지지하지만, 플라톤주의 관점에서는 물질적 과정에 참여하는 인간 주체가 전혀 나타나지 않는 점(이는 Parker와 Baldridge 교과서가 촉진하는 상호작용과 정확히 일치하는 것으로 나타남)에서 문제해결 관점이 더 적절하다.

Wu: 플라톤주의 관점과 도구주의 관점

[그림 6]의 결과는 Parker와 Baldridge 교과서에 비교했을 때, Wu 교과서의 상호작용이 훨씬 적은 변화를 보인다는 것을 나타내며, 가장 많이 나타나는 상호작용 4가지는 다음과 같다. (1) **we**/물질적, (2) **we**/정신적, (3) **you**/정신적, (4) **비인간**/관계적. 이러한 상호작용에 근거하여, 이 분석틀은 수학의 본질에 관한 플라톤주의 및 도구주의 관점 모두와의 관련 가능성을 시사한다.

두 번째 행에 강조된 정신적 과정의 높은 비율은 분석틀에서 플라톤주의 관점을 설명하는 원 1, 2에 해당한다. 실제로 분석틀에서 설명하는 세 관점 중에서 플라톤주의 관점은 정신적 과정이 강하게 존재할 것으로 예상한 유일한 관점이다. 그러나 전체 코드의 33%가 물질적 과정에 관여하는 주체 "we"의 두드러진 존재를 시사하기 때문에, 이 텍스트가 플라톤주의 관점만을 촉진한다는 해석이 전적으로 정확하지는 않다. 이 특정한 상호작용은 플라톤주의 관점에 해당하지 않는다. 도구주의 관점과 문제해결 관점 모두 이 상호작용을 지지하지만, Wu 교과서에서 48%의 주체가 물질적 과정에 참여했지만, 불과 22%만이 관계적 과정에 참여한 것을 참고하면 도구주의 관점에 더 부합하는 것으로 볼 수 있다. 분석틀에 따르면 높은 비율의 물질적 과정이 관점을 더 강력하게 뒷받침한다.

Darken: 도구주의 관점과 문제해결 관점

[그림 7]의 어둡게 음영 처리된 항목에서 나타나듯이, Darken 교과서에서 가장 많은 상호작용은 다음과 같다. (1) **we**/물질적, (2) **you**/물질적, (3) **비인간**/관계적, (4) **비인간**/물질적. Parker와 Baldridge 교과서와 유사하게 Darken 교과서는 물질적 과정에 참여하는 비인간 주체 코드가 큰 비율을 차지한다. 이 특정한 상호작용은 플라톤주의 관점을 시사하지만, 물질적 과정에 참여하는 주체의 비율도 높다는 점에서 이 텍스트가 플라톤주의 관점과 일치한다고 해석하기는 어렵다. 다른 3가지 백분율을 기반으로, 분석틀은 Darken 교과서가 수학의 본질에 대한 도구주의 관점과 문제해결 관점 모두를 지지할 수 있음을 나타낸다. 첫 번째 행에 나타난 것처럼 "we"와 "you" 주체가 물질적 과정에 참여하는 비율(13+21=총 코드의 34%)은 분석틀에서 도구주의 관점을 설명하는 원 5, 6에 해당한다.

이러한 상호작용은 문제해결 관점과 관련된 원 8, 9에도 해당한다. 그러나 전체 코드에서 가장 높은 비율(30%)이 비인간 주체와 관계적 과정의 상호작용에 해당한다는 점은, 문제해결 관점(원 12)에 보다 강하게 부합함을 보여준다. 실제로 이러한 상호작용은 도구주의 관점을 지향하는 교과서에서는 두드러지게 나타나지 않을 것으로 예상된다. 플라톤주의 관점도 비인간 주체가 관계적 과정에 참여하는 것을 지지하지만(원 3), 정신적 과정에 참여하는 주체의 비율이 전체의 10%에 불과하여 Darken 교과서를 플라톤주의 관점과 연결하기는 어렵다.

결론

학교 수학 수업에서 무엇을 어떻게 가르칠 것인지에 대한 교사의 결정에 교과서가 상당한 역할을 한다는 것은 잘 알려져 있다(예: Stein et al., 2007; Tarr et al., 2006). 그러나 예비 교사가 교사교육과정에서 접하는 교과서가 수학을 어떻게 촉진하는지에 대해서는 알려진 바가 상대적으로 적다. 교사가 가지고 있는 관점은 교실 활동의 모든 측면에 영향을 미치고 결과적으로 학생들의 학습에 영향을 미친다. 따라서 이러한 관점이 개발되는 방법을 이해하고 개선하는 것이 중요하다. 이 장의 목표는 이 두 가지 노력에 모두 기여하는 것이다. 첫째, 체계적 기능문법(Halliday, 1985)의 도구를 사용하여 교과서가 촉진하는 수학에 대한 관점을 분석하는 데 사용할 수 있는 분석틀을 개발했다. 둘째, 우리는 이 분석틀을 예비 초등 교사용 특정 교과서에 적용하여, 그 교과서가 촉진하는 수학의 본질에 대한 다양한 관점을 분석하는 방법을 제시하였으며, 이를 통해 교사의 신념이 형성되는 과정을 이해하는 데 기여했다. 이러한 분석 결과는 수학 교과서를 이해하고 개선하는 데 활용될 수 있다. 이를 통해 교과서가 대개 암묵적으로 촉진하는 수학에 대한 관점이 향후 교과서 신판에서는 명시적인 초점이 되어 주목받을 수 있을 것이다. 또한 이러한 결과는 예비 교사 대상 수학 과목 강사가 교과서를 선택하는 과정에서 고려할 요소가 될 수 있다.

교과서에 표현된 수학적 관점과 관련하여 전미수학교사협의회(NCTM, 1991)는 "수학을 지속적인 인간 활동으로 표현"해야 한다고 제안한다(p. 25). 또한 NCTM의 의사소통 규준 Communication Standard(2000)은 "학생들은 수학적 정의의 역할을 이해하고 이를 수학 활동에 사용해야 한다"라고 강조하며 수학적 개념을 정확하게 표현하기 위해 수학 언어를 사용하는 것의 중요성을 분명히 역설한다(p. 63). 정의와 같은 교과서의 특정 요소에 주목함으로써, 예비 초등 교사를 위한 수학 과목에서 사용되는 교과서가 수학의 본질에 대한 다양한 관점을 어떻게 반영하고 촉진하는지에 대한 중요한 질문을 해결하려고 시도할 수 있다.

우리가 개발한 분석틀을 적용하여 분석 대상인 교과서가 촉진하는 수학에 대한 관점과 관련하여 서면으로 드러나는 특징을 설명할 수 있었다. 하지만 교과서가 교사의 손에 들어가면 어떻게 수정될 수 있는지에 대한 통찰력을 제공하지는 못했는데, 이 문제는 중요하며 향후 연구의 초점이 될 수 있다. 여기서는 예비 교사를 위한 수학 교과서에서 정의를 분석하는 데 분석틀을 적용하는 방법을 논의하였다. 그러나 이 분석틀이 학부 수학 교과서나 중등 수학 교과서 등 다른 수학 교과서의 정의를 분석하는 데 적용하지 못할 이유는 없다고 본다.

또한 이 분석틀은 교과서의 수학 과제를 분석하는 데 사용될 수도 있다. 수학 과제를 가치 있게 만드는 요소와 관련하여, Edward Silver와 동료들의 연구(예: Silver et al., 2005; Silver & Stein, 1996; Stein et al., 2000)는 학생의 수학에 대한 경험에 영향을 미칠 수 있는 수학 과제의 본질을 더 잘 이해해야 할 필요성을 입증한다.

이 장에서 제안한 분석틀을 활용해 과제가 학생들에게 수학의 본질에 대한 관점을 인식하도록 유도하는 방식을 파악하면, 이 연구 분야에 기여할 수 있다. 일반적으로 어떤 텍스트는 독자에게 이전 예제에서 사용한 단계별 절차를 참조하며 특정한 방식으로 과제를 해결하도록 일관되게 요구할 수 있다. 반면 다른 텍스트는 해결 절차를 제시하지 않고 여러 가지 방법으로 해결할 수 있는 과제를 제시할 수도 있다. 이 두 교과서는 수학의 본질에 대해 완전히 다른 관점, 즉 첫째는 도구주의 관점이고 둘째는 문제해결 관점을 촉진할 수 있다. [그림 8]은 식별된 과제를 어떻게 분석할 수 있는지를 보여주며, 각 문장은 나타난 주체(W, Y, T, N, 각각 we, you, 3인칭 참여자, 비인간 주체를 지칭)와 사용된 과정 유형(M, N,

R, 각각 물질적, 정신적, 관계적 과정을 지칭)에 대해 앞서 설명한 정의 코딩 방식과 동일한 접근방식을 활용한다.

> 1. Read **[CODED: Y-M]** pages 19-26 of Primary Math 4A. Notice **[CODED: Y-N]** how the ideas of factors and multiples are introduced, and how common multiples are defined on page 26.
> a) Use **[CODED: Y-M]** the method shown by the little girl in Problem 11 of page 26 and find **[CODED: Y-M]** a common multiple of 15 and 12.
> b) In Practice 1B of Primary Math 4A, do **[CODED: Y-M]** problems 1 and 4-7.

[그림 8] Parker and Baldridge(2004, p. 130) 과제 코딩 예시

마지막으로 이 분석틀을 교실 담론을 분석하는 데 적용하여 다양한 대담자들 간의 토론에서 어떤 수학에 대한 관점이 촉진될 수 있는지 조사할 수 있다. 이를 위해 토론을 여러 구간segment으로 분할한 뒤, 이 장에서 정의에 대한 구간을 분석한 방법과 유사하게 각 구간을 분석해야 한다.

참고문헌

Brown, S., Cooney, T., & Jones, D. (1990). Mathematics teacher education. In W. R. Houston, M. Haberman, & J. Sikula (Eds.), *Handbook of research on teacher education* (pp. 639-656). Macmillan.

Cobb, P., Yackel, E., & McClain, K. (2000). *Symbolizing and communicating in mathematics classrooms: Perspective on discourse, tools, and instructional design.* Lawrence Erlbaum Associates.

Cooney, T. (1985). A beginning teachers' view of problem solving. *Journal for Research in Mathematics Education, 16,* 324-336.

Darken, B. (2003). *Fundamental mathematics for elementary and middle school teachers.* Kendall/Hunt.

Ernest, P. (1988). *The impact of beliefs on the teaching of mathematics.* Paper presented at the 6th International Congress of Mathematical Education. Budapest, Hungary.

Ernest, P. (1999). Is mathematics discovered or invented? *Philosophy of Mathematics Education Journal, 12,* 9-13.

Fairclough, N. (1992). *Discourse and social change.* Polity Press.

Halliday, M. A. K. (1973). Explorations in the functions of language.

Halliday, M. A. K. (1985). *An introduction to functional grammar.* Edward Arnold.

Halverscheid, S., & Rolka, K. (2006). Student beliefs about mathematics encoded in pictures and words. In *Proceedings of the 30th conference of the international group for the psychology of mathematics education* (*Vol. 3*, pp. 233-240). Prague, Czech Republic.

Herbel-Eisenmann, B., & Wagner, D. (2005). In the middle of nowhere: How a textbook can position the mathematics learner. In H. Chick & J. Vincent (Eds.), *Proceedings of the 29th conference of the international group for the psychology of mathematics education* (*Vol. 3*, pp. 121-128). Melbourne, Australia.

Hersh, R. (1986). Some proposals for revising the philosophy of mathematics. In T. Tymoczko (Ed.), *New directions in the philosophy of mathematics* (pp. 9-28). Birkhauser.

Kaur, B. (2014). Enactment of school mathematics curriculum in Singapore: Whither research. *ZDM – The International Journal on Mathematics Education, 46,* 829-836.

Koshy, V., Ernest, P., & Casey, R. (Eds.). (2000). *Mathematics for primary teachers.* Routledge.

Lakatos, I. (1976). *Proofs and refutations.* Cambridge University Press.

Lerman, S. (2001). Cultural, discursive psychology: A sociocultural approach to studying the teaching and learning of mathematics. *Educational Studies in Mathematics, 46,* 87-113.

McCrory, R., Siedel, H., & Stylianides, A. (2007). *Mathematics textbooks for prospective elementary teachers: What's in the books.*

http://meet.educ.msu.edu/documents/McCrory_Textbooks.pdf

Mellin-Olsen, S. (1981). Instrumentalism as an educational concept. *Educational Studies in Mathematics, 1*, 351-367.

Morgan, C. (1996). The language of mathematics: Towards a critical analysis of mathematics texts. *For the Learning of Mathematics, 26*(3), 2-10.

National Council of Teachers of Mathematics. (1991). *Professional standards for teaching mathematics.* Author.

National Council of Teachers of Mathematics. (2000). *Principles and standards for school mathematics.* Author.

Parker, T. H., & Baldridge, S. J. (2004). *Elementary mathematics for teachers* (*Vol. 1*). Sefton-Ash.

Pepin, B. (2009). The role of textbooks in the 'figured world' of English, French and German classrooms—A comparative perspective. In L. Black, H. Mendick, & Y. Solomon (Eds.), *Mathematical relationships: Identities and participation* (pp. 107-118). Routledge.

Pepin, B., & Haggarty, L. (2001). Mathematics textbooks and their use in English, French, and German classrooms: A way to understand teaching and learning cultures. *Zentralblatt for the Didactics of Mathematics, 33*(5), 158-175.

Pepin, B., Gueudet, G., & Trouche, L. (2013). Re-sourcing teachers' work and interactions: A collective perspective on resources, their use and transformation. *ZDM - The International Journal on Mathematics Education, 45*, 929-943.

Pimm, D. (1987). *Speaking mathematically: Communication in mathematics classrooms.* Routledge & K. Paul.

Polya, G. (1957). *How to solve it.* Princeton University Press.

Rezat, S. (2012). Interactions of teachers' and students' use of mathematics textbooks. In G. Gueudet, B. Pepin, & L. Trouche (Eds.), *Mathematics curriculum material and teacher development: From text to 'lived' resources* (pp. 231-246). Springer.

Rotman, B. (1988). Towards a semiotics of mathematics. *Semiotica, 72(1/2)*, 1-35.

Rowland, T. (2000). *The pragmatics of mathematics education: Vagueness in mathematical discourse.* Falmer Press.

Schmidt, W. H. (2012). Measuring content through textbooks: The cumulative effect of middle-school tracking. In G. Gueudet, B. Pepin, & L. Trouche (Eds.), *Mathematics curriculum material and teacher development: From text to 'lived' resources* (pp. 143-160). Springer.

Sfard, A. (2001). There is more to discourse than meets the ears: Looking at thinking as communicating to learn more about mathematical learning. *Educational Studies in Mathematics, 46*(1/3), 13-57.

Shapiro, S. (1997). *Philosophy of mathematics: Structure and ontology.* Oxford University Press.

Silver, E. A., & Stein, M. K. (1996). The QUASAR project: The "revolution of the possible" in mathematics instructional reform in urban middle schools. *Urban Education, 30*(4), 476–521. https://doi.org/10.1177/0042085996030004006

Silver, E. A., Ghousseini, H., Gosen, D., Charalambous, C., & Strawhun, B. (2005). Moving from rhetoric to praxis: Issues faced by teachers in having students consider multiple solutions for problems in the mathematics classroom. *The Journal of Mathematical Behavior, 24*(3–4), 287–301. https://doi.org/10.1016/j.jmathb.2005.09.009

Stein, M. K., Smith, M. S., Henningsen, M. A., & Silver, E. A. (2000). *Implementing standards-based mathematics instruction: A casebook for professional development.* Teachers College Press.

Stein, M. K., Smith, M. S., & Remillard, J. (2007). How curriculum influences student learning. In F. K. Lester Jr. (Ed.), *Second handbook of research on mathematics teaching and learning* (pp. 319–370). Information Age.

Stylianides, G. J. (2016). *Curricular resources and classroom use: The case of mathematics.* Oxford University Press.

Tarr, J. E., Chavez, O., Reys, R. E., & Reys, B. J. (2006). From the written to the enacted curricula: The intermediary role of middle school mathematics teachers in shaping students' opportunity to learn. *School Science and Mathematics, 106*(4), 191–201.

Thompson, A. G. (1984). The relationship of teachers' conceptions of mathematics and mathematics teaching to instructional practices. *Educational Studies in Mathematics, 15*, 105–127.

Wilson, S., & Cooney, T. (2002). Mathematics teacher change and development. In G. C. Leder, E. Pehkonen, & G. Torner (Eds.), *Beliefs: A hidden variable in mathematics education?* (pp. 127–147). Kluwer Academic.

제12장 수학 과제: QUASAR 프로젝트의 지속적인 유산

Margaret Smith and Mary Kay Stein

1970년대 후반, 국제적 비교, 표준화 시험, 대학 입시 위원회College Board의 학문 적성 시험(Scholastic Aptitude Test, SAT)[1] 등 다양한 분야에서 미국 학생들의 수학 성적에 대한 우려가 증가했고, 대학 수준에서 개설되는 기초 수학 보충 과목도 상당히 증가하였다. 근본적으로 학생들이 좋은 성적을 거두지 못했고, 정책 입안자들은 미국이 경쟁력을 잃을 것을 우려하기 시작했다.

1980년대에 발표된 여러 문서(**Agenda for Action**, National Council of Teachers of Mathematics [NCTM], 1980; **A Nation at Risk**, National Commission on Excellence in Education, 1983; **Everybody Counts**, National Research Council, 1989; **Curriculum and Evaluation Standards**, NCTM, 1989)는 문제해결과 추론에 초점을 맞춘 수학 교수·학습에 새로운 기준을 마련해야 한다는 필요성과 "인종이나 계층 또는 경제적 지위와 관계없이 모든 학생은 공정한 기회와, 자신의 마음과 정신의 역량을 최대로 개발할 수 있는 도구를 가질 자격이 있다(National Research Council, 1989)."는 점에 대해 놀라운 정도의 합의를 보였다.

이 장에서는 미국 학교에서 수학 교수·학습 방식을 변화시키려는 요구에 응답한 QUASAR 프로젝트의 노력과 영향에 초점을 맞추고 있다. 이 장은 4개의 절로 구성되어 있다. 먼저 "도전을 시작하기" 절에서 QUASAR 프로젝트가 추진한 목표와 수행된 연구에서 얻은 결과를 설명한다. 이야기는 "QUASAR 연구 결과의 확증 및 확장" 절로 이어져, 초기 QUASAR 연구 결과를 뒷받침하거나 확장하는 후속 연구를 설명한다. 이는 "연구에서 실천으로: 높은 수준의 과제 실행을 위한 교사 노력 지원" 절로 이어지는데, 이 절에서는 프로젝트에서 나타난 실천적인 지원 도구와 다른 사람들이 그 도구를 사용하는 방법을 설명한다. "결론"에서는 QUASAR 프로젝트가 수학교육 분야에 미친 영향과, 프로젝트에 참여한 학교 학생들이 받은 혜택에 대한 성찰을 제시한다.

---

1) 1993년에 대학 입시 위원회는 시험명을 Scholastic Achievement Test로 변경했다.

도전을 시작하기

1990년에 시작된 QUASAR(양적 이해: 학생 성취도와 추론 증폭하기, Quantitative Understanding: Amplifying Student Achievement and Reasoning)는 경제적으로 취약한 지역사회 중학생들을 위한 효과적인 수학 교수 프로그램의 개발 및 실행을 촉진하고 연구한 교육 개혁 프로젝트였다. Ford 재단이 구상하고, 피츠버그 대학 학습연구개발센터의 Edward Silver와 그의 팀이 설계한 이 프로젝트는 수학 교수·학습 변화 요구에 가장 먼저 직접적으로 대응한 프로젝트 중 하나였다.

QUASAR 참여를 위해 선정된 6개 지역2)은 학생 인구의 인종 및 민족적 다양성이 상당히 높았다. 두 곳은 주로 아프리카계 미국인 학생을, 다른 두 곳은 주로 라틴계 학생을, 나머지 두 곳은 보다 문화적으로 더 다양한 학생들을 대상으로 하였다. QUASAR 학생들은 대부분 무상 및 저소득층 지원 급식 대상이며, 많은 학생들이 학교 근처의 저소득층 주택단지에 거주했다. Silver와 그의 동료들은 다음과 같이 주장했다.

> 이 프로젝트의 기본 전제는 여성, 소수 민족, 가난한 사람들의 저조한 수학 참여와 낮은 성과가 주로 능력과 잠재력 부족 때문이 아니라, 의미 있고 질 좋은 수학 학습 경험에 대한 접근을 제한하는 교육적 관행educational practices때문이라는 것이다(Silver et al., 1995, p. 10).

교실 활동 본질을 변화시키기

이 프로젝트는 수학 수업에서 수학적 사고, 추론, 문제해결 및 의사소통 교수 실천을 개발하는 데 중점을 두고, 이러한 중점이 교수의 특징으로 거의 자리 잡지 못한 학교에서 수행되었다. 선정된 6개 지역은 각각 고유한 아이디어를 제시했고, 각 지역은 인근 대학 또는 교육기관에서 온 교사교육자(즉, "자원 협력자")와의 협업을 통해 추가적인 아이디어와 목표 달성 도구를 얻었다. 자원 협력자는 프로젝트 기간 동안 교사들을 지속적으로 지도 및 지원하고, 교수 자료의 개발, 개선 및 실행을 도왔다. 또한 해당 학교의 수학 교사들이 프로젝트 목표에 헌신하고 있음을 확실히 했다.

---

2) 1989-1990학년도에 네 지역이 선정되어 1990년 가을부터 활동을 시작했다. 1990-1991학년도에 두 지역이 추가되어 1991년 가을부터 활동을 시작했다.

이러한 협력은 수년에 걸쳐 학생들의 추론적 사고와 문제해결 능력 개발을 위한 교실 교수를 구성하고 전달하는 방법을 설계하기 위해 부단히 노력했다. 이는 6개 모든 지역에서 이전에 학습한 규칙과 알고리즘을 사용하여 문제를 해결하는 것으로부터 단순히 학습한 절차를 적용하는 것만으로는 풀 수 없는 문제를 해결하는 것으로 초점이 바뀌었음을 의미한다. 이러한 접근을 구체화한 기존 교육과정이 없었고, 교사들은 이러한 수학 교수 방법에 대한 교육을 받지 못했기 때문에 실행이 특히 어려웠다.

교수와 학습 연구하기

QUASAR 연구는 학생이 질 높은 교수에 접근[3)]할 수 있을 때 수학을 이해할 수 있다는 증거를 찾는 데 중점을 두었다. 이를 위해 교실 교수와 학생들이 교수를 통해 배운 내용을 연구 대상으로 설정하였다. 프로젝트 연구자들은 교사와 자원 협력자를 면담하고, 교실 교수 동영상을 관찰하고 녹화했으며, 프로젝트에서 개발한 측정 도구를 사용하여 학생의 성과를 평가하였다.

교실 교수 연구의 초점은 교수 과제였다. 과제는 교사와 학생의 작업을 연결할 수 있는 한 방법을 제공하기 때문에 특별히 강력한 구성 개념이다. 과제는 학생들이 어떤 종류의 사고에 참여할 수 있는지 "가능한 것"에 대한 지표를 설정하여, 결과적으로 수업에서 가르칠 과제를 선택하고 설계하며 수정하는 것은 교수의 중요한 측면 중 하나로 인식되었다. Walter Doyle(1983, 1986, 1988)의 학문적인 과제에 관한 선행연구와 **수학 교수를 위한 전문적 표준**Professional Standards for Teaching Mathematics(NCTM, 1991)은 학생들의 수학 학습 기회를 특징짓기 위해 교수 과제를 사용하는 것의 토대를 마련하였다.

특히 Doyle의 연구는 모든 과제가 학생들에게 동일한 학습 기회를 제공하지는 않는다는 것을 밝혔다. QUASAR 연구진은 서로 다른 유형의 과제가 제공하는 학습 기회를 구분하기 위해 인지적 요구, 즉 과제를 해결하는 데 필요한 사고의 수준과 종류에 따라 과제를 분류하였다. 낮은 수준 과제는 기억을 단순히 떠올리거나(암기) 이전에 배운 규칙이나 절차를 적용(연결 없는 절차)하여 해결할 수 있는 과제이다. 반면, 높은 수준 과제는 절차와 기본 개념 또는 의미를 연결(연결 있는 절차)하거나 명시적으로 주어지지 않은 방법으로 비알고

3) 미국 국립과학재단(NSF)은 1990년대 초에 13개의 교육과정 프로젝트를 지원했지만, QUASAR 프로젝트는 이미 1990년에 운영을 시작했으며, 새로운 교육과정은 QUASAR의 활동 기간 내에는 사용 불가했다.

리즘적 사고와 탐구를 요구(수학을 하는 것)하는 과제이다.

[그림 1]과 같이, 수학 과제 분석틀Mathematical Task Framework은 교수와 학습의 관계를 개념화한 것이다. 이 분석틀은 과제가 인쇄물이나 가상 자료에 나타난 방식(첫 번째 직사각형)부터 교수 중 과제가 제시되는 방식(두 번째 직사각형), 학생들이 실제로 과제에 참여하는 방식(세 번째 직사각형)까지 과제가 거쳐가는 단계를 나타낸다. 이 모든 단계, 특히 세 번째 단계는 학생들이 수학에서 무엇을, 어떻게 배우는지에 영향을 미친다. Doyle(1988)이 언급한 바와 같이, 과제에서 요구하는 것은 교수 과정 중 바뀔 수 있으며, 처음에는 인지적으로 어려웠던 과제(즉, 높은 수준 과제)가 수업 중 덜 어려운 활동(예: 낮은 수준)으로 변할 수 있다. 이러한 변화가 발생하면, 학생들이 높은 수준의 사고와 추론에 참여할 기회가 사라진다.

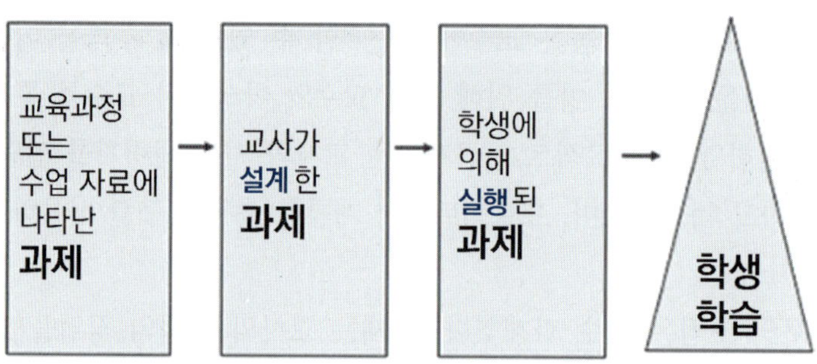

[그림 1] 수학 과제 분석틀(Stein & Smith, 1998).

교실 교수에 대한 데이터는 교실 수업 비디오와 훈련받고 지식이 있는 관찰자가 작성한 내러티브 요약으로 구성되었다. 매 학년도마다 교사 3명의 수학 수업에서 연간 3일간의 관찰 세션(가을, 겨울, 봄)이 진행되었다. 관찰자는 수업 시간 중 가장 많은 시간이 소요된 수학 과제를 확인하였다. 과제의 인지적 요구 수준은 수업 중 두 시점으로 범주화되었다. 첫 번째는 교사가 과제를 처음 **제시**했을 때(예: 교사가 학생에게 지시한 사항, 제공된 자료, 학생들이 생산할 것으로 예상되는 결과물), 두 번째는 교사와 학생들이 실제로 과제를 **실행**했을 때(즉, 학생들이 실제로 과제에 참여한 방식, 교사가 제공한 지원의 성격 및 수준, 그리고 학생들이 만든 결과물)였다. 제시 단계와 실행 단계의 인지적 요구 차이는 유지(인지적 요구의 변화 없음)되거나 감소(실행 시점의 인지적 요구가 제시 시점보다 낮음)한 것으로 기록되었다.

학생 학습에 대한 데이터는 QUASAR 인지 평가 도구(QUASAR Cognitive Assessment Instrument, QCAI)를 통해 얻은 학생 성과이며, 이 도구는 프로젝트에서 한 세트의 36개

개방형 과제에 대한 학생들의 문제해결, 추론, 의사소통 능력을 평가하기 위해 개발한 도구였다(Lane, 1993; Silver & Lane, 1995). QCAI는 매 학년 가을과 봄에 시행되었고, 학생 학습은 한 시점과 다른 시점의 성취도 차이로 정의되었다. 훈련받은 중학교 수학 교사가 집중된 총체적 채점을 통해 각각의 과제에 대한 학생들의 반응을 0점~4점 척도로 채점하였고, 각 응답은 두 명의 평가자에 의해 독립적으로 평가되었다.

주요 결과

프로젝트의 교수와 학습 데이터를 분석한 결과, 크게 세 가지 결과가 도출되었다. 첫째, 인지적 요구 수준이 높은 수학 과제가 가장 실행하기 어려운 것으로 나타났다. 높은 수준의 과제는 실행 중에 그 수준이 낮아지는 경향이 있어, 과제가 학생을 사고와 추론에 참여시키는 잠재력이 실현되지 않았다. 둘째, 교사의 통제하에, 일련의 교실 기반 요인이 학생들의 높은 수준의 과제 참여와 과제의 인지적 요구 수준 유지 여부에 영향을 미치는 것이 두드러지게 나타났다. 셋째, 높은 수준의 과제에 지속적으로 참여한 학생들이 가장 학습 성과가 큰 것으로 나타났다. 따라서 요구 수준이 계속 유지된 높은 수준의 과제를 정기적으로 제시하면 학생들의 학습 성과를 얻을 수 있다. 이 결과를 다음 단락에서 자세히 논의한다.

결과 1

QUASAR 프로젝트에서 처음으로 나타난 주요 발견 중 하나는 인지적 요구 수준이 높은 수학 과제가 가장 실행하기 어렵다는 것이다(Stein et al., 1996). Stein 외(1996)는 1990년부터 1993년까지 QUASAR 프로젝트에서 수행된 144개의 관찰 연구는 "제시 단계에서 과제의 인지적 요구가 높을수록 실행 단계 중 실제로 그 수준이 유지되는 과제의 비율이 낮아진다."(p. 476)는 것을 밝혀냈다. 구체적으로 교사가 활용하는 과제 144개(12개의 관찰×4개의 현장×3년[4]) 중 거의 4분의 3(74%)이 **수학을 하는 것**(40%) 또는 의미, 개념, 이해와 **연결 있는 절차**를 사용하는 것(34%)과 같이 높은 수준의 인지적 과제에 참여시키기 위해 제시되었다. 나머지 26%의 과제는 제시할 때 **연결 없는 절차**(28%), 수학 활동 없음(2%), **암기하기**(1%), 기타(3%)로 분류되었다. **연결 없는 절차**로 제시된 과제의 96%가 의도한 대로 실행된 반면, 높은 수준의 과제(**연결 있는 절차**와 **수학을 하는 것**)에 대한 일관성

4) 1990-1991년에 추가된 두 지역은 이번 분석에 포함되지 않았다.

비율은 42%였다. 즉, 높은 수준의 사고를 장려하기 위해 제시된 과제 중 실제로 의도된 수준의 학생 참여 기회를 제공한 과제는 절반 미만이다.

이 결과는 교사들이 높은 수준의 과제를 교수에 사용하기로 선택했음에도 불구하고, 그 과제의 요구 수준을 유지하면서 실행하는 데 어려움을 겪고 있음을 시사한다. 그러나 높은 수준의 요구가 모두 같은 방식으로 감소하지는 않았다. 연결 있는 절차로 시작한 과제는 일반적으로 연결 없는 절차로 감소하였다. 초기 과제에서 목표했던 의미와 연결에 대한 초점은 유지되지 않았고, 학생들은 높은 수준의 인지 과제에 참여하는 대신 이전에 학습한 절차와 알고리즘을 적용하였다. 수학을 하는 것으로 시작한 과제도 여러 방식으로 감소했는데, 가장 주목할 만한 것은 수학 활동이 없음 또는 비체계적인 탐구로 감소하였다는 것이다. 과제가 수학적 활동이 없는 상태로 감소할 경우, 학생들은 수학적 활동에 참여하지 않게 되었다. 학생들이 활동에 참여하지 않게 되는 이유는 여러 가지였으나, 대부분은 교사가 교실 환경을 관리하는 데 어려움을 겪었기 때문이다. 과제가 비체계적인 탐구로 전개되는 경우, 학생들은 과제에 열심히 참여하려 했으나 교사가 학생들에게 무엇을 해야 할지 지시하지 않았고, 학생들은 충분한 진전을 이루지 못하였다. Stein과 동료들에 따르면, "학생들은 탐구하고, 토론하고, 연결을 시도하였지만, 중심이 되는 중요한 수학적 핵심을 놓쳤다."(Stein et al., 1996, p. 478).

결과 2

Stein 외(1996)의 초기 연구에서는 과제 실행 중 과제 수준이 낮아지거나 유지될 때 교실 기반 요인들이 학생들의 높은 수준의 과제 참여에 영향을 미친다는 사실이 두드러졌다. 교실 관찰자들은 (요인 목록에서) 과제가 높은 수준의 인지적 요구를 유지하는 데 도움이 되는 요인 또는 수준이 낮아진 이유를 설명할 수 있는 요인을 찾도록 요청받았다. 높은 수준 과제의 유지 및 감소와 관련된 요인과 각각의 요인이 결과에 영향을 미친 비율은 [그림 2]와 같다(Stein & Smith, 1998 참조). 가장 자주 선택된 요인들은 굵게 표시하였다. 이와 관련된 연구에서, Henningsen과 Stein(1997)은 특히 수학을 하는 과제에서 과제 수준의 유지 및 감소와 관련된 통찰력을 더했고, 서로 다른 과제 감소 패턴과 연관된 특정 요인들의 상세 정보를 도출했다.

이러한 요인들은 교사의 행동, 상호작용, 의사결정이 학생들이 사고하고 추론할 기회에 어떻게 영향을 미치는지에 대한 통찰을 제공한다. 또한 이 연구는 교수 중 발생하는 많은 일들이 대체로 교사의 통제 범위 내에 있음을 강조한다.

결과 3

Stein과 Lane(1996)은 교수와 학습을 연계한 연구에서 높은 수준의 과제에 지속적으로 참여한 학생들이 가장 큰 학습 성과를 거두었다는 사실을 발견하였다. 특히 교사들이 정기적으로 높은 수준의 과제를 제시하고 **충실히 실행한** 교실에서 학생들의 수학에 대한 개념적 이해와 문제해결, 추론, 의사소통 능력이 향상될 가능성이 높았다.

높은 수준의 과제 감소 요인	높은 수준의 과제 유지 요인
1. **과제의 문제 양상이 반복됨**(예: 학생들이 교사에게 과제 복잡도를 줄이기 위해 명확한 절차나 수행 단계를 지시하도록 요구; 교사가 과제의 어려운 부분을 "대신 수행"하거나, 학생들에게 어떻게 해야 하는지 알려줌) [64%] 2. **교사가 의미, 개념, 이해보다는 정답의 정확성이나 완성도를 강조함** [44%] 3. 학생들이 과제의 어려운 측면을 탐구할 수 있는 충분한 시간이 제공되지 않거나, 너무 많은 시간이 주어져 학생들이 방황 또는 과제에서 벗어남 [38%] 4. 교실 관리 문제로 인해 지속적인 참여가 방해됨 [18%] 5. **과제가 학생 집단에 부적합함**(예: 흥미 부족, 동기 부족, 수행에 필요한 선행지식 부족, 과제 목표가 명확하지 않아 학생들이 적절한 인지 상태에 도달하지 못함 등) [61%] 6. 학생들이 높은 수준의 결과나 과정에 대한 책임을 지지 않음(예: 학생들이 자신의 생각을 설명하도록 요구받았지만, 불명확하거나 틀린 설명이 받아들여짐. 학생들에게 그들의 작업이 "중요하지 않다", 즉 성적에 반영되지 않을 것이라는 인상을 줌) [21%]	1. 비계 설정(즉, 과제가 단순화되어 학생들이 해결할 수 있음; 복잡성은 유지되지만, 더 많은 자원을 사용할 수 있음). 전체 교실 토론, 발표, 그룹/짝 활동 중 발생할 수 있음 [58%] 2. 학생들에게 자신의 진행 상황을 모니터링할 수 있는 방법을 제공함(예: 루브릭이 논의되고 평가에 사용됨; 가설을 테스트할 수 있는 수단이 명확하게 제공되고 사용됨) [27%] 3. **교사나 유능한 학생들의 높은 수준의 수행을 모델** [71%] 4. **교사의 발문, 코멘트, 피드백을 통한 학생의 지속적인 설명, 정당화, 의미에 대한 압박** [64%] 5. **학생들의 사전지식을 기반으로 과제를 선택함** [82%] 6. 교사가 개념적 연결을 자주 이끌어 냄 [13%] 7. **탐구할 시간이 충분히 제공됨**(너무 적지도 너무 많지도 않음) [71%]

참고 기타 언급되지 않은 유지 및 감소 요인은 각각 8%와 9%로 나타났다.
(Stein과 Smith(1998) 번안)

[그림 2] 높은 수준의 과제 유지 및 감소와 관련된 요인과 각 요인이 언급된 비율

Stein 외(1996)에서 사용된 것과 동일한 교수 과제를 사용하여, Stein과 Lane(1996)은 4개의 학교에서 과제 실행의 세 가지 다른 상세 정보를 발견하였다. A학교는 주로 인지적 요구가 높은 수준의 과제를 사용하였으며 실행하는 동안에도 높은 요구 수준을 유지하였다. B, C학교는 높은 수준의 과제로 시작하였지만 높은 요구 수준을 유지하지 못했다. 마지막으로 D학교는 주로 매우 반복적인 과제를 제시 및 실행하여 학생들의 사고와 추론을 제한적으로 요구했다. 이 4개 학교에서 3년 동안 학생 성과 변화를 추적할 수 있는 QCAI를 사용하여 학생 학습을 측정하였다. 그 결과 가장 높은 성적 향상은 높은 수준의 인지적 처리를 요구하는 과제, 특히 수학과 관련된 비알고리즘적 사고를 요구하는 과제와 관련이 있었다(A학교). 반면에 하나의 쉽게 접근할 수 있는 전략이나 단일적 표현으로만 해결 가능하며, 수학적 의사소통이 거의 없거나 전혀 없는 절차적인 교수 과제를 해결할 때 학생들의 성적 향상이 적었다(D학교). 마지막으로 인지적으로 어려운 과제에 참여했지만, 높은 수준의 추론과 문제해결 활동에는 참여하지 않은 경우 성취 향상은 중간 수준을 보이는 경향이 있었다(B, C학교). 따라서 처음부터 인지적 사고 요구 수준이 낮은 과제에 노출되는 것보다 도전적으로 제시되었지만 실행 중 인지적 수준이 낮아진 과제에 노출되는 것이 학생들에게 더 유익한 것으로 보인다(Stein & Lane, 1996).

이러한 연구 결과는 교수 과제가 교수와 학생 학습 사이의 중요한 매개체라는 점을 시사한다. 과제는 학생들이 생각해야 하는 기회를 제공하는 방식에 영향을 미쳐 학습에도 영향을 미친다. 학생들이 암기된 절차를 정형화된 방식으로 수행하는 과제는 한 가지 유형의 사고 기회를 제공한다. 학생들에게 개념에 대한 관여를 요구하고, 아이디어들을 연결하도록 자극하는 과제는 다른 유형의 학생 사고로 이어진다(Stein et al., 2000, p. 11). 특정 유형 과제에의 노출이 누적되면서, 학생들은 수학의 본질, 즉 지식이 어떻게 구성되는지와 학생으로서 그 지식 구성에 어떤 역할을 해야 하는지를 이해할 수 있다. 수학교육 분야에서 높은 수준의 수학 과제의 중요성에 대한 합의가 점차 확대되어 왔지만, 본 연구는 수학 과제와 학생의 학습 결과를 연결한 최초의 대규모 실증적 연구였다.

QUASAR 연구 결과의 확증 및 확장

QUASAR 이후 25년 동안 원래 QUASAR 팀의 연구 결과를 뒷받침하는 연구 결과가 많이 도출되었다. 또한 연구자들은 새로운 차원(예: 교사의 내용 지식)을 도입하여 원래 QUASAR 연구 결과를 확장하였다. 해당 내용을 아래에서 논의하겠다.

확증 근거

결과 1 인지적 요구 수준이 높은 수학 과제가 가장 잘 실행하기 어렵다.

1999년 실행된 7개국 100개 8학년 교실에 대한 TIMSS 비디오 연구가 이 결과를 뒷받침한다(Stigler & Hiebert, 2004). 미국 교실에서 제시된 문제 중 약 17%가 수학적 연결이나 관계에 초점을 맞춘 것으로 나타났고, 이는 상위권에 속하는 편이었다. 그러나 실제로 미국의 실험 표본에서는 높은 수준의 과제가 실행되지 않았고, 오히려 절차적 접근방식이나 단순한 답에만 초점을 맞춘 것으로 나타났다.

최근 연구들도 교사들이 높은 수준의 과제를 실행하는 데 어려움을 겪고 있다는 결과를 뒷받침한다. Wilhelm(2014)은 중학교 수학과 교육의 제도적 맥락(Mathematics and the Institutional Setting of Teaching, MIST) 프로젝트에 참여한 중학교 수학 교사 213명의 교수 총 414개를 연구했다. 그는 교수의 질 평가(Instructional Quality Assessment, IQA) 루브릭(Boston & Candela, 2018)을 활용하여 학생들에게 제시된 과제의 인지적 요구 수준(과제 잠재력)과 교사와 학생이 실제로 수행한 과제의 인지적 요구 수준(실행)을 비교하였다. 그 결과 69%(287개)의 과제가 잠재력이 높은 수준으로 코딩되었지만 실행 단계에서 높은 수준으로 유지된 과제는 48%에 불과하였다. Stein과 동료들의 연구 결과에서 언급하듯, 높은 수준의 사고 촉진 잠재력이 있는 과제의 절반 미만이 의도한 대로 학생 참여 기회를 제공하였다.

이 두 연구는 높은 수준의 과제를 학생들의 잠재력을 최대한 활용하도록 실시하는 것이 어렵다는 추가적인 증거를 제시하였다. 더욱이 (QUASAR와 MIST의 경우처럼) 적극적인 교사의 지원이 높은 수준의 인지적 요구 수준의 유지를 보장하지 않는 것으로 나타났다.

결과 2 교실 기반 요인이 학생들의 높은 수준 과제 참여에 미치는 영향

여러 연구에서 교사와 학생의 실천이 학생의 높은 수준의 과제 참여 방식에 영향 미치는 것이 확인되었다. 예를 들어, Boaler와 Staples(2008)는 교사의 발문이 높은 수준의 과제의 요구 수준을 유지하는 데 중요하다는 것을 보여준다. Stylianides와 Stylianides(2008)는 교실의 사회적 관행(예: 학생들의 과제에 비판적 평가를 꺼리는 교사의 태도, 학생의 실패가 기대치를 제대로 표현하지 못했기 때문이라 여기는 교사의 인식, 완성된 과제를 논의하고 비교할 수 있는 학급 전체 토론의 부재)이 높은 수준의 실생활 과제 수준 감소 원인 중 하나임을 발견하였다. 그러나 어려움을 극복하면서 학습하는 방법을 배우는 것이 "수학을 하는 것"을 배우는 데 중요함에도 불구하고, 대부분의 연구에서는 높은 수준 과제에서 학생들이 겪는 어려움이나 교사들이 그러한 어려움에 어떻게 대응하는지를 자세히 설명하지 않았다.

예외적으로 Warshauer(2015)는 중학생들이 높은 요구 수준 과제에서 겪는 다양한 어려움을 다음과 같이 규명하였다. 과제 시작하기, 과정 수행하기, 설명 및 의미 파악의 불확실성, 오개념과 오류 표현이 그것이다. 또한 이러한 직접 알려주기telling부터 지시적 안내, 탐구적 안내, 자율적 지원까지 위와 같은 어려움에 대응하는 다양한 방법을 연구하였다. 그리고 이 반응들이 교사의 개입이 많은 방향에서 적은 방향으로 이어지는 연속체로 개념화했다. Warshauer는 (a) 교사가 개입을 최소화하여 학생들이 문제를 스스로 생각하고 아이디어를 발전시킬 기회를 제공하는 경우(Warshauer가 "자율적 지원affordance"으로 지칭) 또는 (b) 교사가 지속적으로 학생의 사고로 되돌아가서 설명, 이유, 정당화를 요청하는 경우(Warshauer가 "탐구적 안내probing guidance"로 지칭) 과제의 인지적 요구가 유지될 가능성이 더 크다는 것을 발견하였다.

이러한 연구 결과는 Stein 외(1996)에 의해 발견된 요인들을 확증하고, 특정한 교사의 행동이 학생들의 지속과 노력 의지에 어떻게 기여하고 방해하는지를 더 자세히 설명하였다. 이러한 방식으로 Warshauer는 높은 요구 수준을 유지하는 데 도움이 되는 교실 기반의 상호작용에 대한 세부 사항을 제시하였다.

결과 3 높은 수준의 과제에 지속적 참여는 더 큰 학습 성장을 이끈다.

QUASAR 프로젝트에서 나온 가장 강력한 연구 결과 중 하나는 인지적 요구 수준이 유지된 교실에서 학생들이 가장 많이 학습했다는 것이다. 이 결과는 거의 700회 인용되었으며, 인지적 요구가 높은 과제를 사용하고 유지해야 한다는 근거로 자주 활용된다. 동시에 이 주장을 뒷받침하는 증거가 인과관계causal가 아닌 상관관계correlational라는 점에 주목할 필요가 있다(Otten et al., 2017). 그럼에도 불구하고 밀접하게 연관된 여러 연구 결과들이 Stein과 Lane의 주장의 신뢰성을 강화하고 있다.

Tarr 외(2008)의 연구는 가장 설득력 있는 연구 중 하나로, (a) 교사들이 사용하는 교육과정(National Science Foundation[NSF] 기반 또는 출판사 기반)과 (b) 표준 기반 학습 환경(standard-based learning environment, SBLE)을 유지한 교사들의 실천 정도와 학생들의 성과(수학 균형 평가 및 Terra Nova 설문조사로 측정)를 비교한 연구이다. 10개 중학교의 2533개 학급을 연구한 결과, SBLE는 교육과정 유형에 따른 영향을 조절하는 역할을 하였다. NSF 교육과정을 사용한 수업에서 SBLE 수준이 중간 또는 높은 수준인 경우,

학생들의 학습 성과가 더 향상되었다. SBLE는 인지적 요구 수준이 유지된 QUASAR 수업과 유사한 특징(예: 학생의 추측, 학생의 추론 설명, 다양한 풀이 전략에 대한 가치 평가)을 가진다. 이는 교육과정만으로는 학생 학습의 향상을 이끌지 못하며, 학생 학습을 지원하는 SBLE와 함께 사용되어야 한다는 것을 시사한다.

높은 수준의 인지적 요구를 유지하는 교수와 긍정적인 학생 학습 간의 관계를 뒷받침하는 또 다른 대규모 연구는 Boaler와 Staples(2008)에 의해 캘리포니아 소재 3개 고등학교에서 수행되었다. 혼합 연구 방법을 사용하여, "개혁-지향적reform-oriented" 수업 방식을 채택한 학교에서 학생들의 학습 성과가 가장 우수하다는 것을 발견했다. 특히 저자들은 교사가 학생의 사고를 지배하지 않으면서 학생을 돕는 방식으로 높은 수준의 과제에 대해 질문하는 것이 더 성공적인 학교의 교육 관행을 상징한다는 것을 발견했다. 다른 연구(주 전역의 자연스러운 교수 변화에 관한 연구)에서는 명시적으로 개념에 집중하면서 어려움을 겪은 학생들, 다시 말해 "수학을 하는" 과제에 참여한 학생들이 절차화된 교수가 이루어지거나 수학적 아이디어와의 연관성이 미약한 교실의 학생들보다 주state 단위 성취도평가에서 더 높은 점수를 기록했다는 결과를 도출했다. 중요한 것은 "수학을 하는" 교실의 학생들이 기술 습득과 개념 학습 모두에서 더 좋은 성과를 보였다는 것이다(Stein et al., 2017).

또 다른 주 전역에서 수행된 연구는 학생 학습에 인지적 요구를 유지하는 것의 중요성을 입증하는 증거를 제공하였다. 이는 교사 실천과 학생 학습에 대한 교수 지도의 효과 검증을 초점으로 둔 더 큰 연구의 일부로 나타났다(Corenti et al., 출판 예정). 이 연구에 따르면, 교육 지도자의 수업 전 회의에서 심층적이고 구체적인 협의 행동 능력 향상이 파트너 교사의 교수에서 높은 수준의 인지적 요구를 더 잘 유지되는 것과 관련이 있었으며, 이는 다시 학생들의 주 단위 성취도 시험 성적 향상과 연관이 있었다.

훨씬 더 큰 규모로 실시된, 8학년 교실에 대한 1999 TIMSS 비디오 연구는 더 복잡한 형태의 교수에 노출되고 이를 수행한 학생들이 더 긍정적인 결과를 보인다는 주장을 뒷받침하였다. TIMSS(1995)에서 다른 참가국의 모든 학생이 미국을 능가하였다. 비디오 연구는 7개국의 교수 특성을 밝혀 교수 실천의 차이가 학습 성과 차이를 설명할 수 있는지 밝히고자 하였다. 앞서 언급했듯이 미국 수업은 "제시 단계"에서 상당히 높은 수준의 과제를 설정했지만, 수업이 진행되는 동안 그 과제의 실행 수준이 급격히 하락한 반면, 성과가 더 우수한 국가들은 계속해서 높은 수준의 사고와 추론을 요구하였다. 따라서 TIMSS(1995)에서 우수한 성적을 거둔 국가에 비해 미국 학생들의 성적이 저조한 것은 미국 교사들이 수업 중에 과제의 높은 수준의 인지적 요구를 유지하지 못한 것에서 기인했을 가능성이 크다.

위의 연구들이 정확히 동일한 방법론이나 인지적 요구가 높은 과제라는 특정 용어를 사용하지는 않았지만, 그들이 주목한 교실 환경의 특징은 QUASAR의 수학 과제 분석틀 및 인지적 요구 수준과 거의 일치했다. 이 연구 결과들은 이러한 교실 환경 특징의 높은 수준이 더 높은 학생 학습 성과와 연관이 있음을 보여주며, Stein과 Lane(1996)의 초기 QUASAR 연구 결과를 뒷받침한다.

QUASAR 연구 결과 확장

지난 20년 동안 인지적 요구를 사용하여 교실 기반 연구를 수행한 QUASAR 외부 연구자들은 수학 과제 분석틀에 새로운 영역을 추가하거나 분석틀의 특정 부분을 구체화하였다. 예를 들어, 원래 QUASAR 팀은 수업의 과제 제시 단계를 고려하였지만, 체계적으로 연구하지는 않았다. 더 구체적으로 QUASAR 연구자들은 과제 제시 단계에서 과제의 인지적 요구 수준에 주목하였시만, 과제 제시 단계의 다른 특징을 체계적으로 연구하지는 않았다. MIST 연구의 연구자들은 교육과정 자료, 교사가 학생들에게 과제를 소개하는 과제 제시 단계, 수업 후반의 전체 학급 토론에서 나타나는 인지적 요구 수준을 분석했다(Jackson et al., 2013). 165명의 중학교 수학 교사들을 관찰한 결과, 과제 제시 단계의 중요성이 두드러졌다. 구체적으로 전체 교실 토론은 과제 제시 단계에서 (a) 학생들이 문제의 맥락적 특징과 특정한 수학적 관계를 설명하는 공통 언어를 개발하는 데 도움이 되고, (b) 과제의 인지적 요구 수준이 유지되는 수업에서는 더욱 질 좋은 학습 기회를 제공한다는 특징이었다.

Otten(2010)의 연구는 수학 과제 분석틀의 또 다른 부분을 구체화하였다. 구체적으로 그는 활동 구조의 사회문화적 관점(Lemke, 1990)과 체계적 기능 언어학(Systemic Functional Linguistics, SFL; Lemke, 1990) 도구를 사용하여 수학 과제 분석틀을 검증하고 확장하였다. 84개의 수업을 관찰한 결과, Otten은 활동 구조와 QUASAR 연구자들이 정의한 제시 및 실행 단계 사이에 강한 일치성을 발견했다. 그러나 실행 단계 말미에 또 다른 활동 구조가 나타났는데, Otten은 이를 결론 단계라고 명명하였다. 일반적으로 결론 단계를 시작할 때 교사가 담론의 주도권을 되찾는다는 특징이 있다.

> 그 후 교사는 실행 단계에서 완성된 과제를 "검토하기" 또는 "공유하기" 활동으로 수업을 이끈다. 이 결론 단계는 일반적으로 과제가 더 이상 진행되지 않고 그 과제에 대해 되돌아보는 활동으로 이루어지며, 과제 자체와의 관계를 다룬다는 점에서 실행 단계와 구별된다. 이는 과제 실행을 앞둔 제시 단계와 대칭적이다(Otten, 2010, p. 667).

원래 QUASAR 연구에서는 전체 수업의 "마무리 부분"은 실행 단계의 일부로 간주되었다. 학생 과제(실행)와 전체 수업 토론(결론)을 구분하는 것은 수업의 각 단계에서 교사에게 필요한 역량을 분리하는 데 중요한 역할을 할 수 있다.

MIST 연구 또한 QUASAR 연구 결과를 확장한다. 특히 Wilhelm(2014)은 연구자들이 과제의 높은 수준을 유지하거나 감소시키는 교사 행동을 밝혀냈지만(결과 2 참조), 교사의 역량 개발에 필요한 근본적 지원에 대해서는 거의 밝혀내지 못했다고 지적하였다. 이러한 지원에는 수학을 가르치기 위한 내용 지식(Content Knowledge for Teaching Mathematics, CKTM)과 질 높은 수학 교수에 대한 비전(Vision of High-Quality Mathematics Instruction, VHQMI; Munter, 2014)으로 측정된 수학 교수·학습 개념이다. 그녀의 연구에 따르면 이 두 가지 요인은 인지적 요구 수준을 유지하는 것과는 모두 유의미한 관계가 있지만, 교사들의 과제 선택과는 VHQMI만이 관계가 있음을 발견했다. Wilhelm은 CKTM과 과제 선정 간 유의미한 관계가 없었던 이유는 해당 학군에서 모든 교사가 같은 교육과정을 따르게 되어있었기 때문일 것이라 추측하였다. 높은 인지적 요구 수준을 유지하는 교수와 과제 선택이 VHQMI와 연관되어 있다는 점에서, Wilhelm은 교사들과 협력하여 "높은 수준의 수학 교수에 대한 견고하고 정교한 비전을 개발하고 학생들의 개념적 이해에 가장 큰 기회를 제공하는 과제를 선택하는 것"의 중요성을 강조했다(Wilhelm, 2014, p. 664).

이 연구들은 교수 과제가 무엇을 의미하는지에 대한 본래 취지와 교수 과제가 어떻게 형성되고 변화할 수 있는지에 관한 의미를 유지하면서도 수학 과제 분석틀을 확장하고 심화한다. 이러한 연구들은 각 단계에 대한 이해에 미세한 차이[nuance]를 더해주며, Otten(2010)의 경우 추가적인 단계의 가능성을 제시하였다. 마지막으로 Wilhelm(2014)의 연구는 교사가 수업 전반에 걸쳐 높은 인지적 요구 수준을 유지하기 위해 필요한 지원이 무엇인지에 대한 문제해결을 시도하기 시작하였다.

연구에서 실천으로: 높은 수준의 과제 실행을 위한 교사 노력을 지원하기

앞서 논의한 QUASAR와 다른 연구 결과들은 과제 제시 및 실행 단계에서 높은 인지적 요구 수준을 유지하는 것의 중요성과 교사가 이를 수행하는 데 겪는 어려움에 주목하였다. 학생의 학습 성과를 개선하기 위해 해결해야 할 과제는 교사들의 인지적으로 어려운 과제를 성공적으로 선정 및 실행하려는 노력을 지원하는 방법을 결정하는 것이었다.

QUASAR 연구자들은 이 문제를 심각하게 받아들였고, 먼저 프로젝트의 분석틀, 데이터 및 결과를 교사 전문적 학습을 위해 어떻게 변형할 수 있는지를 고려하였다. 이후 교사의 야심찬ambitious 수업 개선을 돕는 다른 방법들을 모색하였다. 이 절에서는 먼저 교사가 높은 수준의 과제의 선정 및 실행을 신중하게 고려하도록 참여시키기 위해 개발된 도구와 그것이 교육 분야에 미친 영향에 관해 논의한다. 그 다음 이러한 도구를 활용한 전문성 개발 모델과 그 접근방식의 효과에 대한 증거를 다룬다.

도구 개발과 채택의 근거

도구는 "이론과 지식을 효과적으로 전달하는 강력한 매개체이다. 교육자들이 자신의 실천에서 유용하다고 여기는 구체적으로 설계된 도구는 교육 실천 변화에 강력한 수단이 될 수 있다"(National Academy of Education, 1999, p. 35). 도구는 교사가 어렵거나 불가능한 일을 할 수 있도록 돕는다. 따라서 도구는 자신의 교수 실천을 개선하고자 하는 교사들에게 중요한 자원 역할을 한다.

QUASAR의 분석틀, 데이터 및 연구 결과를 기반으로 작성된 도구 세트는 [표 1]과 같다. [표 1]은 도구에 대한 설명과 목적, 도구에 대한 추가적인 정보를 찾을 수 있는 출처를 나타낸다. 표의 처음 세 가지 도구(즉 MTF, TAG, 유지 및 감소 요인)는 QUASAR의 교실 기반 연구를 위해 처음 개발되었다. 내러티브 사례[도구 4]는 교실 문서화 연구에서 드러난 교수·학습 패턴을 기반으로 개발되었다. 나머지 도구(TTLP[도구 5], 다섯 가지 실천[도구 6], IQA[도구 7])는 실행 단계에서 높은 수준의 과제를 유지할 수 있도록 추가적으로 지원하기 위해 개발되었다.

[표 1] QUASAR의 분석틀, 데이터, 결과를 기반으로 작성된 도구에 대한 설명

	도구	설명	목적	출처
1	수학 과제 분석틀 (Mathematical Tasks Framework, MTF; [그림 1])	MTF는 교수 자료에 과제가 제시되는 방식부터 교수 중 과제가 제시되는 방식, 학생들이 실제로 과제에 참여하는 방식을 다루며, 과제가 실행되는 방식과 학생 학습 간의 관계를 보여준다.	MTF는 교사가 교수를 성찰하고 개선할 수 있는 렌즈 역할을 한다. 과제를 통해 학습 기회가 어떻게 제공되는지, 수업이 진행됨에 따라 그러한 기회가 어떻게 변화하는지에 대해 교사의 주의를 환기시킨다.	Stein과 Smith (1998)
2	과제 분석 가이드 (The Task Analysis Guide, TAG)	TAG는 4가지 인지적 요구 수준에서 수학 과제의 특성들을 보여준다.	TAG는 교사들이 과제가 제공하는 다양한 사고 기회를 구분할 수 있도록 돕는다.	Smith와 Stein (1998)

3	유지 및 감소 요인 [그림 2]	이 요인들은 높은 인지적 요구 수준이 유지되거나 감소되는 방식에 기여하는 교실 기반의 요소들이다.	이 요인은 교사들이 자신의 수업을 비판적으로 반성하고, 학생들의 인지적 요구가 높은 과제 참여 기회를 제공하는 데 필요한 요소들을 구분하도록 돕는다.	Stein과 Smith (1998)
4	수학 교수 내러티브 사례	사례들은 QUASAR 프로젝트에서 나타난 연구 기반 교수·학습 패턴의 예시이다. 이 사례들은 수학 과제와 수업 중 그 과제가 어떻게 발전하는지에 대한 원리를 구체화하고, 높은 수준의 과제 유지 및 감소에 영향을 끼치는 요인들을 강조한다.	사례들은 높은 수준의 과제를 선택해야 하지만 그것만으로는 학생의 사고 및 추론 기회를 제공하기에 충분하지 않음을 교사가 인식하도록 돕는다. 또한 교사가 학생의 사고를 지원하는 방법을 확인하도록 돕는다.	Smith 외 (2005a), Smith 외 (2005b), Smith 외 (2005c), Stein 외 (2000, 2009).
5	수업을 통해 사고하기 프로토콜 (Thinking Through a Lesson Protocol, TTLP)	TTLP는 교사에게 수업의 핵심 요소(예: 학생이 과제를 해결하기 위해 사용할 수 있는 올바른 방법과 잘못된 방법, 교사가 특정 해결 방법에 대해 물어볼 수 있는 질문, 수업 목표를 달성하는 데 가장 유용한 해결 전략)에 초점을 맞춘 질문을 제공한다.	TTLP를 통해 교사들이 인지적으로 어려운 과제에 대한 철저하고 사려 깊은 수업 계획이 보다 성공적인 수업으로 이어질 수 있음을 인식한다.	Smith 외 (2008)
6	생산적 수학 교수를 위한 다섯 가지 실천	다섯 가지 실천 방법은 수업 전 계획을 강조함으로써 수업 중 순간적으로 결정해야 하는 수를 최소화하는 전체 수업 토론 준비 및 진행 모델을 제공한다.	다섯 가지 실천 방법은 교사들이 수업 전과 수업 중에 취할 수 있는 구체적인 행동을 제공하여 수업에서 학생과 수학 모두에 주의를 집중할 수 있도록 한다.	Smith 외 (2009), Smith와 Stein (2011, 2018), Stein 외 (2008)
7	교수의 질 평가 (Instructional Quality Assessment, IQA)	IQA는 학생의 인지적으로 어려운 수학 과제 및 토론 참여 기회를 제공하는 교수의 질을 평가하는 교실 관찰 도구이다.	IQA는 교사들이 자신의 교수 상태에 대해 형성적 피드백을 받아 높은 수준의 과제 실행을 지원할 수 있도록 돕는다.	Boston (2012), Boston 외 (2019)

이 도구들이 "정착할" 수 있는 비옥한 토양을 찾았는가? 어떤 도구의 채택에 관한 증거는 여러 가지 형태로 나타날 수 있는데, 도구가 소개된 논문의 인용 횟수, 도구가 소개된 책의 판매 부수, 그리고 도구가 책이나 논문에 등장한 횟수 등이 그렇다. 도구가 실제로 얼마나 사용되었는지 추적하는 것은 어렵지만, 여기서는 위 표에 나열된 여러 도구의 채택 증거를

아래와 같이 제시한다.

TAG[도구 2]는 1998년 처음 출판된 이후 다양한 곳에서 사용되었다. 인터넷에는 다운로드할 수 있는 다양한 버전의 TAG가 있고, TAG에 대한 이미지 분석은 수많은 변형이 있었다. 여러 기관, 학군, 주에서 TAG를 채택한 것으로 보이며, 몇몇 책에서도 TAG를 다루고 있다. 예를 들어, 《**행동 원칙: 모두를 위한 수학적 성공 보장**Principles to Action: Ensuring Mathematical Success for All(NCTM, 2014)》에서는 "추론과 문제해결을 촉진하는 과제 실행"을 8가지 수학 교수 실천 중 하나로 분류하고, 학생들에게 다양한 사고와 추론 기회를 제공하는 과제를 식별하는 방법으로 TAG를 제시했다. 최근에는 《**교실에서 바로 활용할 수 있는 풍부한 수학 과제**Classroom-Ready Rich Mathematical Tasks》(Kobett et al., 2021b; Kobett et al., 2021a; Kobett et al., 2021c)의 시리즈(K-1; 2-3; 4-5) 모두에서 TAG를 사용하여 "수학하기"에 학생들을 참여시키는 방법을 다루고 있다.

내러티브 사례[도구 4]는 4개의 다른 사례집을 가리킨다. 첫 번째 사례집인 《**규준 기반 수학 교수 실행하기: 전문성 개발을 위한 사례집**Implementing Standards-based Math Instruction: A Casebook for Professional Development》(Stein et al., 2000, 2009)은 수학 과제와 관련된 주요 연구 결과를 요약한 것으로, MTF, TAG, 유지 및 감소 요인, QUASAR 연구에서 나타난 연구 기반 제시 및 실행 패턴을 예증하는 6가지의 내러티브 사례를 포함한다. 이 책은 처음 출판된 이후 연구 학술지에서 1600회 이상 인용되었으며, 이후 중국어로 번역되었다. 또한 책의 1장과 2장은 《**중등 학습의 관점들: 중·고등학교 수학을 위한 팀 리더십**Secondary Lenses on Learning: Team Leadership for Mathematics in Middle and High School》(Grant et al., 2009)에 재수록되었다.

NSF가 후원한 미국 전역의 수학 및 과학 파트너십(Mathematics and Science Partnerships, MSP) 프로젝트에 참여한 중학교 수학 교사들을 대상으로 가장 자주 사용된 전문성 개발 자료를 파악하기 위해 실시된 설문조사는 그 영향력을 입증하는 추가적인 증거를 제시한다. 구체적으로 미국 전역의 서로 다른 27개 MSP에 참여한 6203명의 교사 중 45%가 이 책의 초판을 중심으로 한 전문성 개발에 참여했다고 보고했으며, 이는 다른 어떤 자료집보다도 높은 비율이었다(Sealy Badee, 2010).

《**생산적인 수학적 토론을 위한 5가지 실천**5 Practices for Orchestrating Productive Mathematics Discussions》(Smith & Stein, 2011, 2018)은 온라인에서 쉽게 접근할 수 있는 이미지와 파워포인트 형식으로 확산되었다. 이 책의 출판 전에 작성된 논문(Stein et al., 2008)은 약 1400회 인용되었고, 이 책은 2011년 초판 출간 후 NCTM 베스트 셀러로 선정되었으며, 10만 부 이상 판매되었고, 2016년 스페인어로 번역되었다. 또한 오픈 소스 교육과정인 **설명적**Illustrative **수학**은 교사의 토론 진행 능력을 지원하기 위해 내재된 절차 중 하나로 5가지 실천을 사용하고 있다.

실천-기반 전문성 개발

앞서 설명한 도구들은 교사가 높은 수준의 과제를 선정하고 실행하도록 돕기 위한 것이지만, 교사가 새로운 방식으로 가르칠 수 있는 교수 역량을 개발하도록 돕기 위해서는 지속적인 전문성 개발이 필요하다. 이러한 전문성 개발은 교사 학습을 교수 실천과 긴밀히 연결해야 한다. Ball과 Cohen(1998)은 다음과 같이 주장했다.

> 교사들은 과목 내용뿐만 아니라 학생, 학습, 교수법에 대한 지식을 다양한 강의나 워크숍을 통해 배울 수 있다. 하지만 그러한 지식을 실제 수업에서 활용하는 것은 미리 배우거나, 수업 외부에서 만으로는 완전히 익힐 수 없다(p. 12).

실천-기반 전문성 개발(Practice-Based Professional Development, PBPD)에서 교사의 업무—교수 계획하기, 학생 가르치기, 교수·학습 성찰—는 비판, 탐구 및 연구의 장(場)이 된다(Ball & Cohen, 1998; Smith, 2001). 일부 도구(예: 내러티브 사례)는 비판, 탐구 및 연구의 기회를 제공하는 반면, 다른 도구(예: TAG, TTLP)는 분석을 지원할 수 있다. 다음 절에서는 QUASAR에서 영감을 받은 도구를 활용한 두 가지 PBPD 프로젝트를 설명하고, 해당 프로젝트의 성공을 입증하는 근거를 제시한다.

예비 중등 교사교육(Enhancing Secondary Teacher Preparation, ESP) 프로젝트

ESP 프로젝트는 한 학년도 동안 6차례의 워크숍을 통해 궁극적으로는 예비 교사의 멘토가 될 중·고등학교 교사의 교수 실천을 개선하여, 궁극적으로 이 교사들이 예비 교사들의 멘토가 되도록 하는 데 집중했다. 프로젝트의 목표는 교사들이 인지적으로 어려운 수학 과제를 성공적으로 선정 및 실행할 수 있는 역량을 함양하는 것이다. 교사들이 참여한 활동의 설계 및 선정은 MTF를 기반으로 하였으며, 도구(즉 TAG, 유지 및 감소 요인, TTLP)는 과제, 내러티브 사례, 비디오 사례 분석과 교수 설계 및 성찰을 지원하였다. 《**규준 기반 수학 교수 실행하기: 전문성 개발을 위한 사례집**》(Stein et al., 2000)이 워크숍의 교재로 사용되었다.

프로젝트 데이터(즉, PD 강의 녹화, 교실 관찰 기록, 학생의 수업 과제 예시, 과제 차별화에 따른 사전·사후 검사)를 분석한 결과, 교사의 성공적인 높은 수준의 과제 선정 및 실행 능력이 향상되었으며(Boston & Smith, 2009), 시간이 지나도 유지되었다(Boston & Smith, 2011). 수학 과제에 대한 교사 학습은 MTF의 아이디어, ESP 전문성 개발 경험과 밀접한 연관이 있었다(Boston, 2013).

실행을 넘어서: 어려움과 학습을 중심으로

(Beyond Implementation: Focusing on Challenge and Learning, BI:FOCAL)

BI:FOCAL 프로젝트는 최소 3년 이상 **연결 수학**[Connected Mathematics]교육과정을 사용한 중학교 교사들의 교육 실천을 지원하기 위한 다년간의 프로젝트였다. 프로젝트의 목표는 교사가 과제가 제공하는 도전과 기회를 인식하고 교육과정의 중심이 되는 인지적으로 어려운 과제를 실행할 수 있도록 지원하는 것이었다(Silver et al., 2007). 또한 BI:FOCAL은 수학 수업 업무에서 교사 지식의 중요성을 인식하고, 교사가 전문학습 과제에 참여하는 것이 그들에게 수학 지식 향상 기회를 제공하는지에 대한 질문을 탐구했다.

BI:FOCAL은 QUASAR 프로젝트의 선행연구 및 도구 개발을 기반으로 설계되었다. 특히 내러티브 사례 분석([표 1]의 [도구 4] 참조)은 교사가 참여하는 핵심 활동이었다. 프로젝트 데이터(즉, PD 강의 비디오 및 텍스트 기록, 강의 후 성찰, 구조적 인터뷰) 분석 결과, 교사가 PBPD에서 수학을 배울 수 있다는 증거가 제시되었고(Silver et al., 2007), 내러티브 사례가 높은 수준의 과제 실행과 관련된 핵심 문제들을 표면화하였다(Silver et al., 2008).

결론

비록 QUASAR는 25년 전에 종료되었을지라도, 학생이 참여하는 수학 과제의 성격과 학생의 수학 학습 사이의 관계라는 유산[residue]을 남겼다. 구체적으로 지속적인 높은 수준의 과제—학생의 사고, 추론, 문제해결이 필요한 과제—참여가 암기한 알고리즘과 절차를 적용하는 낮은 수준의 과제에 비해 더 큰 학습 성과로 이어진다. QUASAR는 이 발견을 뒷받침한 실증적 증거를 발견한 최초의 대규모 연구였지만, 그 사이에 수행된 여러 연구는 학생의 수학 학습에 높은 수준의 과제가 중요하다는 것을 확인하였다. 또한 후속 연구에서는 높은 수준의 과제를 실행하는 데 영향을 미치는 요인과 교사가 과제의 요구 수준을 유지하면서 학생의 수준 높은 참여를 지원하는 방법에 대해 더 깊은 통찰을 제공하였다. 즉, 수학 과제에 관한 연구는 초기 연구 결과를 입증하고 확장한 후속 연구를 위한 토대를 제공한다는 의미에서 생성적이다.

수학 과제와 관련된 연구 결과는 미국과 전 세계 교사교육자와 전문성 개발자들의 실천에 영향을 미쳤고, 이들은 교사 학습 기회를 설계하여 교수·학습을 개선하고자 했다. 이러한 학습 기회는 수학 과제의 인지적 요구와 학생의 학습 기회를 극대화하기 위해, 실행 중 인지적 요구 수준 유지 필요성에 중점을 두었다. QUASAR의 연구를 기반으로 등장한 도구들은 교사 교수 실천에 대한 면밀한 고찰과 성찰을 지원하는 비계 역할을 했다. MTF, 요인들, TAG를 포함한 이 도구들은 1998년 현직 교사 논문에 최초로 발표된 이후 현재까지도 최신 출판물에 수록되어 있으며, 인터넷을 통해서도 접근할 수 있다.

QUASAR 관련 도구의 개발과 활용 연구는 계속되고 있다. McDonnell 재단의 지원을 받아 피츠버그 대학의 학습연구개발센터의 연구원과 현직 교사들 팀은 전체 학급 토론 중심의 야심찬 수업을 지원하는 지도 모델을 만들었다. 이 모델의 핵심은 지도자가 교사의 생산적인 토론을 이끌기 위한 5가지 실천을 수행할 역량 함양을 돕는 다양한 가이드와 도구이다. 이 도구에는 이전에 논의된 몇 가지 도구(TAG, TTLP, 5가지 실천)가 포함되어 있지만, 지도자의 수업 전후 회의 설계와 지도 주기 전반에 걸친 의사결정을 지원하는 새로운 도구도 개발되었다. 현재는 지도자와 교사 학습을 지도 및 지원하고, 모든 학생에게 높은 수준의 수학 과제 토론 참여 기회를 제공하는 데 있어 도구와 가이드의 효과성을 입증하는 연구가 진행되고 있다.

QUASAR 프로젝트의 지원으로 수행된 연구가 후속 연구와 실천에 영향을 미쳤고, 앞으로도 높은 수준의 과제 실행을 지원하는 신념, 요인, 상호작용에 대한 추가적인 통찰을 제공하는 연구로 이어지기를 바라지만, 우리가 여기서 검토한 내용의 대부분은 교수 과제와 이를 충실히 실행해야 하는 교사에게 초점을 맞추고 있다. 그러나 가장 중요한 것은 학생의 학습이다. QUASAR는 모든 학생이 질 높은 교수에 접근할 수 있을 때 수학을 이해하고 학습할 수 있다는 증거를 제공했는가? 이와 관련된 QUASAR 연구 결과(즉, Stein et al., 1996)는 높은 수준의 인지적 요구를 충실히 실행한 A학교뿐만 아니라, B, C학교에 있던 학생들(높은 수준으로 제시했으나 실행 중 감소)도 반복적으로 낮은 수준의 과제에만 참여한 D학교 학생들보다 더 많이 학습했다는 것을 시사한다. 이는 학생들에게 높은 수준의 인지적 요구가 필요한 과제를 제시하는 것이 실행 중 과제 요구 수준이 감소하더라도 여전히 학습에 긍정적인 영향을 미칠 수 있음을 나타낸다. 요컨대 B, C학교의 QUASAR 학생들은 이해하지 못한 풀이를 연습하고 정답이 하나뿐인 문제를 해결하는 데 대부분의 시간을 할애하는 수업에서는 제공되지 않았던 학습 기회를 가질 수 있었다.

지난 10년 동안 많은 학자들이 "성취도 격차achievement gap"라는 용어 사용에 대해 반대하기 시작했으며, 이 용어가 소수집단 학생들을 역량이 없는 것처럼 부당하게 묘사한다고 주장했다. 이들은 소수집단 학생들이 대응 집단인 부유한 백인 학생들에 비해 충분한 기회를 얻지 못했기 때문에 뒤처졌다고 주장하며 "기회 격차opportunity gap(Flores & Gunzenhauser, 2021; Milner IV, 2010)"라는 용어를 사용하기 시작했다. 이런 관점에서 QUASAR는 소수집단 학생들의 참여도와 성과 수준이 낮은 것이 사고, 추론, 문제해결 능력을 배울 기회를 체계적으로 박탈당한 교육 관행 때문이라는 것을 입증했기에 시대를 앞섰다고 할 수 있다. 특히 QUASAR는 학생들이 접근할 수 있는 교수 과제가 학생들이 참여하는 사고 유형에 대한 매개체를 설정한다는 것을 보였다. 백인과 부유한 학생들은 개념적으로 인지적 요구가 높은 수준인 과제를 제공받지만, 소수집단 학생들은 끝없이 학습지를 받았다. 낮은 수준의 과제에 노출되는 것이 누적되면 수학이 무엇인지, 그리고 자신이 수학을 이해할 수 있는지에 대해 부정적인 인식을 준다. 요컨대 낮은 수준의 과제는 학생들에게서 의미 있고 질 좋은 수학 학습 경험을 박탈한다. 최근 연구들은 학생들이 개념적으로 풍부한 수업에서 얻는 자산에 더 많은 관심을 두기 시작했다. 예를 들어, 최근의 한 연구(Menzies et al., 검토 중)는 Yosso의 지역사회문화적 자산(Community Cultural Wealth, CCW; 2005) 분석틀을 적용하여 인지적 요구가 높은 중학교 수학 교실에서 흑인 학생들의 CCW를 활용하고 발전시키는 교수 실천을 확인하고자 했다. 이 교실에서는 사회적, 열망적aspirational, 언어적, 안내적navigational 자본 등 다양한 형태의 CCW 자본이 작용하는 것으로 나타났다.

Silver와 Lane(1995)의 연구에서 교수가 학생 학습에 미치는 영향에 대한 추가적인 증거를 확인할 수 있다. 이 연구에서는 1992년 국가 교육성취도평가(National Assessment of Educational Progress, NAEP)에 출제된 과제를 QUASAR 8학년 학생 600명에게 두 차례 부여했다. 그 후 QUASAR 결과를 NAEP에 참여한 두 집단의 학생 표본—전국을 대표하는 학생 표본과 QUASAR 참여자들과 인구 통계학적으로 유사한 취약 계층 학생 표본—을 비교했다. Silver와 Lane(1995)에 따르면 결과는 다음과 같다.

> QUASAR 학생들은 모든 수학 내용 영역에서 NAEP의 취약 계층 학생 표본을 능가했으며, 특히 개념적 이해 또는 문제해결을 평가하는 과제와, 보기에서 선택하는 대신 직접 답을 작성해야 하는 과제에서 더 우수한 성과를 보였다. 개념적 이해 또는 문제해결을 평가하는 과제와 중학교 수학교육과정에서 덜 전통적인 영역(예: 통계 및 확률, 대수 및 함수)을 평가하는 과제에서도 QUASAR 학생들은 NAEP의 전국 표본에 비해 우수한 성적을 거두었다(p. 49).

Stein과 Lane(1996), Silver와 Lane(1995)의 데이터는 사고, 추론 및 문제해결에 초점을 맞춘 교수가 학생들의 학습 결과 향상으로 이어진다는 근거를 제시했다. 그러므로 QUASAR는 모든 학생이 질 높은 교수에 접근할 경우 이해를 바탕으로 수학을 학습한다는 근거를 제시하려는 본래 목표를 달성했을 뿐만 아니라, 그 이상을 성취했다. 또한 수학 과제와 학생 학습의 연관성에 대해 설득력 있는 증거를 제시하였으며, 이를 통해 교육 분야 전반, 즉 교사, 교사교육자, 연구자들에게 모든 학생의 학업성취 향상을 이끌 수 있는 교수 초점을 제시하였다.

▌참고문헌

Ball, D. L., & Cohen, D. (1998). Developing practice, developing practitioners: Toward a practice-based theory of professional education. In G. Sykes & L. Darling-Hammond (Eds.), *Teaching as the learning profession: Handbook of policy and practice* (pp. 3-32). Jossey Bass.

Boaler, J., & Staples, M. (2008). Creating mathematical futures through an equitable teaching approach: The case of Railside School. *Teachers College Record, 110*(3), 608-645.

Boston, M. D. (2012). Assessing the quality of mathematics instruction. Elementary School Journal, 113, 76-104. Boston, M. D. (2013). Connecting changes in secondary mathematics teachers' knowledge to their experiences in aprofessional development workshop. *Journal of Mathematics Teacher Education, 16,* 7.

Boston, M. D., & Candela, A. G. (2018). The instructional quality assessment in mathematics: A tool for researchers and practitioners to enhance students' engagement with cognitively demanding tasks. *ZDM: Mathematics Education, 50,* 427. https://doi.org/10.1007/s11858-018-0916-6[Crossref]

Boston, M. D., & Smith, M. S. (2009). Transforming secondary mathematics teaching: Increasing the cognitive demands of instructional tasks used in teachers' classrooms. *Journal for Research in Mathematics Education, 40*(2), 119-156.

Boston, M. D., & Smith, M. S. (2011). A 'task-centric approach' to professional development: Enhancing and sustaining mathematics teachers' ability to implement cognitively challenging mathematical tasks. *ZDM: International Journal of Mathematics Teacher Education, 43,* 965-977.

Boston, M. D., Candela, A. G., & Dixon, J. K. (2019). *Making sense of mathematics for teaching to inform instructional quality.* Solution Tree.

Correnti, R., Russell, J., Stein, M. K., Yu, B., Thomas, A., Matthis, C., Bill, V., Speranzo, L., Booker, L., & Schwartz, N. (in press). Main effects of mathematics coaching on teaching and student achievement: Coaching differences for building theories of how coaching influences teaching. *Cognition and Instruction.*

Doyle, W. (1983). Academic work. *Review of Educational Research, 53*(2), 159-199.

Doyle, W. (1986). Classroom organization and management. In M. C. Wittrock (Ed.), *Handbook of research on teaching* (3rd ed., pp. 392-431). Macmillan.

Doyle, W. (1988). Work in mathematics classes: The context of students' thinking during instruction. *Educational Psychologist, 23,* 167-180.

Flores, O. J., & Gunzenhauser, M. G. (2021). Justice in the gaps: School leader dispositions and the use of data to address the opportunity gap. *Urban Education, 56*(2), 261-288.

Grant, C. M., Mills, V. L., Bouck, M., & Davidson, E. (2009). *Secondary lenses on learning: Team leadership for mathematics in middle and high schools.* Corwin.

Henningsen, M., & Stein, M. K. (1997). Mathematical tasks and student cognition: Classroom-based factors that support and inhibit high-level mathematical thinking and reasoning. *Journal for Research in Mathematics Education, 28*(5), 524-549.

Jackson, K., Garrison, A., Wilson, J., Gibbons, L., & Shahan, E. (2013). Exploring relationships between setting up complex tasks and opportunities to learn in concluding whole-class discussions in middle-grades mathematics instruction. *Journal for Research in Mathematics Education, 44*(4), 646-682.

Kobett, B. M., Fennell, F., Karp, K. S., Andrews, D., Knighten, L., & Shih, J. (2021a). *Classroom-ready rich math tasks, Grades 1-2: Engaging students in doing math.* Corwin.

Kobett, B. M., Fennell, F., Karp, K. S., Andrews, D., & Mulroe, S. T. (2021b). *Classroom-ready rich math tasks, Grades 4-5: Engaging students in doing math.* Corwin.

Kobett, B. M., Fennell, F., Karp, K. S., Harrison, D., & Swartz, B. (2021c). *Classroom-ready rich math tasks, Grades 2-3: Engaging students in doing math.* Corwin.

Lane, S. (1993). The conceptual framework for the development of a mathematics performance assessment instrument. *Educational Measurement: Issues and Practice, 12*(2), 16-23.

Lemke, J. (1990). *Talking science: Language, learning, and values.* Ablex.

Menzies, C., Schunn, C., & Stein, M. K. (under review). Cultivating community cultural wealth to increase learning opportunities for Black students in high cognitive demand mathematics classrooms: A new pedagogical approach. Submitted to *American Educational Research Journal.*

Milner, H. R., IV. (2010). *Start where you are, but don't stay there.* Harvard Education Press.

Munter, C. (2014). Developing visions of high-quality mathematics instruction. *Journal for Research in Mathematics Education, 45*(5), 584-635.

National Academy of Education. (1999). *Recommendations regarding research priorities: An advisory report to the National Educational Research Policy and Priorities Board.* National Academy of Education.

National Commission on Excellence in Education. (1983). *A nation at risk: The imperative for educational reform.* Author.

National Council of Teachers of Mathematics. (1980). *An Agenda for Action.* Author.

National Council of Teachers of Mathematics. (1989). *Curriculum and evaluation standards for school mathematics.* Author.

National Council of Teachers of Mathematics. (1991). *Professional standards for teaching mathematics.* Author.

National Council of Teachers of Mathematics. (2014). *Principles to actions: Ensuring mathematical success for all.* Author.

National Research Council. (1989). *Everybody counts.* National Academy of Sciences.

Otten, S. (2010). Conclusions within mathematical task enactments: A new phase of analysis. In P. Brosnan, D. B. Erchick, & L. Flevares (Eds.), *Proceedings of the 32nd annual meeting of the North American Chapter of the International Group for the Psychology of Mathematics Education* (pp. 661-669). Ohio State University.

Otten, S., Webel, C., & de Araujo, Z. (2017). Inspecting the foundations of claims about cognitive demand and student learning: A citation analysis of Stein and Lane (1996). *The Journal of Mathematical Behavior, 45,* 111-120.

Sealy Badee, J. T. (2010). *Opportunities to learn in and through professional development: An analysis of curriculum materials* [Doctoral dissertation]. University of Michigan.

Silver, E. A., & Lane, S. (1995). Can instructional reform in urban middle schools help students narrow the mathematics performance gap? Some evidence from the QUASAR project. *Research in Middle Level Education, 18*(2), 49-70.

Silver, E. A., Smith, M. S., & Nelson, B. S. (1995). The QUASAR project: Equity concerns meet mathematics education reform in the middle school. In W. Secada, E. Fennema, & L. Byrd Adajian (Eds.), *New directions in equity in mathematics education* (pp. 9-56). Cambridge University Press.

Silver, E. A., Clark, L. M., Ghousseini, H. N., Charlambous, C. Y., & Sealy, J. T. (2007). Where is the mathematics? Examining teachers' mathematical learning opportunities in practice-based professional learning tasks. *Journal of Mathematics Teacher Education, 10,* 261-277.

Silver, E. A., Clark, L., Gosen, D., & Mills, V. (2008). Using narrative cases in mathematics teacher professional development: Strategic selection and facilitation issues. In M. S. Smith & S. Friel (Eds.), *Cases in mathematics teacher education: Tools for developing knowledge needed for teaching* (AMTE Monograph Series No. 4) (pp. 89-102). Association of Mathematics Teacher Educators.

Smith, M. S. (2001). *Practice-based professional development for teachers of mathematics.* National Council of Teachers of Mathematics.

Smith, M. S., & Stein, M. K. (1998). Selecting and creating mathematical tasks: From research to practice. *Mathematics Teaching in the Middle School, 3*(5), 344-350.

Smith, M. S., & Stein, M. K. (2011). *5 practices for orchestrating productive mathematics discussions.* National Council of Teachers of Mathematics.

Smith, M. S., & Stein, M. K. (2018). *5 practices for orchestrating productive mathematics discussions - second edition.* National Council of Teachers of Mathematics.

Smith, M. S., Silver, E. A., Stein, M. K., Boston, M., & Henningsen, M. (2005a). *Improving instruction in geometry and measurement: Using cases to transform mathematics teaching and learning* (Vol. 3). Teachers College Press.

Smith, M. S., Silver, E. A., Stein, M. K., Boston, M., Henningsen, M., & Hillen, A. F. (2005b).

Improving Instruction in Ratio and Proportion: Using cases to transform mathematics teaching and learning (Vol. 1). Teachers College Press.

Smith, M. S., Silver, E. A., Stein, M. K., Henningsen, M., Boston, M., & Hughes, E. (2005c). *Improving instruction in algebra: using cases to transform mathematics teaching and learning* (Vol. 2). Teachers College Press.

Smith, M. S., Bill, V., & Hughes, E. K. (2008). Thinking through a lesson protocol: A key for successfully implementing high-level tasks. *Mathematics Teaching in the Middle School, 14*(3), 132-138.

Smith, M. S., Hughes, E. K., Engle, R. A., & Stein, M. K. (2009). Orchestrating discussions. *Mathematics Teaching in the Middle School, 14*(9), 549-556.

Stein, M. K., & Lane, S. (1996). Instructional tasks and the development of student capacity to think and reason: An analysis of the relationship between teaching and learning in a reform mathematics project. *Educational Research and Evaluation, 2*(1), 50-80.

Stein, M. K., & Smith, M. S. (1998). Mathematical tasks as a framework for reflection: From research to practice. *Mathematics Teaching in the Middle School, 3*(4), 268-275.

Stein, M. K., Grover, B., & Henningsen, M. (1996). Building student capacity for mathematical thinking and reasoning: An analysis of mathematical tasks used in reform classrooms. *American Educational Research Journal, 33*(2), 455-488.

Stein, M. K., Smith, M. S., Henningsen, M. A., & Silver, E. A. (2000, 2009). *Implementing Standards-based mathematics instruction: A casebook for professional development*. Teachers College Press.

Stein, M. K., Engle, R. A., Smith, M. S., & Hughes, E. K. (2008). Orchestrating productive mathematical discussions: Helping teachers learn to better incorporate student thinking. *Mathematical Thinking and Learning, 10*, 313-340.

Stein, M. K., Correnti, R., Moore, D., Russell, J. L., & Kelly, K. (2017). Using theory and measurement to sharpen conceptualizations of mathematics teaching in the Common Core era. *AERA Open, 3*(1), 2332858416680566.

Stigler, J. W., & Hiebert, J. (2004). Improving mathematics teaching. *Educational Leadership, 61*(5), 12-16.

Stylianides, A. J., & Stylianides, G. J. (2008). Studying the classroom implementation of tasks: High-level mathematical tasks embedded in 'real-life' contexts. *Teaching and Teacher Education, 24*(4), 859-875.

Tarr, J., Reys, R., Reys, B., Chávez, O., Shih, J., & Osterlind, S. (2008). The impact of middle-grade mathematics curricula and the classroom learning environment on student achievement. *Journal for Research in Mathematics Education, 39*(3), 247-280.

Warshauer, H. K. (2015). Productive struggle in middle school mathematics classrooms. *Journal of Mathematics Teacher Education, 18*(4), 375-400.

Wilhelm, A. G. (2014). Mathematics teachers' enactment of cognitively demanding tasks: Investigating links to teachers' knowledge and conceptions. *Journal for Research in Mathematics Education, 45*(5), 636-674.

Yosso, T. J. (2005). Whose culture has capital? A critical race theory discussion of community cultural wealth. *Race Ethnicity and Education, 8*(1), 69-91.

색인

수학 학습과 교수에 관한 연구

: 에드워드 실버 헌정

엮은이 Jinfa Cai · Gabriel J. Stylianides · Patricia Ann Kenney
옮긴이 김희정 · 김한길 · 정하연
펴낸이 조경희
펴낸곳 경문사
펴낸날 2025년 11월 13일 1판 1쇄
등 록 1979년 11월 9일 제 1979-000023호
주 소 04057, 서울특별시 마포구 와우산로 174
전 화 (02)332-2004 팩스 (02)336-5193
이메일 kyungmoon@kyungmoon.com

값 32,000원

ISBN 979-11-6073-800-1